杏坛学术论丛

丛书主编 姜红

敞视与隐匿

视觉文化理论与实践

包鹏程 著

中国传媒大学 出版社
·北京·

图书在版编目(CIP)数据

敞视与隐匿:视觉文化理论与实践/包鹏程著. —北京:中国传媒大学出版社,2020.7
(杏坛学术论丛/姜红主编)
ISBN 978-7-5657-2718-4

Ⅰ.①敞… Ⅱ.①包… Ⅲ.①视觉艺术—文化研究 Ⅳ.①J06

中国版本图书馆CIP数据核字(2020)第108976号

杏坛学术论丛
敞视与隐匿:视觉文化理论与实践
CHANGSHI YU YINNI:SHIJUE WENHUA LILUN YU SHIJIAN

著　　者	包鹏程
责任编辑	张莉莉　曾婧娴
特约编辑	裴向敏
封面设计	拓美设计
责任印制	李志鹏
出版发行	中国传媒大学出版社
社　　址	北京市朝阳区定福庄东街1号　　邮编:100024
电　　话	86-10-65450532 或 65450528　　传真:010-65779405
网　　址	http://cucp.cuc.edu.cn
经　　销	全国新华书店
印　　刷	北京玺诚印务有限公司
开　　本	787mm×1092mm　　1/16
印　　张	24
字　　数	309千字
版　　次	2020年7月第1版
印　　次	2020年7月第1次印刷
书　　号	ISBN 978-7-5657-2718-4/J·2718　　定　价　98.00元

版权所有　　翻印必究　　印装错误　　负责调换

总 序

新媒介形态下新闻传播学话语体系的转型

2015年5月,习近平总书记在哲学社会科学工作座谈会上的讲话中指出:"发挥我国哲学社会科学作用,要注意加强话语体系建设。"而关于如何建设哲学社会科学的话语体系,习总书记强调:"要善于提炼标识性概念,打造易于为国际社会所理解和接受的新概念、新范畴、新表述,引导国际学术界展开研究和讨论。"

马克思在《资本论》中说过,"手推磨产生的是封建主为首的社会,蒸汽机产生的是工业资本家为首的社会"。表达的是技术自主性的思想,显示了技术造就社会制度变革的伟大力量。今天,技术正在改变时代和社会。在一浪赶一浪的新技术浪潮中,互联网无疑是当今时代最耀眼的明星。马化腾称:"今天我们把互联网定义为一种信息能源,就像当时的蒸汽机和电力一样。"[①]

传统新闻传播学所使用的很多概念,大多是现代性背景下结构功能主义研究范式的产物。在后现代背景中,尤其是在互联网造就的"媒介化社会"中,已经越来越脱离今天的媒介实践,越来越缺乏对媒介现象的解释力。当下中国的新闻传播学,亟须进行一场话语革命和范式革命。

一、学科视野的调整:从"内卷"到"开放"的新闻传播学话语体系

新闻传播学的话语体系重构,首先需要调整研究视野,从传统相对封

---

① 选自马化腾在"2015'互联网＋中国'峰会"上的演讲,见 http://www.tmtpost.com/229957.html。

闭的视野转向开放的视野。这种视野的开放包括三个层面的含义:跨学科、本土化和创新。

第一,跨学科的研究视野。李金铨教授在《传播研究的典范与认同》一文中,提醒新闻传播学研究应警惕"学术内卷化"(involution)。在他看来,所谓"学术内卷化"是指"学者抱住一个小题目在技术上愈求愈精,眼光愈向内看,问题愈分愈细,仿佛躲进自筑的一道墙,得到心理安全,拒绝与外界来往的压力,其结果是不但忘记更大的关怀,更阻碍思想的创新"。这导致传播学研究成果丧失了"公共性",而成为学苑内部的嬉戏。为此,李金铨特别告诫中国传播学研究者:"中国在引进传播学的过程中应该以开放的视野取精用宏,而不是出于短视或无知,只局限在简单的层次和粗糙的面向。"① 而沃勒斯坦早就提出"开放社会科学"的命题,他认为"对社会科学知识所做的鲜明的制度性区分具有相当大的人为性"②。

开放社会科学带来学科的多元化和包容性。并没有画地为牢的"新闻学""传播学",新闻传播学科必须与其他学科交融互动。此外,学科也要有一定的边界,只不过这个边界是流动的,动态发展的。互联网的精神是开放、沟通、连接一切。因此,今天的传媒研究绝不可能偏居一隅,在狭小的空间中做孤芳自赏式的研究。其他学科的视角不断给新闻传播学提供新鲜的话语资源。比如对技术的认识,从技术哲学的视角,能看到更深刻的东西;对网络空间、网络事件的认识,社会学和政治学的视角必不可少;而舆论和舆情的研究,通过计算机的大数据挖掘则可以更加准确地把握。

第二,学科话语的本土化视野也是学科开放性的应有之义。沃勒斯坦发现:"十九世纪在欧洲和北美建立起来的社会科学是欧洲中心主义

---

① 李金铨. 传播研究的典范与认同[J]. 书城,2014(2):51-63.
② 华勒斯坦,等. 开放社会科学[M]. 刘锋,译. 北京:生活·读书·新知三联书店,1997:41.

的。"①"这种发源于英、法、德、意和美国的19世纪社会科学学科的知识范式,是与欧美势力在世界扩张的同时发展起来的。特别是在战后初期美国霸权宰制和世界经济急促增长之下,这种带欧洲中心视点的社会科学学科范式更大规模地在世界各地扩散,成为欠发达国家的学术体制正统模式。"②不仅社会科学的学科范式带有欧洲中心主义的视点,新闻传播学的学科范式也打下了鲜明的西方烙印,特别是美国烙印。以实证主义经验研究为特色的美国传播研究话语体系在输入中国后影响甚广,议程设置(agenda setting)、知识沟(knowledge gap)、使用与满足(uses and gratifications)、沉默的螺旋(spiral silence)、涵化(cultivation)、创新扩散(diffusion of innovation)等概念,构成了传播学科知识地图上的主流话语。

但是,任何一种话语、概念、理论,从一种文化背景进入另一种文化,都要经历一个注定要投"第二胎"的过程,一定会产生"话语折变"。比如"舆情"这个概念就比"舆论"(public opinion)带有更浓厚的中国特色和问题意识;"新闻舆论"也比"新闻宣传"更适合描述当下以互联网为主要阵地的话语场。本土化的概念转换,恰恰是从问题出发,针对本土问题进行学术回应的方式。

第三,构建开放的新闻传播学话语体系,还需要有创新的视野,有对新语词、新概念的宽容和接纳。旧话语无法命名新事物和新现象,这种命名的痛苦,往往发生在范式转换的过程中。所以,海德格尔创造出"座架"这个词来命名和隐喻现代技术。当下的新闻传播实践比学术界更直接面对新技术革命和新传播革命,很多新概念是他们创造出来的。有些概念经过积淀,进入新闻传播学的话语体系,比如"民生新闻"是电视工作者命

---

① 华勒斯坦,等.开放社会科学[M].刘锋,译.北京:生活·读书·新知三联书店,1997:55.
② 华勒斯坦,等.学科·知识·权力[M].刘健芝,等编译.北京:生活·读书·新知三联书店,1999:3.

名的概念,经过十多年的实践操作和理论研讨,早已被学界普遍认可。今天的"自媒""融媒""浸媒""智媒"等,只要不是概念炒作,即使不严谨不准确,学术界也应该宽容以对。因为,这些新词是创造严谨的学术话语的源头活水。

二、研究领域的拓展:从"事"到"人"的新闻传播学话语体系

中国新闻传播学科早在 20 世纪 70 年代末就有过"人学"与"事学"的讨论,这场讨论的热度仅次于"新闻有学无学"的论争。传统的新闻传播学的话语体系,的确是以"事"(信息)为中心的,而非以"人"(关系)为核心的。在这个"事学"系统中出现的"人",往往只见组织不见个人,只见共性不见个性。互联网将个性化的人的自由表达空间充分展现,人的身份认同、自我展演、网络增权等都成为可能,而学界似乎还没有适应这种骤然而来的"人的解放"。

马克思将社会形态的演进即人的解放进程,概括为从"人的依赖关系"到"以物的依赖性为基础的人的独立性"、再达到"自由个性"的辩证历史过程。[①] 所谓以"人"为中心的话语体系,应该是研究新闻传播如何促进人的"自由个性"的实现,将"为人"视为一切行动的出发点和归宿,尊重人的价值,维护人的权利,实现人的全面发展。

在这一条件下,首先需要重新思考媒介与人的关系。喻国明教授认为,对于"个人"为基本社会传播单位的赋权与"激活"是互联网对于我们这个社会的最大改变。[②] 从组织化、机构化的专业媒体在传播场域中的一家独大,到如今个体化和组织化并存的传媒格局,组织在逐渐坍塌,个人在不断崛起。这个过程虽然还有待进一步观察,但"人"的命题被凸显

---

① 马克思. 经济学手稿[M]//马克思恩格斯全集:第 46 卷上,北京:人民出版社,1979:104.
② 喻国明,等. 互联网是高维媒介:一种社会传播构造的全新范式——关于现阶段传媒发展若干理论与实践问题的辨正[J]. 编辑学刊,2015(4):6-12.

出来,人与媒介的关系成为我们这个学科回避不了的中心问题。

出现在传统新闻传播话语体系中的人,要么是组织化的人、职业的人,由此而生成的研究是有关记者的研究,新闻专业的研究,职业伦理研究,等等;要么是被动的人,比如受众的研究,离不开一个"受"字;要么是理性的人,有关"公众""公共领域"的研究常常言必称哈贝马斯……可是,在网络空间里出现的人,可能是非职业化、非组织化、非理性化的个人。在网络中"可见"的不仅是大多数人的理性观点,也可以是每个人的"自由言说"和情感表达;不仅是触及社会群体利益的"公共事务",也可以是基于个体利益诉求的"个人事务";不仅是大众媒介的"专业表演",也可以是个人充分设计的"自我展演";不仅是某种明确的话语表达,也可以是难以名状的情感、情绪和态度。我们常常引用麦克卢汉的经典论述"媒介是人的延伸",在今天的时代,更需要探讨另一个命题,即"人是媒介的延伸",以及"人如何成为媒介的延伸"。

此外,需要重思人与人的关系。由于机构化、组织化的媒体太过引人注目,人的交往和沟通在传统的新闻传播学科体系中不占主流,网络让个体化的人重新被发现。让·吕克·南希在《无用的共通体》一书中对我们过去一直使用的"community"一词进行解构,所谓"community",过去一直被翻译成"共同体",而南希认为,"共同体"的前提是要有一个"基础或者本原:一个上帝,一种自然本性,一种天分,一个帝国统治权,一个天国,一个民族,一个国家,所有这些'东西'都自为地预设了'一',统一和坚固,都实体化地能够对次级事物进行规定"[①]。共同体的预设是基于存在某种所谓的一致性的前提,当这种一致性的前提丧失或不那么稳固之后,共同体很难维系。在反基础主义的前提下,南希提出了"共与"的思想,即"在共通之中存在",他认为"共通体是对分离(或削减)的呈现,是对这种

---

① 南希.无用的共通体[M].郭建玲,等译.郑州:河南大学出版社,2016:9.

区别的呈现,而这种区别则不是个体化,而是在共显着的有限性"。①

意大利哲学家埃斯波西托在《共通体:共同体的起源与归宿》一书中,从词源学意义上考察了共同体的概念,认为共同体与个体之间是一种互相给予的关系。古代共同体被认为是人追求更好生活的方式,现代意义上的共同体则成为通过契约形成的人工构建物。② 人们在交流中获取信息的同时,更多的是体认和共享一种生活方式、一种仪式、一种文化、一种与族群、社区、共同体的精神沟通。

这种关于人的关系的研究,虽然还刚刚开始进入新闻传播学科,但扩大了新闻传播学的研究版图,丰富了学科内涵,更为人文社会科学的研究贡献了有价值的问题。

三、话语模式的转换:从"线"到"网"的新闻传播学话语体系

新闻传播学的话语体系创新,需要话语模式的转换。从传统的以"报学"为中心的理论体系,转向以"网学"为中心的体系;从"线性"的话语模式转向"网状"的模式。

报纸是现代性背景下的典型产物,因为办报纸的人拥有对信息的独占性和垄断性,所以报纸是传播媒介,不断地进行一点向多点、组织向个人的信息撒播。此后的广播和电视虽然分别诉诸听觉和视觉,但并没有改变这种一点传向多点、组织传向个人的传播格局。这种格局和媒介本身与现代性的高度理性化、制度化、精英化的时代特征是联系在一起的。报纸的使命是启蒙,自上而下呈现的是被办报的精英们把关过的,处理过的完整的世界。在报纸的时代,信息是稀缺资源,掌握信息就能把控世界。

---

① 南希. 解构的共通体[M]. 郭建玲,等译,上海:上海世纪出版集团,2007:53.
② ESPOSITO. Communitas : the origin and destiny of community[M]. translated by Timothy Campbell,San Francisco:Stanford University Press,2010.

这种线性传播体系为新闻传播研究展开的问题域就是：如何传播信息以让受众接受。切特罗姆发现，20世纪40年代，不同研究团体所做的"大众传播研究"备忘录提出的"四个询问性的题目——谁，说了什么，对谁说，产生什么效果——变成界定美国传播研究的范围和问题的主导范畴。""传播的行为科学限制在一个相当狭窄的模式里，它把传播解释为基本上是个说服的过程。"①在此种问题域中，新闻传播学的话语体系最典型的就是拉斯韦尔的"5W"模式：谁，传什么，对谁，通过什么媒介，取得什么效果。"传者""信息""受众""效果"等关键词基本上构成了新闻传播学教科书的经典模式。

网络的出现，尤其是移动互联网的普及，带来了革命性的变化。移动互联网本身已经成为一种生活方式，而不仅仅是一种媒体。无论微博、微信、直播、弹幕，移动互联网的信息方式是碎片化的，即时性的，充分交互的，没有报纸那般严整的集纳性。这是典型的后现代生活方式：去中心化、多元、小社区、互动。互联网技术的逻辑是一个网状信息系统的展开，个人可以和机构一样，平等参与分配信息，共同分享信息，实时交互讨论。

"网"的话语系统和"线"的话语系统的重要区别在于：线性模式是相对中心化的叙事，媒介与受众并非平等的关系，媒介对受众进行信息传播的目的是控制。而网状模式则在某种程度上颠覆了"传"和"受"的关系，强调的是沟通、互动、协商、共享，话语结构日益多元化。

从过去以信息为主导的单向度的话语模式，进入当下以生活方式为主导的多向度的结构模式，随之而来的是一系列的变化：传者的角色，从记录转向参与；新闻生产的过程，从专业化、封闭、后台化，走向去专业化、开放、前台化；新闻传播的文本，从静态的、完整的大叙事，裂变成动态的、

---

① 切特罗姆. 传播媒介与美国人的思想——从莫尔斯到麦克卢汉[M]. 曹静生，黄艾禾，译，北京：中国广播电视出版社，1991：142.

多方参与的、碎片化的小叙事;媒介本身,从精英化的,似乎需要正襟危坐进行阅读的纸媒,迅速替换成无处不在、无时不在、移动互联的手机;受众,从过去的"受"众,到"参"众,再到"用户"……这一切,都有待我们进一步展开深入的研究。

四、研究进路的探索:从"文本"到"实践"的新闻传播学话语体系

曾几何时,新闻传播学科的研究中,"文本"分析、内容分析占了上风,我们学科发表的不少论文都是针对静态的内容和文本的研究。媒介呈现、框架分析、话语分析、叙事研究等成为大量硕、博士论文的选题和研究方法。而与此同时,当代社会科学正在悄悄发生着一场"实践转向"。

美国社会学家西奥多·夏兹金认为:"当命名最为一般的社会事物时,思想家过去所谈论的就是'结构''系统''意义''生活世界''事件'和'行动'。如今,许多理论家给予'实践'以可相提并论的荣耀。实践的不同所指有待于当代不同学科的学者去研究。"[①]而作为一场"确定的思想运动","实践领域是一个研究诸如力量、知识、语言、伦理、权力和科学这类现象的场所"。[②]

从马克思的实践观,到布尔迪厄的实践社会理论,再到当下的"实践社会学",实践进路是一个打破主客两分二元对立的思维方式,以及超越静态的结构—制度分析的重要途径。

静态的文本研究,比较适合针对传统媒体所生产的内容进行研究。因为在传统媒体时代,新闻报道对社会的影响不是明显的、即刻的、变动的,封闭的报道体系对事件和社会的影响可能要很长时间才能看到,而且,被精心选择过的新闻内容很难马上与社会之间形成互动。所以,新闻

---

① 夏兹金,等. 当代理论的实践转向[M]. 柯文,石诚,译,苏州:苏州大学出版社,2010:1.
② 夏兹金,等. 当代理论的实践转向[M]. 柯文,石诚,译,苏州:苏州大学出版社,2010:16.

文本是以相对静止、孤立和断裂的形态呈现。新媒体时代，静态的文本变成流动的文本，不仅网络媒体和传统媒体之间不断形成互动关系，而且，网络这个虚拟空间也不断和现实空间形成互动关系，传播实践和社会实践也会发生互动，常常让一件小事从线上走到线下，变成一场"社会运动"。我们无法再用以往静态的、封闭的观念来看待媒体事件与媒介文本。正如詹姆斯·凯瑞所说："从仪式的角度看，新闻不是信息，而是戏剧（drama）。它并不是对世界的记述，而是描绘戏剧性力量与行动的舞台；它只存在于历史性的时间中，在我们假定的、常常是替代式的社会角色基础上，邀请我们参与其中。"①

以传统新闻学的关键词"事实"为例，报纸这种媒体的性质决定了报纸上的新闻是一次性的、线性传播的、偏于静态的，报纸的版面有限，决定了新闻的呈现更多是"事实"而非事件发展过程。而互联网所呈现的新闻很少是一次性的、单一视角的、静态的。互联网上的新闻是动态发展的，事件的后续进展如何、公众的关注如何、社会情绪如何，共同推动事件向前发展。所以，作为"事件"的新闻，而不是作为"事实"的新闻，更加接近当下社会的新闻生产实践和话语实践。

结语

格尔茨在《文化的解释》中曾经引用马克斯·韦伯的比喻"人是悬在由他自己所编织的意义之网中的动物"，说明"所谓文化就是这样一些由人自己编织的意义之网。因此，对文化的分析不是一种寻求规律的实验科学，而是一种探求意义的解释科学"。② 所谓语言也是人自己所编织的意义之网。如果把话语、概念看作意义之网的网结，那么，对事物的"命

---

① 凯瑞.作为文化的传播[M].丁未,译.北京:华夏出版社,2005:10.
② 格尔茨.文化的解释[M].韩莉,译.南京:译林出版社,1999:5.

名"就是至关重要的,这件事情直接关系到让事物"是其所是"。就像海德格尔说的,不是人在说话,而是话在说人。① 话语体系之所以重要,因为不同的话语体系会敞开不同的研究"视界"。

今天,我们对新闻传播学话语体系的反思与重构,某种程度上来自互联网带来的"新传播革命"的倒逼,当互联网这张"人类之网"让所有人都身处其中无法逃脱的时候,当我们认识到互联网"是一种重新构造世界的结构性力量"②的时候,重新思考人的生存处境,学科的生存处境,就不是一件无足轻重的事情。

本套丛书命名为"杏坛学术论丛",其立意有二:一者安徽大学新闻传播学院门前有一个"杏坛广场",每年三月杏花如雪,六月杏儿满枝,是学校的一道风景;二者杏坛是传说中孔子聚徒讲学之地,也是道家修炼之所。杏坛之谓,既是自喻,也是自勉,希望我的同事们择定自己的学术之路精进向前,希望安徽大学新闻传播学院的学术之树繁茂丰盛,成为中国新闻传播学研究的一道风景。

姜　红

(安徽大学新闻传播学院院长,

教授,博士生导师)

---

① 海德格尔. 语言[M]//海德格尔选集:下,孙周兴,选编,上海:上海三联书店,1996:983.
② 喻国明. 互联网是一种高维媒介[J]. 南方电视学刊,2015(1):15-17.

目 录

前　言　001

第一章　从模仿的世界到模拟的世界　001

003//第一节　视觉艺术的起源
011//第二节　西方视觉艺术的历史叙事
024//第三节　视觉艺术中的中国故事
033//第四节　视觉时代的视觉景观

第二章　视觉文化研究范式：从结构到话语　045

047//第一节　结构主义和符号学
065//第二节　精神分析理论
073//第三节　后结构主义和话语

080// 第四节　视觉人类学与其他方法

第三章　视觉文化与视觉文化研究谱系　　086

086// 第一节　视觉形成和视觉规律
093// 第二节　观看的方式：看与被看
114// 第三节　视觉化、视觉性与认知性
121// 第四节　视觉文化及研究的视域

第四章　广告：被生产的幻觉、幻想　　129

131// 第一节　关于现在、过去、未来的叙事
138// 第二节　广告的符号、结构、符码
146// 第三节　广告的承诺与欲望满足
159// 第四节　广告的形式：结构、互文性与修辞

第五章　影视艺术：交错的时空和岁月　　173

174// 第一节　综合：影视艺术的视觉表征
181// 第二节　视觉画面：影视语汇
201// 第三节　视觉语法：蒙太奇与长镜头
209// 第四节　视觉修辞：画面和结构修辞

第六章　虚拟空间：体验共同幻象　　216

217// 第一节　网页的视觉表达

233//第二节　动画艺术的视觉表达
245//第三节　虚拟现实中的视觉表达

第七章　建筑空间：用结构表达思想　　259

260//第一节　空间与建筑空间
267//第二节　建筑实体空间视觉要素
274//第三节　建筑体造型的视觉特征
286//第四节　建筑结构空间的视觉特征

第八章　城市：被展开的内外空间　　298

301//第一节　城市象征空间
313//第二节　城市流动空间
321//第三节　城市活动空间
331//第四节　城市印象空间

参考文献　　343

后　记　　355

前　言

在人类发展历史进程中，视觉图像作为记录人类文化、生活的重要载体和媒介，它与人类社会生活的关系也比较密切，因此，视觉图像很早就受到了人们的关注。早在古希腊时期，人们就开始对图像进行描述和阐释，他们使用的词是"Iconography"，这个词是由"eikon"（图像）和"graphein"（书写）合成和衍化而来。在古希腊对视觉图像有较全面、深刻阐述的可以追溯到亚里士多德，他不仅强调人类爱观看的特性，还关注视觉行为的具体特征，"无论我们将有所作为，或竟是无所作为，较之其他感觉，我们都特爱观看。理由是：能使我们识知事物，并显明事物之间的许多差别，此于五官之中，以得于视觉者为多"①。此后，关于视觉图像的研究一直绵延不绝，它也成为视觉文化研究的先导，同时也为视觉文化研究奠定了坚实的基础。

真正意义上的视觉文化研究肇始于艺术史。1568年瓦萨里写的《名人传》，是一部真正意义上的艺术史，在书中瓦萨里不仅研究佛罗伦萨的艺术家，关注佛罗伦萨这座城市，也对这个时期的各类艺术品展开了研究。里帕的《图像学》写于16世纪，这是一本较为系统地研究视觉文化的著作。但早期的视觉研究，研究对象主要集中在绘画、雕塑等艺术品，直到黑格尔，这样的局面才发生了根本改变，黑格尔"将历史看作一系列前后相接的时代，每个时代自有其独特的精神，即所谓'时代精神'，即'Zeitgeost'。尽管黑格尔主要关心的并不是视觉艺术，但是他认为一个时代所有方面的表征都具有共同的属性，这就为建立一个比只包括绘画、雕塑

---

① 亚里士多德. 形而上学[M]. 吴寿彭，译. 北京：商务印书馆，1997：1.

和建筑等传统高雅艺术宽泛得多的'文化'[culture]目类搭起了框架"[①]。布克哈特用"文化"把文艺复兴时期的各种行为和活动都当作那个时代的表征统摄起来。拉斯金崇拜大师的绘画,但也赞赏不知名工匠的作品,这进一步扩大了视觉文化研究的范围。达尔文的《物种起源》发表后,瓦尔堡试图把达尔文使用的自然科学原则应用于人文学科,并且真正付诸于实践,"他将从文艺复兴杰作的照片到现代摄影杂志等各类图像并置在一起,从而预示了现代视觉研究"[②]。沃尔夫林运用"移情"理论来研究文艺复兴时期的文化,而潘诺夫斯基的《图像学研究:文艺复兴时期艺术的人文主题》,是将图像理论科学化的一次尝试。

1922年巴拉兹首次提出了"视觉文化"这个术语。巴拉兹认为,电影开启了人类新的"视觉文化"时代。到20世纪50年代巴拉兹的相关观点进入了英语世界,也影响了麦克卢汉和贝尔等英美学者。贡布里希在1960年出版了《艺术与错觉:视觉再现的心理学研究》,"尽管他没有使用'视觉文化'这个术语,可是作为一位兴趣广泛的文化史家,他预示了视觉文化研究的出现"[③]。M.巴克森德尔把艺术仅仅看成是视觉领域中的一部分。他提出"时代之眼",即"我们都借助不同的神经装备来看世界,而我们的神经装备是通过经验形成的"[④]。我们的观看是和经验有关系的。伯格的《观看的方式》则运用马克思主义和心理学方法来说明艺术和广告的相似性。

结构主义使得视觉文化研究更加严谨,巴特和福柯是其中的杰出代表,而后结构主义则以德里达和鲍德里亚为翘楚,他们为文化研究提供了系统理论"武器"。新的理论也给英国、美国视觉文化研究进一步拓展提

---

① 奥涅斯."视觉研究":过去、现在和未来[J].新美术,2011(6):5.
② 奥涅斯."视觉研究":过去、现在和未来[J].新美术,2011(6):6.
③ 奥涅斯."视觉研究":过去、现在和未来[J].新美术,2011(6):8.
④ 奥涅斯."视觉研究":过去、现在和未来[J].新美术,2011(6):8.

供了理论保障,米歇尔以及米尔佐夫在吸收前辈理论成果的基础上各有建树。米歇尔从视觉文化的社会建构角度来研究视觉文化,他认为:"这些研究实践已出现在艺术史、文学和媒介研究、文化研究等学科的交汇之中,它环绕着我所说的'图像的转向'。这一转向贯穿在有关认同构成、性别、他性、幻想、无意识的批判理论、哲学和政治话语之中;它集中于视觉经验的文化建构,这种视觉经验蕴含在日常生活、媒体中,再现于视觉艺术之中。因此,视觉文化是一个研究规划,它要求艺术史家、电影研究者、视觉艺术专家、理论家、现象学者、精神分析学者及人类学家之间对话。简而言之,视觉文化是一个学科间的研究,是跨越学科边界的交汇与对话的场所。"①米歇尔强调的是视觉转向,视觉文化研究需要借助于批判、哲学等理论,同时也是一个跨学科的研究。米尔佐夫借用巴尔的观点指出,"……视觉是一个不断处于竞争、辩驳和转变之中的挑战性场所,它不但是社会互动的场所,而且也是根据阶级、性别、性和种族身份进行界定的场所。视觉文化绝对是一个交叉性学科"②。米尔佐夫的观点与米歇尔的没有什么本质的区别。

20世纪80—90年代的视觉文化研究一直遵循既往的研究理论和方法,直到2000年,米歇尔开始关注视觉文化与生物学的关系,他宣称:"视觉文化是对社会的视觉建构,而不仅仅是对视觉的社会建构。因此,有关视觉的自然方面的问题是不可避免的中心问题,同样重要的还有兼为图像和观看者的动物的角色问题。"③布列森也开始拥护神经元科学的方式,神经元科学就是强调控制和组织大脑工作的那些原则,而借助神经元科学,感觉、情感、体验和创造性又被赋予了活力。比如"苹果"不再只是一个符号,现在它变成一种经验,具有主观性,而主观

---

① 周宪.视觉文化转向[M].北京:北京大学出版社,2008:17.
② 米尔佐夫.视觉文化导论[M].倪伟,译.南京:江苏人民出版社,2003:4.
③ 奥涅斯."视觉研究":过去、现在和未来[J].新美术,2011(6):9.

性已经不是社会建构起来的,而是由神经元建构起来的。米契尔和布列森承认"自然",特别是承认神经经验和生物学是视觉形成的一般基础这一事实。

德国学者的视觉文化研究独树一帜,德国艺术史家贝尔廷和布莱德坎普提出了"图像科学"概念。贝尔廷在1988年提出了"艺术史的终结",同时他特别关注通过跨学科的视角处理图像。布莱德坎普则是从德国研究传统中建立新的图像科学,他试图建立一门类似于自然科学的图像学科。德国学者与其他的视觉文化研究者的不同之处在于,他们的研究是建立在德国研究传统的基础上,同时对新媒体,特别是数字媒体给予极大关注。

纵观整个视觉文化研究发展的历史,我们会发现:视觉文化研究是从艺术研究中演化而来的,而且不断发展;视觉文化与时代关系主要体现在时代精神统摄了时代文化;人们对视觉本身的研究标志着视觉文化研究的一个新开端,同时人们研究发现视觉文化与视觉经验和视觉技术等关系密切;视觉批评是建立在相关理论基础上的,比如符号学、结构主义、精神分析等,当然也包括自然科学。

本书作为视觉文化的一般性著作,研究的重点在于视觉文化研究的一般理论和视觉文化的实践,特别是媒介实践和社会发展实践。本书以视觉文化相关理论和实践阐释为基础,同时也确立了视觉文化研究的范围、视域、方法和路径。视觉文化是一种跨学科的研究,所以尽可能多地将其他学科相关研究资源"挪"为视觉文化研究的"武库"不失为明智之举。跨学科的移植,是横跨学科界线的汇集、交流和对话,因此必须通过一系列不同的学科来研究的想法,可能是有帮助的。[1] 因此,对于视觉文化研究,本书一方面关注新媒介语境下视觉文化的发展,另一方面就是将

---

[1] 巴纳德. 理解视觉文化方法[M]. 常宁生,译. 北京:商务印书馆,2005:8.

视觉文化研究从传统的偏向艺术研究转向对实现空间的关注,而且注意视觉文化自身的"视觉性""视觉化"等问题。

本书主要分为两大部分,第一部分是理论部分,第二部分是实践部分。理论部分主要讨论视觉文化的形成和发展,视觉文化研究的基本范式,视觉形成的机理和视觉文化研究的相关内容;实践部分主要研究广告、影视艺术、网络空间、建筑空间和城市空间的视觉形态。全书也是按照这两个部分设立章节的,下面就每一章的内容做一个概述。

第一章"从模仿的世界到模拟的世界"是从人类的模仿行为的相关描述开始的,人类的模仿行为是视觉文化形成的基础,最早的视觉图像就是从模仿开始的。随着技术的发展,人类表现世界的方法出现了新跨越,这就是模拟的出现。而数字化的复制手段对于模拟技术是革命性的。与模仿、复制、数字复制相关联的是三种图像形式,即图腾、图像和仿像,由此也标志着视觉文化从原始走向了现代。对于视觉艺术的起源,豪塞尔认为源自洞穴壁画,洞穴壁画在东西方都大量存在,只是西方发展的水平更高,但是在中国的早期视觉图像中除了壁画外,还有独树一帜的彩陶等。西方视觉艺术经历了从古代、近代到现代的发展,其中充满着曲折,也有着让人倾慕的辉煌;而中国经过了上古、中古、近古,在创造了辉煌的物质文明的同时,也创造了让人惊叹的视觉艺术。经过数千年的发展,人类开始步入视觉时代,视觉时代是以技术为基础的,视觉时代是"视觉化"的时代,是视觉占据主导地位的时代,是世界被视觉把握的时代。

第二章"视觉文化研究范式:从结构到话语"重点是对视觉文化的相关研究理论做一个总结和阐释。从语言向图像转变的过程也伴随着视觉性、机器、话语、身体等方面的变化,不可忽视的另外一个事实是,观看行为也和监视、权力和快感等有着密切的联系。相关的许多理论都涉及上述问题,其中结构主义、精神分析、话语理论和视觉人类学都为视觉文化研究提供了特定的研究视角。结构主义不再把世界看作由事物构成的，而是看作关系，同时关注结构关系的意义，也就是说，结构由要素构成，各种要素之间形成关系，关系是意义形成的基础。精神分析是由弗洛伊德创立并且被他的继承者不断发展的一种理论。对于视觉文化研究，精神分析主要关注艺术家、艺术作品、艺术接受者与精神结构以及无意识之间的关系等。福柯作为后结构主义的代表，他重视语言、重视权力与话语之间的关系。视觉人类学对于视觉文化研究的启示是多方面的，特别是一些具体的研究方法上，比如"深度描写""认知与叙事"可以说对于视觉文化研究具有崭新的意义。

第三章"视觉文化与视觉文化研究谱系"主要研究视觉形成、观看方式和视觉研究的谱系。眼睛是视觉形成的感觉器官，在照相机、摄像机等影像技术出现以前，观看主要是通过眼睛，而且观看对象不同，观看的方式也不同，当然观看也不是简单地看的行为，观看受到多种因素的影响，由此形成了各种各样的观看方式。凝视作为一种观看方式不仅是欲望的表达，也是自我、他者建立的基础。围观可以在现实生活中出现，也可以出现在网络空间，围观蕴含着政治，是一种潜在的交往关系。观看方式是一种关系的建立，这种关系也是快感和权力存在的基础。视觉文化具有内在的规定性，视觉文化是一种视觉产品，而且是有意义的产品，视觉文化和消费时代有着密切的关系，所以视觉文化研究的视域主要集中在视觉文化发展的历史、视觉方式、视觉意义、视觉形成的机制以及广告、影视、网络、建筑和城市等各种视觉类型的文化表征上。

第四章"广告：被生产的幻觉、幻想"主要就现代广告中的"视觉性"从广告表达的主题、广告中的符号、欲望等方面展开阐述的。广告是为了传播信息，由此广告叙事成为广告信息组织的主要手段，而与此同时，广告需要用自己的方式向大众叙述，立足于当下，也面对过去、未来展开,所以广告也成为给予人类实现美好未来的一个承诺的舞台。人是利用符号的动物,广告当中充斥着各种符号,与此同时,广告还需要通过符号来传达它所要表达的意义。广告是一种推销,但是绝不是简单的推销,它是通过说服来达到目的,而说服就是通过物质的、情感的、尊重性的、特定的诉求来满足受众特定心理并最终影响受众的消费行为的。广告不仅要通过内容表达诉求,广告也需要利用形式要素来表达诉求,广告形式包括外在的和内在的,即广告内容的组合方式和广告内容的编排方式,也包括特定的艺术表达手法,比如广告的互文性和修辞等内容。

第五章"影视艺术:交错的时空和岁月"主要是对影视的视觉形态发展做一个简要的叙述。影视艺术是现代传播技术、媒介技术和多种艺术集合体。影视艺术通过动态画面和各种声音组合来再造时空,叙述故事。它是技术与艺术,视觉和听觉,时间与空间相结合的艺术。影视画面通过摄影、摄像设备被记录在感光胶片或磁带上,最后在屏幕上还原出来。画面是影视艺术的最小结构单位。画面是对特定对象的表现,因此影视画面包含人、物、景,而其形式要素包括景别、光影、色彩、构图等,同时这些要素是通过形象表现出来的。蒙太奇作为影视画面的结构方式,具有示意性,它也可以准确地表达现在、过去和未来的时间,同时,蒙太奇还具有叙事、抒情和表意功能。通常根据功能,蒙太奇分为叙事蒙太奇、抒情蒙太奇。影视需要综合的艺术表现手段,修辞作为一种有效的表现方式和传播手段,在影视中也被广泛运用。影视艺术修辞是通过画面、图像和声音等符号来实现的,并且画面、图像和声音既可以用独立的方式,也可以通过结构的方式来实现修辞的目的。

第六章"虚拟空间:体验共同幻象"主要对虚拟空间中的网页、动画以及虚拟现实的视觉形态进行系统阐述。虚拟空间是数字化的空间,它包括电脑游戏、超媒体、虚拟社区、虚拟现实、人脑-电脑界面等。虚拟空间超越了人类在现实生活中的地理空间或历史空间。从视觉角度看,网页中的视觉元素,包括文字、图形、形状、形体,以及点、线、面、色彩、空间等具有形式特征的要素。视觉元素不是孤立的,而是整体的,因此网页组合必须遵守变化与统一、对称与平衡、比例与尺度、对比与调和、节奏与韵律等形式原则,同时网页的视觉结构是根据眼睛浏览特点布局的,这就是通常所说的视觉流程。"动画"是"活动的图画",是给没有生命的东西以生命,使静止的图像活动起来。动画镜头是动画的基本语言形态,动画角色造型是通过动画中的道具、场景、人物等可视的元素来实现的。动画场景是动画角色活动与表演的场所与环境,场景对于塑造角色、突出环境、营造氛围、传达情感以及增强叙事的真实性和感染力都十分重要,也属于动画造型的一部分。虚拟现实是以计算机技术为核心,融合相关技术而生成的一定范围与真实环境在视、听、触感等方面高度近似的数字化环境,因此虚拟现实具有沉浸感、交互性、构想性特点。用户只要借助必要的装备与数字化环境中的对象进行交互作用就可以产生亲临对应真实环境的感受和体验。虚拟现实的可视化、感知性决定了虚拟现实具有技术美和艺术美的特点,当然虚拟现实还处于起步阶段,随着虚拟现实的发展,其带来的变化将是革命性的。

第七章"建筑空间:用结构表达思想"旨在阐明,建筑为人类生活、工作、休闲提供了特定的空间,建筑空间的独特结构和美的形式,使得建筑空间不仅能够满足人的物质需求,也可以满足人的精神需求。建筑物有进深、幢深,建筑也有长度、层高、层数、高度等三维量度,这是确立建筑空间的重要维度。当然建筑空间不只是物质空间,因为建筑空间的形成受地域、种族、设计师个人风格等多种因素的影响,因此建筑空间也承载着人类的精神。建筑从理论上可以"拆解"为点、线、面、体等元素,或者说建筑是由点、线、面、体等元素组合而成的。建筑空间是实体的承载,也会呈现出一种形状,而且建筑空间还与建筑的位置和方向有关,不仅如此,建筑材料的质地和纹理也是建筑的一个部分，而色彩使得建筑更加绚丽多姿。建筑的视觉形式是建筑存在的一种样态，当然建筑的形式不仅是建筑外观的自然显现，而且还是"人化"的结果，是点、线、面、体、色彩等各种元素的集合和各种不同结构之间的合理组合，这些组合方式有点式、三段式、对称式、围合式、半围合式、辐射式、螺旋式，等等。公共建筑、居住建筑、工业建筑、沿街建筑等建筑群在组合方式上也呈现出一定的规律。

第八章"城市：被展开的内外空间"主要是对城市的各种不同类型的空间形态进行视觉化描述。城市空间研究角度是多维度的，单就城市空间的"质"和"量"来看，"质"包括城市的流动空间、活动空间和象征空间，"量"包括人口密度、土地单价、建筑高度、建筑密度、开发速度以及空间产品的产量等。城市象征空间是由实体建筑、象征意义的体验者、象征意义以及由此构成的场域组成。象征空间独特的意义承载作用，使得这些空间往往成为城市的"视觉焦点"，因此一些具有特质的城市公园、城市绿地、城市广场、公共建筑物都可以是城市象征空间。城市道路在宏观上是线，在微观上是宽广的面，城市道路空间具有延展的特点，而作为承载交通流的"线"，也具有"流动"和服务的特点。城市道路涉及步行系统、汽车交通、铁路、水路交通等，它属于城市空间的一部分，是城市运行的脉络，也构成了城市的骨架。城市活动空间是"面的空间"，是城市居民从事生产、生活、休闲、娱乐的特定区域，它包括居住区、商业区、办公区、工业区、娱乐区等。任何一个城市的公众印象都是许多人印象的叠合，或者一系列的公众印象，每个印象都是一定数量的市民所共同拥有的。影响城市印象形成的因素包括：道路、边沿、区域、节点和标志。

本书是围绕着视觉文化理论和实践这两个维度展开论述的，按照一般的逻辑应该是用相关的理论来分析视觉实践，比如用精神分析研究影视等视觉作品,或者研究各种视觉文化是如何突显其权力的,或者研究视觉文化的意识形态特征等,但考虑到视觉文化研究的实际和本书写作的目的,我写作的重点主要集中在对视觉文化研究理论和视觉文化实践一般层面的陈述上,如何将相关理论和实践有效结合起来还有待研究的进一步深入。

第一章 / 从模仿的世界到模拟的世界

> 必须把历史看作符号系统,历史叙事同时指向两个方向:叙事所形容的事件和历史学家作为事件结构的图标所选择的故事类型或神话。叙事本身不是图标;历史叙事形容历史记录中的事件,告诉读者怎样才能找到关于事件的图标使得事件变得"熟悉"起来。
>
> ——海登·怀特

模仿是人类较为原始的一种心理倾向和行为方式,其实早在语言出现以前,人类就通过模仿活动建立起了特定的行为方式,并经过不断强化使之成为一种表象思维方式。"人类独具的模仿是一种高层次的'延迟模仿',所谓延迟,是指一种位移,即对在时间和空间上远离的事物做出反应。这种超越了给定对象的模仿行为的出现,便使人类从单纯的感知运动水平向心理表象(想象表象)阶段演进,而这正是艺术创造的重要前提。"[①]有实验表明,包括艺术在内的人类文化的产生是与人类的模仿本能息息相关的。

原始的视觉艺术大多是模仿的艺术,随着人类视觉艺术实践的不断丰富和实现手段的多样化,人类开始逐渐超越这种本能的模仿行为,视觉艺术创造也成为一种既合目的性又合规律性的模拟行为。数字技术的出现和发展,改变了人们认识世界和改造世界的方式和方法,也成为促进艺术和社会创新的动力。"信息通信技术中的通用目的技术从根本上产生

---

① 童庆炳,程正民. 文艺心理学教程[M]. 北京:高等教育出版社,2011:232.

了组合和重组思想的新思路。像语言、印刷、图书馆或者大学教育一样，全球的数字网络也培育了重组式创新的动能。我们不仅能够按照从来没有过的方式组合思想，还能对思想进行重组——不论是原有的还是现在的。"① 数字化时代的视觉艺术创造不同于模仿也不同于模拟，如果将各种视觉艺术的创造行为加以归类的话，大致可以概括为三种图式，这就是图腾（totem）、图像和仿像（simulacrum），其特征如表 1-1 所示：②

表 1-1

特征 范型	图腾	图像	仿像
时代	原始的	古典的	现代的（后现代）
技术	石器、彩陶	金属、机械	光、电传播
信息方式	面对面	印刷、书写媒介	机械复制
镜像方式	水鉴	镜子	照相、摄影
主要艺术形式	崇拜物、仪式	绘画、雕塑等	照片、电影、电视
形象特征	幻象	实像	仿像

当人类把视觉造型与原始信仰结合起来的时候，图腾就产生了。图腾作为原始人类社会普遍存在的崇拜对象，也是人类先民原始的意识形态，并且深入到他们生活的方方面面。图像出现的历史与人类历史一样悠久，但当人类从混沌、主客体不分的图腾时代迈向理性思考时代的时候，图像出现了。与图腾不同，图像是人类自觉按照视觉艺术和美的规律创造出来的，是被赋予精神内涵的产品。因复制技术出现的仿像，是图像呈现的高级阶段。仿像是通过各种技术手段，特别是通过复制或仿制形成的，"再造意象的过程，是去创造一种同类影像的交流，使仿本与原本类似，使过去与现在混同，所有的东西都自由漂浮，发展出自己的特定时间，

---

① 约弗森，麦卡菲. 第二次机器革命[M]. 蒋永军，译. 北京：中信出版社，2014：91.
② 首都师范大学文学院，首都师范大学出版社. 文学前沿：五[M]. 北京：首都师范大学出版社，2002：2.

发展出自己独特的历史。仿像传达出相互消解的观念,也就是说,在它那里,原始范本已不复存在,也就是无所谓仿本了。"①仿像生产的体制化、传播的全球化,使得人类开始进入视觉时代。从视觉艺术发展的阶段看,视觉艺术是按照"原始""古典""现代"等阶段来划分的。

第一节　视觉艺术的起源

人类通过创造视觉形象来传达信息。视觉形象一直是人与人之间相互交流的基本手段和媒介,但视觉形象如何发展成为视觉艺术。它们究竟是如何起源的,又是如何发展的?世界不同地区的视觉艺术又各自有什么样的发展路径和轨迹?这些问题都在困扰着我们。对于视觉艺术的起源,豪塞尔的回答十分直接:"就视觉艺术的起源而论,它就是旧石器时代的洞穴壁画,它们最动人的地方就是显著的写实风格和几乎毫无例外的'再现性特征'。"②这样的推论虽然简单,但还是给我们指出了视觉研究的一个起点。

一、西方视觉艺术起源——壁画

洞穴壁画是涂绘在岩洞深处石壁上的画,也包括在岩洞里雕刻的浮雕等。巴赞在《艺术史》中声称,真正的艺术的出现应该是在人类能够创

---

① 首都师范大学文学院,首都师范大学出版社. 文学前沿:五[M]. 北京:首都师范大学出版社,2002:14.
② 豪塞尔. 艺术史的哲学[M]. 刘天华,译. 北京:中国社会科学出版社,1992:300.

造性地掌握世界的潜在力量和语言出现以后的旧石器时代。①旧石器时代，通常指公元前4万年至公元前1万年，地球上出现最后一次冰川期这段时间，这次冰川期长达数个世纪。冰川期的标志是气温大幅度下降，地球的中、高纬及高山地区形成大面积的冰盖和山岳冰川，冰川期也影响了气候带、大气环流和动植物生长以及分布。

那些原来不习惯寒冷气候的动物，如西伯利亚犀牛、驯鹿、猛犸象等逐渐南移，而人类则带着冰川期之前就已学会使用的火种住进了天然洞穴。严酷的气候、对猎物的渴望和对生命的祈愿刺激了人类的创造性，于是大量的洞窟壁画产生了。在已经发现的洞窟壁画中，最为集中的地区位于法国的南部和西班牙北部的法兰西—坎塔布里连等地。另外，在意大利、罗马尼亚、葡萄牙和乌拉尔也发现有岩洞壁画。岩洞壁画的晚期是指从中石器时代开始一直延续到有文字出现这段时期。这一时期岩洞壁画遍布欧洲许多国家，其中心点位于欧洲南部伊比利亚半岛、法国南部、阿尔卑斯山区、意大利南部和斯堪的纳维亚半岛诸国。通观整个时期，我们会发现壁画分布范围相对集中，在发现的200多处洞穴壁画中，西班牙北部和法国南部地区是最重要的地区之一，美术史上称之为法兰西—坎塔布里连文化圈。西班牙南部、意大利半岛南部和西西里也发现了一些岩洞壁画。有两处被人类学家和艺术史学家公认为最有代表性的岩洞壁画，一个是西班牙阿尔塔米拉洞穴壁画，另外一个是法国拉斯科洞窟壁画，前者被西方学者比喻为"史前的西斯廷教堂"，后者被称为"史前的卢浮宫"。

阿尔塔米拉位于西班牙北部的坎塔布里连山区。1879年，西班牙考古学家德桑图奥拉到阿尔塔米拉洞穴进行研究，随他而来的4岁女儿玛利亚偶然发现了岩洞里的壁画。根据岩洞壁画风格推定，这些壁画是在

---

① 巴赞.艺术史[M].刘明毅,译.上海:上海人民美术出版社,1989:10.

五个相互关联的不同时期逐步形成的。最晚出现的画作在洞内一段被称作"画厅"的洞顶上,洞中还发现了作画时照明用的石灯。阿尔塔米拉洞在旧石器时代晚期的奥瑞纳文化期就有人居住,疏吕特文化后期由于洞口逐渐崩塌,这里被专门作为举行宗教或巫术仪式的场所。

阿尔塔米拉岩洞长270余米,内有大小11个洞窟,大部分壁画分布在长18米的侧洞的顶和壁上。在大约七八十平方米的洞顶上,涂绘着15头巨大的野牛,数匹野马和数只野山羊和鹿,还有一些远古人的手形和一些至今没能破译的符号。动物无论是受伤的还是奔跑的,姿态都十分真实生动,多为写实,手法粗犷,大多用重彩刻画而成。

绘画方式可能是先在岩壁上刻出简单的轮廓,然后再用管子将颜料吹到岩壁上。壁画颜料是用矿物质、炭灰、土、动物血掺和动物油脂制成的,以浓重的黄、红、黑、褐色为主。绘画运用"明暗表现法",即在一个动物的身体上使用不同的颜料,通过颜料色彩的深浅对比以加强绘画的质感,动物身体的各种比例也比较准确。窟顶画中有两头负伤的野牛,它们的身躯蜷缩成一团,外轮廓被绘成三角形,而抽搐的四蹄、甩动的尾部、斜刺如剑的双角、直竖的耳朵都十分生动。壁画中以黑色和赭红色颜料描绘的公牛,形象逼真,富有表现力。此外,画中的野牛倒在地上,两腿无法站立起来,却低着头来保护自己,这把野牛生命最后时刻的特点表现得惟妙惟肖。

法国拉斯科洞窟壁画是在1940年被几个孩子无意中发现的。洞窟是由一条长长的、宽狭不等的通道组成,通道中大约有1 500个岩刻和600幅绘画,其中100多幅画有牛、马、熊、狼、鹿、鸟与人等形象。其中有一个形状不规则的圆厅上画有65头大型动物,有2米到3米长的野马、野牛、鹿,有4头巨大的公牛,最长的约5米以上。拉斯科洞窟壁画的线条粗犷、气势磅礴、动态强烈,画面已经初步显示构图意识,比如前洞的六头大牛,组成圆圈,朝一个方向奔跑。在技巧上,拉斯科壁画中有的是直接将红、黄、棕和黑等多种颜色涂在石壁上绘成,有些却是用管子把颜料吹到石壁上绘出的,绘画的表现手法多样。

二、中国视觉艺术的起源

中国是世界上最古老的文明国家之一,关于视觉艺术的起源,最早可以追溯到一些传说:"相传有巢氏,绘轮圜螺旋,或系一种绳墨?然推其形象,已略存绘画之意味。又先贤每谓通天事考莫如河。河有图,而龙马出之,因谓吾国绘画以此为最先。《易·系辞上传》云:'河出图,洛出书,圣人则之。'"①这就是对中国视觉艺术起源的一种形象描述。对于中国绘画的起源,潘天寿有这样几种推论。(1)源于神农之臣白阜。《画史会要》云:"火帝神农氏,命其臣白阜,甄四海,纪地形而图画之,以通水道之脉。"②绘画与绘出地形地貌、疏通水道有关。(2)源于黄帝。《鱼龙河图》云:"黄帝遂画蚩尤形象,以威天下。"黄帝在打败蚩尤后,天下依然混乱,为了树立自己的权威,也为了表达对对手的尊重,黄帝画出蚩尤的画像。《云笈七签》云:"黄帝以四岳皆有佐命之山,乃命潜山为衡岳之副,帝乃造山,躬形写象,以为五岳真形之图。"③黄帝自己亲自绘制出五岳的图形。(3)源于文字。最早可以追溯到仓颉,《孝经援神契》云:"奎主文章,仓顿效象。"宋均注:"奎星屈曲相钩,似文字之画。"④(4)源于黄帝的大臣史皇。《云笈七签》云:"黄帝有臣史皇,始造画。"《世本》云:"史皇作图。"旧注:"史皇,黄帝臣也。图,谓画物象。"新石器时期是中国艺术起源的重要阶段,这个时期的视觉艺术主要体现在彩陶的纹样,也包括尚存的一些壁画、地画、岩洞画。

---

① 潘天寿. 中国绘画史[M]. 北京:团结出版社,2006:3.
② 潘天寿. 中国绘画史[M]. 北京:团结出版社,2006:4.
③ 潘天寿. 中国绘画史[M]. 北京:团结出版社,2006:4.
④ 潘天寿. 中国绘画史[M]. 北京:团结出版社,2006:4.

彩陶的纹样

中国史前的彩陶纹样实际上也是一种绘画，最杰出的代表是仰韶文化和马家窑文化的彩陶。仰韶文化出现的年代大约是公元前5000年至公元前3000年，延续时间约2 000年，而且分布的地区十分广泛。仰韶文化的彩陶器形与纹饰类型多样，其中以半坡和庙底沟彩陶最为突出。半坡类型彩陶主要以西安的半坡、临潼的姜寨、宝鸡的北首岭遗址出土的彩陶为代表。这些地区出土的陶器通常都是圈底或平底钵、平底盆、鼓腹罐、细颈瓶等。彩陶的花纹被绘制在敞口盆的内壁，花纹形状有宽带、三角、斜线、波折等几何纹样，还有动物图案，如四鹿纹盆、三鱼纹盆。其中最为著名的彩陶是内部有彩绘的人面鱼纹盆和彩绘的鱼纹盆。

人面鱼纹盆，是由细泥红陶制成，敞口卷唇，沿口处绘有间断黑彩带，内壁用黑彩绘出两组对称的人面鱼纹，如图1-1。人面呈圆形，头顶有形似发髻的尖状物和鱼鳍形装饰；前额右半部涂黑，左半部为黑色半弧形；眼睛细而平直，呈眯合状；鼻梁挺直，成倒立的"丁"字；嘴巴以两个对尖的三角形表示，嘴巴左右两侧分置变形鱼纹，鱼头与人嘴外轮廓重合，似乎是口内同时衔着两条小鱼。另外，人面双耳部位也有相对的两条小鱼，从而构成形象奇特的人鱼合体。在两个人面之间，有两条大鱼作相互追逐状。半坡遗址的彩绘鱼纹盆，如图1-2，采用写实的手法，鱼的形体匀称，结构比例合理，鱼的眼睛充满生机和活力，鱼鳍鱼尾却被简化，它们在圆形盆的外壁，一条尾接另一条尾，首尾相接，似鱼在水中游弋。

图1-1　　　　　　　　　图1-2

在半坡遗址中临潼的姜寨出土的彩鱼蛙纹盆和宝鸡北首岭出土的水鸟衔鱼纹细颈彩陶瓶各具特色。鱼蛙纹盆的内壁有两只用黑彩画的伏着的青蛙,其背部绘有密集的黑点,以表示蛙身上的斑纹,绘制的青蛙缩着脖子,大腹便便,似乎正向着盆沿缓缓爬去,两只青蛙之间各有一对鳍尾俱全的黑色小鱼。庙底沟的彩陶以河南陕县庙底沟和陕西华县泉护村出土的彩陶为代表,这一类彩陶多绘制在大口小底的曲腹盆外壁的上半部,纹样多由弧线描绘,除鸟、鱼、蛙等图案外,还有一些是圆点、弧形三角、垂幛、花瓣、花蕾等图案。

仰韶文化晚期,生活在黄河上游的甘肃、青海等地区的先民们创作了大量的彩陶,由于这一文化遗址被发现在甘肃临洮的马家窑,也被称为马家窑文化。马家窑文化包括马家窑、半山、马厂三个文化类型。马家窑彩陶继承了仰韶文化庙底沟类型的爽朗风格,但表现更为精细,形成了绚丽而典雅的艺术风格。马家窑彩陶大多以泥条盘筑法成型[①],陶质呈橙黄色,陶器表面打磨比较细腻。马家窑彩陶早期以纯黑彩绘花纹为主;中期使用纯黑彩和黑、红二彩相间绘制花纹;晚期多以黑、红二彩并用绘制花纹。青海大通上孙寨出土的马家窑文化舞蹈纹彩陶盆,是这个时期的精品。陶盆唇部及内外壁均有彩绘但装饰简单,画的是平行带纹、弧线三角纹和勾叶圆点纹一类的几何纹样,主题纹样画在内壁部和沿口的两组带纹之间。舞蹈纹彩陶盆的内沿壁上,由三列相同的舞蹈场面组成,每五个人一组,以平涂的剪影手法描绘他们手拉手跳舞的情形,并以单色平涂来表现舞蹈的动态。人头侧向一边,两腿正面稍稍分开,头饰与尾饰分别摆向不同方向,加上互相牵引的双手,他们好像正踏着带节奏的舞步跳舞。从仰韶文化鱼蛙纹彩陶盆的内壁画中的鱼、蛙之类水生动物,发展到马家

---

① 泥条盘筑法有两种做法:一种将泥料制成长条形,以螺旋式的方法由下向上盘筑成器形,同时用陶拍拍打,用手沾水将器内外接缝处抹平;一种将泥条圈起,一层层向上堆筑做成器形。用这两种方法制成的陶器,内壁往往留有泥条盘筑痕迹。

窑文化的舞乐图案,它们无论是在艺术表现对象、艺术构思还是表现手法上,都有了飞速发展。

中国的岩画、壁画和地画

中国的岩画、壁画,虽然不如西方发现的那么丰富,但足以说明中国视觉艺术的丰富性和发展的多元性。岩画是我们的先民在岩穴、石崖壁面和独立岩石上绘制或者刻凿的彩画、线刻、浮雕。在中国的民间故事里,很早就有过许多关于岩画的传说。在云南的阿佤山上,流传着沧源崖画的传说:盘古开天辟地以后,在岩洞里找到了人类,但人类食量惊人,几乎吃掉了一切,甚至连树叶草皮也都被他们吃尽。上天要发洪水并且告诉他们:"你们每人快造一只木船,这样才能躲避灾难。"人类回答说:"洪水我们不怕,淹了平地可以爬山,淹了大山可以上树,再说我们即使躲过了洪水,也会被饿死的,我们应该考虑给后人留下怎样生活的教训。"于是他们杀了牛,用牛血和红色矿石粉掺合在一起,在崖壁上画下了那些教导后人应该如何生活的岩画。云南的傣族,有被称为"帕典姆"的画,即是岩石上的图画。

有关岩洞壁画的文献记载出现在《韩非子》卷十一中,该文献记录道:"赵主父令工施钩梯而缘播吾,刻疏人迹(脚印)其上,广三尺,长五尺,而勒之曰:主父常游于此。"①这与西方岩洞壁画用于巫术不同,这类壁画就是对个人行为的一种记录。郦道元在《水经注》中也有相关的记载:"山石之上,自然有文,尽若虎马之状,粲然成著,类似图焉。"在其后的一些历史文献和地方志中,也有相关内容的零星记载。

中国岩画的研究,始于 1915 年人们对福建华安汰溪仙字潭石刻的调查。20 世纪 20 年代"中瑞西北科学联合考察团"发现了内蒙古和新疆的岩洞壁画。1928 年,瑞典人贝克曼对新疆库鲁克山岩画做过考察。20 世纪

---

① 陈兆复,邢琏. 原始艺术史[M]. 上海:上海人民出版社,1998:37.

40 年代人们开始对四川珙县"人悬棺"岩画进行考察。1949 年以后,岩画被大量发现。20 世纪 50 年代开始我国的考古学家们开始有计划地对广西花山崖壁画进行大规模调查;20 世纪 60 年代以来,云南沧源崖画和内蒙古阴山岩画均被大量发现;20 世纪 80 年代在新疆、宁夏等地一些岩画被发现。

中国岩画根据分布呈现南北两个系统:南系和北系。南系包括广西左江流域,还有四川、云南、贵州、福建等地。南系岩画大多以红色涂绘,颜料是以赤铁矿粉调和牛血等而成,制作年代在战国至东汉期间。北系以阴山、黑山、阿尔泰山等为主,北系岩画大多是刻制的,刻制又包括磨制、敲凿与线刻,制作时间的跨度很大,最早的可能在新石器时代,最晚的出现在元代。

阴山岩画大体可以追溯到旧石器时代晚期至青铜器时代中期,主要集中在内蒙古乌拉特中旗、乌拉特后旗、磴口县等旗县境内,最多的地方在乌拉特中旗南部的地里哈日山的黑山上,东西延伸 5 公里多,有岩画千幅以上。阴山岩画的画面上描绘了各种动物图像、狩猎图、战争图、人物图、人面图、舞蹈图、祭祀图以及日月星辰、穹庐毡帐、车辆畜圈、狩猎工具、手印、足印、蹄印以及原始符号等。独特的观察和表现方式是阴山岩画的重要特征,在阴山岩画中可以看到当时以游猎生活为主的先民们独特的视觉观察方式,如托林沟的一幅车辆图中车辕两边画有两匹脊背相对的马,两个车轮也是从侧面看到的圆形。阴山岩画的艺术水平精湛,其刻法有敲凿、磨刻等。敲凿法制成的岩画,线条深浅不一,疏密不均。磨刻法做成的岩画,痕深面光,断面成"U"形。

中国最早的壁画是从辽宁牛河梁红山文化女庙遗址中发现的,梁红山文化距今 5 000—6 000 年。红山文化中心区分布在朝阳老哈河中上游到大凌河中上游之间,即位于此间的凌源市与建平县交界处。在该遗址的核心区大型祭坛、女神庙、积石冢群、大量玉质礼器和陶器被发掘出来。女神庙出土了壁画的残片,这些残片上或者用赭红色画成勾连的图案,或者用赭红间黄白色彩绘三角图案。宁夏的店河村齐家文化遗址中的一座房屋残垣的白色灰面上,也出现了几何纹装饰壁画。

中国较早的地画遗址是甘肃秦安大地湾遗址,它是甘肃省东部地区保存较完好的一处新石器时代古文化遗存。地画画在房屋地基临近后壁的地方,画面南北长 110 厘米,东西宽约 120 厘米,画呈炭黑颜色。画面上部绘有三人,右侧形体矮小者形象比较模糊,其余两人长发飘逸,正挥棒起舞;画面右下部,画一个长方形框,框内有两只动物,框左边画有一个头状木橛。整幅画描绘的是两位猎人手持棍棒将两只野兽驱入陷阱的场景。

此外,1963 年,在山西朔县峙峪遗址中,一些骨片被发现,骨面上有人工刻画的简单图案。在已发掘的骨画中,有一片马类肱骨十分引人注意,该骨片长 8 厘米,宽 3.1 厘米,由左右两组图案组成:左边图案刻了一只刚被击毙的羚羊和两侧包抄过来的猎人;右边图案刻的是一只疾奔的鸵鸟以及从三个方向包围的猎人。据推测,这个骨片距今约 28 100 年。

1961 年,河北兴隆县发现刻有纹饰的鹿角化石,属于赤鹿右角眉枝残断部分,鹿角化石中的图案纹饰复杂,图案美观,是我国旧石器时代刻染的艺术品。经碳 14 测定,这个化石年代距今 13 000 年。

第二节 西方视觉艺术的历史叙事

英国美术史家里德认为:"整个艺术史是一部关于视觉方式的历史。关于人类观看世界所采用的各种不同方法的历史。"[①]"艺术"的概念源于拉丁文"art",核心就是其人文特征,强调艺术是相对于自然物而言的,是

---

① 里德. 现代绘画简史[M]. 刘萍君,译. 上海:上海人民美术出版社,1979:5.

人类精神的产物。在艺术发展的历程中,艺术被赋予形象性、情感性和中介性的特点,而且是源自社会生活,用于满足人的审美、交流、情感等多方面需要。视觉艺术是用一定的物质材料,在二维或三维空间塑造出来,人能够直接观看的艺术样式,在早期主要是绘画、雕塑、建筑、舞蹈等。视觉艺术属于人类艺术中的精华,在人类发展的历史中,对艺术的追求是无止境的,但是,艺术发展的道路也不是直线一般,而是在多重因素的影响下,渐次展开。"任何作品都带有奔腾流逝着的时间。它既沉浸在亘古洪荒之内,又蕴含于最为遥远的未来。"①

何谓西方?"事实上,所谓西方国家之间的差异有时要大于西方国家与东方国家的差异。"②但无论是世界哪个国家的人又感觉到"西方"是一个实实在在的统一体,"这是因为西方人在一定程度上的确具有共同的文化属性"③。也正是基于这样的文化差异性和文化同一性的张力,我们来寻找属于西方艺术发展的独特的历史叙事。

一、古代西方的视觉艺术

在西方,新石器末期到中世纪开始的这段时期被称为"古代",其中最具代表性的是建筑。相关考古发掘表明,在杰里科城公元前 8000 年就有形制比较大的建筑,这些建筑呈塔状,内部有楼梯。在美索不达米亚地区,苏美尔人建立起了王朝,他们建造了乌鲁克城(约公元前 3700 年至公元前 3300 年),后来美索不达米亚人用土坯砖砌成城市或用黏土构筑城市,他们还建筑宫殿。埃及的建筑主要是宗教性的,其代表是金字塔和神庙。

---

① 德比奇. 西方艺术史[M]. 徐庆平,译. 海口:海南出版社,2000:3.
② 戴雨果,布里格斯,阿克顿. 你所不了解的西方故事[M]. 董晶,译. 南京:江苏人民出版社,2013:12.
③ 戴雨果,布里格斯,阿克顿. 你所不了解的西方故事[M]. 董晶,译. 南京:江苏人民出版社,2013:13.

希腊视觉艺术

古希腊文明时期的绘画和建筑作品是最具有代表性的。希腊艺术起源于米诺斯和迈锡尼,最初局限在爱琴海区域内,后来一点点地扩展到地中海周围,最后扩展到东方,直至印度边界。米诺斯文化出现在公元前1700—前1450年之间,公元前1400—前1200年伯罗奔尼撒半岛出现了迈锡尼文明,但在公元前12世纪这个文明却突然销声匿迹了。

古希腊的神庙逐渐使用石材,神庙建筑格局起初只有一个带大门的正厅,到公元前6世纪时,它逐渐演变成带有三个部分的建筑,这三个部分即大厅、前厅和后殿。这些神庙由一圈立柱围绕的,被称为"立柱式",被多行围绕的被称为"多柱式"。公元前447年开始修建的巴底农神庙标志着"多利亚式"柱式的古典建筑达到了顶峰。爱奥尼柱式在公元前5世纪传到希腊大陆,被用来装点赫拉神庙。公元前4世纪是希腊化艺术的形成时期,建筑上发展了新的装饰趣味,但同时仍保持着对于比例关系的追求,"科林斯式"成为建筑物中的第三种样式。这个时期大量新城市和民用石材建筑开始出现,每一幢建筑都按照精美艺术要求建造,也注重建筑的装饰性。古希腊人不像古埃及人那样喜欢在墙壁上绘画,而是喜欢在器皿上绘画,所以能流传下来的只有克里特时期壁画和古风时期的瓶画。瓶画经历早期的东方风格到黑绘,再发展到后来的红绘。

罗马视觉艺术

公元前7世纪初埃特鲁斯坎艺术出现,公元前6世纪和公元前5世纪时达到鼎盛期,这个时期的艺术受到东方,特别是希腊艺术的影响。神庙一般由连贯的三个厅室组成,加上一个带柱廊的门厅。埃特鲁斯坎艺术在近3个世纪之中一直是罗马的艺术主流,直到公元前2世纪,罗马艺术才有了自己的个性。

罗马人是用灰浆内混杂石块作为建筑材料的,并且建造成拱、穹等形状,最终建造了带有穹顶的浴池、剧院和竞技场。在罗马帝国时期,宗教建筑是建在高高的墩座上,正面穹窿顶。罗马城位于罗马的中心地区,城市形状是四边形的,有一个相互成直角的街道的网络。罗马建筑主要有会堂,公共的大门带有柱廊,柱廊沿神庙的两侧,以神殿上的壁柱形式延伸到四面墙上。凯旋门是由一个或三个拱门托起一块屋顶,上面立着一尊皇帝获胜像。

庞贝城保留了古罗马的建筑装饰、工艺制品,尤其是壁画,样式主要有镶拼式、建筑式、华丽式。镶嵌画《伊苏斯之战》描绘了亚历山大大帝与波斯帝国末代国王大流士三世在伊苏斯大战的历史。

中世纪视觉艺术

早期的基督教艺术与拜占庭艺术特点都十分鲜明。在3世纪的早期,基督教还处于秘密流传时期,许多仪式只能够在地下墓窟举行,墓窟的天顶和墙壁上被画满了各种圣经题材的壁画,基督教艺术到4世纪才成为官方艺术。罗马帝国分裂后东罗马地区的基督教艺术演变为拜占庭艺术。从4世纪开始,整个帝国出现了罗马形式变种的建筑"巴西里卡"①,并且被作为基督教纪念性建筑和最初的礼拜场所。公元5—6世纪,教堂主要沿用罗马陵墓圆形或多边形的平面结构和万神庙式的圆穹顶,到拜占庭帝国的中后期,四边侧翼相等的希腊十字式平面成为教堂布局的主要模式,穹顶被沿用下来。圣索菲亚大教堂是拜占庭艺术中最辉煌的成就之一,其中小彩色玻璃和石子镶嵌而成的建筑装饰画,在拜占庭艺术中独树一帜。

"哥特"是文艺复兴时期人文主义者对野蛮的"哥特人"的称谓,哥特式艺术始于1140—1144年,而后才波及欧洲。哥特建筑首次应用了以肋穹结构为基础的建筑体系,后来逐步发展成熟。苏热主持的圣德尼修道院为哥特式建筑树立了典范。加洛林王朝重视恢复古典文化,促进了书籍插图艺术的发展,也充分显示了宫廷派绘画的技巧。加洛林王朝的教

---

① 巴西里卡是罗马的一种常见的公共建筑,平面呈长方形,中廊较宽,两旁有列柱分隔出过廊,平时供市民集会使用,后来被作为教堂,只是在一端加上祭坛,并饰以宗教题材绘画,这种形式为以后的西方基督教堂的样式定了基调。

堂大多是以拜占庭建筑的"巴西里卡"式为建筑样本,这些建筑充分体现和发展了罗马式建筑艺术风格,开创了建筑史上罗马式艺术风格时代,被称为罗曼艺术。最初的罗曼建筑的平面十分简单,有一至三个殿堂,在尽头处加上一个半圆形后殿,而从11世纪开始这种建筑变得复杂了。手稿插图画在罗曼艺术发展中的作用显著,平涂的颜色,相对朴实、生动的叙事风格,以及抽象与现实不断混杂的圣像,在这一时期广为流行。中世纪视觉艺术是西方文化的特殊表现形式之一,它改变了既有的传统,并逐渐形成自己的形式和内容体系。

文艺复兴时期的视觉艺术

14—16世纪,欧洲掀起一场规模浩大的思想解放运动,这个运动倡导以人为中心的世界观,被称为"文艺复兴"。这一时期的建筑师把古希腊、古罗马的建筑作为参照标准,以取代代表神权的哥特式建筑,西方的建筑也由此翻开了新的一页。这一时期的建筑具有世俗化和向古典建筑回归的倾向,所以这个时期的建筑有人情味,古典柱式、半圆形拱券、厚实的墙面、穹顶又回到人们的眼前,同时建筑师们将各种风格融合,使得这个时期的建筑样式十分丰富。意大利是文艺复兴建筑的发源地,佛罗伦萨教堂的穹顶是这种风格的起点,15世纪末到16世纪初,是意大利文艺复兴建筑的鼎盛时期。16世纪前后,文艺复兴对欧洲许多国家和地区产生了影响,如法国建筑师将建筑细部装饰运用到哥特式建筑上。16世纪下半叶,英国人开始在大型的府邸采用规则大花园的建筑方式;17世纪初的伦敦怀特霍尔宫大宴厅采用的是古典建筑手法。西班牙建筑独具一格,但它的建筑造型富于变化,装饰丰富,建造建筑如同打造银饰,因而被称为"银匠式"风格。

文艺复兴时期的绘画大师们一方面从古典艺术中吸取营养,另一方面发明了透视法并且改革油画材料和技法。文艺复兴早期的绘画主要采用的是写实主义,在写实主义的肖像画中,人终于得到了他作为个体存在的证明。在文艺复兴的兴盛期，写实主义发展成了一个理想的手法。拉斐尔首创了充分和谐的图画结构方式，使主题和形式要素从属于美的永恒法则。达·芬奇也在他画的《圣安娜与圣母子》里采用了这样的构图方式。从16世纪中叶起，意大利样式主义步入画坛，丁托列托画的《劫持圣马可尸体》、格列柯画的《托莱多风景》都是这类绘画的代表。欧洲北部在绘画方面也有自己独特的成就。早期的尼德兰人，如凡·爱克和韦登找到了一条独特写实之路，但是在15世纪末，意大利绘画对阿尔卑斯山以北地区的艺术活动影响渐增，从梅姆灵画的《神庙里的景象》以及维茨画的《十字架上的基督》上我们都可以看到这些影响。当今许多人认为文艺复兴代表了理性思考和思想的巨大变化，而不是物质上的巨大变化。或许，文艺复兴最重要的意义是生活在那个时代的人们感受到他们生活在一个新时代，一个与中世纪彻底决裂的时代。

二、近代西方视觉艺术

欧洲艺术从没有像17世纪和18世纪那样丰富多彩过，那时"巴洛克""洛可可"是两种主要的艺术风格，还有样式主义、古典主义等。16世纪下半叶，意大利出现了巴洛克建筑，巴洛克的意思是荒诞或古怪，含有不整齐、扭曲、怪诞的意思。巴洛克建筑外形追求自由、动态，喜欢富丽的装饰和雕刻，色彩感强烈，常用穿插的曲面和椭圆形空间。意大利的巴洛克建筑师有波洛米尼、伯尼尼等。波洛米尼设计的圣卡罗教堂是典型的巴洛克教堂；伯尼尼设计的圣彼得大教堂前广场，是由一个梯形和一个长圆形广场复合而成，它成了巴洛克广场的代表。西班牙大阶梯是由法国人出资、意大利人设计建造的，是具有巴洛克风格的建筑。其平面呈花瓶形，阶梯把两个不同标高、不同轴线的广场统一起来。与此同时，西班牙还出现了超级巴洛克，而德国在接受巴洛克的同时也接受了古典主义。

古典主义的基础是唯理论,古典主义建筑理论家布隆代尔说,"美产生于度量和比例","古典柱式给予其他一切以度量规则"。古典主义者在建筑设计中以古典柱式为构图基础,突出轴线,强调对称,注重比例,讲究主从关系。凡尔赛宫就是古典主义的代表作。凡尔赛宫的立面为标准的古典主义三段式,即立面被划分为纵、横各三段,建筑左右对称,造型轮廓整齐,庄重雄伟,被称为理性美的代表,其内部装潢则以巴洛克风格为主。洛可可建筑是在巴洛克建筑的基础上发展起来的,建筑风格表现为纤弱娇媚、华丽精巧、甜腻温柔、纷繁琐细,室内装饰和家具造型上有凸起的贝壳纹样曲线和如莨苕叶的锯齿状曲线,C形、S形和涡旋状曲线纹饰蜿蜒往复。

这个时期的意大利绘画风格有学院派、卡拉瓦乔主义和巴洛克艺术。学院派的创始人是卡拉奇。而卡拉瓦乔重视现实,但不重视理想美,他希望破除程式化的创作,代表作是《圣母之死》。巴洛克绘画不再遵循古典重素描结构的方式,而是广泛采用垂直线、水平线,追求稳定,作品强调激情、运动感和戏剧性,追求光线和色彩的表现,广泛采用曲线、弧线,偏爱复杂多变的结构。

16世纪末,荷兰建国。17世纪上半期,随着荷兰经济的发展,新兴的中产阶级特别迷恋风景画和静物画,荷兰绘画这样的旨趣被冠以"小荷兰画派",但伦勃朗却是一个例外。伦勃朗是荷兰历史上最伟大的画家,他擅长肖像画、风景画、风俗画等。伦勃朗一生留下600多幅油画,其中有100多幅自画像,卢浮宫中藏有两幅被认为代表作的画——《木匠家庭》《以马忤斯的晚餐》。这个时期的荷兰画家也十分迷恋身边的自然美景,荷兰风景画大多表现一个角落或一个海湾,都是一些小构图的作品。这个时期荷兰绘画的另外一个重要题材是静物画。佛兰德斯主要在今天的比利时,原来的尼德兰南部。佛兰德斯受到意大利的影响,绘画是其艺术的主要样式,绘画风格是巴洛克式的,绘画大师是鲁本斯。鲁本斯不仅是佛兰德斯最伟大的画家,而且可以作为17世纪巴洛克绘画风格的代表画家,代表作有《抢夺留希普斯的女儿》《披皮衣的海伦芙尔曼》等。代克是佛兰德斯的另一位著名画家,他擅长肖像画,他的肖像画形象朴实自然,笔法严谨。这个时期,西班牙的艺术表现出典型的现实主义艺术风格,对现实的关注甚于对理想的追寻。西班牙的绘画巨匠委拉兹开斯,早年关注现实生活,肖像画是其进入宫廷后画得最多的绘画类型,《教皇英诺森十世肖像》后来成为欧洲最有名的肖像画之一。

三、现代西方的视觉艺术

18世纪的欧洲在经过社会改革、民主运动和民族解放运动后,逐步形成了比较有影响的潮流。建筑也在各种思潮的激荡下悄然发生着变化,最为明显的是古典建筑的复兴,但不同国家复兴的对象不同。法国、美国以罗马式样为主,法国的万神庙、凯旋门,美国建造的美国国会大厦、弗吉尼亚州议会大厦都是这一时期的杰作。英国、德国以希腊式样为范本来营建不列颠博物馆、布兰登堡门、柏林宫廷剧院。18世纪下半叶英国出现浪漫主义建筑,前期的浪漫主义建筑主要模仿中世纪寨堡或追求异国情调,封蒂尔修道院府邸、布莱顿的皇家别墅就是其中代表;后期浪漫主义建筑常常以哥特风格出现,又叫哥特复兴,如英国国会大厦。折中主义建筑流行于19世纪上半叶,他们任意选择与模仿历史上各种建筑风格,把它们自由组合成各种建筑形式,故有"集仿主义"之称,如巴黎歌剧院、巴黎圣心教堂等。

新材料、新结构技术、新施工方法的出现促使新的建筑思潮与新建筑形式的出现。1851年英国伦敦世界博览会"水晶宫"展览馆,开辟了建筑形式新纪元。1889年埃菲尔铁塔创造了当时世界最高和最大跨度纪录。

19世纪末20世纪初,西方出现了一场以反传统为特征的文化运动,这样的运动也波及了建筑领域。19世纪末美国芝加哥人口急速增长,一个从事商业建筑的建筑师群体十分活跃,他们采用高层、铁框架、横向大窗的风格,被称为"芝加哥学派",其中最著名的建筑师是沙利文。19世纪末,莫里斯主张"美术家与工匠结合才能设计制造出有美学质量的为群众享用的工艺品"。英国由此出现工艺美术运动,随后这个运动扩展到欧洲的法国、奥地利、德国、荷兰以及意大利等地区,并被命名为"新艺术运动",参与者被统称为"新艺术派"。该派建筑师用新的装饰纹样取代旧的程式化的图案,同时从植物形象中提取造型素材,代表建筑有高迪设计的米拉公寓、巴特罗公寓和霍尔塔设计的布鲁塞尔让松街6号住宅、索尔威旅馆等。维也纳学派认为新结构新材料必然导致新形式出现,代表人物是瓦格纳。维也纳学派中的一部分人成立了"分离派",宣布同过去的传统决裂,代表人物是奥别列奇和霍夫曼。

未来主义强调技术的改变会带来空间的变化,建筑必须适应这种变化,他们强调建筑物应该像机器一样简单,需要多高就多高,需要多大就多大。德国人在对其他国家的建筑进行考察后,于1907年成立了"德国制造联盟",其目的就是提高产品和建筑质量,用标准化和机器大量生产的方式进行生产。20世纪初,欧洲出现各种艺术探索潮流,这样的思潮也波及了建筑领域。表现主义产生于德国和奥地利,建筑师通过奇特而夸张的建筑形体来表现某种思想情绪,象征某种时代精神,代表建筑是德国波茨坦市爱因斯坦天文台。未来主义最先出现在文学领域,未来主义者颂扬机器,赞美城市,膜拜运动、变化和速度。意大利的伊利亚否定旧建筑形式,认为建筑应该拥有犹如机器般简便轻灵的形体,一切都要动、要变。风格主义将基本几何形象组合和构成看作最好的艺术,代表性建筑有乌德勒支的施罗德住宅。

一战以后,经济困难和严重房荒使得建筑师不得不面对现实。德国尤为杰出的建筑师格罗皮乌斯于1919年在德国威玛创办了一所新型的设计学校,简称"包豪斯";建筑师密斯积极创新,并投身到低造价住宅的实践中。法国的柯布西耶在《走向新建筑》中主张创造表现新时代、新精神的建筑。他对理想城市的诠释、对自然环境的领悟以及对传统的强烈信仰和崇敬都相当别具一格。他的代表建筑有朗香教堂、萨伏伊别墅等。1928年，42名建筑师在瑞士成立了名为"国际现代建筑会议"的国际组织。在20世纪20年代末的西欧，"现代主义建筑"思想开始成熟，并且该思潮代表人物提出了一系列理论。奥地利建筑师卢斯曾经提出"装饰是罪恶"的观点，密斯提出"少即多"。1929年美国经济开始大萧条，美国人开始以冷静务实的态度重新审视现代主义建筑思潮，加上德国纳粹上台后一批逃到美国的格罗皮乌斯、密斯等包豪斯干将开始培养美国建筑师，二战结束后，随着美国的财力、物力、人力上升，现代主义建筑在美国遍地开花。超高层摩天楼成为美国最有代表性的建筑类型。20世纪30年代初，美国建造的帝国大厦、克莱斯勒大厦和洛克菲勒中心等，是形象简单、装饰比较少的标志性建筑。步入20世纪50年代后，美国的建筑形象骤变，代表性的建筑有联合国总部大楼，两个大面从上到下大造幕墙，这也成为许多建筑模仿的对象，比较著名的有曼哈顿大通银行、汉诺威制造商信托公司、百事可乐公司等。在20世纪50—60年代短短的时间内，纽约繁华大街重要地段的大楼建筑面貌一新。美国和其他地区盛行的高层和超高层幕墙建筑被称作"密斯风格建筑"。赖特是20世纪美国最著名的建筑师，他不沿袭旧规，不断创新。早年他设计许多小住宅，1936年设计的流水别墅是一座别出心裁、构思精巧的建筑佳作，1959年建成的纽约古根汉姆美术馆又是打破常规的建筑。20世纪50-60年代，现代主义建筑兴盛之时，也出现了分化。澳大利亚的悉尼歌剧院是20世纪中期建成的一座著名的建筑，它突破现代主义建筑"形式服从功能"的信条。也正是在这个时期还出现了新古典主义建筑，美国的斯东和雅马萨奇设计的建筑是其中典型代表。斯东设计了华盛顿肯尼迪表演艺术中心，雅马萨奇注重将东方传统建筑的某些元素用于他的设计中。这个时期的高技术派的建筑以巴黎蓬皮杜文化与艺术中心、香港汇丰银行大厦以及伦敦劳埃德大厦为代表。其中巴黎蓬皮杜文化建筑的特点是"充分袒露结构，暴露多种机电设备的本来形状"。进入20世纪70年代，世界建筑舞台呈现出新的多元化局面，其中最有影响的是"后现代主义建筑"，这一时期出现一些后现代建筑理论和一些建筑作品，例如雷夫斯的俄勒冈州波特兰市政大楼、英国建筑师斯特林的德国斯图加特市国立美术馆新馆，前西柏林国际建筑展中的一批建筑物。20世纪西方出现了所谓"解构主义建筑"，这是相关哲学观念在建筑上的延伸。

19世纪的欧洲绘画艺术冲破了传统和古典风范，踏上了现代艺术之路。此时的流派包括新古典主义、浪漫主义、写实主义、印象主义和后期印象主义等。古典主义是指以古希腊罗马艺术为典范，并加以推崇、模仿的艺术。以普桑为代表的学院派美术及其美术思潮，被特指为"古典主义"，又被称为新古典主义，代表人物是达维特和安格尔。达维特的代表作品有《马拉之死》等。达维特和他的学生安格尔开始从神话和纯艺术中寻找灵感，在形式上带有华丽的东方色彩，著名的作品有《泉》等。19世纪的浪漫主义是对新古典主义、学院派的一次革命。浪漫主义追求幻想的美，注重感情的传达，喜欢热情奔放的性情抒发。浪漫主义的先驱是法国画家席里柯，另一位法国画家德拉克洛瓦的重要作品是《希阿岛的屠杀》《自由领导人民》等。绘画描述一个真实存在的物质而不是抽象的符号，遵循这样的创作原则和方法，就叫写实主义。库尔贝认为，艺术必须描写看得见、摸得着的物体，主张结束当代那种矫揉造作的艺术。

19世纪60年代，画家们大胆地抛弃传统创作观念和程式，将关注的焦点转移到纯粹的视觉感受上。1874年，他们在巴黎组织了一个画展，以此来向官方的沙龙挑战。这批画家包括莫奈、雷诺阿、毕沙罗、西斯莱、德加、塞尚和莫里索，被称为"印象派"。"后印象主义"用来泛指那些曾经追随印象主义,后来又极力反对印象主义,并且形成独特艺术风格的画家,其中杰出代表有塞尚、凡·高、高更和劳特雷克等。后期印象主义启迪抽象艺术(如立体主义、风格主义等)和表现主义(如野兽主义、德国表现主义等),所以,在艺术史上,后期印象主义被称为西方现代艺术的起源。塞尚强调绘画的纯粹性,重视绘画的形式构成,他要在自然表象之下发掘简单形式,同时将散乱视像构成秩序。凡·高早期只以灰暗色系进行创作,后来他将印象派与新印象派的鲜艳色彩与画风融入自己的绘画之中,创造了他独特的个人画风,《星夜》《向日葵》与《有乌鸦的麦田》等堪称世界名作。高更把绘画看作某种独立于自然之外的东西,当成记忆中经验的一种创造,他更大程度上受到原始艺术的影响,代表作有《我们从哪里来?我们是谁?我们到哪里去?》等。

1905年法国以马蒂斯为首的野兽派兴起,野兽派热衷于运用鲜艳、浓重的色彩,往往直接用颜料管中挤出的颜料,以直率、粗放的笔法,创造强烈的画面效果。1808年立体主义诞生,立体主义追求碎裂、解析、重新组合的形式,构图以不同的角度来描写对象物,将其置于同一个画面之中。毕加索作为立体主义的代表,被称为"人类艺术史上罕见的天才",代表作有《亚威农少女》《格尔尼卡》等,其作品《亚威农少女》是传统美术与现代美术的分水岭。

表现主义于20世纪初出现在德国,欧洲各国均有相关实践,代表人物有康定斯基、马尔克等。挪威画家蒙克就受到德国表现主义影响。1909年,未来主义出现在意大利,他们主张表现运动、速度和进步。为了达到这样的艺术目的,在雕塑、建筑等艺术中,他们通常会表现物体的几何形状,而在人物画中,他们则强调对未来的希望和过去的批判。1914年蒙德里安致力于"绘画中的新造型",集结许多志同道合的朋友创立了几何风格派。

达达主义否定理性和传统文明,提倡无目的、无理想的生活和文艺。达达主义的代表人物是皮卡比亚和杜尚。杜尚早期迷恋立体主义和未来主义，1915年到美国纽约，宣扬达达主义，创立了美国达达主义艺术。1917年2月纽约独立美展展出杜尚送展的一个尿壶，题名为《泉》，引起了轰动。

超现实主义深受弗洛伊德潜意识思想的影响，他们致力于把现实观念与本能、潜意识和梦的经验相结合，以达到一种绝对的和超现实的情景，代表人物有恩斯特、米罗、达利、马格里特等。《记忆的永恒》是达利的代表作。20世纪前半期巴黎艺术家云集，有些人不参与任何群体，以此保持自己的艺术特点和个人风格，他们被统称为"巴黎画派"，代表画家有莫迪利阿尼、卢梭、夏加尔、苏丁等。夏加尔的《我与村庄》和卢梭的《梦境》是这批艺术家的代表作品。

美国的抽象表现主义是集表现主义、抽象主义和超现实主义为一体的流派，他们强调艺术家行动的自由性和无目的性，把创作行为本身提高到重要的位置。代表画家有波洛克、德库宁、斯蒂尔、纽曼等。抽象表现主义发展到20世纪60年代又产生了"后绘画性抽象"（又被称为"色域画派""硬边抽象"），嗣后又出现了新的几何抽象形式。

波普艺术最早出现在英国，后来在美国普及。"波普"是通俗、大众、流行的意思，是反映大众文化特点的艺术。日常生活用品、广告、报纸杂志、歌星影星形象等被运用绘画、装置、拼贴、丝网印刷等手段进行再创作。汉密尔顿的《究竟是什么让今天的家园如此不同，如此吸引人》被视为第一幅真正的波普艺术作品。最具有美国自身艺术特点的是极少主义艺术，它的目标在于完全地洁净和整体，将艺术简化到该媒介本身固有的、本质的成分，而除去其他非本质的部分，将艺术的手法减到最少限度。代表画家有斯泰拉等人。

观念艺术认为传统艺术作品很难将艺术家的观念表达透彻，只有创作过程和记录这一过程的方法才能胜任表现观念的职能。观念艺术家到处表演、演讲，还创办《艺术语言》杂志，并且到处举办系列展。欧普艺术是利用光学原理加强绘画效果的艺术，多以静态的、抽象的几何图案以及明暗、色彩渐变的不同组合造成观众视觉上的错觉或幻觉效果，其形式包括平面绘画和立体作品。大地艺术的艺术家主张以大自然作为材料，在自然环境中从事创作，让大多数人能参加到艺术活动中来，在游戏和幻想中，得到一种前所未有的体验。超写实主义认为应该排除主观意念，做到纯客观地、真实地，甚至像摄影那样地再现物象，所以超写实主义又被称为照相写实主义。超写实主义的艺术主张是酷似和逼真，许多超写实主义画家用照片作为他们绘画的基础，做出客观、逼真的效果。克洛斯是美国超写实主义的代表画家，他的作品有《林达》等。后现代主义的概念最早出现在建筑领域，后来逐渐扩展到其他领域，它绝不是一个具体的流派，而是一种广泛的文化倾向。后现代主义艺术家采用广泛的媒介，包括素描、雕塑、表演艺术、静物摄影、混合材料、装置艺术等。20世纪80年代表现主义在美国的崛起，证明艺术出现了回归趋势。

纵观西方艺术发展的历程，我们可以真切地感受到，艺术创作充满曲折，也伴随着辉煌，有奇异的高峰，也有低回的浅滩，但有一种趋势十分明确，那就是在艺术发展中追求多元共生，探索融合创新。

第三节　视觉艺术中的中国故事

在中华文明五千年的发展历程中，我们不仅创造了辉煌的物质文明，也创造了灿烂的精神文明，在追求文明的脚步中，我们始终可以感受到视觉艺术给我们带来的震撼和思想的激荡，这是因为这些艺术"秉承中国传统文化的整体精神，具有美善统一、情理统一、认识与直觉的统一，人与自然的和谐境界"①。让我们在视觉文化发展的历史长河中去感受、去聆听那悠长而让人慨叹的中国故事。

一、上古时期的中国视觉艺术

殷商西周

商代艺术具有独特的审美趣味,现代考古发掘的郑州商城、盘龙城和安阳殷墟都是这个时代建筑艺术的典范。《尚书》和《史记·周本纪》都记载了周朝迁都洛邑的事,那时新都的营建已开始严格按照礼制规划。中国古建筑在很多方面独具特色,比如结构、布局、材料方面的特色在西周时已具备雏形了。战国是城市得到充分发展的时代,燕下都、赵邯郸都是当时著名的国都,至今尚有遗留的城墙残址,而当时最大最繁华的城市则是齐国的临淄。

这一时期的绘画主要有壁画、帛画和青铜装饰画,绘画题材以人物肖像为主。夏商周时代,壁画发展很快,《书苑·反质篇》引《墨子》中的话说,殷纣时期,"宫墙文画""锦绣被堂"等壁画的题材都为重大历史事件。春秋战国时期,壁画创作尤其兴盛。这个时期青铜器物装饰画主要描绘贵族生活的礼仪和战争。《刻纹铜鉴》就刻有花纹、建筑和舞乐活动,《弋射图》描写的是战争场景。帛画是中国古代画种,因画在帛上而得名,约兴起于战国时期,战国中晚期的帛画《人物龙凤》和《人物御龙》堪称经典。

秦汉:统一的文化

秦统一全国后,历时仅十五年即告覆亡,从史料和相关考古发掘中发现,阿房宫及周围宫殿群是中国古代宫殿建筑史的第一个也是最令人惊叹的建筑群。杜牧的《阿房宫赋》有这样的描述:"六王毕,四海一,蜀山

---

① 金元浦,谭好哲,陆学明. 中国文化概论[M]. 北京:首都师范大学出版社,2008:297.

兀，阿房出。覆压三百余里，隔离天日。"秦代的壁画比较丰富，宫殿衙署都绘制壁画，而秦代的画像砖主要作为宫殿府邸的阶基。

汉代是中国艺术发展"承前启后"的时代。汉代著名的宫殿有都城长安的长乐宫、未央宫、建章宫，以及建在洛阳和邺城的宫殿。阙作为那个时代的建筑形式，被成对地摆放在宫门口、墓道边，由于是由石头制成的，在河南、山东、四川还有阙被保留下来。汉代的绘画开始变为独立的艺术门类，也出现近乎专业的画师，这个时期的绘画种类比较多，其中帛画、壁画、画像石、画像砖具有代表性。汉代的绘画提倡为政教服务。汉代的宫殿壁画已经难觅踪迹，但考古学家却发现了大量的墓室壁画。汉代的画像砖，一般用模印和刻划两种方法制成，主要用于大族的祠堂、墓室等装饰。东汉是画像砖艺术的鼎盛时期。

二、中古时期的中国视觉艺术

魏晋南北朝：文化多元

三国、两晋和南北朝作为汉、唐两个强盛朝代的过渡朝代，也是中国古代艺术由古典风格走向成熟的转折点。那是一个宗教盛行的时代，有诗云："南朝四百八十寺，多少楼台烟雨中。"北魏时期寺庙更多，仅洛阳就有佛寺1 300余所。塔这种建筑形式开始出现，洛阳永宁寺塔，就是那个时期的代表。而嵩岳寺塔作为那个时期唯一保存下来的古塔，也是中国古代建筑早期的经典之作。

这一时期的绘画数量较前代有了极大的增长，人物画已经日臻成熟，卷轴画、石壁画和画像砖也较为普遍，而山水画和花鸟画则处于萌芽阶段。在古代以绘画著称的画家有很多出现在魏晋时期，代表人物有戴逵、顾恺之、陆探微、张僧繇等。顾恺之擅长人物画，他注意抓取人物的神态、特点和背景等，《女史箴图》《洛神赋图》等最为著名。谢赫是南齐的人物画家,擅长肖像画,他在绘画艺术理论《画品》中提出的"六法"被后人视为绘画的重要美学原则。魏晋南北朝时期的壁画主要是墓室壁画和石窟壁画。这个时代的石窟壁画,以新疆和甘肃敦煌地区的最著名。甘肃敦煌的莫高窟是经过许多代人的持续努力才得以发展和完善的,在北魏、西魏、北周时期,敦煌壁画以佛、菩萨为主,本生故事①是主要的创作题材。

隋唐:隆盛时代

隋代的历史虽不足40年,但却创造了一些堪称奇迹的工程。隋立国次年所建大兴城方圆84平方公里;开凿大运河可谓工程浩大;而赵州安济桥,是已知的世界上最早的石拱桥;山东历城神通寺四门塔是独具形式感的石头建筑。隋朝的洛阳集中了来自南北朝的诸多画家,这也促进了南北画风在这一时期的融合。

初唐艺术继承了隋代艺术并且有所发展,而在盛唐时艺术得以大放异彩。长安(即隋大兴)是当时东方乃至于世界最大的政治和文化中心,长安城采用里坊制,以朱雀大街为轴线,东西两边各54坊。唐代建筑现在还留存下四个宗教建筑,分别是五台山的南禅寺大殿和佛光寺大殿,芮城五龙庙和平顺天台庵。西安慈恩寺寺塔,又称大雁塔,为七级砖身方塔;西安荐福寺塔又称小雁塔,是方形密檐砖塔;崇圣寺千寻塔有16层密檐,塔身呈流线形。这些都堪称建筑的典范。园林艺术在唐代也有长足发展。唐代的绘画经历了初唐的沿袭,盛唐的成熟,晚唐的衰落三阶段。唐代的绘画以人物画为主,在形式上有卷轴和壁画等,杰出的画家有初唐的阎立本、中唐的吴道子、张萱和晚唐的周昉。阎立本的作品有《步辇图》和《历代帝王图》。吴道子是古代最负盛名的画家之一,被誉为"画圣",他的创作成就集中在宗教画上,其绘画善于运用线条,所画的线条被称为

---

① 本生故事是记录佛陀还未成佛时的前生故事。

"吴带当风、曹衣出水"①,《送子天王图》是其代表作。山水画在隋唐时期趋于成熟,杰出的山水画家有展子虔、李思训、王维等。从隋代到初唐的山水画以描绘神仙和贵族游乐居多,展子虔的《游春图》堪称传世佳作。李思训继承和发展了展子虔青山绿水画艺术,《江帆楼阁图》雄浑、有气势。王维的水墨山水兼各家之长而又新意独出。花鸟画成为一个独立的画科始于唐代,薛稷和边鸾是其中的代表。韩滉擅长画人物以及农村风俗和景物,尤其擅长画牛,《五牛图》是他的传世精品。隋唐时期的壁画主要是石窟壁画,其中敦煌莫高窟壁画艺术成就最高,现存隋唐时期开凿的洞窟就有三百多个。

三、近古时期中国视觉艺术

二宋:精致和市井文化出现

北宋和南宋(简称二宋)艺术具有精雅、细腻、富于变化和人性浓郁的风格特征。北宋的都城是东京(即汴梁),京城周阔 30 余公里,由外城、内城、皇城三座城池组成,是一座气势雄伟、规模宏大、富丽辉煌的都城,也是商业、手工业繁盛,平民聚集的城市。南宋的都城临安(今杭州),也是高度商业化的城市,这里的繁华程度丝毫不逊色于北宋汴京,有所谓"鳞鳞万瓦,屋宇充满"之说。北宋汴京宫殿广场的布局独具一格,作为城市中轴线的御道直抵宫城正门,从这里向北,过内城正门朱雀门,分三条道形成丁字形广场。两宋建筑中的宗教建筑,最著名的是正定隆兴寺摩尼殿和太原晋祠圣母殿。

宋代是砖石塔发展的高峰,有三座著名的楼阁式砖身木构的高塔,分别是苏州报恩寺塔和虎丘云居寺塔,还有杭州六和塔。而仿木结构的砖

---

① "吴带当风,曹衣出水"主要是指古代人物画中表现衣服褶纹的两种方式。前者笔法圆润飘逸,所绘衣带宛若迎风飘曳之状;后者笔法刚劲稠叠,所画人物衣衫紧贴身上,犹如刚从水中出来一般。

塔，遗存比较多，著名的有河北定县开元寺塔，开封祐国寺塔。祐国寺遍体通砌褐色琉璃砖，浑似铁铸，俗称铁塔。宋代人编修的《营造法式》，全书34卷，把唐代业已形成的以材为模数的大木构架设计方法以及其他工种的规范做法和工料定额作为官定制度确定下来，并附加图样，是现存的中国古代最早的建筑法规和正式的建筑图样。

宋初，翰林图画院成立，并开办画学，文人士大夫绘画由此出现，商业绘画也十分盛行。人物画在继承前朝绘画的基础上，又开创新格局：李公麟的画趋于精致文雅；梁楷的简笔人物画独树一帜；张择端的风俗画成就非凡。李公麟的艺术技巧全面，他在继承的基础上又有创新，他的作品有《五马图》《龙眠山庄图》等。张择端的《清明上河图》是一幅具有重大历史价值和艺术价值的风俗长卷，将中国绘画中的"散点透视"天才地加以运用。李唐是南宋时期著名的山水画家，他的历史人物画《采薇图》表达了他的爱国情怀。宋代山水画流派纷呈，前期有李成、范宽，中期有郭熙，后期有米芾父子。被称为南宋四家的是李唐、刘松年、马远、夏圭。二宋的青山绿水画代表有北宋王希孟和南宋赵伯驹。夏圭的《溪山清远图》在雄浑处见精微。宋代的花鸟画或寓兴或写意。北宋中后期，文人士大夫喜欢墨梅、墨竹、墨兰，注重主观趣味的表达，著名的画家有文同、苏轼、赵孟坚等。文同擅长画墨竹，成语"胸有成竹"，就出自文同画竹。赵孟坚擅长画梅、竹、松、水仙，尤其喜欢画兰花。

辽夏金元：游牧和农耕的冲突时期

辽代是原游牧在东北的契丹族所建，辽代建筑的代表作是蓟州区独乐寺观音阁及其山门、应县佛宫寺释迦塔以及大同华严寺薄伽教藏殿和善化寺大殿。金在吸收两宋文化的同时也形成了自己的特点，都城和宫殿建筑也具有一定的规模和特色，位于山西省繁峙县城南峪口五台山北麓天岩村的岩山寺，殿内的壁画布满四周墙壁，系金代精华。

元朝结束了自五代以来南北群雄割据的混战局面，建都北京，称为大都。元大都的建设事先就有严格的规划和准备,也是完全依照儒家典籍的理想建造的城市,即"匠人营国,方九里,旁三门;国中九经九纬,经涂九轨,左祖右社,面朝后市"。元大都大内宫殿建筑群中数百座建筑也严格按等级制度和秩序统一。位于山西永济的永乐宫的平面布局在古代宗教建筑群中别具特色。元代的建筑异彩纷呈,具有伊斯兰建筑风格的广州光塔、福建泉州清净寺、杭州真教寺,具有喇嘛教风格的北京妙应寺白塔和居庸关云台各领风骚。

元代的文人画达到了巅峰,文人画的题材主要是山水和梅、兰、竹、菊、枯木、窠石。元初的赵孟頫、高克恭,中后期的黄公望、王蒙、吴镇、倪瓒是元代画家的代表。赵孟頫一生创作了许多精品,山水画有《鹊华秋色图》等。高克恭能诗善画,传世之作有《云横秀岭图》等。山水大家黄公望有《富春山居图》《溪山雨意图》。王蒙画的山水郁然深秀,山色苍茫,用笔熟练。倪瓒表现出了中国文人所特有的情感和理想,《鱼庄秋霁图》是他的代表作。吴镇喜爱梅花,他的山水画有深厚苍郁之气,题材多为渔父、古木竹石之类,作品有《渔父图》等。

元代的花鸟画一改宋代的清润淡雅,水墨画中的梅、兰、竹、菊"四君子"画在当时非常流行。王冕尤其擅长画墨梅,他的传世作品有《墨梅》《南枝早春图》。宋代的人物画日渐式微,人物画主要有肖像画、道释人物画。元代的壁画主要有石窟壁画,佛寺道观壁画,墓室壁画,其中山西永乐宫的元代壁画,是元代最精彩的道教壁画。

明清:沉暮与式微

明朝是中国历史上最具有营造才能的朝代,中国的各式建筑样式都是在这个时期完善和发展起来的。故宫于 1406 年始建,1420 年落成,面积约为 72 万平方米,建筑面积 15.5 万平方米。故宫有大小院落 90 多座,房屋有 980 座,宫城周围环绕着高大宫墙。故宫有 4 个门,正门名午门,东门名东华门,西门名西华门,北门名神武门。面对北门神武门,有用土、石筑成的景山，满山松柏成林。故宫宫殿建筑均是木结构、黄琉璃瓦顶、青白石底座，饰以金碧辉煌的彩画。明清北京城里历史最为悠久的皇家花园是位于宫城之外的西苑三海（北海、中海和南海）。

宗教建筑在明清两代也得到极大发展，天下名山大川中的许多宗教建筑都是明清时期修建，但都过于程式化。这个时期的塔却有一定的代表性，如明初南京的大报恩寺琉璃宝塔。明代的第宅制度方面规定比较严格，几品官厅堂几间几架都有限制，庶民庐舍三间五架，禁止斗拱和彩色。明清私家园林以江南的成就最高，也最具有代表性，那时苏州、杭州、松江和嘉兴四府是园林荟萃之地，明中叶以后，扬州后来居上。苏州园林始于周代，明清时期有较大发展，在明代也有一些代表性的园林，如明代苏州艺圃，始建于明代嘉靖年间，园以水池为中心，池北有延光阁、博雅堂等建筑，南部有假山林木，以自然旨趣为主。

明代宫廷绘画和文人士大夫绘画有了较大发展。明代中叶以后，以沈周等为代表的画家，成为这个时期绘画的主流；以陈淳、徐渭为代表的水墨大写意异军突起；董其昌为代表的"华亭派"独树一帜；在民间，还出现了大量版画和民间绘画。明初宫廷绘画创作繁盛，宫廷绘画以山水、花鸟画为盛，人物画取材狭窄。浙派以戴进和吴伟为代表，二人画风亦源自南宋院体，故与宫廷院画密切相关。这个时期江南地区还有一批文人画家，如徐贲、王绂等。明代中期苏州地区崛起的以沈周、文徵明为代表的吴门派，逐步成为画坛主流。文徵明以细笔山水居多，风格缜密秀雅。唐寅和仇英风格属于吴门派异类，唐寅的山水画多为水墨，风格雄峻刚健或圆润雅秀。仇英画风精谨清雅，擅长着色。明朝后期徐渭进一步完善了花鸟画的大写意画法，完成了水墨写意花鸟画变革，被称为青藤画派。徐渭的画风，对清代的朱耷、石涛、扬州八怪、海派都产生了影响。以张宏为代表的苏州画家在文人山水画方面另辟蹊径，创作出富有生活气息的绘画作品。明代肖像画在人物画中较为发达，民间画工中有写真能手，影响直至清代。明代晚期是吴门画派最兴盛的时期，张宏是其中的佼佼者。这个时期还出现了不少地区性的山水画派。

　　清代是为中国古代建筑画上句号的朝代，清代建筑具有明显的"寄生性"。清代修复和重建被李自成军焚毁的紫禁城，至康熙三十四年基本完工。清初依照明朝的旧例，乾清宫被作为皇帝居住和处理朝政的主要场地，后移至养心殿，此后内部也有一些小的改变。紫禁城和拘谨的西苑不能满足清代皇帝对于江南园林的逸趣，于是国家大兴土木，在京城西北郊的丘山与低洼之地辟三山五园，也就是香山静宜园、玉泉山静明园、万寿山清漪园（今颐和园），平地而建畅春园和圆明园，继而扩建皇城三海，又建承德避暑山庄。在这些皇家园林中，规格最高，建筑最多样，园景最丰富的，就是万园之园的圆明园。颐和园的规模和气魄显得宏阔壮丽，它在整体布局上要比圆明园更为成熟。在清代，喇嘛庙建筑给古典建筑增添了一些新气息。布达拉宫在清顺治二年重建，后历经修建和扩建。布达拉宫那些高低错落，体量不一，色彩对比强烈的建筑组织以及有序、整然和有节奏的格局形成了其宏伟的建筑风格。清代对民居的限制较少，中国民居以北京的四合院最具代表性。在北京以外，各地独具特色的民居很多，最为著名的是徽州和晋中的民居。徽派民居大多是中小型，平面呈四合院式布局，只是各面房屋多是楼房。晋中大宅的规模庞大，屋顶单坡向内，环院多为楼房，四面青灰高墙，建筑群穿插叠合。清代私家园林不仅数量上超过明代，而且地方特色也显露出来，形成北方、江南、岭南三大体系。

　　一批明代遗民画家成为清代初年文人山水画的代表。清初郑燮独树一帜，他独创"板桥竹"。清朝中期北京宫廷绘画活跃一时，在商业经济发达的扬州地区，崛起了扬州八怪。他们多取梅、兰、竹、菊、山石和野花为题材，以寓意他们清高的人品、孤傲的性格、野逸的志趣。清后期，国力衰微，文人画流派和宫廷画派日渐衰落，而辟为通商口岸的上海和广州，出现了海派和岭南画派。海派代表有赵之谦、吴昌硕等。赵之谦和吴昌硕在大写意花鸟画方面有重大发展,他们兼诗书画有机统一。岭南画派汲取素描、水彩画法所形成的中西结合画风,为中国画的新发展做出了有益尝试。清代还有民间画派,主要有壁画、版画、年画等画种。清代木版年画获得前所未有的发展,并形成了杨柳青、桃花坞、杨家埠、绵竹、佛山等富有地方特色的年画。

从晚清鸦片战争开始,西方艺术逐渐影响中国。1942年《在延安文艺座谈会上的讲话》决定性地影响了20世纪40年代到70年代中国艺术发展。这个时期,只有中国港澳台地区尤其是台湾的艺术依然与世界艺术发展保持着联动。1976年之后的中国艺术成为思想解放运动的一个组成部分,这个时期艺术家们的种种努力以及取得的成就也十分令人瞩目,在某种程度上为其后的20世纪90年代艺术融入"全球化时代"奠定了基础。

第四节 视觉时代的视觉景观

视觉艺术在经历了数千年的发展以后,随着种类逐步增加,艺术的表现方式也更加成熟了。而随着视觉艺术表现方式、呈现的媒介和接受方式的变化,视觉艺术出现了一个重要的转折时期,而这种转变的基础就是视觉呈现、传播和接受技术的改变。

一、视觉传播基础:技术的发展

在古希腊的阿波罗神殿大门上,写着一句闻名遐迩的箴言,"认识你自己",里尔克在写给奥菲士的第九首十四行诗中有"认识形象",本雅明把两者都视为人类认识的重要路径。有研究表明，即使是最为原始的思维，其包含的要素也是十分复杂的，但概括起来看，"原始思维的形式要素是类象化的表象。类象化是原始人在共同生活中形成的"[①]。这种"类象化的表象"是通过对自然或者社会中的各种现象的模仿来实现的。达尔文认为，模仿是人和大多数动物的本能，随着人类思维的发展，模仿也慢慢从本能转向了自觉和理性，对形象的表达也越来越趋于复杂化，这种发展是由物质生产、精神生产、社会需求等多个方面条件所决定的。从视觉艺术发展历史中我们也可以看到这些因素影响的影子。中国绘画艺术发展就是从彩陶画、地画、岩画发展到画在墙壁、绢和纸上的画，使用的工具是毛笔、墨和天然的矿物颜料，到了商周时期，出现了帛画、壁画以及刻在青铜器、玉器、漆器等器物上的纹饰。从考古发现来看，造纸术的发明不晚于西汉初年，而且造纸的工艺在不断完善，竹帘纸、藤纸、纤维造纸、棉纸、麻纸等相继出现。隋唐时期，宣纸诞生，其他一些更加经济、适用的纸也开始出现。除了一般用手工绘制外，技术的发展对于视觉传播的意义也十分重大，这包括印刷技术、摄影技术、摄像技术，等等。

中国早期的印刷方式经历了由印章、墨拓石碑到雕版，再到活字版的阶段。雕版印刷术发明于唐代，雕版一般选用纹质细密坚实的木材，把要印的字、图等用刀一笔一笔雕刻成阳文，再用于印刷。早期印刷多用于印刷佛像、经咒、发愿文以及历书等。唐初，玄奘曾用回锋纸印普贤像，施给僧尼信众。在北宋初年，四川流行的"交子"就是用朱墨两色套印的纸币。到16世纪末，套色印刷广泛流行。套色技术与版画技术相结合，便产生出光辉灿烂的套色版画。明末的《十竹斋书画谱》和《十竹斋笺谱》都是古版画的艺术珍品。清代套色印刷技术又得到进一步提高。活版印刷对宗

---

① 孔圣根. 原始思维研究[J]. 哲学动态，1986(6):19.

教、文学、历史以及其他领域经典的传播产生巨大影响,但对于视觉等类的艺术发展影响不大,只有到平版印刷出现才标志着图像复制技术已经发展到了一个全新阶段。"这种非常直接的过程——把画放在石板上摹写而不是在木头上刻写或在铜版上蚀刻——这个事实第一次使图画艺术不仅像以前那样大量上市,而且还可以生产日益变化的变体,平版印刷使得图画艺术给日常生活提供了图解。"①在平版印刷出现几十年后,摄影的出现进一步改变了图像传播的境况。

摄影出现的时代虽然比较晚,但早在公元前 400 多年,墨子就观察到小孔成像的现象,之后中外许多先哲都论述到相关原理。16 世纪文艺复兴时期,欧洲出现了供绘画用的"成像暗箱"。1725 年,德国舒尔茨发表了讨论硝酸银混合物在光作用下能够记录图案功能的论文,德国人称他为现代摄影的始祖。1816 年,尼埃普斯命名的"人工魔眼"透镜装配了第一架照相机,并用它制作出一些不耐光的负像照片。1825 年尼埃普斯用涂有沥青的石板作为感光材料翻拍了一幅十七世纪的荷兰版画,由此诞生了世界上第一张照片——《牵马少年》。1835 年法国人达盖尔发现在碘化银感光板上的潜影,然后利用水银蒸汽将其显现为可见的图像。1839 年达盖尔公布了"达盖尔银版摄影术",自此世界上诞生了可携式木箱照相机,于是摄影成为人类在绘画之外保存视觉图像的新方式,并由此开辟了人类视觉传播的新纪元,达盖尔成为举世公认的"摄影之父"。塔尔博特用光敏度更好的氯化银作为感光材料,并且使用碘化银和显影液,这种被改进后的方法被命名为"卡罗式摄影法"。1839 年,出现首批建筑摄影照片,如洛特宾耶雷的《雅典的卫城入口》等作品。1839 年,塔尔波特成功拍摄了显微镜下的物体。1839 年,法国吉鲁制作的"达盖尔照相机"问世。1840 年,法国福伦达公司利用达盖尔技术设计制造了德国第

---

① 陈永国. 视觉文化研究读本[M]. 北京:北京大学出版社,2009:5.

一架照相机。1842年,德国比欧乌和斯特尔茨纳两人拍摄的《大火后的汉堡》被称为摄影史上第一幅新闻照片。1844年,马顿斯发明了能拍摄150°弧度的"全景照相机"。1851年,英国阿切尔发明的"火棉胶摄影法",很快取代了早先的摄影术。1855年,法国人陶配诺提出干版火棉胶法,使摄影更加便利。1888年,美国伊斯曼公司研制出首台使用胶卷的"柯达1号"相机,可连续拍摄100张照片。1891年柯达公司制造出可装卸胶卷的相机。1914年,德国人巴纳克研制出世界上第一部135相机,这是第一批徕卡相机的原型。1949年美国发明了变焦距镜头。1950年法国发明了摄远镜头。1954年德国发明了微距镜头。1981年,日本索尼公司推出了世界上首台磁录像照相机"玛维卡",开创了照相机技术的数字化时代。

"视觉存留"的原理被运用,最早可以追溯到中国古代的"走马灯"、古希腊的"魔轮"。1834年霍尔纳发明了"活动连环转盘"。1874年,法国的让桑发明了一种摄影机。马莱运用左轮手枪的原理,创造出一种轻便的"摄影枪",这是第一架能从一个镜头里,一秒钟内获取若干底片的摄影机。法国的马雷发明了可以拍摄飞鸟的设备,摄影技术由此诞生。1889年,美国的爱迪生发明了一种摄影机,这种摄影机由电机驱动,摄影机运转时留声机便将声音记录下来。1891年,爱迪生在光源前使用发动机来高速转动带有连续图片的电影胶片条,从而使人产生图片内容活动的错觉,光将胶片上的图片投射到银幕,这便是活动电影放映机。1910年,爱迪生发明了一部由留声机和摄影机组合而成的电影摄影机,在电机能量带动下,摄影机的遮光曲轴与留声机连动,摄影机运转时留声机就能够记录下声音,放映时,留声机就随画面同步运转,使得声音和图像同步出现。卢米埃尔兄弟于1894年发明了世界上第一架相对完善、灵活轻便的手提"活动影戏机",这是一种既能摄影又能放映和洗印的机器。1907年卢米埃尔兄弟发明三色照片制作工艺,他们主要在现实中捕捉生活现象,银幕上展现的就是人们身边的琐事。电影的出现在带给人们惊喜的同时,也给人们带来了表现世界的独特方式。匈牙利电影理论家巴拉兹就认为,随着电影的出现,人们开始关注视觉和视觉性,一直以语言符号占据主导的文化,让位给了形体、面部表情等形象占据主导的视觉文化,"可见的人类"重新回到了我们的文化中。本雅明在《机械复制时代的艺术》中更是宣称:"任何艺术作品都能被复制,人类制造的艺术品,总可以被人复制。"[1]这是由于人类掌握了复制技术,如希腊人运用铸造和制模技术使得他们能大量生产青铜、陶土和硬币。印刷术给文献复制带来了革命性变化,对于图像的再生产来说,照相机远比手工绘制图画更有效率,它把艺术家的手解放了出来,他们只需要用眼睛对准取景框即可。"20世纪,复制生产又上台阶,艺术品不仅可以制成信号向公众传播,就连艺术家处理作品的过程也可以用讯号传播。艺术品复制和电影艺术将给我们带来深远影响。"[2]本雅明时代相较于电视、计算机和数字化普及的时代还只能算得上是复制、传播技术的发轫时期,数字化时代才是视觉时代真正的开始,但技术的发展和进步是一个较为漫长的过程。

电影发明后,无线电广播以及电传真技术成功地实现了远距离传送符号、声音以及静止图像的愿望,也激发了人们传递活动影像的热情。电视技术涉及成像技术、发送技术、存储技术、接收技术等。最早的电视诞生于1884年,年轻的俄裔德国工程师保罗·尼普科夫发明了圆盘机械电视。20世纪到来之时,法国康斯坦丁创造了"电视"一词。1925年贝尔德发明了机械扫描式电视摄像机和接收机。1927年贝尔德用电话线成功地实现了伦敦至格拉斯哥的电视画面传送。1928年短波传送电视成功。1936年11月2日英国广播公司使用贝尔德的240行扫描机械电视系统

---

[1] 本雅明.机械复制时代的艺术[M].李伟,译.重庆:重庆出版社,2006:2.
[2] 本雅明.机械复制时代的艺术[M].李伟,译.重庆:重庆出版社,2006:3-4.

正式播出了一场规模宏大的歌舞晚会,这一天也被认为是电视的诞生日。1906年布劳恩用阴极射线管来显示线条和字母,这就是最早的电子显像管。1911年俄罗斯的罗律格研制成功了世界上第一个电子束显像管并成功显示了第一幅简单的电视图像。到了20世纪30年代,电子化的电视摄像与显像技术成熟。1936年,英国人建立了亚历山大电视台,英国广播公司也成立了世界上第一个电视播放部门。20世纪40年代磁录音更便于视频信号的存储和复制。1956年旋转四磁头广播用录像机成功地解决了电视节目的存储、复制问题。1940年,彼得·戈马制成了世界上第一部彩色电视机。1950年美国为偏远地区提供共用天线系统,这是有线电视的雏形。二战时期,欧洲的电视业全面处于停滞状态,二战后电视业全面走向复兴。1946年英国广播公司恢复电视播出,苏联、加拿大、日本、意大利相继于1950年、1952年、1953年、1954年开办电视事业。美国战时也没有停止电视播出,但只有6家商业电视台,民间使用的电视机不到10 000台;1950年,美国增加到104家电视台,电视机1 000万台;1954年,美国正式开办彩色电视节目。1956年,磁带录像机问世。1962年7月10日,美国太空总署发射卫星"电星一号",开人类利用卫星传播电视节目的先河。20世纪70年代后期在主要发达国家卫星电视与有线系统结合,逐渐成为电视传播的主要形式。1981年,日本广播公司首次推出1 125行扫描线的模拟电视,1998年,美国率先开播数字电视。电视在经历了从模拟电视到数字电视的第二次革命后,在网络时代又出现了交互电视。

网络空间中的视觉传播是视觉处理、现代通信、网络传输、多媒体等多种技术的融合。从20世纪50年代开始,人们逐步解决了计算机的文本编码、图形编码、音频转换、数字编码、视频编码等一系列核心技术。1986年CD-I光盘多媒体技术出现,而DVI标志着离线媒体技术的成熟。与此同时,通信产业也开始从模拟信号向数字信号转变,并最终和计算机结合形成"信息高速公路"。而以报纸、广播、电视为主导的传统媒体也与计算机和网络技术相结合，这种以计算机和现代通信卫星为基础的"新媒体"给大众传播的不同层面带来了巨大变化。1989年，英国科学家伯纳斯·李提议用超文本技术建立一个全球范围内的多媒体信息网。1993年2月，美国国家超级计算应用中心开发出了第一个图形Web浏览器，多媒体计算机和因特网将人类带入"数字媒体"时代。数字语言已经成为所有媒介"共通、共用"的语言，语言、文字、声音、图画和影像等实现数字化处理。交互式传媒的出现，使得传者与受者之间关系正面临巨大变化。

当计算机被当成视觉表达工具的时候，它带来的不仅是效率和便利，还改变了数量和性质，也颠覆了传统视觉呈现和表达方式，网络空间成为其传播、展示的重要场所。计算机的许多软件具有绘图、三维动画、数据统计、资料检索等功能，一些软件甚至能自动进行创作。进入20世纪90年代，计算机除了能向人们传递数据、文字、图表、静止图像和动画外，还具备传递动态的音频和视频信息的功能，它在影视和游戏等视觉领域也被广泛运用。数字复制的便捷，也使得原本与摹本的界限消失，各种视觉图像应用软件的强大功能唤起了人们对图像制造和传播的热情，视觉表达成为一种时尚。

数字技术使人和机器从原来的对立状态中解脱出来，人性化的界面，虚拟现实，人工智能，语音输入的出现，使得芯片上已能出现"人"的情感而且是高智商的集成。2016年由谷歌研造的人工智能系统阿尔法围棋，挑战世界围棋冠军李世石，最终，阿尔法以4∶1获胜。2017年一开年，阿尔法再次横扫中日韩棋手，创造60胜0负1平的战绩。智能计算机技术正在迅速地、以一种意想不到的方式渗透进我们生活的方方面面，不仅渗透进人类可以感知的世界，也渗透进人类智慧生活的方方面面。

二、视觉时代的特征

19世纪随着印刷技术的进步,报纸开始出现。摄影技术的普及改变了人类记录社会和生活的方式,电报、电话改变了人们的沟通方式,铁路和蒸汽动力的出现改变了人们的空间观和距离观,城市化的普及和消费方式的变化促进了广告的大量出现……正如柯莫里在《视觉机器》中所描述的:"19世纪下半叶是一场视觉的狂欢。当然这是社会图像增值的结果,大量带有插图的报纸广泛传播,印刷品和漫画等产品掀起狂潮。不过,这也是视觉范围和表现范围地理延伸的结果:借助于旅游、探险和殖民活动,整个世界变成可见的,同时也变成可控的。"[①]

如果说19世纪显现的还只是"视觉狂欢"的端倪的话,20世纪则真正开启了"视觉"的新时代。在20世纪,卫星电视、有线电视普及,特别是互联网进入寻常百姓家,人们花费大量时间浸淫在色彩斑斓的视觉世界里,这还只是视觉化世界的一种表象。随着城市化和消费社会的到来,文化的世俗化、娱乐化成为一种潮流,走入高楼林立,但又风格迥异的城市街道,我们在被各种式样的建筑吸引的同时,还有各式各样的广告映入我们眼帘,而且是立体化、全方位的:高空的、地下的、电子的、墙上的……不一而足。现代都市中出现越来越多的商业街和大型商场,"大商场里琳琅满目的服装、食品和烹调材料,可视为丰盛的基本风景和几何区。在所有的街道上,堆积着商品的橱窗光芒四射……"[②]鲍德里亚描述的还是消费社会早期物品的丰富所呈现的视觉化张力,物质化世界也给人带来挤压感。与商业文化和视觉文化密切相关的各种主题乐园和游乐城越来越

---

① 罗岗,顾铮. 视觉文化读本[M]. 桂林:广西师范大学出版社,2003:327.
② 鲍德里亚. 消费社会[M]. 刘成富,全志钢,译. 南京:南京大学出版社,2001:2.

多，人们消费这些产品，也收获到几乎梦幻般的感受。这个让人头晕目眩的视觉世界，对我们来说究竟意味着什么？或者说这个世界的本质是什么？表现出什么特征？

哈佛大学的社会学家贝尔认为，当代文化正逐渐成为视觉文化，而科学技术的发展促成这种文化以及传播形式形成，视觉已经成为我们日常生活的一部分，甚至可以说就是我们的生活方式。这不仅意味着，我们被视觉化的图像所包围，日常的生活空间、生活工具、信息传播的方式都是视觉化的存在，还意味着我们越来越多地依靠这些视觉材料。这表现在我们的日常工作、学习以及信息交流等方式上。我们通过电视了解发生在世界每一个角落的新闻，新闻评论中大量地使用简化的影像或图片，我们在学习中使用的图书或者资料也会采用大的图像方式。看看外语教材吧，那丰富多彩的插图已经成为学习内容的一部分，有时候比需要学习的内容还重要……而现在在网络或其他移动终端中交流已经成为我们生活中不可或缺的内容。在移动互联的世界用简单的视觉符号来进行交流已经十分普遍，现在只要打开短信、微信、微博、QQ等各种社会化媒介，打开"表情"，有微笑、哭泣、愤怒、吃惊等，也有玫瑰花、咖啡、匕首等，此外，人们还可以私人设置各类图片或动漫，这极大丰富了网络交流的符号，这些符号直观，幽默诙谐，符合流行时尚。

英国文艺理论家伊格尔顿指出，我们正面临视觉文化时代，文化符号趋于图像霸权，图像生产涉及政治、经济、商业和美学等领域，也就是说，图像在社会政治、经济、商业、文化中居于主导和支配地位。先说图像政治，在传播技术不发达的情况下，统治者统治一个国家，主要通过等级森严的组织，以及四通八达的交通和驿站来传递各种信息。但是在信息化和视觉化时代，情况大为改变，媒体中充斥着各种政治信息，特别是在选举中，各个选举人利用媒体宣传自己的主张，而不同党派竞选人辩论的好坏、表现的形象如何直接影响选举效果。1960年美国总统竞选进行了历史上第一次电视辩论,憔悴的尼克松PK阳光活力的肯尼迪。参加当年现场直播的范奴克回忆说:"我注意到副总统嘴唇附近满是汗渍,肯尼迪则非常自信,光彩照人。"最终尼克松因形象输给肯尼迪。经济生活中,适合现代生产的各具特色的厂房、机器,为迎合大众消费需求的各种产品都会考虑到视觉因素,商品销售过程中的广告更是将商品的视觉化发挥到极致。广告中视觉元素十分重要,广告吸引人的手段当然首推视觉,昆德拉在他的小说《认》里,借一位广告公司老板之口说:"广告,它把生活中简单的物品变成了诗。日常的事物由于有它而引吭高歌。"那些经典的广告正是用视觉化的符号、场景来传达商品中所蕴含的诗意。万宝路的男人形象,伏特加的酒瓶形象,大红鹰的胜利"V"形象都是"广告诗歌"中的动人意象,这些意象也深深镌刻在观众的脑海深处。至于视觉时代的美学,贝尔的说法十分具有代表性,他说:"目前居'统治'地位的是视觉观念。声音和景象,尤其是后者,组织了美学,统帅了观众。"①

视觉文化可以确立我们的社会地位或者文化身份,"所谓的视觉文化就是使人们成为其所是的人们的那些事物的一部分,而对这些观点和回答的理解则可以促使人们用一种更加成熟、自我反思和批评的眼光来认识整个视觉世界以及自己在其中所处的位置。"②也就是说视觉文化使得我们认识世界、认识到自己的角色和位置,是自我认同的一部分,同时视觉文化也使得我们有良好的自我反思能力。2015年,美国宇航局发布了一组宇航员在外太空的炫酷自拍照,自拍照以地球或是国际空间站为背景,令人震撼。有学者戏称,"我们要学会来看人类世界",宇航员用镜像看到人类生存的世界的外在轮廓,而生活在这个地球上的我们可以通过视觉形象,当然许多都是通过局部的世界图像来理解和认识世界。比如

---

① 贝尔.资本主义的文化矛盾[M].蒲隆,任晓晋,译.北京:生活·读书·新知三联书店,1989:154.
② 巴纳德.理解视觉文化方法[M].常宁生,译.北京:商务印书馆,2005:2.

儿童是通过看图识字来了解他们刚刚接触的世界,而我们成年人,是通过观看电影、电视等视觉文化来感受和认识世界的。视觉文化有利于培养我们对不同的文化的敏感度,并且通过视觉图像分析、鉴别我们生活的真实世界是什么,我们寻找到自己在现实中的位置,而各种视觉经验和视觉教育的积累是对我们的发展和自我建构十分有效的途径。

海德格尔在《世界图像时代》中认为:"从本质上来看,世界图像并非意指一幅关于世界的图像,而是指世界被把握为图像了……世界图像并非从一个以前的中世纪的世界图像演变为一个现代的世界图像;根本上,世界成为图像这样一回事情,标志着现代之本质。"[1]海德格尔认为图像时代的本质是,"世界被图像所把握"和"根本上世界成为图像",也就是说图像作为一种普遍的存在,同时我们理解、认识世界是通过图像的方式。这种变化是革命性的,图像带来的不仅是认识方式的改变,也有我们思维方式的变化,因为在印刷媒介占主导的时期,用文字来表情达意,用印刷文字去传播思想,是整个社会存在的基础。在印刷时代,无论是用文字书写,还是阅读文字,都需要理智和缜密的逻辑性,也需要有充裕的时间去思考。但在图像时代一切都变了,图像具有直观和意义表达的浅表化特点,加上视觉图像注重空间体验等,这使得我们漠视理性,注重感性,也导致我们在阅读图像时候采用跳跃、不规则、不缜密的方式,而这种必然的变化也渐渐成为我们思维的一部分。

英国学者伯杰关于"观看先于语言"的相关论述,似乎表明视觉相较于语言有许多先天的优越性,但是自柏拉图将"逻各斯"引入语言中,我们观察世界和诠释世界的经验都围绕着"语言"这个"中心"而展开,正如海德格尔所说,"语言是存在的家",伽达默尔说,"谁拥有语言,谁就拥有世界"。与此同时,人类和人类社会的一切知识都是由语言建构出来的,世

---

[1] 海德格尔. 世界图像时代[M]. 孙周兴,译. 上海:上海三联书店,1996:899.

界也成为语言性的了。20世纪初瓦尔堡使用"图像逻辑"来倡导一种新生的艺术研究方法,米歇尔将自己的图像学定义为"批判图像学"并且最早提出"图像转向"。他认为"文化脱离了以语言为中心的理性主义形态,日益转向以形象为中心,特别是以影像为中心的感性主义形态。视觉文化,不但标志着一种文化形态的转变和形成,而且意味着人类思维范式的一种转变"[①]。图像转向在德波和鲍德里亚的表述中则是景观社会和拟像社会的生成。杰姆逊从视觉生产的内在逻辑出发,揭示出视觉时代的外在特质和内在驱动力。他认为电影、电视和摄影等媒介的复制技术和规模化的商业生产,构筑了"仿像社会",而消费社会作为一种巨大的推动力量将视觉文化推向了前台。

---

① 杨向荣. 图像转向[J]. 外国文学,2015(9):113.

第二章 / 视觉文化研究范式：从结构到话语

> 社会现象……不仅要求解释而且要求以不同的方式来理解。理解它们必须包含一种解释自然现象所没有的因素：可重复的目的、意图，以及思想和情感的独特组合，这些因素都先于社会现象。
>
> ——鲍曼

"语言转向"最早由伯格曼提出，但是罗蒂使得这一说法得以广泛流传。用语言学、符号学、修辞学等"语言模式"研究哲学、文学、艺术、媒介成为"语言转向"的标志。随着图像对日常生活影响的加大，学界大声疾呼，"图像转向"时代来了。如果对图像转向做一个简要描述的话，那便是："在这个常常被刻画为'奇观'（居伊·德波语）和'监视'（福柯语）及形象制作无所不在的时代，我们仍然不知道图像到底是什么……"[①]因此，在图像时代，人们以前所未有的力量关注视觉模拟和幻觉性的种种视觉方式，另一方面"形象的力量"最终可能会摧毁我们的担忧和焦虑。这种悖论的存在有多大的影响，我们还无法预知，但有一点是十分明确的，"把图像当作视觉性（visuality）、机器（apparatus）、体制、话语、身体和喻形性（figurality）之间的一种复杂的相互作用。我们的认识是，观看行为［spectatorship］（观看、注视、浏览，以及观察、监视与视觉快感的实践）可能与阅读的诸种形式（解密、解码、阐释等）是同等深奥的问题，而基于文

---

① 周宪. 视觉文化读本[M]. 南京：南京大学出版社，2013：46.

本性的模式恐怕难以充分阐释视觉经验或'视觉识读能力'"①。

实际上从20世纪90年代之后，随着文化研究影响力的增大，文化研究的范畴、视域和方法也呈现多元化的趋势，符号学、精神分析、后结构主义、解构主义、后现代主义等理论开始渗透到视觉文化研究领域。也有学者从后现代文化、全球文化和网络文化等多元文化视角出发对视觉文化进行跨学科的综合研究，这种研究"包括一般的文化研究，艺术史研究，批评理论、哲学、人类学和具体的电影研究，精神分析学理论研究，性别研究，区域研究，同性恋研究，电视研究，女性主义研究，民族学研究，生态学研究，甚至更加具体的电子游戏研究，动画研究，艺术媒介研究，广告设计研究，因特网等重要视觉媒介的研究"②。巴纳德在《理解视觉文化的方法》中引用了米切尔的话："当关于视觉文化的整体研究也许就像一种其时代已经到来的理念时，它不可能自我证明其应该如何继续进行。"③视觉文化研究挑战了以往人们对文化的研究方式。用社会学和历史学方法来研究文化通常会忽视观念、经验和意义，较少有政治学研究中的教条和说教。视觉文化研究视觉本身，而且这样的研究是建立在文本性、视觉性、表演性以及听觉、触觉等多重对话的基础上，也倾向于视觉艺术史研究。还有学者将相关研究放入更广泛的文化文本的关系之中，在某种意义上说，视觉文化研究甚至可以被看成是以视觉研究为主导的文化研究，它属于文化研究的一部分。

由此可见，视觉文化研究图像、观看行为以及图像与体制、话语、身体之间的关系，而研究的视角或者方法可以是理论的、类型的，也可以是媒介的。巴纳德在他的著作中试图从理解和阐释的角度来研究视觉文化，并且认为这两个不同方法只是产生不同的知识传统，即"结构的传统"和

---

① 周宪. 视觉文化读本[M]. 南京：南京大学出版社，2013：48.
② 陈永国. 视觉文化研究读本[M]. 北京：北京大学出版社，2009：3.
③ 巴纳德. 理解视觉文化的方法[M]. 常宁生，译. 北京：商务印书馆，2005：9.

"阐释的传统",在此基础上他还重点介绍了马克思主义、解构主义、形式主义和女性主义等方法。结合巴纳德的观点和视觉文化研究的发展实际,我们主要介绍结构主义、精神分析理论、后结构理论和视觉人类学的相关理论。

第一节 结构主义和符号学

1725 年意大利的维柯出版了《新科学》,他以敏锐的洞察力发现"原始"人,"他对世界的反应不是幼稚无知和野蛮的,而是本能地、独特地'富有诗意'的,他生来就有'诗性的智慧',指导他如何对周围环境做出反应,并且把这些反应变为隐喻、象征和神话等'形而上学'的形式"[①]。"原始"人正是通过这样的智慧创造各种可以认识的、重复的形式,这样的过程具有"结构化"特征,这种结构化的特征体现在社会制度、习俗、礼仪等社会生活的方方面面。维柯的相关研究只说明了文化是有结构的,但并没有回答什么是结构。

皮亚杰作为结构主义的重要人物,他对结构下了一个简单的定义:"人们可以在一些实体的排列组合中观察到结构,这种排列组合体现下列基本概念:(a)整体性概念;(b)转换概念;(c)自我调节概念。"[②]结构的整体性是指各要素之间组合是有规律的,并且是一个完整的系统;结构转换是指各要素之间重新组合以及某类结构作为一个整体的变化和再组合,比如词语作为语言的基本单位可以组合成各式各样的句子,各种句子可

---

① 霍克斯. 结构主义和符号学[M]. 瞿铁鹏,译. 上海:上海译文出版社,1987:2.
② 霍克斯. 结构主义和符号学[M]. 瞿铁鹏,译. 上海:上海译文出版社,1987:6-7.

以在更高的层级上再组合,而形成新的结构;结构的自我调节是指各要素依靠自身的力量完成结构的组合和调整。建筑、城市有结构,现实和虚拟的空间也有结构,小说、戏剧的结构特征更是十分明显,这些结构都是可以观察或者被感知到的外在特征,而且这些结构还有不为人直接感知到的内在特征。

结构主义是一种思维方式,它关注对结构的感知和描绘,基于这样的思考,结构主义者普遍认为,"世界是由各种关系而不是由事物构成",更具体地说,"一种因素的本质就其本身而言是没有意义的,它的意义事实上由它和既定情境中的其他因素之间的关系所决定。总之,任何实体或经验的完整意义除非它被结合到结构(它是其中组成部分)中去,否则便不能被人们感觉到"①。结构主义的主要观点可以归结为,结构是由要素构成,要素之间会形成关系,关系决定意义,而且可以被人们感知。结构主义者就是要追求存在于万事万物中的"永恒的结构",并且发现它和研究它。

一、结构的基本元素——符号

瑞士语言学家索绪尔的《普通语言学教程》是结构主义研究的理论基础。索绪尔的语言研究是从语言符号开始,他认为,"语言符号连接的不是事物和名称,而是概念和音响形象"②。音响形象不是物质的、物理的,而是心理的、感觉的,它是通过联想和概念形成关系。"我们把概念和音响形象的结合叫作符号……用所指和能指分别代替概念和音响形象……"③由此可见,符号是由能指和所指构成的,而且能指和所指的关

---

① 霍克斯. 结构主义和符号学[M]. 瞿铁鹏,译. 上海:上海译文出版社,1987:9.
② 索绪尔. 普通语言学教程[M]. 高名凯,译. 北京:商务印书馆,1980:101.
③ 索绪尔. 普通语言学教程[M]. 高名凯,译. 北京:商务印书馆,1980:102.

系是任意的。对于语言来说,能指和所指的关系是线性的(这完全不同于视觉形象)。索绪尔用拉丁语"arbor"(树)来说明所指和能指的关系,其实汉字中的"树",也同样反映这样的关系。"树"这个词的读音、书写形式与树的概念以及树的实体形状之间构成能指与所指的关系,具体关系如图 2-1 示:

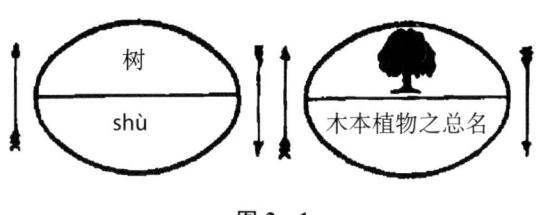

图 2-1

索绪尔语言符号中的能指和所指关系对视觉文化和视觉符号研究十分具有启示性,巴纳德认为,"能指可以被看作任何已被赋予一种意义的有形的自然物。能指也可以被视为意义的物质形式或物质载体"[1]。无论是"有形的自然物",还是"物质形式或物质载体"在视觉上都表现为一种可以感知的存在,可以是点、线、面、体,可以是不同的色彩,可以是实体的建筑、街道、绘画,也可以是电影、电视中的画面或者是虚拟的空间存在。"所指可以被认为是与能指相关联或赋予能指的意义。"[2]视觉符号的所指有的可以在能指中直接感受到,如图片、绘画、电影、广告等视觉形象呈现意义就是此类,当然也有的意义需要我们通过联想或想象来形成概念或思想,比如语言符号、一些象征性的符号等。

皮尔士对符号的认识似乎要复杂些,他认为,"任何事物只要它独立存在,并和另一种事物有联系,而且可以被'解释',那么它的功能就是符号"[3]。这个符号概念相较于索绪尔的符号概念,其意义表达更宽泛了。

---

[1] 巴纳德. 理解视觉文化的方法[M]. 常宁生,译. 北京:商务印书馆,2005:203.
[2] 巴纳德. 理解视觉文化的方法[M]. 常宁生,译. 北京:商务印书馆,2005:203-204.
[3] 霍克斯. 结构主义和符号学[M]. 瞿铁鹏,译. 上海:上海译文出版社,1987:132.

为了便于把握，皮尔士将符号表述为：表现体或符号、对象和场所以及解释物。皮尔士的符号或者表现体是"某事物，它在某一方面或以某种功能对某人来说象征着某事物"①，这与索绪尔的符号没有太大区别。但皮尔士的符号需要人在心目中创造出另外一个事物，即他所称的"解释物"。皮尔士将表现体或符号、对象和场所的关系称为"三合一"结构，其中包括现实世界中的实体。以场所的类型为基础表达的三合一关系包括图像、标志和象征关系，这三种符号关系的特征如表 2-1 示。②

表 2-1

	图像(Icon)	标志(Index)	象征(Symbol)
表达方法	类似	因果关系	约定俗成
举例	图片、雕塑	烟/火	旗帜
过程	可以看到	可以推演	必须经过学习

　　皮尔士的这三种符号对于视觉文化研究是十分有价值的，图像符号中的"类似"揭示符号和对象（客体）之间的关系。在视觉文化中，无论是单一的静态图片，还是动态的影像，甚至虚拟影像与对象之间都表现出"类似"性。拍摄于二战结束时的纽约时代广场的《时代广场的胜利日》，记录的是当二战结束消息传到时代广场，一位士兵搂过正在身旁的护士热烈地亲吻她，画面构图简单、直观。指示符号表现符号和客体之间的因果关系，比如在彩虹与雨后，眼镜与近视，各种颜色与季节之间都存在着指示关系。皮尔士这里的象征指向符号和客体之间的"约定俗成"，或依据"规律"而发生的联系。许多花都有着自己的象征意义：康乃馨象征慈祥、温馨、真挚；雏菊象征娇小玲珑、精灵可爱等。奥运五环以及五环的颜色都具有象征意义。色彩与相关的警示关系也具有象征性，黄色为警示标志（小心触电、水深危险等）。尽管符号和客体之间并没有联系，但是社会或

---

① 巴纳德. 理解视觉文化的方法[M]. 常宁生, 译. 北京：商务印书馆, 2005：204.
② 伯格. 媒介分析技巧：第三版[M]. 李德刚, 何玉, 译. 北京：清华大学出版社, 2011：4.

者群体已经将这种关系自然地联系到一起。这三种类型的符号不是互相排斥的,有的时候一个符号可以表示几种关系。

符号虽然自身具有独立表达意义的能力,但在许多视觉分析中人们都不会对单个的视觉符号进行分析。对于视觉文化来说,单一地分析视觉符号是不够的,还需要将其放到特定的符号系统中,需要在系统中发现各种符号之间的关系,以及这些关系中所隐含的意义。

二、结构关系——组合和叙事

索绪尔在《普通语言学教程》中在对语言符号进行系统论述的基础上,他特别强调,研究语言不仅要根据语言的个别部分,而且要对语言进行历时和共时研究,也就是要把语言作为一个完整的、统一的、自足的系统加以研究。索绪尔对语言的共时性和历时性研究,其实"就承认了语言既有它的历史范围,也有它当前的结构的属性"[①]。

索绪尔在讨论语言学变化的时候,还从学科整体分析了历时性和共时性的价值:"任何科学如能更仔细地标明它的研究对象所处的轴线,都会是很有益处的……(1)同时轴线,它涉及同时存在的事物间的关系,一切时间的丁顶都要从这里排除出去;(2)连续轴线,在这条轴线上,人们一次只能考虑一样事物,但是第一轴线的一切事物及其变化都位于这条轴线上。"[②]索绪尔还用植物的横向和纵向切割作为比喻。横向切割,我们看到的是横断面,如果切割的是树的话,可以看到大树的年轮;纵向切割,我们看到大树的纵向纤维。历时性和共时性是结构的两维,"以共时性的方式研究文本就是探究元素之间的关系,而以历时性方式解读文本则是

---

① 霍克斯. 结构主义和符号学[M]. 瞿铁鹏,译. 上海:上海译文出版社,1987:11.
② 索绪尔. 普通语言学教程[M]. 高名凯,译. 北京:商务印书馆,1980:118.

审视叙事的演变方式。换个说法就是,以共时性方式解读文本发掘文本隐含的两两对立模式(即聚合结构),而历时性分析则研究构成叙事的各个事件之间的联系(即组合结构)"①。

共时性分析的基础是二元对立,符号聚合一方面是以线性方式,即一个符合和另外一个符号一个一个接续而成,另一方面是以联想关系构成集合,这两种符号结构的基础就是符号间的差异。卡勒认为,"结构主义者通常同意雅各布森的观点,认为二元对立是人类的基础,是表达意义的基石"②。

亚里士多德是较早注意到二元对立的人。首先,他认识到模仿对象是行动中的人,而这些人必然有好人或坏人;其次,他认为悲喜剧都隐含对立,喜剧是对低等人的模仿,悲剧是对严肃、重要的事件的模仿;再次,他认识到戏剧中的冲突是戏剧发展的重要元素。在西方的艺术或者视觉艺术发展历程中,无论是创作实践,还是相关理论的总结都会对二元对立的相关问题有所涉及,但真正意义上研究语言、艺术中二元对立结构的,还是一些结构主义学者,如列维-斯特劳斯就是其中的重要代表。

斯特劳斯将结构主义方法运用到人类学研究中,他把人类的"文化行为、庆典、仪式、血缘关系、婚姻法规、烹饪法、图腾制度的各组成部分看成不是固有的或无联系的实体,而是相互间保持对比的关系,这些关系使它们的结构和语言的音位结构相类似"③。列维-斯特劳斯对"亲属关系"中的二元对立进行研究,他认为亲属关系是一个完整的系统,也是一个相互关联的关系系统,"这系统包括四种有机地联系在一起的关系类型,即兄妹关系,夫妻关系,父子关系,舅甥关系。下面这个例子中的两组关系说明了一条规律,可以阐述如下:在这两组关系中,舅甥的关系之于兄妹关系,就如父子关系之于夫妇关系一样。因此,只要我们知道其中一对关

---

① 伯格. 媒介分析技巧:第三版[M]. 李德刚,何玉,译. 北京:清华大学出版社,2011:29.
② 伯格. 媒介分析技巧:第三版[M]. 李德刚,何玉,译. 北京:清华大学出版社,2011:36.
③ 霍克斯. 结构主义和符号学[M]. 瞿铁鹏,译. 上海:上海译文出版社,1987:26.

系,便可以推断出另一对关系"①。就是说,在舅甥关系与兄妹关系中,如果舅甥关系好,那么兄妹关系就会有问题,反之亦然。父子的关系与夫妇关系也呈现出这样的二元对立情况。

斯特劳斯的神话研究对结构主义有着重要贡献。他认为神话具有历时性和共时性特征。历时性是一页一页对神话内容的阅读,共时性是寻找"神话束"中隐含的二元对立关系。为了具体说明神话的历时性和共时性关系,列维-斯特劳斯先用数字来说明,比如下列几组数据呈现的是历时性:1,2,4,7,8;2,3,4,6,8;1,4,5,7,8;1,2,5,7;3,4,5,6,8……共时性就是寻找对立,就是把具有共同特征"束"的放在一起,也就是把几组的1,2,3……分别组成关系束,如图2-2所示。

```
1    2         4              7    8
     2    3    4         6         8
1              4    5         7    8
1    2              5         7
          3    4    5    6         8
……
```

图 2 - 2

1与2,3与4,5与6,7与8……之间就构成了二元对立关系。最后列维-斯特劳斯用二元对立结构来分析古希腊的俄狄浦斯神话,他用一张简单的表格来加以表述,具体内容如表2-2所示。

表 2 - 2

一	二	三	四
卡德摩斯寻找其妹——被宙斯所劫的欧罗巴		卡德摩斯杀死毒龙	

---

① 霍克斯. 结构主义和符号学[M]. 瞿铁鹏,译. 上海:上海译文出版社,1987:29.

续表

一	二	三	四
俄狄浦斯娶其母亲约卡斯塔	龙种武士自相残杀,俄狄浦斯杀死其父拉伊俄斯	俄狄浦斯杀死斯芬克斯	拉布达科思(拉伊俄斯主义)=跛脚(?)
安提戈涅违禁埋葬其兄波吕尼刻斯	艾提欧克斯杀死其兄波吕尼刻斯		拉伊俄斯(俄狄浦斯主义)=左脚有病(?) 俄狄浦斯=脚肿(?)

如果从左向右,一行一行依次读,这个神话实际上包含三个故事:(1)卡德摩斯寻找他的妹妹欧罗巴;(2)俄狄浦斯杀死父亲拉伊俄斯;(3)安提戈涅埋葬了她的哥哥波吕尼刻斯。如果按照一、二、三、四栏竖读,第一栏过分注重血缘关系,第二栏过分看低血缘关系,二者之间形成二元对立关系。第三栏是对人类起源于土地的否定。毒龙杀死了从土地中生长出来人;斯芬克斯不允许人类在土地上生存,这些怪物是对人类起源于土地的否定。第四栏是对人类起源于土地的肯定。在神话中,人类从土地深处生长出来的时候,他们或者不能行走或者走起来很笨拙。"跛足"或者"脚有病"意味着人类在土地上行走的艰难,但他们一代代坚持在土地上行走。所以第三栏和第四栏也构成二元对立的关系。

普罗普的叙事研究中也隐含着一系列的二元对立关系,其中就包含着主要人物之间的二元对立关系,如英雄与坏人,帮手与亲信,公主与女妖,等等;基本动作之间的二元对立关系,如合作与对抗,帮助与阻碍,保卫与攻击,发起与回应,等等;英雄和坏人的目的之间的二元对立关系,如营救受害者与绑架受害者,弥补不足与制造不足,等等。

在许多视觉作品中二元对立关系是十分普遍的,无论是一则广告,一幅绘画,或者一部电影、一个游戏都或隐或显地存在二元对立关系。赖特在《六响枪和社会》一书中就用二元对立的方法来分析《谢恩》《驿站马夫》《中午》《布拉沃河》这四部西部电影。他认为在西部片中二元对立体现在故事和视觉方面(衣服、场景、动作、表情,等等)的基本对立,而社会内部与社会外部,善与恶,弱与强,文明与荒野这四种对立是西部片的核心。①

格雷马斯在他的学术著作中就充分利用语言的模式和二元对立的结构来研究叙事。格雷马斯认为,"事实上,人们对这些对立物的感觉构成了他们所谓的'符号指示的基本结构'的基础"②。其实在亚里士多德的逻辑学里有两类命题,一类是矛盾,另一类是对立。格雷马斯以这个命题为基础,但并不以此作为逻辑命题,他的目的是用这个命题来讨论意义问题,在他看来意义只有在二元对立中才存在。"X和Y两项就是逻辑学上所谓的对立,即X的强烈对立是Y。从颜色角度来看,黑与白的对立是强烈对立。而Y也就是反X,Y是X的绝对否定。但也还有另外一种可能,那就是非X,比如说红、蓝、黄,等等,这种X与非X之间的矛盾比对立要弱一些,却更普遍。同样的道理,还存在着一种非反X,即非黑色的东西。"③如图2-3所示。

格雷马斯称这二组对立的图形为"符号的矩形"。他认为这是隐藏很深的一种模式,这是一切意义的基本细胞,语言或语言以外的一切"表意"(significance)都采取这种形式,而许多单独的故事或者复杂的故事都存在这样的模式。

李安导演执导的《色·戒》是以20世纪40年代抗日战争时期的上海为背景,讲述女大学生王佳芝利用美色接近汉奸易先生企图行刺的故事,而邝裕民是一个有勇气而缺乏引导和控制能力的爱国青年,老吴是国民党重庆方面的代表,这四个人之间的关系构成电影叙事的重要结构关系,如图2-4所示。

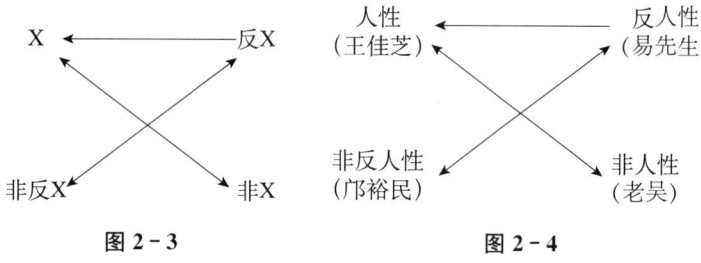

图2-3　　　　　　　　图2-4

---

① 伯格.通俗文化、媒介和日常生活中的叙事[M].姚媛,译.南京:南京大学出版社,2000:172.
② 霍克斯.结构主义和符号学[M].瞿铁鹏,译.上海:上海译文出版社,1987:88.
③ 杰姆逊.后现代主义与文化理论[M].唐小兵,译.北京:北京大学出版社,1997:119.

共时性分析研究符号结构共时性规律和模式,在索绪尔的语言研究中,历时性是探究在时间发展中彼此代替的各项相连续的要素间的关系,主要研究语言的历史发展过程。而符号的组合关系主要研究符号组合方式在时间序列上的变化,"在组合分析中,文本被作为构成某种叙事的一组相关事件来探究"①。

普罗普在《民间故事的形态分析》中就民间故事的结构和形式进行了深入研究。普罗普在确立故事的各功能项之外,还研究故事中人物角色标志物、故事的衍化形态等问题。其中的功能"既是指人物的动作也指这些动作对故事造成的影响"②。普罗普认为,角色的名称会变,但不变的则是这些角色的行动或者功能,许多故事千变万化,但其功能却相似,所以,角色的功能是故事的基本成分,只要考察故事的功能项有多少,就能够找到故事结构的规律。普罗普在考察了100多个故事的基础上,发现了31种功能,并且给出了明确的标识③。

最初情境(α)

离家(1.β) 禁令(2.γ)

违反禁令(3.δ) (坏人)侦察(4.ε)

(坏人)获得情报(5.ζ) (坏人)圈套(6.η)

(受害者)依从(7.θ) (坏人)罪行(8.A)

(家庭)匮乏(8.a) 中介(9.B)

开始、回应(10.C) (主人公)出发(11.)

施予者的功能(12.D) 主人公的反应(13.E)

主人公获得具有魔力的器物(14.F)(主人公)空间转移(15.G)

---

① 伯格.媒介分析技巧:第三版[M].李德刚,何玉,译.北京:清华大学出版社,2011:30.
② 伯格.通俗文化、媒介和日常生活中的叙事[M].姚媛,译.南京:南京大学出版社,2000:27.
③ 罗刚.叙事学导论[M].昆明:云南人民出版社,1994:28-47.

(主人公与坏人直接)斗争(16.H)	(主人公)印记、标志(17.J)
胜利(18.)	补足欠缺(19.K)
归来(20.)	(主人公被)追赶、追逐(21.Pr)
(主人公被)营救((22.Rs)	(主人公)未被辨认出来(23.O)
(主人公)无理的要求(24.L)	困难任务(25.M)
完成任务(26.N)	承认(27.R)
揭露(28.Ex)	美化(29.T)
惩罚(30.U)	结婚(31.W)

普罗普在对每一种功能项进行归纳的同时，还列举了具体例子，以此来强化故事中角色功能的有限性、重复性，并且从中找出相关规律。尽管在一些故事中也许并不包含31种功能，但并不影响故事叙事的完整性。此外，普罗普还讨论了各功能中的亚类，比如辅助成分和缘由等，又可以组合成更多种类的故事，这样就极大丰富了组合研究的张力。

普罗普将功能项按照逻辑顺序组合起来，将功能和完成功能的角色形成对应关系。人物和功能之间存在着三种可能的关系："一个人物应付一个行动范围，一个人物认为参与了许多行动范围，或者一个行动范围在许多不同的人物之间进行分割。"① 下面的几组人物，是艺术作品中十分常见的，他们在艺术作品中就承担着多种功能，比如坏人的功能可以和他们的罪行有关，也可以是和正面人物直接发生冲突，或者对其他人物进行追赶等。而英雄的功能就会涉及对发生的事件做出反应，英雄也是最后"大团圆"结局中的主角。

---

① 伯格. 通俗文化、媒介和日常生活中的叙事[M]. 姚媛，译. 南京：南京大学出版社，2000：30-31.

表 2-3

人物种类	功能
坏人	A H Pr
捐赠者	D F
帮手	G K Rs N T
公主(及父亲)	M J Ex U W
派遣者英雄	C E W
假英雄	C E L

普罗普的叙事研究有许多的继承者,这包括格雷马斯、热内特、巴尔特、特多罗夫等。特多罗夫在叙事研究中做了大量尝试,他在《叙述语法》中分析了薄伽丘《十日谈》中四个故事,由于四个故事的情节有很多共同之处,特多罗夫就用图解公式表现了它们的抽象结构。(符号"──→"表示两种活动之间限定继承关系。)①

X 犯法 ──→ Y 应该惩罚 X ──→ X 试图逃避惩罚

──→ { Y 犯法 / Y 也认为 X 没有犯法 } ──→ Y 没惩罚 X

图 2-5

由此可见,叙事是由"子句"(图示中的"X 犯法""Y 应该惩罚 X"都是"子句")以及关系构成,这些"子句"以各种关系组织成较大的组合单位,特多罗夫称之为"序列",这个序列就构成完整的故事。如果从情节的角度看,这是"从一种平衡到另一种平衡的转移……两个平衡时刻相似而又有差别,它们被一段不平衡隔开,这段不平衡由堕落过程和改进过程构成"②,也就是一个平衡被打破,另外一个平衡就会来替代,而且隐含着"突变"。

---

① 赖安,齐尔. 当代西方文学理论导引[M]. 李敏儒,译. 成都:四川文艺出版社,1986:67.
② 赖安,齐尔. 当代西方文学理论导引[M]. 李敏儒,译. 成都:四川文艺出版社,1986:67.

历时性关系既存在于叙事的整体结构中,也存在于局部的结构中,特别是在影视艺术中,需要我们给予历时性关系密切关注。共时性分析是根据视觉对象在共时的时间轴中的形态变化,研究二元对立关系。历时性研究不仅对叙事进行研究,也是研究视觉文化中的造型艺术、影像艺术如何在二维空间表现真实世界的重要手段。

三、结构的意义生产——内涵和符码

什么是意义？意义是如何产生的？意义和结构之间有什么关系？这都是结构主义十分着迷的问题。维特根斯坦认为,对于语言中的"意义"比较有代表性的定义是："一个词的意义就是它在语言中的应用。"[①]这句话实际上包含着,意义是传播者和接受者在互动交流中形成的,意义存在于关系中。如果再细究的话,意义还和特定的语境相关联。从结构主义的角度看,符号的意义更多地体现在符号以及符号的结构关系中。

在索绪尔的语言学中,语言被看作一个符号系统,即由能指和所指构成,而且二者的关系是任意的,索绪尔对两者之间任意性关系没有展开具体的论述。巴特在整合叶尔姆斯列夫的"图式/用法"基础上,提出了"意指系统模式",实际上就是对相关研究的进一步深入。在巴特看来,"所有意义系统都包括一个表达层面(E)和一个内容层面(C),意义则相当于这两个方面之间的关系(R),这样得出了 ERC 的阵式"[②]。因此,意义是一个系统,意义包含着表达、内容和关系,同时意义是几种关系的综合体现。比如玫瑰花这个词属于表达层面,而一种蔷薇科蔷薇属灌木就是玫瑰花的内容层面,二者在语言实践中被结合起来,这种结合可以是有意识的,

---

① 俞建章,叶舒宪. 符号:语言学与艺术[M]. 上海:上海人民出版社,1988:215.
② 巴特. 符号学原理[M]. 李幼蒸,译. 南宁:广西民族出版社,1992:80.

也可以是无意识的,可以是文化的,也可以是自然的,一旦两者之间被连接起来,就会形成意义。比如,玫瑰花就代表各种各样的玫瑰,即红玫瑰、黄玫瑰、紫玫瑰、白玫瑰等。

如果把 ERC 系统变成表达意义更广泛的第二性系统中的一部分,它或者变成第二系统的表达部分(E),或者作为第二系统的内容部分(C),这样两个系统之间的关系就可以直观地表示为:①

第二性系统:E R C   第二性系统:E R C
第一性系统:E R C   第一性系统:E R C

如果将二者关系还原成符号关系,则如图 2-6、图 2-7 所示。

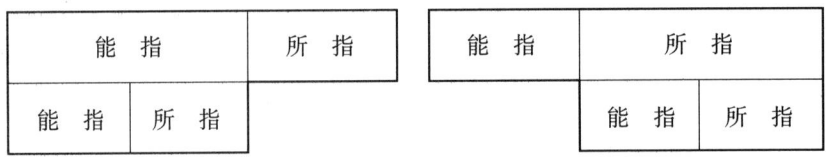

图 2-6 附加意义　　　　　　图 2-7 元语言

附加意义也相当于我们通常所说的象征意义,是建立在第一意义的基础上的。比如玫瑰在这个层面上就表达象征意义,粉红玫瑰代表甜蜜,橘色玫瑰代表欲望,等等。这一点和巴特关于二级能指中所蕴含的意义是一样的。在一般层面上的元语言是关于语言的语言,符号中的元语言是指某个符号所表达的意义,它也可以成为其他能指中的所指,它实际上强调的是意义表达的多元性。比如黎民与百姓关系就大致如此,黎民就是指平民百姓,这样黎民在意义层面和百姓的所指是一致的。

无论是附加意义还是元语言,其价值何在呢?"以人类语言提供的第一系统为基础的社会,将不断发展出一些第二意义系统。"如同词语的"嵌

---

① 巴特.符号学原理[M].李幼蒸,译.南宁:广西民族出版社,1992:80-81.

套"即"一个字句可以嵌套到另外一个句子中以致句子可以无限生成"。符号和意义系统也同样可以嵌套,相互嵌套以致无限生成意义及意义集合。①

附加意义与神话

巴特对附加意义的解释是"附加意义本身既然是一个系统,它便包括能指、所指以及能指和所指结合的过程(意义)……附加意义的能指是由实指意义系统的符号(能指和所指的结合)构成的"②。对于相关意义的呈现方式,巴特在《今日神话》研究中进一步完善,他认为神话研究是对符号研究的拓展,属于符号学的一部分。

在巴特看来,神话是一种"言语",但是言语并不构成神话。巴特利用索绪尔关于语言和言语的区分,将神话看作一种意指系统,神话是通过能指、所指与符号构建的系统,"……它从一个比它早存在的符号学链上被建构:它是一个第二秩序的符号学系统。那是在第一个系统中的一个符号(也就是一个概念和一个意象相连的整体),在第二个系统中变成一个能指"③。如图2-8所示。

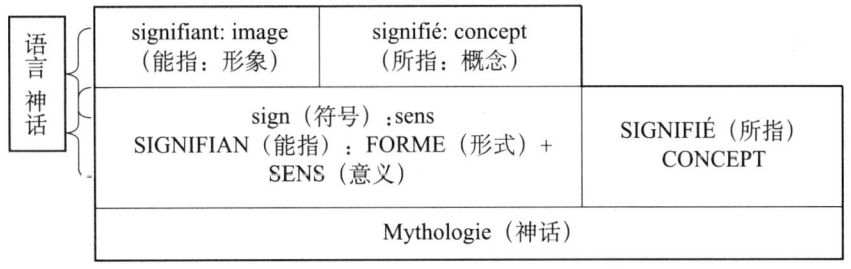

图2-8

巴特用了《巴黎人竞赛》杂志的封面来说明这个结构意义生成过程:一个身穿法国军服的年轻黑人在行军礼,双眼上扬,向上注视着一面法国

---

① 张卫东.意指:意义及意义的产生机制[J].西安外国语大学学报,2013(3):33.
② 巴特.符号学原理[M].李幼蒸,译.南宁:广西民族出版社,1992:82.
③ 巴特.神话——大众文化诠释[M].许蔷蔷,许绮玲,译.上海:上海人民出版社,1999:171.

国旗。这是一个符号系统,能指是(一个黑人士兵在向法国军旗行军礼),所指是(法国特征与军队特征的结合),这二者结合的符号又成为下一个符号的能指,此能指呈现在场的所指,也就所谓象征意义,即"法国是一个伟大的帝国,她的子民,没有肤色歧视,忠实地在她的旗帜下服务……"①。由此可见,神话意义出现在第二层符号结构中,第一层中的符号在第二层中变成了一个空洞的能指。在巴特看来,能指既可以被当作特定的意义也可以看作空洞的形式,从中可以窥见神话的组成机制及其内在动力。巴特认为从其运行方式来看,神话属于符号学体系,但人们在接受神话时,却将这种符号体系当作一个自然的事实,而在这种自然化的事实中,历史自然化了,概念自然化了,这样我们可以用符号学研究方法找到批判意识形态、历史以及文化的入口。

元语言与内涵和外延

在附加意义或神话意义中,第二性系统的能指是由第一性系统的符号构成的。"在元语言中,情况恰好相反,第二性系统的所指由第一性系统的符号构成……很显然,以符号学为例,可以说它是一种元语言,因为它以第二性系统的资格承载了第一言语行为(或称物体言语行为),第一言语行为是一个已研究过的系统,而这个实物系统是透过符号学元语言的所指。"②元语言与对象语言相对,它是描写和分析某种语言或符号所使用的一种语言或符号集合,元语言的特征是其自称性和反身自称性,即语言符号的意义和所指是语言符号本身。在涉及元语言和附加意义的关系时,"在这个整体中,言语行为在其实指意义层面上是一种元语言,但元语言也参与了附加意义的演变过程"③。如图2-9所示。

---

① 巴尔特.今日神话[M]//巴特,鲍德里亚,古德曼,等.形象的修辞——广告与当代社会理论.北京:中国人民大学出版社,2005:9.
② 巴特.符号学原理[M].李幼蒸,译.南宁:广西民族出版社,1992:83.
③ 巴特.符号学原理[M].李幼蒸,译.南宁:广西民族出版社,1992:83.

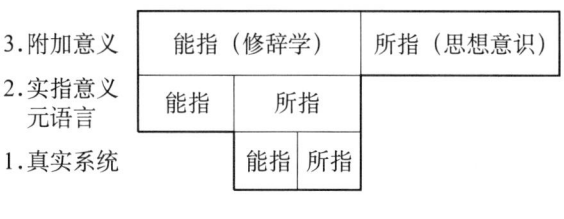

图 2-9

符号是通过意指作用被创造出来的,由意指作用确立其能指与所指的结合关系,并以编码规则确定下来,加入既有的符号系统中去。符号的意义包含外延和内涵,外延指"词语和其他现象的字面意义或外在含义"①。这种由规则确定下来的符号内容(所指)就是该符号的明示义(如明示于字典中的文字字面上的意义),被称为符号的外延。例如,汉语中"táo sè(桃色)"作为语言符号的能指,它的所指则为桃花的颜色,我们通过意指作用将这两者结合起来就形成汉语符号。"桃色"一词是桃花的颜色(所指),这一词义就是符号"táo sè(桃色)"的外延。

内涵"指附加在词语(和其他传播形式)上的文化含义。一个词语的内涵通常包括象征的、历史的和情感的内容"②,是由能指与所指相结合而成的符号整体。桃色,往往又能成为高一层次的符号形式(能指),还出现高一层次的意指作用,在这高一层次的意指作用下,确立了这个高一层次的所指即"风流韵事",形成了新的能指"桃色"与新的所指"风流韵事"的结合关系。这一新的所指"风流韵事"就成了原符号"táo sè(桃色)"的暗示义,被称为符号的内涵(connotation)。因而,"táo sè(桃色)"一词的外延就是"桃花的颜色","táo sè(桃色)"一词的内涵就是"风流韵事"。由此就出现了符号的双重性,符号内涵的构成可如图 2-10 所示。

---

① 伯格. 媒介分析技巧:第三版[M]. 北京:清华大学出版社,2011:28.
② 伯格. 媒介分析技巧:第三版[M]. 北京:清华大学出版社,2011:28.

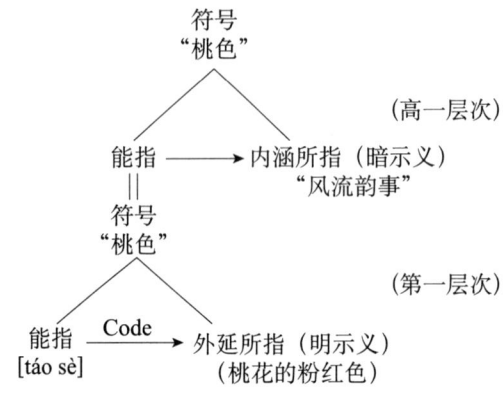

图 2-10 符号的内涵

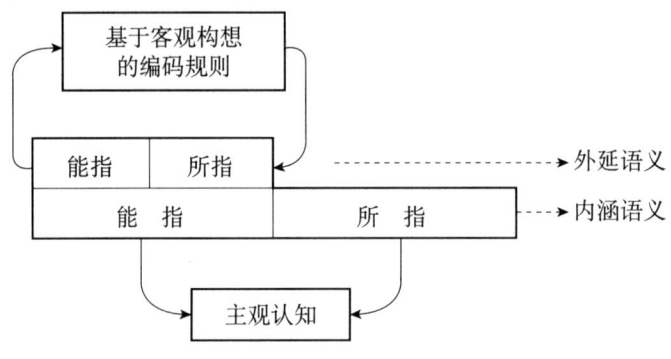

图 2-11 符号外延与内涵的双重性

在功能上,内涵是以外延为前提的。如 táo sè（桃色）如果没有"桃花的粉红颜色那种所指的话,是不可能出现意指风流韵事这种内涵的。再者,如果一种内涵被长期广泛地反复使用的话,就有被规则化、被外延化,而成为准编码的可能。而这种内涵的外延化将会威胁到原有外延,乃至还会出现取而代之的可能。"风流韵事"作为桃色的内涵就有这样一种倾向。

这种在具有外延的同时,还能出现内涵的现象不仅在语言符号中有,在视觉符号中也是一个重要现象,前者的实用价值就是设计符号的外延,而象征价值就是符号的内涵。

第二节 精神分析理论

1895年弗洛伊德开始歇斯底里症的研究。1900年他出版的《释梦》对梦的理论进行了系统阐释,这也标志着精神分析的诞生。此后弗洛伊德开始精神分析实践,比如用精神分析来分析作家的创作或者研究作品中的人物。精神分析方法其实就是用精神分析的相关概念和理论为理论视点和框架进行批评的活动。随着精神分析影响力的增加,许多研究者都尝试着用这样的方法进行学术研究。瑞士心理学家荣格早年曾和弗洛伊德合作,荣格提出的重要理论观点就是集体潜意识。阿德勒不同于弗洛伊德,他的研究由生物学定向的本我转向社会文化定向的自我心理学。拉康提出的诸如镜像阶段论等学说对当代精神分析有重大影响。对以电影为代表的视觉研究,麦茨贡献突出,他有元心理学理论著作、临床性专著、通俗化的著作、艺术与文学研究、人类学和社会历史学的研究,还有其他不易分类的著作。视觉中的精神分析同样涉及理解艺术作品、艺术家和欣赏者等多个领域。

一、精神分析与创作

弗洛伊德心理学的核心是人格结构,即本我、自我和超我。本我是人生来已有的,而且会陪伴终身的,但就其本质而言,本我是双向的运动,或者说在本我中蕴含着相互对立的力量——死的本能和爱欲(生的本能)。死亡将人推向毁灭,而爱欲将生命引向不朽,同时本我不受任何羁绊。超我遵循社会道德和规范,超我对本我必然会加以限制。在本我和超我的双向博弈中，本我或者被打回无意识领域，或者被"规训"进入意识中，或者介于意识和无意识之间而成为自我。由于本我、自我和超我行为受到不同意识的支配，也奉行不同的原则，本我遵循的是快乐原则，自我奉行合理原则，超我奉行道德原则。

每个人都是社会人，本我、自我、超我也必然受到社会环境影响，环境对自我的影响最为显著，这种影响是双向的：或压抑或升华。自我就在压抑和升华的两个旋梯上徘徊。压抑是将本能的变成意识层面的内容，升华则是用变形的方式将不可言说的内容变成可以表达的内容，其中艺术是最好的方式。弗洛伊德用升华的相关理论研究了达·芬奇、陀思妥耶夫斯基、歌德等艺术家的创作过程。弗洛伊德认为，"艺术是无意识欲望的象征定型。它是一个客观化、系统化的梦，一个被其他人分享的梦"①。

弗洛伊德通过临床医疗实践，积累了大量研究资料，由此也揭开了个体潜意识的序幕，并且认定潜意识是"一种历程若活动于某一时间内，而在那一时间内我们又无所察觉，我们便称这种历程为潜意识"②。从更深的层次看，"潜意识是一种动力的潜在系统，是心理的一个区域或层次，是一个更大的力量冲突系统的一部分……潜意识是一个动力潜在系统，储存并依附于心理表象，特别是幼儿期欲望的各种本能冲动，这种本能冲动都想努力进入意识"③。而且这些冲动主要通过调节，或者说依靠某些机制，才能够合理宣泄出来，在日常生活中，其症候表现为梦、笑话和口误等，当然也可以通过艺术和文学作品表现出来。

---

① 占吉. 精神分析和艺术：弗洛伊德的美学理论[M]//王鲁湘,董学文,李瑶,等. 西方学者眼中的西方现代美学. 北京：北京大学出版社,1985:292.
② 弗洛伊德. 精神分析引论新编[M]. 高觉敷,译. 北京：商务印书馆,1987:55.
③ 杰斐森,罗比,赖特. 西方现代文学理论概述与比较[M]. 陈昭全,樊锦鑫,包华富,译. 长沙：湖南文艺出版社,1986:135.

"梦是一个充满含义的心理行为,它的动力始终是一种渴望满足的愿望。"①梦是被压抑的欲望,已经深入到人的无意识领域,只有在人熟睡的时候,它才有机会显示出来。经过浓缩、变形、具象化和二次加工后,梦将梦的素材变为难以辨认的梦境,但梦一定是有结构的,而且这个结构具有象征性。弗洛伊德把梦分为外显的梦的内容和内隐的梦思,这个梦思是和一定的社会习俗、神话、传统和语言相联系的。

在《创作家与白日梦》中,弗洛伊德确信,创作如同白日梦,白日梦是在心灵受到冲击时唤起的无意识的欲望。弗洛伊德把白日梦和艺术创造中的想象、幻想联系起来。艺术家的创造能力就是通过幻想来激发欲望,艺术家通过幻想或想象活动虚构相关内容,表达某种欲望,因此,幻想在艺术中是十分重要的,而且只有艺术家的幻想最为丰富。一个富于幻想和创造能力的艺术家,"他从现实转开,并把他的全部兴趣、全部本能冲动转移到他所希望的幻想的创造中去。一个真正的艺术家,懂得怎样把他的白日梦加以苦心经营,从而使之失去那种刺耳的个人音调,而变得对旁人来说也是可欣赏的。他也懂得怎样把它们加以充分地改造,以至于它们那种来自禁域的根源不容易被人觉察。当他做了这一切,他给旁人打开了一条路,让他们回到自己舒服而又安适的、快乐的、无意识的根源中去,并从而得到他们的感激和赞赏"②。无意识或者潜意识是艺术家创作的源泉。

在视觉艺术中特别是影视、电子游戏等艺术,与梦有着极为相似的特征和功能,这主要表现在创造和观赏两个过程中。人的愿望一旦被压制成为无意识,这种无意识就会成为愿望实现的动力,普通人通过白日梦来实现愿望,而艺术家则通过艺术来实现自己的愿望。超现实主义电影的

---

① 占吉. 精神分析和艺术:弗洛伊德的美学理论[M]//王鲁湘,董学文,李瑶,等. 西方学者眼中的西方现代美学. 北京:北京大学出版社,1985:292.
② 李斯托威尔. 近代美学史评述[M]. 蒋孔阳,译. 上海:上海译文出版社,1980:28.

代表人物布努艾尔曾经说:"如果有人告诉我,我只剩 20 年可以活,我打算怎样打发这 20 年的时光。我会这样回答:我每天只活动两个钟头的时间,其余 22 个钟头我都将用来做梦,而且,最好都能记住这些梦的内容。"①先锋派电影《一条安达鲁的狗》便是起源于布努艾尔和达利的梦,布努艾尔梦见一片乌云把月亮遮住,其过程像一把剃刀把眼珠划开一样,达利则梦见一只爬满蚂蚁的手掌。在《开罗紫玫瑰》中,艾伦以荒诞的幽默展示了现实生活不如意的年轻女人如何在"白日梦"(银幕中的角色复活,并与她相爱)中对生活充满希望,电影与现实世界变得随意通连,分不清哪个是白日梦,哪个是现实。我们在电影院中获得满足和快感,是因为我们经历了一场现实中无法体会到的"异质体验",弥补了现实生活中的匮乏。

　　拉康不同于弗洛伊德,他把潜意识视为语言的产物,而且认为潜意识与语言一样有结构。同时拉康借用了索绪尔的能指和所指的概念,只是在索绪尔那里,能指和所指是一张纸的两个面,而拉康却认为能指和所指的关系不是绝对的。拉康认为能指透过世界连续体"到达"所指的选择场,也就是所谓的"实在之物",它指的是"语言对之发生作用的东西,是'符号所指以外的东西'"②。"实在之物"是一个人想象出的东西,与原始意象关系一样,处于似有似无的状态,也是难以把握的,用文字难以描述的。对于潜意识语言的关系,拉康认为,"当文字不能给人带来它们所应该带来的满足时,潜意识就出现了,并且是在语言和愿望脱节的地方出现"③。因此,一个人在写作的时候,一些词语的使用就会受到潜意识支配,当然这些词是经过"修饰""伪装"的,正如弗洛伊德所说的梦所表现的方式和现实情景是一样的。

---

① 袁智忠,虞吉. 影视批评纲要[M]. 重庆:重庆大学出版社,2009:217.
② 杰弗森,罗比,赖特. 西方现代文学理论概述与比较[M]. 陈昭全,樊锦鑫,包华富,译. 长沙:湖南文艺出版社,1986:145.
③ 杰弗森,罗比,赖特. 西方现代文学理论概述与比较[M]. 陈昭全,樊锦鑫,包华富,译. 长沙:湖南文艺出版社,1986:146.

二、精神分析与读者

弗洛伊德在《创作家和白日梦》中除了研究创造活动外,他也研究了读者的审美活动。"作家将读者带到一种情境,在其中,他们可以欣赏在一定程度上被拒斥的白日梦而不感到羞赧。"①创造者的幻想也是读者的幻想,通过文本的阅读,读者可以释放出隐秘的欲望,从中体会到快感。

在弗洛伊德人格结构中,本我与人的本能冲动相关联,自我是调节和抑制本能冲动的部分,超我是人的道德良心和自我理想部分。人格结构理论也被用来研究读者与文本之间的关系,其中文本被视为作者与读者连接的中介,也是二者交流的场域。这是由于以弗洛伊德为代表的精神分析研究者相信文本中隐含的"秘密"是吸引,甚至是控制读者的力量,而且这些秘而不宣的内容是以极其巧妙的方式被掩饰起来的,其目的不外乎就是逃避审查,也为了掩饰不体面的内容。"读者与文本的关系是一种本我幻想与自我防御的关系。"②这种关系体现在阅读、观看过程中。将不被社会接受的东西变为可以接受的内容,这被称为转换功能,"所谓转换功能就是把我们的潜在愿望和恐惧转变成为社会习惯可以接受的内容"③。而且文本似乎包办了一切,读者在阅读过程中是被动的。

"读者阅读是一种被动的过程。"这种说法后来受到了质疑。有学者认为文本不是处于第一位的,读者才是最为重要的,"阅读……首先是个

---

① 莫林格尔. 精神分析文学批评回顾[M]//王鲁湘,董学文,李瑶,等. 西方学者眼中的西方现代美学. 北京:北京大学出版社,1985:329.
② 杰弗森,罗比,赖特. 西方现代文学理论概述与比较[M]. 陈昭全,樊锦鑫,包华富,译. 长沙:湖南文艺出版社,1986:139.
③ 杰弗森,罗比,赖特. 西方现代文学理论概述与比较[M]. 陈昭全,樊锦鑫,包华富,译. 长沙:湖南文艺出版社,1986:139.

性的一种再创造。读者对文本的期待在相遇时受到了挑战。这时防御战略就起作用了,它们可以转换文本的意义,以便一方面使读者的个性适应,另一方面又使这种个性在一个令人放心的统一体里得到确认"①。有研究者给予更深入的解释,他们认为艺术文本起到召唤作用,这种召唤结构也会唤起读者潜藏内心的经验,进而引发共鸣,这其中也"在寻找着关于不可接受之欲望的罪恶感之缓解"②。霍兰认为文本提供的只不过是文本,读者"即,当我们阅读作品时,我们都用作品来象征并最终再现我们自己"③。

精神分析是通过叙事展开的,就是用叙事的方式来追溯过去,从而了解当下。叙事作品也是对历史或者人物过往活动的追叙,那么读者在阅读作品的时候,其实也像精神分析一样在叙事中寻找事件并且寻找原因和事件的关系,进而发现其中隐含的意义。对于视觉作品的观看或者阅读,博德里在《基本电影机器的意识形态效果》中将镜像理论和观影经验进行类比:"透镜成像——人类视觉,观影主体——做梦主体,电影——梦境,观影情境——镜像阶段(银幕=镜子)。这些类比也使精神分析进入电影理论范畴成为可能,在精神分析批评中,主体作为电影的起源,作为欲望达成——通过认同机制——的施动者而存在,观影主体就是梦的'主人'。"④实际上拉康也将观看电影的主体、银幕中的影像、观影的过程和人的梦境完全等同起来了。

---

① 杰弗森,罗比,赖特.西方现代文学理论概述与比较[M].陈昭全,樊锦鑫,包华富,译.长沙:湖南文艺出版社,1986:140.
② 莫林格尔.精神分析文学批评回顾[M]//王鲁湘,董学文,李瑶,等.西方学者眼中的西方现代美学.北京:北京大学出版社,1987:329.
③ 莫林格尔.精神分析文学批评回顾[M]//王鲁湘,董学文,李瑶,等.西方学者眼中的西方现代美学.北京:北京大学出版社,1985:331.
④ 袁智忠,虞吉.影视批评纲要[M].重庆:重庆大学出版社,2009:213.

三、精神分析与作品

弗洛伊德在《诗和白日梦的关系》中论述了艺术作品的基本结构:"艺术就是白日梦",作品的内容满足幻想,其形式掩饰欲望。霍兰在分析文学作品中的内容和形式的关系时,认为文学作品中有理智的故事成分,也有无意识含义的故事,"文学作品的含义被看作无意识幻想向社会的、道德的、理智的和神话的词语的一种转换,这些词语被意识所理解,并与意识相关"[①]。因此无意识幻想需要转换成意识可以接受的形式。

许多精神分析学者都希望通过文本来探索作家和作品中的人物的心理线索。拉康没有从理论视角对文本展开研究,而是从《失窃的信》的文本入手试图发掘某些理论的规律,"他就是要以这个文本来说明所有的文本"[②]。

《失窃的信》的故事实际是由两个几乎是重复的情节构成的。第一个故事是,在皇宫里,王后收到一封很重要的信,而这时国王恰好进来,于是王后便把这封信开着口放在桌子上,随后进入宫殿。D大臣从王后的眼皮底下盗走了这封信,而在原处留下另一封假信。第二个故事发生在D大臣办公室里,信件失窃后,王后让警长找回丢失的信,但警长找遍D大臣的办公室却一无所获,警长只好求助于业余侦探杜宾。杜宾利用D大臣与王后都犯的同样的错误,在十分明显的地方找到了失窃的那封信,又从大臣的眼皮底下同样用假信换回了失窃的信。

拉康认为使用这样重复的结构,除了讽刺之外,就是用来说明不同位

---

① 莫林格尔. 精神分析文学批评回顾[M]//王鲁湘,董学文,李瑶,等. 西方学者眼中的西方现代美学. 北京:北京大学出版社,1985:308.
② 杰弗森,罗比,赖特. 西方现代文学理论概述与比较[M]. 陈昭全,樊锦鑫,包华富,译. 长沙:湖南文艺出版社,1986:150-151.

置会对人物产生不同作用。在对第一个场景的分析之中,拉康认为,"这个场面上有三双眼睛:'第一双眼视而不见'(国王),'第二双眼看到第一双眼睛视而不见后就自以为秘密被保住了'(王后),'第三双眼看到前面两位把本应收藏起来的东西放在了谁都可以信手获得的敞露处'。场面上发生的是,大臣拿走了王后收到的信,而在原处放上另外一封空白信"①。第二个场景是对第一个的重复,只是原来位置上的国王、王后、大臣变为警察、大臣和杜宾,如图 2-12 所示。费尔曼用三角形来表示这三者的抽象关系,如图 2-13 所示。②

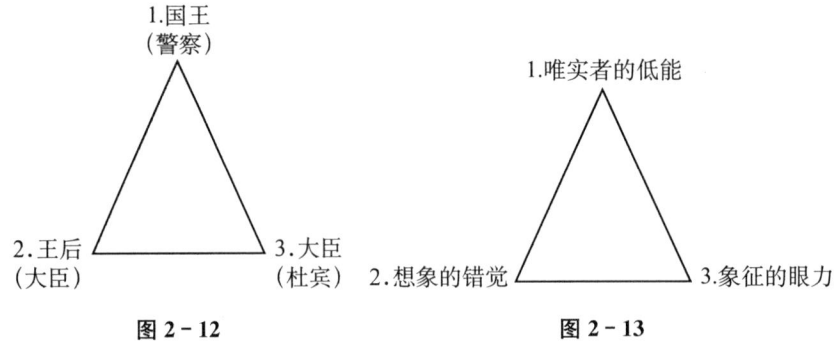

图 2-12　　　　　　　　图 2-13

处于 1 号位置的国王的权威和至高无上的地位导致其昏昏然,警长虽然倾其所有能力,但仍然有盲点;处于 2 号位置的王后和大臣都认为只有自己掌握这个秘密;处于 3 号位置的大臣和探长杜宾不仅懂得他人的意思,还有自己的理解。

信作为一个能指,在 1 号和 2 号那里就是信,而在 3 号那里不只是信,还意味着秘密等含义。失窃的信在精神分析看来是潜意识的一个隐喻,也是潜意识的一个能指,小说中人物也是现实生活中的人的隐喻,他

---

① 杰弗森,罗比.赖特.西方现代文学理论概述与比较[M].陈昭全,樊锦鑫,包华富,译.长沙:湖南文艺出版社,1986:152.
② 杰弗森,罗比.赖特.西方现代文学理论概述与比较[M].陈昭全,樊锦鑫,包华富,译.长沙:湖南文艺出版社,1986:153.

们靠"信"这样的东西来承载他们的愿望。

愿望结构也是拉康关注的一个方面,这种结构是以三角形结构来给人物分类。对《失窃的信》的相关分析表明,人物位置发生变化,信的位置也在变化,这些都是通过人物重复出现的差异来实现的,这充分表明,能指(是指信)在一种无意识的交换过程中产生了作用(这种作用体现在人对待信的方式发生了改变,比如大臣就由一个理解多重意义的人,变成了一个封闭意识的人),尽管他们都不知道信的内容,也不知道是写给谁的。"文本本身具有我们梦寐以求的东西,我们所期望、所需要的东西。"①这些东西只有人物移位了才能够被发现。

拉康的对《失窃的信》的分析也可以看作一种阅读模式,作家处于顶部,读者位于2号位置,是一个寻找意义的人,第3号位置是结构的分解者,这个位置的人可以发现2号位置的不稳定性。

第三节 后结构主义和话语

福柯临终前,在最后一次谈话时说,他像枚棋子被人挪遍了棋盘上的每个方格:虚无派、反人道、马克思信徒、批判楷模……却始终无法定位。② 对语言的重视,是战后欧美人文学术的一个传统,福柯一方面关注人类意识的深层模式,另一方面坚持从语言的角度对文化进行解码。但是福柯对语言抱着警惕的态度,他追随尼采的脚步,认为语言在紊乱含混

---

① 杰弗森,罗比,赖特. 西方现代文学理论概述与比较[M]. 陈昭全,樊锦鑫,包华富,译. 长沙:湖南文艺出版社,1986:155.
② 赵一凡. 从卢卡奇到萨义德:西方文论讲稿续编[M]. 北京:生活·读书·新知三联书店,2009:215-216.

的同时排斥知识。总之,福柯重视语言,却不为语言所左右。受尼采影响,福柯重视知识与权力的潜在关系,因为法文的知识(savoir)与权力(pouvoir)有共同词根 voir,意为能见、欲知,并加以控制。福柯将人类知识生成机制视为一种冲突。而话语作为表述真理的言语行为,就此成为一种权力争夺场所——其间充满了压迫和控制、阴谋与暴力。①

一、知识的考古

福柯受到索绪尔和尼采的影响,他出版了《疯癫与文明》《诊所的诞生》《词与物》等著作,1969 年的"五月风暴"失败,他又推出《知识考古学》。对于《词与物》的写作,福柯说,他偶尔一次翻阅博尔赫斯的魔幻小说,读到一段所谓的"中国百科全书",中国人将世界万物根据皇帝御用的、有神奇香味的、温驯听话的、传说中必须顶礼膜拜的等进行分类。福柯感叹道:世上竟有用这样分类方式来认识世界的!这对他固有的认识、思维都是一种巨大冲击。福柯据此推论道,原来天下之大,万物有别,其说法不同、主义迥异,都出自语言的"不同标名、陈述与思维格局"②。词与物的对应关系,虽然因为时代、地域的变化而变化,却给我们认识词与物之间的关系提供了一种途径。

福柯认识到,西方文明实际上就是一个知识场,这个"知识场",不是单一的专业知识的汇聚,而是一种知识语法,或真理组合方式。在每一个专业之下,都有一套知识赖以形成的潜在条件,与其他人类的知识表征一样,这些条件一旦到达临界点就会突变,随之重新组合。西方在文艺复

---

① 赵一凡. 从卢卡奇到萨义德:西方文论讲稿续编[M]. 北京:生活·读书·新知三联书店,2009:218.
② 赵一凡. 从卢卡奇到萨义德:西方文论讲稿续编[M]. 北京:生活·读书·新知三联书店,2009:228.

兴、古典、现代三个时期,不断变更表征系统,力求把握世界,这些变化的表征系统就是重新组合的具体表现。在中世纪至16世纪末的文艺复兴时期,人们相信上帝在万物身上都留下了印迹,只需找到适当的词语,即可认识它们之间的隐秘联系。这个时期的知识是以相似性为特征,即以亲缘、仿效、类比、感应四个同心圆,将所有事物连接起来,进而通过上述近似观念,形成有关人类生命、劳动与语言的基本话语。① 在17世纪至18世纪末的古典时期,人们追求差异和个性,这一时期的知识场所追求的是自然完美、语言明晰无误,知识走向精确可靠和包罗万象。

文艺复兴时期的语言,包括词(能指)、物(所指)以及相似参照物这三重结构,但进入古典时期,三重结构突然(原因不明)被简缩成两极关系:能指与所指。结果形成一套以词代物、平行对应的严整秩序。"古典时代的普通语法、自然史、财富论,无不受到这一精确对应知识型的支配:它们追求一整套系统分类图——人们满以为这些图表的持续扩展,能再现万物之间的精确关系、完美秩序。"②现代知识场的诞生,一面导致古典表征的崩解,另一面催生现代人文科学的诞生,总之,现代语言失去了透明性,也不再指向世界:它变成了一门自我涉指的神秘知识。

表征的虚空是《词与物》讨论的重要话题,在《词与物》的第一章中,福柯用17世纪西班牙画家委拉斯开兹的油画《宫娥》来分析表征的虚空。虚空(vide)一词,出自黑格尔与萨特。黑格尔说是一种虚空经验,萨特指失落生命意义的现代人,成天为虚无所困扰。《宫娥》这幅画上,除去画家自己(左一),还有小公主、宫娥、王妃、侏儒、儿童和一条爱犬。画面背后,高悬的镜子(小公主左上方)中有国王菲力浦四世、王后玛丽安娜,还有一

---

① 赵一凡. 从卢卡奇到萨义德:西方文论讲稿续编[M]. 北京:生活·读书·新知三联书店,2009:229.
② 赵一凡. 从卢卡奇到萨义德:西方文论讲稿续编[M]. 北京:生活·读书·新知三联书店,2009:230.

位不速之客。看画人看不清君主的真实面目,不速之客却在无意中,刚巧目睹了现场正在发生的一切。此画主题就是表征。"它包含了各种再现要素:凝视、画布、画笔、画家与观众。一切井然有序。然而福柯点题:此画'虽将有序的表征物置于表格中,可它无法安置表征行为'。最要命的是,画中并未出现两位君主的尊贵面容:大画家的努力,仅仅涉及表征秩序,而不关乎人。换言之,作为再现对象,那个高贵无比的'人',不幸落在了几种表征手法的夹缝中!"①

福柯认为,这幅画指明多种表征虚空。那个"高贵无比的'人'",在画家眼中,是模特儿,在国王眼中,是自己的肖像,在看画者眼中,是画像中心。由于国王和王后的缺席,画家要表现的、看画者要观看的真正对象是"缺席的"或者是"虚空的"。尽管绘画采用镜子、映像、模仿与肖像等加以表现,但我们所看见的、未看见的,本质或者非本质的都和这些人的不可见性联系在一起。

福柯一方面用人文方法,另一方面利用批判意识,使得他的研究出现了连续超越,比如话语研究就是对索绪尔符号概念的超越。福柯所说的话语(discours)不是索绪尔所说的符号,它有着特定的能指,有着单一明确的所指:例如汽车是指用四个轮子行驶的交通工具,图书是指人类用来记录一切成就的载体和媒介。但在现实生活中有许多词汇是言不由衷、文不逮意的,诸如生命、爱情、信仰、自由。福柯说:"我们不可能随心所欲地说明一切。"

在福柯看来,西方的知识系统和陈述方式各异,然而在话语规则的调控下,经过不断剔除与混合,它们最终形成专业知识。福柯因此断言:专业知识不神秘,也不具备真理优先权,因为它们掺杂主观意志,离不开权力运作。

---

① 赵一凡.从卢卡奇到萨义德:西方文论讲稿续编[M].北京:生活·读书·新知三联书店,2009:234.

福柯在《知识与考古》中打造了一套全新的方法,以便颠覆主体认知,发现话语规律。而他开展知识考古的目的,并非要去印证一系列"伟大人物"说过的至理名言,而是要一一查清:围绕真理话题,人们究竟说过哪些话,为何这么说,为什么说着说着又变了,到底怎么说才算真理。① 福柯自己说,他发现了话语基本单位,即陈述(enoncé,英译 statement),陈述之属性,即知识属性。

福柯提出陈述三项原则。(1)用稀少性来针对知识完整性。传统学者相信,圣人之言就是真理,经典文本具有自足的意义系统。福柯却指出陈述无力穷尽真理,也不能说明事物复杂性。(2)用外在性针对主体性。福柯认为知识来自实践,它在传统积淀中。关键是陈述仅仅在特定范围内运作,"它跻身于网络,局限于使用范围"。实际上,福柯给我们提供了一个重要原则:生活中人们无话不说,但这些话并非陈述。理由是:它们一无约束性,二不产生效应,所以无关紧要。(3)用物质性针对符号性。陈述并非抽象符号,而是一种由人生产、使用的物质,它像商品那样分配、交换和流通。

与索绪尔不同,福柯面对陈述,要求我们摆脱语法逻辑分析,以便兼顾它的语用学含义。陈述与话语形成关系,主要表现为:知识话语形成,来自陈述的差异、断裂与排斥。不同制度环境下,陈述被转化到某些操作策略中。描述一个陈述群,必须考察它们特殊的累积形式。因此可见,话语形成分为三个步骤,即形成区域、分界权威、专业格栅。② 例如他在考察西方精神病学时,首先圈出产生这门知识的特定区域,这包括启蒙之后的欧洲家庭、教区、法制等相关环境。

---

① 赵一凡. 从卢卡奇到萨义德:西方文论讲稿续编[M]. 北京:生活·读书·新知三联书店,2009:245.
② 赵一凡. 从卢卡奇到萨义德:西方文论讲稿续编[M]. 北京:生活·读书·新知三联书店,2009:248.

二、权力与知识的合一

在尼采看来,权力意志强调的是人类对力的渴求。德勒兹的解释是,"这种力(macht)不是别的,正是欲望、意志及其效应"。也就是说,权力意志首先是一种力,其本质是力与力的较量,然而光有力还不够,还需要不断完善,以期上升为"力的胜利概念"。如何才能让这种力量最终获胜呢?尼采说:"赋予它一种内在意志,我称为权力意志。"德勒兹解释道:"所谓内在意志,即对力的完善。只有凭借意志,力才能战胜、支配其他的力。"①

与尼采所说的权力不同,福柯对权力进一步加以拓展。他认为权力是指人对于他人和世界的控制力、征服力,权力象征西方人上下求索的浮士德精神,权力也指向西方现代机构及其统治技术。② 福柯认定权力作为人类天性,是一种控制、占有,并以自己为中心统一其他的潜在欲望。权力也是一种意念,它四处游动,只要有人群的地方,必然有权力之争。

在福柯笔下,权力与知识不但共生,而且同构:知识意志即权力意志。"我们必须承认:权力制造知识,它们密不可分。若不建立一个知识场,就不可能出现与之相应的权力关系。若不预设权力关系,也不会产生任何知识。"③

凝视与监控

《诊所的诞生》原有一个副标题,即"医学凝视的考古学"。福柯所谓的

---

① 赵一凡. 从卢卡奇到萨义德:西方文论讲稿续编[M]. 北京:生活·读书·新知三联书店, 2009:250.
② 赵一凡. 从卢卡奇到萨义德:西方文论讲稿续编[M]. 北京:生活·读书·新知三联书店, 2009:251.
③ 赵一凡. 从卢卡奇到萨义德:西方文论讲稿续编[M]. 北京:生活·读书·新知三联书店, 2009:251.

凝视（régard，英译 gaze），是指医生、画家的专业眼光，这种眼光精细入微，足以辨析、陈述复杂事物。这等于说，专家有一套本领，能将常人不解之事，转变为可读可说之事。按照这样的逻辑，凝视便发展成为一门统治技术：犯人被关进高墙，用单间囚房羁押，囚房被编号，分层纳入一个环形建筑中，院子中央设有瞭望塔，卫兵通过监视孔监视囚犯，囚犯被一览无遗，但犯人却看不见监视者，所以对监视茫然无知。这一理想构筑，构成一种"自动而匿名的权力"。这种监狱在拉丁语是 Panopticon，即全景监狱，这是由英国人边沁发明的。

由此可见，知识来自凝视，权力亦和凝视有关。全景监控模式，因得到各科知识的配合，也产生了科层组织、流水作业、集约调度。仿照监狱的工厂、学校、医院等现代机构纷纷建立，扩展为西方社会制度。福柯发问：这些个监狱群岛，如此技术共享，岂不令人吃惊？

现代规训社会

阿尔都塞在《意识形态国家机器》一文，将西方文明合法性解释为一种软硬兼施的文明，即在强力机器之外，辅以柔性文化训导，以求均衡统治。阿尔都塞又说，所谓主体，不过是意识形态幻觉。

阿尔都塞的理论也启发了福柯，为了改变阿尔都塞理论太过抽象的毛病，福柯以监狱作为实例，通过监狱来展开分析。福柯指出，现代刑罚的一大转折，即淡化肉刑，代之以驯服心灵的缜密技术。其具体的实践表现为以下几方面。(1)纪律约束。与以往重视惩罚不同，现代监狱强化了纪律约束与精神折磨。这纪律包括反复操练、按时作息、定量配给、讲究礼貌等细则。当然这样的规训不单是规训行为，还要让他们心理上真心服从。(2)社会规范。这样的规训技术只要稍加调整，即可应用于各行各业，其通行法则包括条块分隔、程序管理、培训考核、统筹规划。一句话，上述原则确立了一套社会规范。① (3)教育模式。上述规范规定了对所

---

① 赵一凡. 从卢卡奇到萨义德：西方文论讲稿续编[M]. 北京：生活·读书·新知三联书店，2009：18.

有人进行教育的合法性,通过学校的学习,合格者将被社会接纳。接纳仪式是毕业典礼:它是权力知识交织的光辉顶点。福柯认为他们已完成作为权力施行对象的规训过程:"愚蠢的封建主用铁链捆绑奴仆,资产阶级却用民众的思想束缚他们,在人们柔弱的脑神经之上,奠定起至善大帝国不可动摇的根基。"①

第四节　视觉人类学与其他方法

　　早期的人类学家使用的记录工具就是纸和笔,他们的研究成果大多体现在他们用文字书写的著作中。即使在摄影、摄像等技术出现以后的一段相当长的时间内,人类学家们宁可用笔记录,也不太喜欢使用拍摄的方式。因为他们怀疑这些技术能否如实地记录和展示他们的观察,加上早期的技术比较复杂,并且使用成本比较昂贵,这些都阻碍了他们对新技术的使用。随着录音、摄像技术的发展,他们开始接受这些技术,但在很长的时间里,他们更喜欢把它们当作一种工具或笔以外的辅助手段。随着录音、摄像、录影以及存储、传播技术的成熟和使用更加便捷,人类学家采用技术手段的比例进一步增大,记录的内容也更加丰富。在使用技术的过程中,人类学家渐渐发现视觉化的手段并非只是一种简单的工具,技术会改变人们的思想,会拓宽人们的视野,技术还可以弥补人类自身存在的不足,一些原先被人忽视的事实,却在照片和影像中"原形毕露"。"视觉的表述不仅代表着一种态度,而且代表着一种认知。而认知则代

---

① 赵一凡.从卢卡奇到萨义德:西方文论讲稿续编[M].北京:生活·读书·新知三联书店,2009:19.

表着一个人对世界的看法的全部。"①摄录、存储、传播等技术在完善人类学家研究手段的同时,实际上也催生了视觉人类学的诞生。"视觉人类学最基本的功能是用视觉来再现、阐释和辅助人类学的研究,它的基本理念是建立在'文化是可视的'之上的。"②"文化是可视的"是一个宣言,也是人类学研究向视觉转向的标志。那么,文化到底如何可视?可视的前提和语境是什么?我们如何去"视"文化?视觉人类学都必须给予正面回应。

视觉人类学滥觞于19世纪末。到20世纪60年代以后,视觉人类学已经在欧美的人类学和社会科学界乃至媒体、教育和其他领域大行其道,只是还没有人给这个名词下一个定义,直到20世纪末,相关的定义才在一些权威的人类学工具书上出现。史密斯是较早给出定义的学者,他认为视觉人类学,"着力于研究人类行为视觉维度的方方面面,同时它也囊括了用视觉的方法对人类学、教育学和文化变化等方面的研究。它的领域还包括人类学艺术、人类学摄影和人类学电影的使用、人和人之间距离的社会化意义研究及在不同的社会文化中如何使用空间的研究、对知觉和视觉符号学的跨文化透析等"③。当然视觉人类学也包括对古人留下的大量的视觉资料的研究。视觉人类学在某种意义上属于破译形象符号的科学,它需要对从史前到今天整个人类文明的全部领域的各种符号进行破译。"事实上,视觉人类学的终极目的是透过对形象、符号的研究来探析文化发生发展的深层结构,拓展其研究视野,并从对具象的具体课题的研究拓展到研究人类发展的全部,进而拓展到一切可视的文化领域。"④视觉人类学研究领域主要包括:第一部分是对人类历史中

---

① 王海龙.视觉人类学[M].上海:上海文艺出版社,2007:54.
② 王海龙.视觉人类学[M].上海:上海文艺出版社,2007:49.
③ 王海龙.视觉人类学[M].上海:上海文艺出版社,2007:55.
④ 王海龙.视觉人类学[M].上海:上海文艺出版社,2007:60.

各种形象的研究,它包括对原始艺术、艺术家、土著的手工艺品和那些土俗物品制造者本身的研究;第二部分是研究形象来发掘其文化内涵,并通过图像的上下文背景来研究它们与特定文化的关系;第三部分使用研究图像和媒体文化分析的手法来研究民族精神。①

一、"深度描写"

在考古过程中,考古学家们发现了大量的史前洞穴壁画、岩画,以及先民们创制的各种视觉图像。这些视觉图像以及创造这些图像的文化行为是发生在特定的文化和背景下的。因此,我们不仅要还原这些视觉图像产生的背景,还需要了解图像自身符号的含义,以及创作这些图像的目的和动机等,而阐释方法似乎给我们提供了一个解决相关问题的路径。

韦伯认为文化是一张互动的"赋有意味的网",而且这张网始终持续地被编织着,这张网就是符号之网。要想发掘符号传达的意义就需要分析符号之间的关系,也就是分析这张网是如何编织的,这和符号学对意义的分析有异曲同工之妙。当然,其他学科如社会学、民族学、文化学、地理学等都会从自己的角度和理论出发去分析文化的意义。

吉尔兹采用了"深度描写"方法。吉尔兹以西方哲学家赖尔的关于两个男孩眨眼的例子加以说明,这个例子是这样的:两个男孩都在猛眨他们的右眼,但两个人眨眼的状况是完全不一样的,因为一个孩子有眨眼的毛病,另一个孩子则通过眨眼向小伙伴传递出捣鬼的信号。在一般人看来,这两种眨眼毫无区别,但只要稍加分析就会发现,捣鬼的眨眼和病理的眨眼有着质的区别。捣鬼的眨眼具有"文化性",它传递着一种信息,是一种交流,也是一种情感或者情绪的表达,它传达的具体含义表现为:"(1)成

---

① 王海龙. 视觉人类学[M]. 上海:上海文艺出版社,2007:57-58.

心的;(2)针对特定对象的;(3)在施授一个特定信息;(4)依据某种公认的密码系统传递的;(5)在别的玩伴没有察知的前提下传递的。"①这两种眨眼情况的复杂性和差异性是十分显著的,如果再加上其他情况,比如,第三个孩子为了嘲弄第二个男孩眨眼的笨拙而有意夸张、戏谑地模仿他的眨眼,那么他眨眼就含着嘲弄、讽刺等意味。假如第三个男孩为了自己的模仿和戏谑能更加具有戏剧性,他需要对着镜子练习眨眼,练习眨眼传达的意义又和前面的不一样。当然这样的情况还可以用不同的方式延续下去,眨眼所隐含的意义就会更具有多样性。赖尔认为:对眨眼行为,观察者可以做"肤浅描写",即把病理性的、捣鬼、戏拟、排练、假装递眼色、假装戏拟,等等,都描写成"一种快速的闭眼动作"这样具有共同行为特征的事情。当然观察者也可以做"深度描写",即将其动作行为的本义尽可能地还原。② 从一个简单的个体行为我们就可以发现其中存在的复杂意义,可以想见那些复杂的人类行为就有更多阐释的可能,正是在这个意义上,吉尔兹创立相关阐释理论。

  吉尔兹的"深度描写"的阐释方式是建立在符号学基础上的。吉尔兹认为,富有文化意蕴的符号才是人类学所关心的课题,要想解析和阐释人类发展历史中各种文化符号所蕴含的文化意义,就需要研究者关注文化符号和符号之间的关系、结构以及意义等,在关注文化符号之间的关系的同时还需要注意文化符号的特质。吉尔兹特别强调了"符号必须是公共的"这样一个核心命题,"公共",就是可以被感知、被观看、被传播,有被公众认可的交流手段和规则。③ 公共性就是一种视觉存在方式,是视觉传播的基础,也是意义播撒的前提,因为有这样的基础符号才能有被分析和阐释的可能。

---

① 王海龙. 视觉人类学[M]. 上海:上海文艺出版社,2007:71.
② 王海龙. 视觉人类学[M]. 上海:上海文艺出版社,2007:73.
③ 王海龙. 视觉人类学[M]. 上海:上海文艺出版社,2007:75.

二、认知与叙事

眼见为实是我们对视觉形象最为普遍的看法，一个视觉图像总给人"客观""直观""可信"的印象，视觉资料也成为人类学研究重要的辅助资料。随着摄影、摄像技术的普及，用摄影、摄像设备拍摄、录制视觉图像，保存人类活动或者考古活动资料也越来越普遍，但是由于受到视觉形象记录者的观念、素养和其他外在条件的影响，人们也对视觉影像是否可以准确保留和记录文化存在质疑，甚至引发了一系列论战。这实际上涉及一个问题的两个方面，即如何记录和如何准确理解这些记录的影像。

"长期以来，人类学家把对文化的研究局限于界限较为分明的一些现象和惯例上，如技术、语言、亲属制、政治组织等。他们把这些现象和惯例的系统描写当作文化人类学的首要任务，采用的主要手段就是撰写民族志。"[①]但随着对研究对象认识的深入，我们会发现这样的方法不足以解释文化过程，因为这是带有人类学家自己的知识背景的解释，他们缺乏文化所有者的观念、思想、审美、思维方式等。为了克服这样的缺陷，并且从根本上解决问题，一些人类学家提出："要想了解一个民族的文化形态，研究者必须从最基本的概念开始去了解这种文化人的文化符码的构成、他们概念的形成以及文化分类的原则。从最小的实物开始，逐渐了解他们文化思想的形成和抽象的思维体系，然后再用这样的知识去具体而微地观察、表述和诠释这种文化……"[②]推测这种文化过程，最为便捷的途径就是语言。

---

① 王海龙. 人类学电影[M]. 上海：上海文艺出版社，2002：86.
② 王海龙. 人类学电影[M]. 上海：上海文艺出版社，2002：87.

对人类学文化的认知是解决问题的一种方式,但文化的呈现是通过各种叙述方式来完成的。那么有关叙述的分析,如,叙述者、叙述角度、叙述节奏、叙述时间,等等,又给研究提供了一个思路。"叙述学分析的本来面目是验证文化理解和破译文化的内定符码。"[①]

三、内部描写与外部描写以及其他

在20世纪60年代,人类学家肯尼斯受语言学的启发,对于人类学的描述角度提出了"族内人"和"外来人"的视角。他根据语言学中的语音概念"phonemic"和"phonetic"的词义创造出"emic"和"etic"。"emic"是"文化承担者本身的感知认知,代表着族内人的世界观乃至于超自然的感知方式"[②]。"etic""代表着一种外来的、客观的、'科学的'观察,它代表着一种外来的观念认知、剖析异己的文化认识论和世界观"[③]。但这样内外的方法都可能存在问题,"族内人"由于过"近"而迷失在琐碎的细节中,而"外来人"过"远"对许多问题的理解也会不得要领。也有人主张,不要割裂二者,而是要将其融合、贯通,由此也延伸出"地方性"和"全球化"的问题。

米歇尔认为,视觉文化研究应该纳入各级各类学校的教育系统中。他最早在美国的小学教育中"展示和讲述"训练的教学方法,这种教学方法,强调的是学生需要用文化人类学者的身份,同时假定讲述的对象不了解绘画以及摄影等各方面知识,以此来培养学生如何叙述,又如何展开解释。

---

① 王海龙.人类学电影[M].上海:上海文艺出版社,2002:90.
② 王海龙.人类学电影[M].上海:上海文艺出版社,2002:92.
③ 王海龙.人类学电影[M].上海:上海文艺出版社,2002:93.

第三章 / 视觉文化与视觉文化研究谱系

  19世纪,各种各样的器械拓展了"视觉的领域"并将视觉经验变成商品。由于印刷物的广泛传播,新的报刊形式出现了;由于平版印刷术的引进,道密尔和戈兰德维尔等人的漫画影响力逐渐增强;由于摄影术的推广,公共和家庭的记录方式都被改变。电报、电话和电力加速了交流与沟通,铁路和蒸汽机改变了距离的概念,而新的视觉文化——摄影术、广告的橱窗——重塑着人们的记忆与经验。不管是"视觉的狂热"还是"景象的堆积",日常生活已经被"社会影像增值"改变了。

——安妮·弗莱伯格

第一节 视觉形成和视觉规律

  人有眼、耳、鼻、舌、身(皮肤)等多种感觉器官,这些感觉器官将人体与外界环境联系起来。感觉器官广泛地分布于人体各部位,其构造也各不相同,形态功能也各异,其中眼睛就具有独特的功能。"光把物体的方向、形状和颜色等传给眼睛,使眼睛获得特有的、独立的感觉。这些感觉通过神经中枢的作用,就产生了物体的形象,使我们得到有关物体的大小、远近、形状和颜色等知识。"①不仅如此,通过眼睛获取的信息占70%,听觉占20%左右,其余感官只占10%。视觉器官能够在视觉过程中对信息轮廓进行辨析、判断。视觉不仅是心理与生理的知觉,也是人类创造力的源泉。

一、视觉的形成

人类生活在一个光影斑斓的世界里。在自然界里,有些物体能够自行发光,如太阳、火、各种灯等;另外一些物体虽然本身不发光,但它们能够反射光,如镜子、雪地、高山、树木、街道等。如果只有光没有眼睛,我们还是什么都看不见。外界物体发出的光,或者反射出来的光线,经过角膜、瞳孔、晶状体和玻璃体,并经过晶状体的折射,最终落在视网膜上,形成一个物像。视网膜上有对光线敏感的细胞,这些细胞将图像信息通过视神经传给大脑的一定区域,人就产生了视觉,如图 3-1 所示。

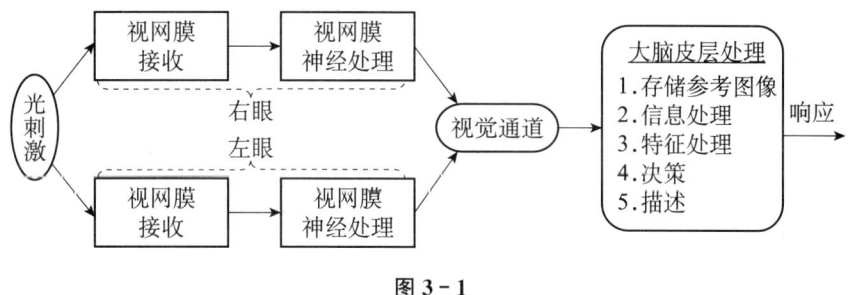

图 3-1

人的眼睛接收及分析视像的能力是不同的,知觉是用来辨认物象的外貌和所处的空间(距离)及该物在外形和空间上的改变的。人的大脑将眼睛接收到的物象信息,分为物象的空间、色彩、形状及动态等类型,正是基于此,人类才可辨认外物并对外物活动做出及时和适当的反应。

---

① 江书定.光•眼睛•视觉[M].北京:北京出版社,1964:1.

大小感

有相关证据表明,视网膜上物体映像的大小变化,不是被感知为物体大小的变化,而是被感知为物体距离远近的变化。影响物体映像大小的原因还有参照环境,比如一个物体放在巨大的物体前就显得小,而相反,放在小的物体前就显得大。一个物体如果失去了环境参考,人往往就无法判断它的实际大小。为了表明大小,一些艺术家会在其作品中提供一个相对的参考。此外,还有精神因素,比如一个十分饥饿的人面对一堆食物,即使食物足够他吃,但他还嫌不够(目光比胃口更大)。观察点也不可忽视,日常经验中就有这样的感觉,从下往上看,物体显得大,从上往下看,物体会显得小。

空间感

空间感觉是人发展出的一种本能,人首先是用身体的活动来感受空间的。我们在和他人打交道的时候,第一次见面如果你离对方太近,对方会感到不舒服,当你坐在一个凳子上,而一个陌生人坐上来,如果太靠近你会自然转过身去,或者挪动到自己比较安心的位置。美国人类学家霍尔将人与人关系的距离分为四种:亲密接触(0～45cm)、私人距离(45～120cm)、礼貌距离(120～360cm)、一般距离(360～750cm)。除了视网膜映像外,眼的结构还能够判断距离,"一般来说,日常对于空间和深度的感觉,是由视野中许多面貌的相互活动而组织起来的……当视野中有你所熟悉的物体和环境关系时,你对空间和距离的感受最佳。"①对视觉空间的判断还有"视野—框架",视野指物体所在的场景,框架是指视野的边沿,物体离边沿越近,人就感觉离物体越近,反之亦然。眼睛从上到下看物体,人的感受也会随之改变,变化的视野也会影响人对空间的判断。

---

① 布鲁墨.视觉原理[M].张功钤,译.北京:北京大学出版社,1987:69-70.

运动感

察觉运动的能力是人类生存进化的结果,"当物体通过你的视野,在你视网膜上留下了一连串映像,运动知觉就由自连续的细胞刺激而产生。"①视觉中运动的形成需要有刺激、参考框架等条件。无论人或动物都对运动有强烈的、自发的反应,但这样的运动是在一定范围内的,过快或者过慢都无法形成正常的刺激。视觉会产生幻觉,把书一页一页轻轻翻动时,眼前就出现了书页连续运动的感觉,这一运动的效应叫作"视觉持续"。1825年法拉第用一个不透明的纸板做了一只圆盘,并且在圆盘上开了一道缝,将圆盘盖在一张印有图案的纸上,转动圆盘,盘背后的整个图案都能看到,后来这个原理被运用到电影放映中。假如我们用眼睛盯住河里的水流,然后再看一个固定的物体,比如看河岸,仿佛它们朝相反的方向运动,这也是一种运动幻觉,古人称之为"瀑布效应"或"观看运动后效应"。

色彩感

色彩是光的组成部分,是可见光的部分电磁波,我们能感受到光的不同频率。一些物体将不能吸收的光波反射出去,这反射出来的光线就是物体对人眼的刺激,在大脑中会形成颜色。视网膜的感受元能分辨出不同的光频率,一个正常人通常可以分辨130种至200多种颜色。人对色彩的辨识还需要借助于其他元素,如参照环境。上、下、左、右的环境最容易影响色彩感觉。一件色彩艳丽的围巾,配上不同的衣服会形成不同的效果就是一个例证。连贯性也同样支配着色彩感觉,如看到草坪就自然和绿草如茵联系起来了。而知觉可以通过延续对比、同步对比、轮廓对比等实现。一种强烈刺激撤销后余留效果会延续到其他的色彩上;不同的色彩刺激会形成对比,红色中镶嵌蓝色就会形成对比;将一个保持相同亮

---

① 布鲁墨. 视觉原理[M]. 张功钤,译. 北京:北京大学出版社,1987:98.

度的色彩放在不同的色彩背景上,会显示不同的轮廓线。此外,色彩还具有平衡和联想的作用。

二、视知觉的基本规律

知觉是对感觉的加工处理,它包含认识、选择、组织和解释。知觉是一个过程,即感觉、知觉组织对客体的辨别与识别。知觉也是一种理解力。视知觉是人从客观世界接受视觉刺激后的视觉反应及反应所采用的方式,"视知觉是在神经中枢进行的一组活动,它把视野中一些分散的刺激加以组织,构成具有一定形状的整体以认识世界。"[①]客观世界的事物是多种多样的,它们对人视觉形成的刺激也是多种多样的,所以视知觉又可分成亮(明)度知觉、颜色知觉、形状知觉、空间知觉、运动知觉等。与其他的知觉一样,视知觉组织也是有规律的。阿恩海姆认为:"没有哪一种思维活动,我们不能从知觉活动中找到,因此,所谓视知觉,也就是视觉思维。"[②]这充分说明视觉思维是视知觉的一种内在表现形式,也表现出一定的内在规律。

简洁律

人的心理组织总是将突出的、占优势的那些要素简单加以合并和归类,表现在视知觉上是一种"简化"方式,就是将具有较强刺激的内容简单地组织起来的倾向。人类在长期生产实践中练就了在众多的、杂乱的信息中找到相关信息的能力,并且轻易地剔除不显著的、无关的信息,以提高信息识别的效率。我们走到陌生的城市街道,看到高高低低形状各异的建筑,为了不迷失方向,需要抓住一些有特点的建筑或者标志,这样城

---

① 章毓晋. 图像工程——图像理解:第 3 版[M]. 北京:清华大学出版社,2012:357.
② 阿恩海姆. 视觉思维[M]. 滕守尧,译. 北京:光明日报出版社,1987:65.

市的标志性建筑或者交通枢纽成为一个重要的视觉关注点。视知觉简化能力体现为人们对于简洁、对称、规则图形的偏爱和追求。例如古希腊时期的建筑，其平面构成为1∶1.618或1∶2的矩形，中央是厅堂、大殿，周围是柱子。古希腊建筑的比例与规范，都以人为尺度，以人体美为其根本依据，简洁匀称。现代主义建筑也都追求简洁的几何图形，贝聿铭的许多建筑都用简单的几何图形，如卢浮宫玻璃金字塔、美秀美术馆、中国香港中银大厦等。

恒常律

人的视觉对一定范围内的感觉刺激变化，仍然保持比较好的辨识力，这主要是因为人依靠情景记忆知识。人的视知觉会自动地将外界的刺激信息与大脑中的记忆组块加以比较和识别，外界刺激比较弱就会被识别为与原先的相同。视觉对常见到的大小、形状和方向变化表现出一定的恒常性，而视觉对光线在一定范围内变化也会表现出恒常性的现象。但是这些变化的前提是不能超过范围，比如视觉对象的大小变化太多，如一个大球，变成一个小点或者更加小的物体，视觉就无法辨识，光线的变化也不能超过范围。

图底律

区分图形与它的背景是视知觉观察事物的基本方式，也就是说，人的知觉系统能够在图形和背景之间做出区分、判断。在一个完整的视觉"图像"里，居于前部的区域被称为"图"，用来衬托图的背景就是"底"。视觉图形是由轮廓以及与背景有关的不同亮度或颜色的间隔来决定的，图形和背景的区别越大，图形就越容易被感知。一般来说，图的轮廓较为完整、封闭，形状较为规则，面积较小，色彩比较浅，最重要的是图在一定意义的范围内各部分要素组织更加倾向被感觉为图形特点。如果图的上述特性不明显，图与底就难以区别了。图与底的关系也被广泛运用到实际工作和生活中：平面设计中文字的标题周围往往会留下大片的空白以突出标题；中国的古典园林常常以粉墙为背景来与植物、假山等区隔。中国画中的留白也体现了图与底的关系。留白总是以多种形式出现，比如，峡谷底部有山石，此处留白必然是水；江上有船，此处留白必然是江水；山峰上有鸟，此处留白必然是天，这种虚实结合的表现手法留给观者丰富的想象空间接近律和相似律。一般情况下人们总是倾向于把一些相类似或接近的元素组合成一个整体，这些相类似或接近的因素包括形状、颜色、结构、肌理等。另外，朝向一个方向的运动和具有相似速度的元素也容易被人们组织起来。在《阿维尼翁的少女》中，毕加索将五个人物不同侧面结合在一个平面里，特别是画中两个来自非洲原始木雕的头像，就存在着一种"类似原则"。在建筑立面上，一根根外形十分接近的装饰性柱子，像梳子的梳齿一样整齐排列，一个个连续地被按照规律组合起来，形成了如波浪般造型的外墙体。在我们看起来它们就不再是一个个柱子，而是一个和谐的建筑立面，这就是视觉的相似性造成的。

完整和闭合

知觉印象往往呈现这样的趋势：彼此相属的部分，容易组合成整体，而彼此不相属的部分，则容易被隔离开来。这实际上也表现出心理的一种趋势，即我们更加倾向于把事物看成是有边界或者完整的，如一个有残缺的线条或者形状，我们倾向于把它看成一个完整的图形，而不注意线条或形状的残缺部分。也可以说，把一连串的点组织成图形和形状也是人的心理倾向。面对被打乱的拼图，或者残缺的拼图，我们很快就会使其恢复到完整的状态，即使是一些小朋友也有这样的能力。

定势原则，也称为"客观定势原则"，之所以也这么称呼，是因为这个原则是"客观"呈现的，而不是人为造成的。如果我们在观察一些图形时对这些图形形成了某种定势，那么，即使这些图形发生微小的变化（在不改变整体趋势的条件下），我们仍然会以原有的方式去感知它。

第二节 观看的方式：看与被看

有"孤篇盖全唐"之誉的《春江花月夜》，再现了江南春天的夜晚月照长江的画卷。诗人在看到江月美景的时候，忽然转到"江畔何人初见月？江月何年初照人？"这里的"人见月"与"月照人"体现的是人在看月，也表现人与月的关系，其意味悠远，让人回味无穷。视觉是人和动物都具备的感觉，看是一种行为，视觉和看相辅相成，没有观看无以形成视觉，没有视觉的看就没有视觉效果，其实从生理学的角度来看，"观看"其实就等同于"视觉"，即"目之所见"。

一、观看的行为

观看作为人类把握现实的一种生理能力也与人类发展的历史一样漫长，而且随着人类的生产和文化实践发展需要，"看"作为一种行为、一种观察方式被赋予了各种不同的意义。在中外语言的词库中，有关看的词汇十分丰富。中文有关看的词有：瞅、窥、瞄、望、注视、凝视、张望、眺、鸟瞰、俯视……由"看"组合起来的词就更多。如果对看的方式加以归类，有表示一般地看的词包括：瞧、望、视、瞅、瞄、相……表示已经看到的词包括：见、睹、看见、看到、见到、看完、瞧见、望见、映入眼帘……表示集中目力注意看的词包括：瞄、盯、察、眈、睹、睽、凝视、逼视、注目、注视、凝望、瞩目、细看、细瞧、端详……英语中用于表达看的词汇同样丰富，如 watch、observe、view、gaze、glare、peek、peer、gawk、gape、ogle 等。

观看作为一种行为方式，由于观看的主体、对象的不同，就会形成不同的观看方式。一种是"作者之看","整个艺术史是一部关于视觉方式的历史,关于人类观看世界所采用的各种不同方法的历史"。另一种是"观者之看",观看者在观看特定对象的时候,包含着选择、情感投射以及影响等诸多方面。①

伯杰认为:"观看先于语言。儿童学说话,先观看,后辨认,再说话。"②在伯杰看来,观看不仅先于语言,而且观看"确立我们在周围世界的地位","我们观看事物的方式,受到知识与信仰的影响",观看不是对刺激的简单反应,观看"是一种选择行为……将事物纳入到我们能及的范围内"③。由此可见,观看是一个十分复杂的行为,它涉及物我关系、主体的知识、外在的环境等因素。不仅如此,我们在观看别人的时候,也会意识到别人在看我们,甚至会出现二目对视或者相交的状况,这样就会形成一种"对话"和交流。当然还有更为复杂的视觉关系,正如卞之琳《断章》所描绘的,"你站在桥上看风景,看风景人在楼上看你"。而且不同时期的人的观看方式不一样,这从不同时期的视觉表达的不同上就可见一斑。

透视法是在西方影响最大的再现事物的方法,透视原理的运用可以追溯到古希腊时期,文艺复兴时期得到进一步发展和完善。透视画法是在两维的平面上利用线和面趋向会合的视错觉原理表现三维的物体,因为透视对象是近大远小的,所以也称"远近法"。西方绘画一般是采用"焦点透视",就是观察者被固定在一个点上,把能摄入眼睛的物象如实地画下来,因为受空间的限制,视域以外的东西就不能画入了。"透视法使那独一无二的眼睛成为世界万象的中心。一切都向眼睛聚拢,直至视点在远处消失……按照透视法的标准,不存在视觉交互关系。"④中国画的观

---

① 曾军.从"视觉"到"视觉化":重新理解视觉文化[J].社会科学,2009(8):110.
② 伯杰.视觉艺术鉴赏[M].戴行钺,译.北京:商务印书馆,1996:1.
③ 伯杰.视觉艺术鉴赏[M].戴行钺,译.北京:商务印书馆,1996:1-3.
④ 伯杰.视觉艺术鉴赏[M].戴行钺,译.北京:商务印书馆,1996:13.

察点不是固定在一个地方,也不受特定视域的限制,而是根据需要移动进行观察,把所看到的东西,都组织进画面上来,这种透视方法,叫作"散点透视",也叫"移动视点"。

照相机如同一只机械眼,它有独特的记录世界的方式:它可以运动,可以近距离,也可以远距离;可以仰拍,可以俯拍;可以快速拍摄,也可以延时拍摄;可以小光圈,也可以大光圈拍摄……照相机记录世界表象的方式是和绘画中的透视方法完全不同的,照相机记录方式去除了中心,也融入了其他元素。照相机的拍摄方式,改变了人们观看事物的方法,人们也开始思考他们所见的事物如何被赋予新的意义,这也反映在印象派、立体派的绘画上。对象在印象派画家眼中,"可见物的自我展示并不是为了让人看见,相反,在不断流动的变化中"。对于立体派来说,"可见物再不是独一无二的眼睛的原来的对象,而是绘画的对象(不论人或物)周围各处景观的总和"[①]。

复制技术不是简单的内容或者意义的重复或再现,"照相机复制图画时,即破坏了该画的独特性,结果,图画的意义也起了变化。或更确切地说,图画的意义增加并裂变成多重含义"[②]。波普艺术家沃霍尔在《玛丽莲·梦露》中,故意把印刷过程的两部分都加以展现:右半边是印刷的第一道黑线效果,左半边是用丙烯色套印的彩色效果,并仿效廉价印刷品的低质量效果,使镂版定线不精确,造成套色错位,以加强其低俗的性质。这也在表明电影红星梦露照片的泛滥,也和可口可乐的广告泛滥一样,标志着美国社会大众的趣味。复制带来的不仅是表达意义的变化,复制的图片在传播和交流过程中,其意义也会发生变化。

虚拟技术作为一种新技术条件下的复制技术,它是对现实进行数字化处理的计算机综合技术,是人们通过计算机对复杂数据进行可视化操

---

① 伯杰. 视觉艺术鉴赏[M]. 戴行钺,译. 北京:商务印书馆,1996:16.
② 伯杰. 视觉艺术鉴赏[M]. 戴行钺,译. 北京:商务印书馆,1996:18.

作与交互的一种全新方式。虚拟技术涉及多个方面,如虚拟现实、虚拟仪器、虚拟显示等,其中最为重要的是虚拟现实,这是一种包括听觉、触觉的综合可感知的人工环境,使用者在这种人工环境中视觉上产生一种沉浸于这个环境的感觉。使用者可以直接观察、操作、触摸、检测周围环境及事物的内在变化,并能与之发生"交互"作用,使人和计算机很好地"融为一体",给人一种身临其境的感觉。当然这些技术还处于发展中,还具有不确定性,但有的方面是值得肯定的,这些技术所带来的不只是表达方式的变化,还有人的认识和思维方式的变化。

詹姆逊在《后现代性中形象的转变》中,从理论化的视角把后现代社会中的"视像"分为三个阶段。第一,对象化阶段。詹姆逊从历史的角度展开,他认为萨特在《存在与虚无》中关于"观看"的分析是哲学创见,即观看成为联系我与他者关系的中介。这一观点影响了以法农为代表的非殖民与种族的新政治以及以波伏娃等为代表的新女权主义关于身体及其可视或可描绘肉体的新美学。[①] 第二,官僚化阶段。福柯在《疯癫与文明》中提到关于他者与具体化的主题,称,"知识和权利紧密地结合在一起以致从此不分离,现在又将'观看'转换为衡量的工具。可视由此成为官僚的凝视……"[②]第三,后现代主义时期。"其空间已经被高科技的狂欢,被在计算机与电子空间中完全变形的后麦克卢汉的文化视野的欢庆宣言所占据……人类开始生活在一个非常不同的空间与时间、存在经验及文化消费的关系中。"[③]在这个阶段,文化的范围被扩大,社会空间里浸润着影像文化并逐渐和社会、消费联系起来,媒介成为观看和被看的重要场所。空间观看不仅是一种行为,而且和人类发展的技术、政治、哲学等多方面的知识有着密切联系。

---

① 詹姆逊. 文化转向[M]. 胡亚敏,译. 北京:中国社会科学出版社,2000:102.
② 詹姆逊. 文化转向[M]. 胡亚敏,译. 北京:中国社会科学出版社,2000:103.
③ 詹姆逊. 文化转向[M]. 胡亚敏,译. 北京:中国社会科学出版社,2000:108.

如果我们把观看行为看作一种主体的意识行为，这个过程就涉及观看的主体、观看对象、观看的文化环境、观看效果等方面，如果更深入探究还会涉及，"观者观看的动机是什么？在这种动机驱使下观者采取了何种观看方式？观者看到了什么？或者也可以反过来问，视像表征有哪些东西被观者看见了？效果如何？观者、观看行为与表征之间的关系究竟如何……"①这就涉及观看者、观看对象、观看方式、观看效果，以及其中所隐含的各种关系和意义，而最为重要的研究领域是观看方式，比如凝视、窥视等，以及观看中的快感等。

二、看的方式：凝视、围观与技术性观视

观看方式是指我们如何去看并如何理解所看之物。观看不是简单的"看"的行为，正如伯杰所说："我们观看事物的方式，受知识与信仰的影响。"②他说中世纪人确信地狱存在，而地狱中的火也与我们现在认识的火不同，这些都和他们的信仰有关。从艺术创作的角度看，艺术创作之道乃观看之道。艺术作品的创作不是凭空想象，而是需要和创作对象建立联系，甚至需要艺术家长时间关注这个对象，观察它的个性和表现特征等。这时候表现对象"被看见"，艺术家抓住事物的特征，并且从独特的角度呈现出来，这体现的就是艺术家的观看方式对视觉表现的影响。有创造者的看，也有观赏者的看。巴纳德在《理解视觉文化方法》中列举了四种视觉文化理解方法，有的是从视觉作品中角色的角度出发，有的关注视觉作品的主题，有的关注作品的效果和影响，也有的关注作品形式的运用。③ 观看方式的不同也会对观看的结果产生必然影响。本节主要选择

---

① 曾军.从"视觉"到"视觉化"：重新理解视觉文化[J].社会科学,2009(8):110.
② 伯杰.视觉艺术鉴赏[M].戴行钺,译.北京：商务印书馆,1996:2.
③ 巴纳德.理解视觉文化方法[M].常宁生,译.北京：商务印书馆,2005:20-24.

几种比较有代表性的观看方式,从理论上加以剖析。

凝视的意义

凝视是如何发生的?凝视可能产生的意义是什么?如何去阐释凝视所蕴含的意义?凝视对于视觉文化究竟意味着什么?这是视觉相关研究必须触及的话题。凝视就其本义来说就是"看",但从视觉构成中可以发现有"交流"的含义,也就是双向的"看",或曰看与被看。凝视进入文化学研究的范畴,"指出这是一种专注的、长时间的、审视的'看'。这种'看'的特征,在于对看者与被看者之个人身份及二者关系的探究,并引申为个体存在及其社会关系的哲学、宗教和伦理问题"①。对凝视理论的探讨可以追溯到拉康的"镜像理论",该理论表明6～18个月大的婴儿是通过观看镜中映像来认识自身和人际环境的,也就是说婴儿通过镜像,不仅意识到自己眼中的自己,还进一步意识到他者眼中的自己。在后期理论中,拉康进一步明确,婴儿的身份意识产生于对主客体之相互依赖关系的认识。

"在我们与物的关系中,就这一关系是由观看方式构成的而言,而且就其是以表征的形态被排列而言,总有某个东西在滑脱,在穿过,被传送,从一个舞台到另一个舞台,并总是在一定程度上被困在其中——这就是我们所说的凝视。"②在相关研究者看来,"凝视"不只是主体对物或他者的看,而且也是作为欲望对象的他者对主体的注视,是主体的看与他者的注视的一种相互作用,是主体在"异形"之他者的凝视中的一种定位。因此,凝视与其说是主体对自身的一种认知和确证,不如说是主体向他者的欲望之网的一种沉陷,凝视是一种统治力量和控制力量,是看与被看的辩证交织,是他者的视线对主体欲望的捕捉。传统的视觉中心主义所建构的中心化主体就在这种视线的编织中坍陷了。③

---

① 段炼.视觉的愉悦与挑战:艺术传播与图像研究[M].石家庄:河北美术出版社,2010:137.
② 吴琼.视觉性与视觉文化[J].文艺研究,2006(1):88.
③ 吴琼.视觉性与视觉文化[J].文艺研究,2006(1):88.

富瑞在《凝视：观影者的受虐狂、认同于幻象》中对于凝视研究的对象做出了明确说明："凝视现在已经不再是知觉的一个术语，而是包括了主体性、文化、意识形态、性、种族，以及阐释等诸多问题。"①凝视不是简单的知觉行为，不是观看中一种独特的表现方式，也不是指向深度观看，"凝视这一概念所观照的，既是看的行为，也是被看的行为；既是知觉，也是解释；既是眼前呈现的事物，也是事物在光学的物理世界和人的主观世界中的呈现和消逝"②。凝视体现出行为、对象、意义等多方面的混合，这既为我们的研究提供了思路，也给研究划出了一个极其广阔的研究范围。

凝视与欲望

拉康认为，人的欲望就是他者的欲望。这个观点一方面将欲望指向一个共同点，自我的欲望与他者的欲望是同一的，也就是我的欲望对象也是他人的欲望对象；另外一方面也表明"人的欲望就是去欲望他人欲望的东西，因为他们欲望它"③。这里除了强调共同性外，还突出"猎取性"，就是获取他者的欲望对象。无论是萨特的主客二元关系，还是拉康的主体（观看者）、可见对象（被观看者）和来自他者的凝视的三元关系，正是在主客体之间的互动关系中，凝视不仅建构自我，也建构着欲望。在视觉文化中，女性作为欲望投射的对象，自然也是凝视的"中心"。

穆尔维认为："女人在她们那传统的裸露癖角色中同时被人看和被展示，她们的外貌被编码成强烈的视觉和色情感染力，从而能够把她们说成是具有被看性的内涵。"④其实她们也是视觉欲望投射的对象。电影作为

---

① 富瑞.凝视：观影者的受虐狂、认同与幻象矿[M]//麦茨,德勒兹,穆尔维,等.凝视的快感.北京：中国人民大学出版社,2005:62.
② 富瑞.凝视：观影者的受虐狂、认同与幻象矿[M]//麦茨,德勒兹,穆尔维,等.凝视的快感.北京：中国人民大学出版社,2005:64.
③ 黄作.不思之说——拉康主体理论研究[M].北京：人民出版社,2005:224.
④ 穆尔维.视觉快感和叙事性电影[M]//李恒基,杨远婴.外国电影理论文选：下.北京：生活·读书·新知三联书店,2006:637.

视觉文化的一面镜子,最能够反映视觉中的欲望。美国无声电影"总是让强盗、皮条客、高利贷主和吸毒者的身影与甜姐玛丽·璧克馥在银幕上平分秋色"①。玛丽身材矮小、纤巧玲珑,加上她那漂亮的满头金发(被观众称为"金色女孩")和迷人的表演艺术,被人们看成是理想伴侣,从而获得"美国的情人"的誉称,后来又被称为"世界情人"。随着电影市场化进程加剧,电影对女性身体的表现就更加出位。在 1916 年格里菲斯的《党同伐异》中,几个有宗教信仰的少女,衣冠不整,有一个还露出了乳房;而《诸神的女儿》中安妮特·科尔曼以裸体出现在镜头中;在《诺博士》中,第一任"邦女郎"安德斯以性感的泳装登场亮相奠定了其"花瓶"的地位,此后"邦女郎"们也大多成为人们观赏的"花瓶"。

伯杰对西方裸体画发展做了一个全面的回顾,他认为裸体画的源头可以追溯到《圣经·创世纪》中,当亚当和夏娃偷吃了智慧之果,"他们开始察觉到自己是裸体的……发现自己与对方不同。裸体乃旁观者思想的产物"②。关于亚当和夏娃被逐出乐园的故事在西方的绘画中就演变成为"羞耻",因为这些绘画显示的"主角(女人)意识到有人在观察自己"③。"帕里斯的审判"是古希腊神话中的一个故事,也成了西方绘画的题材,许多裸体的女神成为"帕里斯的审判"中比较谁更美的对象,男性成为裁判,成为一种支配性的力量。现在的选美制度也肇始于这个神话,这其中意味着女性成为观看对象是与男性视觉建构有关联的,这一点是毫无疑问的。随着裸体画的发展,女性成为裸体的主体,这些女性或是用温顺的眼光来回应注视着她赤裸躯体的观赏者,或者以妩媚、妖艳的姿态向观赏者谄媚,并展示出讨好观赏者的表情。"理想的观赏者通常是男人,而女人

---

① 邵牧君. 禁止放映[M]. 上海:上海文艺出版社. 2000:7.
② 伯杰. 视觉艺术鉴赏[M]. 戴行钺,译. 北京:商务印书馆,1996:52.
③ 伯杰. 视觉艺术鉴赏[M]. 戴行钺,译. 北京:商务印书馆,1996:55.

的形象则是用来讨好男人的。"①这样也就极大地满足了男人观看的欲望。

凝视中的自我与他者

萨特的"他人的注视"就是说自我存在要靠另一凝视目标来确认。拉康把主体的存在归咎于对他人（如镜像）的认同，所以，自我与他者是共生的关系。拉康理论后来被发展为个人身份与他者之间的互动，即个人身份的确立，离不开他者语境，个体身份既来自个人，也来自与他者的关系，而且，自我与他者的角色也可以相互转换。美国女性主义学者苏珊·弗莱曼认为，身份的确立不仅在于与他者的区别，而且还在于与他者在性、性别、种族等方面的群体认同。

对于女性身份，波伏娃认为，"女性特质"是被男性建构的，她为此大声疾呼："女人并非生来就是女人，而是变成女人的。"②她认为，"任何一组概念若不同时树立相对照的他者，就根本不可能成为此者"③。在女性主义看来，男性作为社会文化的执掌者，将两性建立在二元对立中，女性或阴性往往是被控制的、负面的、否定的那一方，对女性形象的想象、塑造、建构也是"他者化"的。约翰·伯杰在研究视觉艺术的时候，十分关注男性和女性的"外在物象"，并从其成因和表现方面进行分析，"她的风度从姿态、声音、见解、表情、服饰、品位和选定的场合上体现出来……女性的风度是深深扎根于本人的，以致男性常认为那是发自女性体内的一种热情、气味或香气"④。女性注定是在有限的空间里，接受着男性的照顾和监护，这也影响着女性对自己的看法。女性作为自己的观察者和男性眼中的被观察者，"她必须观察自己和自己的行为，因为她给别人的印象，

---

① 朱晓兰. 文化研究关键词：凝视[M]. 南京：南京大学出版社，2013：175.
② 波伏娃. 第二性[M]. 陶铁柱，译. 北京：中国书籍出版社，1998：12.
③ 波伏娃. 第二性[M]. 陶铁柱，译. 北京：中国书籍出版社，1998：12.
④ 伯杰. 视觉艺术鉴赏[M]. 戴行钺，译. 北京：商务印书馆，1996：50.

特别是给男性的印象,将会成为别人评判她一生成败的关键"①。这样女性无论是在外在关系还是内在关系上,都成为观察的对象,而且是一个"特殊的视觉对象"。在视觉发展的历史中,女性被他者化的方式十分多样,比如"妖魔化"、物化和非常态的性别指称等,都是常用的手法。

  霍桑认为,"人们将一个人,一个群体或制度定义为他者,是将他们置于人们所认定的自己所属的常态或惯例体系之外。于是这样一种通过分类来进行排外的过程就成了某种意识形态机制的重要组成部分"。在西方文化一直占主导的社会中,"欧洲中心主义"一直甚嚣尘上,这也是萨义德所说的东方主义。东方主义"是西方主子有关东方奴隶的各种文化再现,是围绕欧洲中心论产生的一整套针对东方的学术原则、思想方式、统治制度"②。当然东方主义不仅是学术性、思想性和制度性的,它也是一种通过想象来创建的一个话语体系。"想象东方主义与东方学互为依托,产生一种作为'思想方式'的东方主义。其特点是从西洋哲学的本体论、认识论出发,将东西方文化一刀两断、对立看待,借此形成一条根深蒂固的'西优东劣'原则,在此基础上,进而自以为是,异想天开,杜撰出一套张扬其征服业绩、知识意志的话语体系。"③如果对美国影视作品中的华人形象做一个简单分析,人们就会发现,在过去一个世纪里,华人一直被视作与白人对立的,属于愚昧、落后的"他者"。一些影视作品正是通过对"他者"形象的建构,以确立"自我形象","这种二元对立在华人影视中表现为白人的'先进、文明'与华人的'野蛮、落后'、白人的'上等'与华人的'低等'、白人的'理性'与华人的'非理性'、白人的'科学'与华人的'迷信'、

---

① 伯杰. 视觉艺术鉴赏[M]. 戴行钺,译. 北京:商务印书馆,1996:50.
② 赵一凡. 从卢卡奇到萨义德:西方文论讲稿续编[M]. 北京:生活·读书·新知三联书店,2009:777.
③ 赵一凡. 从卢卡奇到萨义德:西方文论讲稿续编[M]. 北京:生活·读书·新知三联书店,2009:778.

白人的'强悍'与华人的'懦弱'、白人的'正义'与华人的'邪恶'等"①。

凝视与族裔和女性身份

由于奴隶贩卖、殖民主义和大规模的人口迁移,西方出现了多民族、多种族共存的现状,而族裔是建立在文化基础之上的,当族裔代替了种族、地域、意识形态等特征的时候,就引发我们对"身份政治"的思考。"族裔是族群身份构建的一种,就是指在权力关系的地图上处在边缘的族群。人类学使用这个概念是对任何群体或任何民族的认同与标识,认同群体和另一群体之间的或明确或含蓄的对比。"②族裔是一种身份,是一个标识,也是认同的对象,和权力有着密切关系;族裔具有对比性,这是建立在群体间的,也可以是群体外的。如果更深入研究就会发现,族裔和本民族的历史、文化以及所在国的历史、文化是交织在一起的。有学者根据个体或者群体对族裔的身份认同程度和政治参与程度给族裔进行分类:强身份认同、强政治参与型(积极型),弱身份认同、强政治参与型(温和型),弱身份认同、弱政治参与型(消极型),强身份认同、弱政治参与型(潜在型)。③ 当然族裔性也是一个动态的概念,而且还会受到多元文化、性别、语言等多种因素的影响。

在视觉文化中,受众与视觉图像或者影像的关系中,凝视占据着重要位置。有研究者以视觉文化中占据主导地位的电影为例来说明,"从理论层面上表述凝视,就是在介入电影文本系统(叙事、蒙太奇、场面调度、互文性,等等)和观看行为之间的相互作用,同时也介入了二者之间充满对抗性、异质性的动态过程"④。凝视是文本和观看行为之间互动的过程,这种互动包含着交融、对抗,也影响着主体的界定。

---

① 顾晓乐,王松."东方主义"视角下的"他者"镜像[J].文艺评论,2013(9):54.
② 黄平,罗红光.当代西方社会学·人类学新词典[M].长春:吉林人民出版社,2003:215.
③ 严庆,胡芮."族裔"及其类型——族类群体身份的视角[J].学术界,2014(8):71-72.
④ 富瑞.凝视:观影者的受虐狂、认同与幻象矿[C]//麦茨,德勒兹,穆尔维,等.凝视的快感.北京:中国人民大学出版社,2005:63.

围观与网络中的围观

围观是群体的观看,在现实空间里是指人们围着特定对象的观看行为,也是一种观看方式。比如街上发生一起交通事故,许多人就会围上去看,这体现围观突出的群体性和"看"的特性。鲁迅在《呐喊·自序》中就回忆他在日本仙台医学专门学校读书时期,"有一回,我竟在画片上忽然会见我久违的许多中国人了,一个绑在中间,许多站在左右,一样是强壮的体格,而显出麻木的神情。据解说,绑着的是替俄国做了军事上的侦探,正要被日军砍下头颅来示众,而围着的便是来赏鉴这示众的盛举的人们"①。这种围观在《药》《狂人日记》等作品中多有描述。鲁迅先生将围观和中国的国民性、麻木不仁、事不关己高高挂起、喜欢看热闹等特征联系在一起。2010年网络空间中的围观也成为一种现象级的问题,许多事件都成为围观的对象。这样围观也被赋予了不同意义,围观的主体、围观方式、围观的意义和效果也都和一般意义上的围观大相径庭。网络围观是网民在网络空间里(包括论坛、博客、微博、微信等各种媒介空间)对特定事件或人物,通过阅读、点赞、评论、转发等方式参与其中,而且具有群体效应。就网络围观的"围观"层面来说,围观与看的关系十分密切,但是围观者看什么,怎么看,却需要进一步明确。

王怡红在《围观研究初探》中以"共同关注"作为围观聚焦的关键点,并且讨论了观看者表情:闭眼的看、抬眼的看和睁眼的看。此外,还从看的方式上提出了旁观、义观和互观等围观的视觉行为模式,并且认为"旁观"更多属于单向的传播行为,"义观"是寻求得到互动的传播,"互观"则是具有双向交流性质的传播。② 当然随着围观的"发酵、裂变、扩散",围观中的各种关系也在发生变化,围观者成为被围观者,围观的话题被开

---

① 鲁迅. 鲁迅文集·呐喊:第一卷[M]. 哈尔滨:黑龙江人民出版社,1995:7.
② 王怡红. 围观研究初探[J]. 新闻与传播研究,2013(8):18.

展,围观演变为群殴或者互殴,围观演变成现实行动,等等。围观不是简单的看,其实在看的背后还存在潜在的交往关系,这些交往关系表现在:围观者与围观当事人之间、围观者之间、围观当事人之间。而且这些关系也受到各种因素的影响,其中围观者与围观当事人受即时性、娱乐性、操纵性、支持性限制,围观者之间具有共享性和使用性的特点,围观当事人之间呈现单向、冲突、对立的关系特征。①

至于围观究竟意味着什么,莫衷一是。有人认为,围观对于培养国民的社会意识和责任意识十分显著。它可以扩大公共事务讨论的范围,有利于公民参与社会监督,搭建问政与问责平台,改变舆论环境,成为弱者的武器。也有人将其作为一种政治景观和政治介入的方式。对围观这种发生在网络空间的"观看"行为的重新界定和再诠释,甚至极度夸大其作用,这背后隐含着许多难以说得清道得明的原因。

技术性观视

本雅明受到约赫曼关于传统与书写、出版、印刷的启发,意识到:"传统与再生产的技术之间的关系值得研究。"②由此,他提出"技术性观视"的概念:"即将某些对象通过技术性手段呈现在我们眼前,我们的这种观看行为就是'技术性观视'。"③或者明确说,就是对象的呈现和被阅读都借用技术手段。在没有望远镜、显微镜,也没有照相机、摄影机,更没有电影、电视的时代,我们只能用眼睛直接观看,而今天电影、电视、电脑、手机等这些媒介都是技术性的,我们观看相关内容需要借用技术平台,这是"技术性观视"。而且技术性观视的方式也在不断发生变化,电影是在电影院里观看,电视是在家里的沙发上收看,电脑和其他的可移动终端使得观看方式更加便捷。但这些电子媒介都如同一个固定视窗,它把一切图

---

① 王怡红. 围观研究初探[J]. 新闻与传播研究,2013(8):22.
② 林精华,程巍. 文化转向与外国文学研究[M]. 北京:北京大学出版社,2013:254.
③ 林精华,程巍. 文化转向与外国文学研究[M]. 北京:北京大学出版社,2013:255.

像框在框子里，这样将影像表现的世界和现实世界区隔开。同时电子媒介表现世界的方法与现实世界也不同，这样也形成了两个不同世界。而随着互联网的普及，以电脑、手机等为代表的"技术观视"终端使得人类的观看方式又会悄然发生变革，超级链接、超文本、超量的文本、扫描式阅读、碎片化阅读、游离阅读等成为阅读的一种新常态。随着媒介技术的发展，我们的观看方式还会发生变化，比如虚拟技术会使得人们沉浸其中，而且注重体验，当然技术的发展还远远不止于此……有一点是十分明确的，观看方式不只是技术性的，其实也是我们如何去看和如何理解所看之物的方式，当然观看受到知识、信仰、文化、技术等多方面因素的影响。

三、观看中隐含的快感和权力

观看不仅是一个行为、动作，观看也是视线与物或人的接触行为，一旦有接触就会形成一种关系。这种关系是通过视线将观看的主体和观看对象相联系，当然这说的只是一种浅层次的关系。从更深入的角度看，观看是建立在感知、选择、理解等基础上，还受到环境、心理、情感等影响。因此，观看绝不是单纯的一种自然关系，而是蕴含复杂的社会与文化意义，这种社会文化意义不单体现在文本意义上，也体现在观看行为之中。权力关系是各种社会关系中的重要关系，许多学者十分重视视觉中的微观权力研究。而快感作为心理研究的重要领域，视觉快感具有怎样的作用或如何发挥作用也是研究者十分关注的话题。

视觉快感

快感是愉快或舒服的感觉，是欲望满足的一种表现。视觉快感是光影、色彩和运动对人的视觉感官的刺激或者视觉欲望得到满足而产生的感觉。视觉文化的重要特征就是其视觉性，就是利用视觉化的方式来呈现事物文化的特质。视觉文化与快感的关系是密不可分的，但视觉文化中快感形成的机理是什么？是由视觉刺激大小决定，是由视觉个体的自身因素决定的，还是视觉刺激与视觉个体因素共同决定的？

精神分析对视觉与快感的关系做了许多有益的探索。在弗洛伊德看来，"看本身就是快感的源泉。正如相反的形态，被看也是一种快感"①。一个孩子看到陌生人或者到了一个陌生环境就显得异常兴奋。我们成年人也会有这样的体验，到了一个新地方，我们除了用我们的眼睛全力去捕捉那些别样的景致外，还会有一种说不出的兴奋。我们坐在黑暗的电影院里看电影，一方面体验电影中曲折的情节，同时也被黑暗中闪烁的光影所吸引。在现实生活中，当我们坐到舞台中间或者受众人的关注，我们感觉紧张外，还感到兴奋。

在许多精神分析学者看来，观看不仅是一种本能，也是一种驱动力。拉康认为，"电影所满足的是对有快感的观看的原始欲望，但它还进一步发展了观看癖自恋的一面"②。拉康是从"镜像中的自我"角度来论述相关问题的。拉康认为孩子在镜子中认出自己的镜像那一刻，对于孩子的自我的形成是十分重要的，因为看到自己的镜像的时候包含着喜悦感，对他来说是一种全新的体验，这也可以看作孩子联想到的自我的呈现。视觉世界如同一个镜像的世界，也是一个丰富多彩的世界，这里交织着各种各样的人生故事，人以不同面目在这里上演着不同的人生，这必然会极大地激发观看者观看的欲望。视觉的世界成为折射自己人生的一面镜子，从中可以读出不一样的自己，从中也会获得一种满足感。《乱世佳人》的郝思嘉以坚韧的品质和对爱情的执着赢得观众的尊重；《肖申克的救赎》中的肖申克因为误杀妻子和情人而入狱，但他怀着对自由的向往，不仅拯救

---

① 穆尔维. 视觉快感与叙事电影[M]//麦茨,德勒兹,穆尔维,等. 凝视的快感. 北京:中国人民大学出版社,2005:4.
② 穆尔维. 视觉快感与叙事电影[M]//麦茨,德勒兹,穆尔维,等. 凝视的快感. 北京:中国人民大学出版社,2005:6.

了自己也拯救了狱友;《泰坦尼克号》讲述的是一个关于爱情、生命和际遇的故事,让观众扼腕……这些经典影片,之所以经久不衰,始终能够打动人们的心弦,就在于他们的不一样的人生时刻在敲击着我们的灵魂,也不断激发我们去观看,去感受。

  对于视觉快感的形成,拉康通过研究表明,"第一方面,观看癖,是通过视觉使另外一个人成为性刺激的对象获得快感。第二个方面,是通过自恋和自我的构成发展起来的,它来自对所看到的影像的认同"①。拉康是从人的精神的极端状态来研究快感的,但其中关于"性刺激的对象"和"对象认同"与快感的关系是值得我们汲取的。观看癖是以女性的视觉形象为性刺激对象来获取快感,同时将自我投射到理想的男性形象之上以达到吸引、控制和超越女性的快感。张艺谋的《金陵十三钗》通过视觉化方式表现这些风尘女子身着旗袍时的曼妙身材和风姿绰约的神态。电影中有一个经典画面是通过约翰的眼睛看到玉墨走路的背影——玉墨身上那件极具诱惑力的红色旗袍,以及丰韵的身体——这是一个男性注视下的女性身体,无论是作为男性的约翰或是男性的观众从中都可以获得快感。与观看癖相对应的是裸露癖,"女人在她们那传统的裸露癖的角色中同时被人看和展示,她们的外貌被编码成强烈的视觉和色情感染力,从而能够把她们说成是具有被看性的内涵。"②二者之间的结合也成为视觉表达的重要模式。在许多电影中女性的裸体既是展示,也被包裹上色情的外衣。加拿大的"e银河多媒体公司"制作了"赤裸新闻",有4名女播音员分别负责报道新闻、体育、天气和娱乐消息,网络空间女主播的撒手锏就是"裸女"横陈。与观看癖不同的认同快感建立在"同一性"和"差异性"

---

① 穆尔维. 视觉快感与叙事电影[M]// 麦茨,德勒兹,穆尔维,等. 凝视的快感. 北京:中国人民大学出版社,2005:7.
② 多恩. 电影与装扮:一种关于女性观众的理论[M]// 李恒基,杨远婴. 外国电影理论文选:下册. 北京:生活·读书·新知三联书店,2006:567-568.

基础上,当人们发现自己与别人有一致性的时候,或者和他人不一样的时候都会有快感,在人们进行视觉观看的过程中这样的感觉尤其明显。这就可以解释为什么在注重男子汉气质的社会里,那些被赋予男人气的广告总是经久不衰。汽车、服装、手表、住宅等,这些广告中的男人职业高贵、气质非凡、表情坚毅、行动果敢……在一则男性服装广告中,除了男性化的人物,广告语也充满着男人味,"品位,是一种习惯;身份,是不同的角度;高度,是另一个起点"。

  观看不单是和心理有关联,实际上观看对象如何表现相关内容也是形成快感的重要原因。好莱坞风格(包括一切处于它的影响范围之内的电影)的魔力充其量不过是来自它对获得视觉快感的那种技巧的娴熟和令人心满意足的控制,这虽然不是唯一的,却是一个重要的方面。[①]视觉快感和特定的风格、技巧有着密切的关系,那些被编排的视觉的对象是快感的重要源泉。在美国电影中有一些具有标志意义的人物,如梦露、麦当娜、斯通都是"欲望的花朵"。当梦露第一次试镜的时候,看了样片的男子说:"我打了一个寒噤。这个女孩身上有一种无声电影中没有的特质……试镜中的每一个动作都散发着性感。"后来《热情似火》的导演怀尔德称她"具有肉欲的冲击"[②]。1953年,梦露在《尼亚加拉》中首次担任女主角,影片以她那诱人的身段和迷人的姿色招徕观众,整部影片中充斥着梦露妖媚的表演。影片上映后,梦露被好莱坞拜为西方影坛最大的"性感明星",她窈窕的身材和美丽的相貌以及她那带有"野性泼辣"的表演,连续不断地出现在电影里。《迪克·特雷西》中麦当娜扮演的歌女玛奥妮,也只是观众观赏象征性的角色。

  以电影为代表的视觉文化的视觉编码方式是视觉存在的前提,也是

[①] 穆尔维. 视觉快感与叙事电影[M]// 麦茨,德勒兹,穆尔维,等. 凝视的快感. 北京:中国人民大学出版社,2005:3.
[②] 曼彻斯特. 性感尤物玛丽莲·梦露[J]. 记者观察:上,2015(5):30.

我们获取快感的源泉,但毕竟视觉编码和呈现的方式,对于观众来说,"买到的只是快感的'可能性''牵动我们思绪情怀的影像'和所谓能够获得快感的效果"。但这些并不是快感的全部,"快感,当其相关于表意、再现、意义、知觉、记忆的时候,就必然要涉及作为欲望与再现之间关系的转移和定位的历史"①。也就是说快感是和意义、感知、记忆、历史等因素联系在一起的,从中我们也可以感受到,快感不只是感官性的,或者是官能性的,也不只是心理的本能,它同时也受到其他因素的影响,这也极大丰富和提升了我们对快感的理解。

视觉文化的呈现方式是多种多样的,电影是一种特殊种类的快感呈现的媒介,"快感以其对观众的束缚能力在观众中整合完成。"②如果寻找电影对快感的决定因素,影片本身就被看作欲望的客体了。如果将其延伸,许多视觉呈现的媒介都是欲望的客体。这就与"媒介即信息"的说法颇为相似,信息内容本身不重要,重要的是媒介,如果套用这样的模式,我们也可以说,电影、电脑、手机等视觉媒介所传输的内容不是最重要的,最能够激发人欲望的是电影、电脑、手机等媒介自身。"电影快感是一种极易浮动的精神专注的形式。它尤其可以在替代和重复的规则下从一个客体转移到另一个客体,因而这种快感是恋物的快感。客体变了,但占有的状态却丝毫未变。"③

视觉权力

与视觉快感的研究一样,现在人们已经习惯于将视觉和权力联系起来,视觉越来越被认为是通过透视到监视等手法和历史以及社会发生联系的。"观看是一种知觉行为,它是在特定空间内通过'监视'来实现的(比如'全景式监狱'),米歇尔·福柯称之为'眼睛的权力'。""实际上,当

---

① 艾尔萨埃瑟. 电影史和视觉快感[J]. 当代电影,1988(3):107.
② 艾尔萨埃瑟. 电影史和视觉快感[J]. 当代电影,1988(3):106.
③ 艾尔萨埃瑟. 电影史和视觉快感[J]. 当代电影,1988(3):107.

我们在欲望的眼光中涉及主动与被动,看与被看的关系时,就已经触及一个主体视线的另一个重要层面——权力关系……存在着统治/被统治,控制/被控制、压迫/被压迫的不平等关系。"[①]对于什么是权力,福柯认为,20世纪60年代"权力"被定义为"一种遏制性的力量,根据当时流行的说法,权力就是禁止或阻止人们做某事"[②]。但在福柯看来,权力应该要比简单的禁止或阻止复杂得多,对权力需要关注的,是"权力的策略、网络、机制和所有这些决策赖以实施并迫使其得到实施的手段"[③]。福柯列举了基督教的寄宿学校、监狱、马戏团的驯兽、工厂、军队等来说明权力总体性的运作方式,并且在此基础上,"于是就发展出一整套对人类进行驯服的技巧,把他们禁锢在特定的地方,进行监禁、奴役、永无止息地监督。简言之,出现了一整套'管理'的技巧……"[④]权力的理论在西方的发展历史十分久远,研究的内容也各有侧重。以亚里士多德和杰斐逊为代表,他们强调分权,主要涉及不同政体下国家权力的划分与制约。而以韦伯为代表,他们开始探讨一般组织理论和组织中的权力。与这些宏观的、理论性的权力研究不同,福柯的权力研究是从微观入手的,而且和视觉联系在一起,这无疑是一种独特的权力研究方法和研究路径。

福柯对视觉与权力关系的关注始于他对诊断医学的起源的研究,"我想搞清楚医学的目光是怎样制度化的,它怎样在社会空间打上烙印,新型医院为什么既是这种目光的后果又是对这样的目光的支持"[⑤]。随后福柯又观察了旅馆改造,"在一种中心化的观察系统中,身体、个人和事物的可见性是他们最为关注的原则"[⑥]。福柯最为重要的发现是,从19世纪

---

① 周宪. 视觉文化转向[M]. 北京:北京大学出版社,2008:82.
② 福柯. 权力的眼睛[M]. 严锋,译. 上海:上海人民出版社,1997:27.
③ 福柯. 权力的眼睛[M]. 严锋,译. 上海:上海人民出版社,1997:29.
④ 福柯. 权力的眼睛[M]. 严锋,译. 上海:上海人民出版社,1997:30.
⑤ 福柯. 权力的眼睛[M]. 严锋,译. 上海:上海人民出版社,1997:149.
⑥ 福柯. 权力的眼睛[M]. 严锋,译. 上海:上海人民出版社,1997:149.

的上半叶开始监狱的改造都会采用边沁的"圆形监狱"。① 福柯称圆形监狱为"人类心灵史的重大事件""政治秩序中的哥伦布之蛋"。在边沁的"圆形监狱"之前,巴黎军事学校的宿舍"每一个学生都给分配了一间带有玻璃窗户的单间,这样他们整晚都受到监视……"②这样的监视方式被引进一个食盐加工厂,该厂不仅遵守可视原则,还添加了设施,"这里存在一个中央监视点,作为权力实施的核心,同时也是知识记录的中心"③。对"圆形监狱"的命名,它指向系统化的视觉原则,而且这个原则可以用在监狱、学校、军队、工厂等建筑中。福柯声称这是一个"哥伦布之蛋",这是视觉监视的"新大陆"。"观看系统是一种创新,为权力的简易而有效实施所必需。"④

福柯通过相关研究表明,中世纪各种权力对个体的规训大多借助于仪式的展示,对于王权来说主要就是通过加冕仪式、封禅仪式以及其他仪式。在西方,王权往往需要教会的授受,需要隆重的加冕仪式。为了保证权力的这种规训的有效实施,对于胆敢挑战王权者会处以最为严厉的惩罚——绞刑、斩首示众,以及对于轻微挑战者在他们身上或脸上施予烙印。绞刑、斩首示众一般是以公开的方式实行的,通过这样直观的、残酷的展示,以起到警示作用,使"视觉化的方式"效用发挥到极致。"其宗旨与其说是重建某种平衡,不如说是将胆敢踩躏法律的臣民与展示权力的全权君主之间的悬殊对比发展到极致。"⑤在身上或脸上烙印这种惩罚,一方面使人失去尊严,另一方面就是警示他人。福柯在《规训与惩罚》中除了对西方的刑惩制度从考古谱系学的角度加以考证外,还重点论述了西方惩罚制度从古代严酷的肉体惩罚转化到监视为主的精神规训的轨迹,这些手段的目的都在于强化囚犯归顺和服从。规训是与权力密切相

---

① "本瑟姆"现在通常翻译成为"边沁",而"圆形监狱"又翻译为"全景式监狱"。
② 福柯. 权力的眼睛[M]. 严锋,译. 上海:上海人民出版社,1997:150.
③ 福柯. 权力的眼睛[M]. 严锋,译. 上海:上海人民出版社,1997:151.
④ 福柯. 权力的眼睛[M]. 严锋,译. 上海:上海人民出版社,1997:151.
⑤ 福柯. 规训与惩罚[M]. 刘北成,杨远婴,译. 北京:生活·读书·新知三联书店,1999:5.

关的,规训系统不仅关注琐碎入微的细节,而且更是对权力的"积极"铭写。在全景监狱中,规训系统对犯人的举止行为加以定型和塑型,从某种意义上讲,它生产出一种新人——监狱居民。规训机制的关键便是对一群人进行不间断地系统化的隐秘监视,犯人被逼接受一套计划,并且意识到哪怕他稍有一点偏离都会被监察到,且给他带来不利影响。也正是这样独特的效应,监视与规训也逐步演化成西方乃至于世界普遍采用的一种方法,而且这样的方法还有进一步扩展到其他领域之势。

"在现代社会中,发挥作用的权力的程序就更加丰富和多样了。"[1]最为突出的表现是视觉权力的系统化、技术化。系统化表现为从司法系统、社会服务系统、教育系统、媒介系统等多方位进行规训。警察和司法机构巡查公共场所,监管私人资产;中小学和大学具有监督教育和鉴定民众教育程度的作用。主管公共卫生和社会福利的当局和部门对公民的福利支出进行广泛记录。媒介系统一方面加强意义的灌输,另外一方面对各种行为进行监督。技术的发展使监督行为得到了先进的计算技术和视频技术的有力支持:从工作场所、马路、街道、商场甚至到私人空间,监控无处不在。卫星监控将人类的视觉投入到更加广阔的空间,而且立体化。移动互联时代的到来,在给我们带来便捷的同时也把我们每一个个体放在更加透明的社会中。卫星定位系统可以把人的每一个位置准确定位,而人们在互联网使用过程中所形成的个人数据,会累积成大数据,我们个人的消费、阅读等行为习惯都会显现出来。

"视觉文化研究以社会实践和指意实践为重点,在视觉文化领域探讨图像与语言的关系,感知与再现的关系,自我与他者的关系,自然与文化的关系,现实与虚构的关系,历史与记忆的关系等,因而把研究客体局限于景观社会,类像社会,再现的政治,注视与反注视,物崇拜与窥视癖,图像的生

---

[1] 福柯. 权力的眼睛[M]. 严锋,译. 上海:上海人民出版社,1997:151.

产与复制,大众传媒与商品消费,创造、传输与接受,视觉文本与其他文本等。视觉文化研究的目的就是要打破这些关系,呈现这些客体的本来面目。"①

第三节 视觉化、视觉性与认知性

视觉文化具有跨学科、跨领域特点,主要体现在现代和后现代时代的文化表征。本节围绕着"视觉化""视觉性""认知性"等问题展开,并且对现代社会的主体构建、文化表征的运作以及视觉实践之间的关系展开分析。

视觉化中的"视"会意兼形声,从见示、示亦声,"见",看见,"示",表现,本义就是看;"觉"是人或动物的器官受刺激后对事物的感受辨别。"视觉"的基本含义是物体的影像刺激眼睛所产生的感觉,或者说"视觉"是人透过眼睛(视觉器官)感知对象的能力。"化"古字为"匕",会意,甲骨文,从二人,像二人相倒背之形,一正一反以示变化。"化"的本义是变化,改变。"视觉化"就是将非视觉性的变为视觉的。米尔佐夫在《视觉文化导论》中给出了相类似的解释:"新的视觉文化最惊人的特征之一是它越来越趋于把那些本身并非视觉性的东西予以视觉化。"②"视觉化"另外一方面的特征在于将"可视"的对象用其他的方式加以呈现和传播,新闻图片、现场直播等就是借用媒介技术对新闻事件和新闻人物进行报道和传播的。

在社会生活和生产实践活动中,人主要依靠视觉来认识世界,认识事物的发展规律。人类通过视觉获取的信息量最大、速度最快、整体性最强,同时视觉还有检验其他感觉所获得的信息的功能。视觉在各种感觉

---

① 陈永国. 视觉文化研究读本[M]. 北京:北京大学出版社,2009:4.
② 米尔佐夫. 视觉文化导论[M]. 倪伟,译. 南京:江苏人民出版社,2003:5.

器官中居于主导地位,对视觉性的追求也似乎成为人的本能,从最早的岩洞壁画一直到现代的视觉化的时代就是最好证明。人类对视觉化的追求是和视觉化的技术水平密切联系的,视觉技术就是将可见的物体用视觉化的方式记录、保存和传播。最为常见的是照相机、摄影机和计算机视觉技术,它们可以将现实世界中可见的物体变成便于传播的视觉图片和影像,特别是计算机虚拟技术和计算机模拟人的视觉功能的技术的出现使得视觉技术水平达到了一个比较高的程度,当然视觉化的存在已经远远超越了照片、影像和网络空间,视觉化在艺术、媒介、生活中已经成为一种普遍存在。

现实空间表现为地域整体空间、地域内部空间、建筑空间(包括内部和外部)等多个方面的视觉化。中国古代城市出于功能性的目的,外部轮廓、内部建筑的布局都十分规整。都城一般每边设三个城门,干道正对城门,有内城、宫城等几重城墙。府城州城,一般每边两个城门,道路骨架成井字形,有的城中也有王城或衙城(或称子城)。县城,通常是每边一个城门,道路成十字形,这是无意识呈现出的视觉化倾向。真正意义上的城市视觉化,是从现代主义城市出现开始的。"现代主义城市"是一种理念,这理念不是从对现实世界的观察出发,而是从一个城市设计方案开始的。"现代主义"偏重于美学,设计更加侧重于艺术性。与现代城市设计理念一样,城市区域的内部空间也呈现"艺术化"倾向,一个公园、一个小区、一个商业区等大多如此。安徽大学新校区整体轮廓就如古代的打击乐器磬(读音 qing),故命名"磬苑校区",而内部的建筑布局也充分考虑到了校区外部轮廓的特点。建筑作为一个城市的重要构成部分,城市中的许多建筑都考虑到了外部和内部特征的鲜明性。西方早期的巴洛克、洛可可建筑无论是外部造型还是内部装饰都显示出艳丽、夸张的特色,但这些都局限在少量的建筑中。只有到了现代都市,建筑造型的独特、建筑内外装饰的考究,才都突显出建筑的视觉化特色。

信息的视觉化主要表现在报纸、电视、广告、多媒体计算机网络等介质上。在视觉化时代，报纸频出奇招，新闻图片的大量运用，采用大图片，版面的编排注意了新颖、独特以及图表使用，而在报纸上消失了多年的漫画也大有回归之势。电视虽然是以传播图像见长，但无论新闻、娱乐、体育等节目都绚丽多彩，在华丽的背景的选择、演出的服装道具的挑选还有虚拟场景的运用等方面都使得受众在观看节目的同时也进入了赏心悦目的视觉世界里。广告几乎是一个制造梦幻的处所，小到一件普通的用品，大到工业机械，在广告的世界里都会借用隐喻、象征等视觉化的艺术手法加以表现，给人以强烈的视觉冲击力。更不要说网络空间里的视频网站了，单就虚拟的空间就让多少人沉迷其中（游戏、虚拟的博物馆等各种虚拟世界）。社会化媒介的出现，也标志着各种社会关系已经开始进入虚拟的空间了。在人际交流中，视觉化是重要的手段，如一些虚拟家庭，早年人们乐此不疲的偷菜游戏，各种网络交往的图像符号都显示着视觉化存在的强大威力。

知识的视觉化不仅表现在网络时代各种知识通过网络，用更加直观的方式加以传播，还意味着即使传统的知识传授方式也在悄然发生着变化。我们的教材开始大量采用图片和表格，我们上课时候的板书也成为一场文字、图像、图表等拼贴在一起的视觉展示。而我们学习知识的方法也加入了视觉元素，网络中各种图表化的记录笔记的方式，对经典文本的阅读成为玩一场游戏或者对一个视频的浏览，等等。艺术表演中加入大量伴舞，音乐鉴赏变成了 MTV 欣赏，一场演唱会成了卡拉 OK 的展示，等等，而且这一切已经成为生活的一种常态。与此同时，许多旧有的艺术开始臣服于视觉艺术，或者向视觉艺术靠拢。艺术空间更是视觉化的空间，传统的语言艺术相声，也需要借助于电视传播。文学的衰落与其视觉化的程度比较低有关，要想使文学得以更加广泛地传播需要借助于电影和电视剧。其他艺术也在视觉化的道路上拓展了自己的空间。动漫、游戏等将艺术视觉化，更是毋庸置疑的。

生活的视觉化最为直接的反映是在大街、小巷或者封闭的建筑里到处都是监控探头,我们几乎无所遁形。其实生活中的视觉化远远不止这些,我们穿着的服装不再是只为御寒和保暖的实用产品,而是成为一个人的品位、个性的体现,所以千奇百怪的服装和快速流变的服装时尚,成为众多人追逐的对象。各种各样的食品也不再只是为了果腹的产品,它们需要成为人们赏心悦目的观赏对象。各种产品的包装更是许多厂家刻意追求的营销手段之一,如何把这些包装精美的产品放在琳琅满目的购物架上,让它"跳"到消费者的眼中,就需要厂家在立体造型和视觉传达上下足功夫。日常消费产品的视觉化已经成为生活中的一道靓丽风景线,而社会化媒介的普及使得生活的视觉化具有更为强大的传播能力。比如微信,虽然是以熟人圈为基础的人际传播,但是便捷的文字、图像传播功能,使得微信成为记录、传播个人日常生活形态的一种重要工具。

与外在的视觉呈现不同,人类已经将视觉的"触须"延伸到了更广泛的微观世界和宇宙世界,即那些我们凭借肉眼无法看见的对象。"与这一知识相伴而来的是不断发展的技术能力,它使得我们能够借助于外部的器械设备看见原来看不见的东西,这些东西小到 1895 年伦琴偶然发现的 X 射线,大到哈勃望远镜里看到的遥远星系的'星河图'……"[①]当然,无论是在微观世界的还是宏观世界的"视觉"技术都在飞速发展:在微观世界里我们开始了解原子、原子核、基本粒子、夸克、轻子、前子……400 年前伽利略就用天文望远镜观察到了很多人类从来没有看到过的东西。随着望远镜的迭代发展,模糊的宇宙逐渐清晰,现在人类能够用高能电子探针探索质子深至 10^{-19} 厘米;今天用射电望远镜和光学望远镜可以观测到 130 亿光年距离的宇宙。中国计划建造的全球最大直径射电望远镜,已于 2016 年竣工,这使人类的视觉伸展到更加遥远的太空。而人类将人造

---

① 米尔佐夫. 视觉文化导论[M]. 倪伟,译. 南京:江苏人民出版社,2003:5.

飞行器送到太空,甚至外太空,这样它们就能够将拍摄到的太空和外太空的图像源源不断地传回地球,对于那些充满着想象的、谜一般的世界,我们越来越有直观的感受了。

与视觉化相对应的视觉性是一个更加复杂的概念,它体现的是视觉文化的结构特征,还是文化特性?但毋庸置疑它是由视觉生发出来的一个问题。福斯特的研究就是从视觉和视觉性的区别开始的。"尽管视觉暗指所见景象为物理运作,视觉性则暗指其为社会事实,但二者并不像自然和文化那样对立:视觉也是社会的与历史的,视觉性同样也涉及身心。"①但二者在所见景象的机制、历史手法,以及视觉资料和话语决定机制方面存在着差异。也就是说,视觉是生理的、自然的,是物化的和物象的;视觉性突出的是社会的、文化的特征,其也是历史的和各种要素综合的反映。而对于怎样看待事物,怎样有能力、被允许、被促成去看待事物,为何看到此物而忽视彼物等方面问题两者存在诸多差异。② 视觉对待事物是自然的,物体是什么模样,取决于观看者的视力如何、观看的角度、视觉期待等;而视觉性就突显了观看者的态度、情感、价值观念、审美追求等方面的因素,它是和社会、历史、文化等因素联系在一起的。

正如英国文化批评家格林赫尔所说的:"视觉文化研究指向的是一种视觉性社会理论,它所关注的是这样一些问题,如,是什么东西形成了可见的方面,是谁在看,如何看,认知与权力是如何相互关联的。它所要考察的是作为外部形象或对象与内部思想过程之间的张力的产物的看的行为。"③视觉性表现为观看的行为。

米尔佐夫在《视觉文化导论》中对"视觉性"研究是从媒介的视觉呈现

---

① 李长生. 视觉文化研究四题:视觉化、视觉性、视觉制度与视觉现代性[J]. 文艺评论,2014(5):19.
② 李长生. 视觉文化研究四题:视觉化、视觉性、视觉制度与视觉现代性[J]. 文艺评论,2014(5):19.
③ 吴琼. 视觉性与视觉文化[J]. 文艺研究,2006(1):92.

方式与观看者的阐释以及两者之间的互动过程展开的,其中媒介的视觉呈现方式是其展示的重点。他认为视觉文化被作为一个由符号构成的文本,一切阐释都是通过对文本的阅读延伸而来。蒙太奇是影像的组合技术,这种技术的"人工性"使得观看者质疑其内容的真实性。对符号意义的发掘使得视觉自身的力量被激发出来,也唤起了"钦佩、敬畏、恐惧和渴望"。现代艺术创作者通过对艺术创新和对现实的"肢解"来向观众传达他们对现实的看法,观看者也从中学习一些社会经验,等等。

由于人们对视觉性的认知是变化和发展的,在不同的历史时期人们对视觉性的内在的把握角度也不一样,所表述的内涵也不一样。在古希腊,视觉被认为是感觉器官,视觉是与智性活动并行的,视觉不会导致欲望放纵。这样的视觉观影响了西方的文化、政治,由此形成了视觉性的隐喻,而且运用范围十分广泛。也就是说,在人们的日常语言和哲学言说中,视觉性的隐喻比比皆是,从而形成了一种视觉在场的形而上学,可称之为"视觉中心主义","简单来说,就是指在视觉中心主义的思维下,视对象的在场与清楚呈现或者说对象的可见性是唯一可靠的参照……"①依照可见性的标准人们将"视觉中心主义"推广到认知活动以外的其他领域,从而在可见与不可见之间建立起二元对立的社会和文化实践体系。这时期的视觉性就是视觉的在场性,在场即显现的存在,或存在意义的显现,更具体地说,"在场"就是直接呈现在面前的事物,就是"面向事物本身",这也是视觉政体存在的前提和基础。

随着社会的发展,视觉性也发生了变化。在景观社会,视觉性的在场依然是判定社会特征的重要指标,但这里的"视觉性"不是指物的形象或可见性,而是指使物从不可见转为可见的运作的总体性,"这种总体性既包括看与被看的结构关系,也包括生产看的主体的机器、体制、话语、比喻之间复杂的相互作用,还包括构成看与被看的结构场景的视觉场。总之,

---

① 吴琼. 视觉性与视觉文化[J]. 文艺研究,2006(1):87.

一切使看/被看得以可能的条件都应包含在这一总体性之内"①。这里的"视觉性"是隐含在视觉主体与客体、视觉行为、视觉行为空间、环境以及它们之间的关系的综合,视觉性实际上体现视觉转换机制的综合性。视觉性既是一种敞开、敞视,也是一种遮蔽、隐匿,这其中也必定隐含着某种主体、话语、权力的运作。从视觉性发展的整体历程看:"这一传统建立了一套以视觉性为标准的认知制度甚至价值秩序,一套用以建构从主体认知到社会控制的一系列文化规制的运作准则,形成了一个视觉性的实践与生产系统……"②如果对"视觉性"做一个简单的归纳的话,其实它包含以下几个方面:(1)视觉性是一种视觉行为;(2)视觉性是视觉呈现的方式;(3)视觉性体现的是内在的结构关系;(4)视觉性体现了社会关系;(5)视觉性体现出一种总体性和综合性。

《红楼梦》是一部家喻户晓的经典名著,对《红楼梦》的解读也是见仁见智。"从视觉文化的角度,全书就是一句话,即贾宝玉第一次遇上林黛玉时说的:'这姐妹我曾见过的。'这个'见'就是视觉,就是知性。我们所说的《红楼梦》的'民主性精华'就是体现在知性上的。宝黛爱情建立在知性上,'见过',也就是有认知,知己,相互了解,而不是封建社会的父母之命媒妁之言,相互从来看不见也不让看,所以视觉跟现代文化行为不可分。在欧美文化史上有两个阶段,视觉就是看,所谓观察事实追求真理,这是现代知识的起源。视觉研究不仅仅是经验性的,还包括认知性的。"③认知性是相对于经验性而言的,经验性是可以用我们感觉器官体验到的实在,强调眼见为真,以人自身的亲身经验或实验作为判定事实真相的依据。而认知是指通过概念、知觉、判断或想象等心理活动来获取知

---

① 吴琼. 视觉性与视觉文化[J]. 文艺研究,2006(1):91.
② 吴琼. 视觉性与视觉文化[J]. 文艺研究,2006(1):85.
③ 周重娴:旅美华裔视觉研究专家颜海平[EB/OL]. (2011-03-16)[2012-04-05]. http://blog.sina.com.cn/s/blog_59e4c8630100b6nu.html.

识的过程,这是个体思维进行信息处理的心理功能。认知过程是一个人对来自于外部刺激的选择、评估与组织的内在化过程,也是将外在的刺激转化为有意义的经验的过程。认知性是以理性、判断为基础的。在《词与物》的第一章中,福柯援引了17世纪西班牙画家委拉斯开兹的《宫娥》,福柯的目的就是要跳出既有叙述框架,重新寻找一个新的诠释方法。"福柯着重探讨了画中人物的目光与不可见的观者目光之间的空间结构关系。"[①]虽然福柯讨论的是表征中的观看问题,实际上也是在探究视觉文化的认知问题。

由于观看者或目击者的介入,二维的画面被拓展为与画外的观者共在的一个动态性空间,在这个空间中,画面中画家的目光、画外观者的目光包括可能的模特的目光之间形成了一种对视,且因画家面对的是一个不可见的虚空的中立性场所,使得任何目光都显得不再稳定,而画面左侧的画布及其背面则始终阻碍着人们去发现或确立这些目光的关系。在福柯看来,当画家的眼睛将观者置于目光域中时,就意味着抓住了观者,迫使观者进入画中,此时,观者发现自己的不可见性。

第四节　视觉文化及研究的视域

在讨论视觉文化之前,厘清关于什么是文化、什么是文化研究等几个相关的概念显得十分重要。关于文化概念的问题十分复杂,克洛依伯和克拉克洪在《文化:概念和定义批判分析》一书中,就列举出百余条不同的文化定义,最后归纳出九种文化类型:哲学的、艺术的、教育的、心理学的、

---

① 鲁明军. 视觉认知与艺术史:福柯、达弥施、克拉里[M]. 桂林:广西师范大学出版社,2014:5.

历史的、人类学的、社会学的、生态学的和生物学的。当然对什么是文化这个问题,不同的学者会给出不同的答案。

冯天瑜从文化形成角度展开分析,他认为,"在文化的创造和发展中,主体是人,客体是自然,而文化便是人与自然,主体与客体是在实践中的对立统一物"①。人是文化形成的出发点,也是文化的核心,对于文化的本质,冯天瑜说:"文化的实质性含义是'人类化',是人类价值观念在社会实践过程中的对象化,是人类创造的文化价值,经由符号这一介质在传播过程中的实现过程,而这种实现过程包括外在的文化产品的创制和人自身心智的塑造。"②这其中包含着三层含义:人的价值观念的对象化,经由符号加以传播,形成产品或者生产特定的影响。比如一个雕塑家有创造某种产品的想法,他需要把想法用石头(或者其他材料)创作出来,然后通过展览或其他方式加以呈现,这必然会对观赏者产生影响。"简言之,凡是超越本能的,人类的有意识地作用于自然界和社会的一切活动及其产品都属于广义的文化。或者说,'自然的人化'即是文化。"③文化可以分为不同的层次:物态文化(人类加工创制的各种器物);制度文化(人类在社会实践中组建的各种社会规范);行为文化(人在人际交往中约定俗成的习惯等);心态文化(包括价值观念、审美情趣、思维方式等。心态文化也可以分为社会心理和意识形态。意识形态是指专门的人对社会心理加以理论化或者艺术化处理)。

一般意义的文化研究就是对文化的研究,当然就是对物质文化、制度文化、行为文化、心态文化的研究。然而在西方,文化研究却是一个具有特定含义的概念,其中以法兰克福学派和伯明翰学派为代表,他们认为,"文化研究一直专注于社会关系与意义之间的关系——或者更确切地说

---

① 冯天瑜,何晓明,周积明. 中华文化史[M]. 上海:上海人民出版社,1990:26.
② 冯天瑜,何晓明,周积明. 中华文化史[M]. 上海:上海人民出版社,1990:26.
③ 冯天瑜,何晓明,周积明. 中华文化史[M]. 上海:上海人民出版社,1990:26.

是专注于社会划分(social divisions)被赋予意义的方式"①。文化研究力图聚焦于那些被忽略的群体的文化,因此,工人阶级文化、大众文化和媒介文化成为研究的重点。同时研究者运用马克思主义、结构主义、后结构主义、精神分析、女性主义等方法来展开研究,其目的在于理清文化与经济(生产)和政治(社会关系)的关系。他们既通过相关的理论模式进行阐发,比如,阶级、意识形态、霸权、语言、主体性,也注意从经验层面和文化实践入手,比如对青年亚文化的研究。当然,随着文化和文化研究实践的发展,相关的研究还有待进一步深入和完善。

历史上最早提出"视觉文化"概念的是匈牙利电影理论家巴拉兹。他在1913年就明确提出这一概念,他认为电影的发明标志着视觉文化新形态的出现,"电影艺术的诞生不仅创造了新的艺术作品,而且使人类获得了一种新的能力,用以感受和理解这种新的艺术"②。视觉文化的概念十分具有涵盖力,如果我们简单地从词意组合来看视觉文化,它就是"视觉"与"文化"的组合,是视觉的文化化,也就是说视觉图像被付诸文化意义,当然也可以理解为被视觉化的对象所表征的文化意义,但这种理解过于狭隘,也过于含混,这不仅由于"视觉"本身意义多,而且还在于文化的概念意义的复杂。

自巴拉兹之后,一个强有力的理论推进者是本雅明。1936年,他在《机器复制时代的艺术作品》中以电影艺术的生产和传播来阐释机器复制技术带来的变革,这种变化表明,艺术失去了原有的本真性和韵味,但却使得艺术普及化并趋向大众化了。1938年海德格尔提出了"世界图像时代"的概念,他认为,世界图像时代的本质就是"世界被把握为图像了"。德波的《景观社会》被西方学者誉为"当代资本论",德波认为"世界已经被拍摄",发达资本主义社会已进入以影像物品生产与物品影像消费为主的景观

---

① 费斯克. 关键概念:传播与文化研究辞典[M]. 李彬,译. 北京:新华出版社,2004:65.
② 巴拉兹. 电影美学[M]. 何力,译. 北京:中国电影出版社,1979:28.

社会,景观已成为一种物化了的世界观,而景观本质是"以影像为中介的人们之间的社会关系","景观就是商品完全成功地殖民化社会生活的时刻"。

从20世纪70年代开始一直到当下,不同的研究者都会给出不同的视觉文化的定义,这当然给视觉文化研究提供了丰富的研究资料和视角。如美国学者斯肯和卡特赖特从媒介形式和内容角度出发来认识视觉文化:"视觉文化这个术语涵盖了许多媒介形式,从美术到大众电影,到广告,到诸如科学、法律和医学领域里的视觉资料等。"[①]米尔佐夫认识到随着媒介技术的发展,视觉文化已经成为日常生活的一部分,各种媒介中的视觉都应该被作为一个整体来加以研究,"包括艺术史、电影、媒体研究和社会学在内的不同学科的批评家们已经把这个正在浮现的领域称为视觉文化。视觉文化与视觉性事件有关,消费者借助于视觉技术在事件中寻找信息、意义或快感"[②]。视觉文化是跨学科的,视觉文化与视觉性事件有关,也和消费有关。鲍德里亚虽然没有关于视觉文化的专门论述,但他的相关研究实际上已经触及视觉文化的本质。在鲍德里亚看来,电视加速了从现代生产领域向后现代模拟社会过渡的进程,媒介正在构成(超)现实,一个新的媒介现实"比现实更现实",同时这个过程也是一个引向意义的瓦解以及媒介与现实之间差别消除的过程。

美国学者米歇尔的"图像转向"理论对"视觉文化"的建立起到了奠基作用。巴纳德是从视觉产品这个概念开始进行视觉文化研究的,他认为视觉文化首先必须是一个视觉产品,或者说视觉产品是视觉文化的物质表现形态。巴纳德对视觉产品的定义简洁而且具有包容性,巴纳德认为,"一切可视的东西皆可称之为视觉产品"[③]。这是关于视觉产品最宽或最

---

① 周宪. 视觉文化转向[M]. 北京:北京大学出版社,2008:16.
② 米尔佐夫. 视觉文化导论[M]. 倪伟,译. 南京:江苏人民出版社,2003:3.
③ 巴纳德. 艺术、设计与视觉文化[M]. 王升才,张爱东,卿上力,译. 南京:江苏美术出版社,2006:2.

广的定义,它包括自然界和人类社会的一切"可视"产品,这当然包括文化产品,也包含非文化产品。如果要剔除非文化产品,视觉产品应该定义为:"一切由人类生产或创造的可视的东西皆可称之为视觉产品。"①当然同样是视觉产品,有的传情达意,有的只是一种"无意识"的物品,要强化视觉文化的精神性,就需要进一步加以限定,那么视觉产品即是"可视的和具有某种功用或传达意图的东西"②。如果把视觉文化作为审美的艺术对象,那么视觉文化可以被定义为,"视觉产品就是一切可视且又有美学意图的东西。也就是说,视觉文化是人类创造或生产的且具有一定美学效果的任何东西"③。巴纳德通过一步一步对视觉产品的内涵加以限制的方法来定义视觉文化,其实他把视觉文化分为三个层次:第一层次是人类创造的视觉产品;第二层次是人类创造的精神性的视觉产品;第三层次是人类创造的具有审美价值的精神产品。

当然,相关的视觉文化研究给出的定义还有许许多多,但这也使得视觉文化这个概念所要传达的意义变得漂浮不定。巴纳德针对视觉文化研究现状进行分析认为,由于"在论述重点、讨论什么和排除什么等方面,不同的作者有所不同,这就使得正在研究中的视觉文化出现了略微不同的观点、方向或解释"④。有鉴于此,巴纳德从广义和狭义上给视觉文化下了定义,他认为广义的视觉文化突出的是这个术语的文化特性。"它所涉及的是在视觉文化氛围中形成的和通过视觉文化传播的价值观和个性特征。"⑤这里的文化特性就是价值观和个性特征。巴纳德在以后的相关论

---

① 巴纳德. 艺术、设计与视觉文化[M]. 王升才,张爱东,卿上力,译. 南京:江苏美术出版社, 2006:4.
② 巴纳德. 艺术、设计与视觉文化[M]. 王升才,张爱东,卿上力,译. 南京:江苏美术出版社, 2006:6.
③ 巴纳德. 艺术、设计与视觉文化[M]. 王升才,张爱东,卿上力,译. 南京:江苏美术出版社, 2006:8.
④ 巴纳德. 理解视觉文化方法[M]. 常宁生,译. 北京:商务印书馆,2005:1.
⑤ 巴纳德. 理解视觉文化方法[M]. 常宁生,译. 北京:商务印书馆,2005:2.

证中又具体列出了文化特征的具体表现:文化身份、视觉文化形成及其实践活动,这当然包括视觉文化生产、消费活动,也包括视觉文化与社会的联系,以及社会阶级、结构和冲突中包含的文化因素。狭义的视觉文化突出的是视觉特性,"它在某种程度上把人类的生产和消费的二维和三维的可视物品视为文化和社会生活的组成部分"①。这其实也是较宽的概念,它不仅包括了绘画、雕塑、建筑、电影等可视的艺术,也包括机器、劳动工具以及衣食住行等各种可视的物品,当然也包括身体。巴纳德将其归纳为:美术(绘画、素描和雕塑等)、设计(包括图形设计、室内设计、工业设计、建筑设计等)、身体(化妆、时装、文身等)。

  由此可见,视觉文化是这样的:(1)它是和视觉时代有着密切联系的,特别是视觉技术;(2)它有着内在的规定性,其中视觉性是最为突出的表现;(3)它表现为特定的产品,可以是现实的,也可以是虚拟的;(4)它是和意义相关联的,比如视觉权力、视觉快感等;(5)它和大众消费的关系密切。在对视觉文化是什么的探究中,实际上也涉及视觉文化研究的视域。"视域"通常是指一个人能够观察到的范围,因而它是一种与主体能力有关的概念。推而广之,视域是一个人在其中领会或理解的构架或视野,而学术研究视域其实就是研究的范围和框架。

  视觉文化是一种精神活动,也是复杂的系统活动,从视觉文化的创造到视觉作品再到作品的结构,这是一个完整的过程。卡冈在《美学和系统方法》中提到"艺术生产和艺术消费作为专门组织起来的社会文化过程——这些过程的联系形成社会艺术生活"②。其实视觉艺术也具有生产和消费的特点。如果将视觉创造和视觉生产结合起来,那就包含这样两个过程:

---

① 巴纳德.理解视觉文化方法[M].常宁生,译.北京:商务印书馆,2005:2.
② 卡冈.美学和系统方法[M].凌继尧,译.北京:中国文联出版公司,1985:78.

视觉创造——视觉作品——视觉接受

视觉生产——视觉价值——视觉消费

这构成艺术的文化结构模式。卡冈认为,这种结构由下列基本成分相互联系所形成:"作为一定社会体制的艺术生产(马克思的术语),艺术创作在艺术生产中实现;也是作为艺术体制的艺术消费,艺术知觉在艺术消费中实现;艺术价值,即艺术作品的社会文化意义,为了获得艺术价值,这些作品由艺术生产创造出来,并被传递给艺术消费;艺术批评,用于艺术文化的自我调节;对艺术文化的所有成分的科学研究,它进入艺术文化范围以它对艺术文化的功用发生的影响为限,以它在艺术文化中'从事工作'为限。"[①]由此可见,精神文化生产和社会文化生产是统一的。在社会体制和艺术体制的范畴里,艺术创造包含在艺术生产中,艺术知觉(艺术接受)包含在艺术消费中;同时艺术价值是在生产和消费中实现的;艺术批评对文化生产、消费、文本都会产生影响。

与艺术生产一样,视觉文化在生产和消费的现实关系下,创作、作品和读者都会受到生产和消费的影响,而且视觉文化研究也是视觉文化主要关注的领域。当然,从研究的角度出发,研究者们无论是对生产、价值、消费或者是对创作、作品和接受的研究视角,都会有一定的差异性:视觉生产的理论视角一般包含,马克思主义理论、经济学理论等;对于创作研究的理论一般包括心理学理论、社会学理论等;对作品价值研究的理论有美学理论、文化理论等;对视觉作品研究的理论包含结构主义、符号学、话语理论、精神分析等;对视觉作品消费研究的理论主要是后现代主义文化和消费理论;视觉作品的接受理论包括接受美学、受众理论等。当然媒介理论和视觉自身的理论也是十分重要的。从系统化的角度看,视觉文化的研究视域是十分宽泛的,内容如图 3-2 所示。

---

① 卡冈.美学和系统方法[M].凌继尧,译.北京:中国文联出版公司,1985:78.

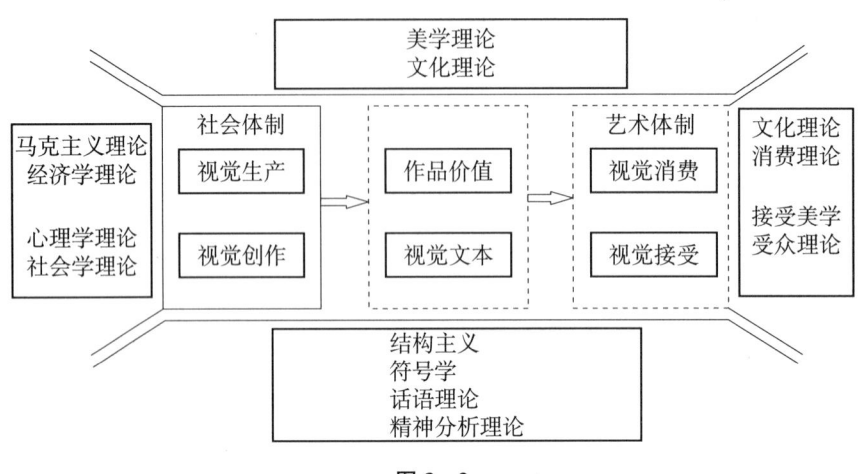

图 3－2

从视觉文化研究的实际看,视觉文化研究的视域主要集中在:第一,视觉方式,就是研究从传统的复制到机器复制,再到数字化方式的变化;第二,观看方式,包括作者对世界的观看、视觉作品中人物的观看,也包括观众的观看等;第三,视觉文化中的意义,它包括视觉中的意识形态,视觉中的权力、视觉快感等,这是视觉研究的主要领域;第四,视觉的形成机制,特别是生理机制和文化机制等;第五,视觉中的视觉性,视觉与社会文化关系等。

对于什么是视觉文化研究的对象,巴尔认为,视觉性将使看的行为变为可能性,而不是显现被看对象的物质性,正是那一可能性决定了一个人工产品能否从视觉文化研究的角度来考察。"看的可能性"到底意味着什么? 按照巴尔的看法,不包括被看对象的物质性,而是研究被看对象是否具有"文化"或者精神内涵。这就是说,视觉性的研究指向的不是视觉对象本身的物质性或可见性,而是看的行为,是隐藏在看的行为中的全部结构关系,或者说,对象的可见性何以成为可能的条件。因而,对诸如文学文本的视觉性的研究并不是去考察文本如何描述了看的行为,而是要去揭示这一看的行为的结构中显在和潜在的问题。

第四章 / 广告：被生产的幻觉、幻想

> 广告发挥着巨大的影响力，是一种极其重要的政治现象。它说得天花乱坠，可是提供的东西却极为有限。它六亲不认，只承认购买力。人类的其余的一切擅长或需要无不屈居于这一力量之下。
>
> ——约翰·伯杰

广告，最早起源于公开对商品的叫卖和吆喝，古罗马大街上商贩的叫卖声，迦太基的无数吆喝，发展到后来的招牌和幌子，再到印刷广告和现代广告。单就广告的目的而言，它不外乎是告知、劝说与提醒。"其美学效果并不崇高；它所传输的信息几乎没有真理价值；它所传达的道德态度不具榜样性；它所唤起的种种欲望也不是力比多动力学所能解释的。电视广告与哈贝马斯所论述的交流的普遍语用学的任何一点都不相符；它不能证实任何有效性要求——参与者没把它当真，它也不代表世界上的任何东西；它不表达说话人想说的任何意思；它也没有满足任何社会救赎价值。"[①]面对广告自身存在的某些"天然"局限，加上广告技术，特别是广告受众的变化，广告必须适应这样的市场变化，而且这样的变化具有某种连续性。具体来看，20世纪50年代的广告，主要是为了加深受众对产品的记忆，这样广告中的商品和它们的表征是一致的；20世纪60—70年代，人们开始建立起一个模式化的广告呈现方式，在广告拍摄中主要是去吸引受众的注意力，同时通过广告建立起一个商品的网

---

① 波斯特. 信息方式[M]. 范静哗，译. 北京：商务印书馆，2000：67.

络;而20世纪80年代,广告的市场效应与以前相比已经大打折扣了,此时的广告试图在商品和欲望之间建立起联系,同时注意各种广告策略的运用。但在变化的背后有着不变的东西,就是广告"它利用词语与图像来改变音讯接受者的行为"①。这样人们开始步入视觉时代和广告盛行的时代。

"在我们居住的城市里,每天都看到大量的广告影像。从没有任何别的影像这么触目皆是了。"②在流动的汽车上涂满了各式各样的广告,在地铁车内和车窗外呼啸而过的是广告,街头的建筑物上是大幅的平面广告或者是通过电子显示屏24小时不间断播出的广告,在飞机落地前闪现在眼前的是大量的霓虹灯广告,步入机场随处可以见到广告。你走在大街上,你步入商城、走入电梯里,到处可见广告;你坐在家里的沙发上,打开电视或者在观看电视节目的过程中广告会随时插播进来;你打开电脑和手机,各种贴片广告和推送的广告随时跳入你的眼中……在现实生活中,广告似乎无时不在、无处不在,正如鲍德里亚描述消费社会的商品一样,"富裕的人们不再像过去那样受到人的包围,而是受到物的包围",如果套用这句话描述广告,就是"人们不再被人和物所包围,而是被广告所包围"。"历史上也没有任何一种形态的社会,曾经出现过这么多集中的影像,这么密集的视觉信息。"③"作为视觉文化,广告广泛地传播关于社会的信息,并且大部分通过图像表征的方式进行。"④因此,视觉文化广告的关于视觉的叙事,视觉的符号、结构以及其表征的意义都十分值得关注。

---

① 波斯特. 信息方式[M]. 范静哗,译. 北京:商务印书馆,2000:67.
② 伯杰. 视觉艺术鉴赏[M]. 戴行钺,译. 北京:商务印书馆,1996:153.
③ 伯杰. 视觉艺术鉴赏[M]. 戴行钺,译. 北京:商务印书馆,1996:153.
④ 谢勒德,伯格森. 隐秘的欲望:当代广告的恋物癖、本体论和表征[M]//巴尔特,鲍德里亚,古德曼,等. 形象的修辞:广告与当代社会理论. 北京:中国人民大学出版社,2005:168.

第一节　关于现在、过去、未来的叙事

叙事在当今世界中无处不在,普遍至极,广告的目的在于传播信息,而叙事作为一种信息组织方式,广告叙事成为广告信息传达的重要形式。而就媒体的特点来说,平面媒体具有空间特质,广播、电视媒体具有时间特质,网络兼具空间和时间特性,这都为广告叙事提供了施展的空间。与一般的叙事不同,"广告等于某种哲学体系。它用自己的一套说法解释一切。它对大千世界做出诠释。"①为了准确做到对世界的诠释,广告叙事往往立足于过去、未来,同时也是面对大众来展开叙事的。"整个世界成了广告实现予人美好生活这一承诺的舞台。"②

广告的传播就是为了销售产品,具有极大的功利性,但需要利用广告宣传的产品种类越来越多,广告涉及社会生活的方方面面,同时广告面对的是社会大众,如何用最为质朴的方式来表现现实生活中的内容是许多广告必须面对的问题。表现日常的主题,以日常生活为背景,以日常生活中的人物为主角是最为明智的决策。当然广告也是一种艺术,广告对现实的选择和表现不是简单、粗略的呈现,正如菲斯克所说:"现实主义不仅是现实的复制,它创造它的意义——现实主义的本质就是它能以这样一种方式来复制现实,以使现实变得更加容易理解。"③演员海清代言一则洗衣粉广告,在整个广告故事中,海清以洗衣粉的测试人员身份,来到一

---

① 伯杰. 视觉艺术鉴赏[M]. 戴行钺,译. 北京:商务印书馆,1996:160.
② 伯杰. 视觉艺术鉴赏[M]. 戴行钺,译. 北京:商务印书馆,1996:182.
③ 古德曼,帕普森. 超符码的广告[M]//巴尔特,鲍德里亚,古德曼,等. 形象的修辞:广告与当代社会理论. 北京:中国人民大学出版社,2005:119.

位正在清洗孩子衣服的母亲身边,画面中还有身上满是污垢的孩子。当这位母亲被问道,对洗衣粉有什么要求时,她几乎是脱口而出地说出她的要求。这时候作为扮演测试员的海清拿出了带有问号的洗衣粉,这位母亲用孩子的脏衣服一试,果然效果很好。这个广告的主题是测试洗衣粉效果,广告以一个普通家庭环境为背景,以母亲为孩子洗衣服作为故事的主线,加上不同洗衣粉洗涤效果的比较,整个广告的叙事自然、流畅,也达到了比较好的广告效果。这种利用对日常生活状态和"非重构性"的现实生活状况的描绘,突出了广告的真实性、可信性和视觉直观性。

梅罗维茨在《消失的地域:电子媒介对社会行为的影响》里特别将人的日常行为分为前台和后区,前台是表演性的,而后区则能够展示真实的内容。如果将广告制作过程或者幕后的相关内容加以展示的话,受众可以了解广告制作的全貌,我们也可以揭示表象背后的真实情况,因为广告前台的表演注意的是仪式化的表现。某些食品广告为了突显其产品的洁净、安全、卫生和高技术化,往往会将产品的生产过程放入广告中。其他的如高科技产品的广告,往往通过对生产过程的展示,让受众对产品形成直观的印象。当然,为了满足人的好奇心和窥私欲,让广告的模特或者代言广告的名人在广告中展示其不为人知的一面,也可以起到出奇制胜的效果。萨尔瓦多·达利(Salvador Dalí)为太太加拉(Gala)发明了一系列特殊的语法:Daligramme,并以此作为爱的密码。这个密码是由八个独具风格与神秘感的图形构成,而这八个图形又是由萨尔瓦多·达利(Salvador Dalí)名字和姓氏的首字母 S 和 D,以及太太加拉(Gala)名字的首字母 G 组合而成。为了显示其神秘性和神圣性,达利将这八个神秘字符,用印第安墨水和金粉画在上等犊皮纸上。达利的爱的密码,后来被设计师镶印于 Lancel 手袋上,这个密码也成为产品广告宣传的最好切入点。

怀旧是对过往发生的事情、流失的岁月或历史的追忆。怀旧一方面可以缅怀过去,另一方面可以安抚心灵,也可以从中找到安全感。"广告实质上是怀旧的。它无奈地把古代卖给未来。它难以证实自己的论断合乎情理。因而,涉及质量的广告语言必须求助于回顾与传统。"① 广告中的怀旧是对产品的确证,也可以满足大众怀旧的心理。在广告中,怀旧的方式多种多样,有借用古代的神话、历史故事的,也有的用产品自身的历史或者社会发展的历史中某些事件或者人物来怀旧。图4-1中的这则广告就是以拉斐尔《雅典学院》为主体的。这幅油画以古希腊哲学家柏拉图所建的雅典学院为题,以古代七种自由艺术——语法、修辞、逻辑、数学、几何、音乐、天文为基础,彰显人类对智慧和真理的追求。广告中加上航天员的图像,意指用科学追求真理。图4-2中这个广告就是通过想象达·芬奇画《蒙娜丽莎》的场景,再加上宇航员,表达对科学和美的追求的。

图 4-1　　　　　　　　图 4-2

"广告必须把一般观赏者——买主的传统教育拿来为己所用。它可以利用他在上学时获得的有关历史、神话、诗歌的知识来炮制魅力。"② 利用中国本土的神话或者其他经典故事作为广告内容在中国的各类广告中十分普遍,其中《西游记》和《三国演义》被使用最多。2010年吉利汽车的平面广告就利用汽车的造型拼合形成《西游记》中唐僧师徒四人的人物形

---

① 伯杰. 视觉艺术鉴赏[M]. 戴行钺,译. 北京:商务印书馆,1996:167.
② 伯杰. 视觉艺术鉴赏[M]. 戴行钺,译. 北京:商务印书馆,1996:167.

象,将汽车的运动与师徒四人的取经巧妙联系起来,而四个人各具特点的性格、品质也隐含了对该品牌汽车的诠释,当然其中的趣味性、特异性也是十分显著的,见图4-3。

图4-3

对于许多历史悠久的产品如何利用自身的历史展开叙事也是一个严肃的话题。北京的同仁堂是创建于清康熙八年(1669年)的一家老字号中药店。在清代的时候,北京城每年掏挖出来的城区沟渠里的淤泥都堆放在路边,同仁堂就在堆有淤泥的地方挂上带有"同仁堂"字样的红纱灯为夜行人照路。如今同仁堂的广告形式多样,有单个产品的广告,也有通过影视剧、戏剧、曲艺等形式制作的广告,但许多广告中都融进历史的内容,以此来打造同仁堂这个老品牌的市场效应。

大众对购买商品的诉求是多方面的,除了实用性外,还要满足自己审美、情感或者其他诉求。广告就是通过对未来的期许来满足大众需求的,而广告能够充分利用各种媒介来加以表达,广告中的某些元素也会将大众引向未来,从而产生奇特的效果。因此,这类广告中有灰姑娘的故事,有奋斗的事迹,有时尚、潮流和科技的元素等。英国的GHD卷发器就利用灰姑娘的故事来演绎现代故事,只是广告故事中的"道具"不是"水晶鞋"而是"卷发器"。灰姑娘的故事似乎成了许多广告中的故事原型,这也切中了大众对幸福、美好生活的向往。与灰姑娘故事一样,平凡人成功的故事也是广告诉求表达的一种模式,当然广告中一些时尚、潮流和科技等元素同样会激发大众的想象。时尚是某个特定历史阶段服饰的风格、流行的习俗或者思维方式,时尚具有新潮、前卫、流行等特点。时尚作为社会发展潜在的驱动力量,往往会将人们裹挟其中,当然时尚也有社会区隔,表现个性,表达进步的含义。带有七只某品牌旅行箱的年轻模特们,出现在简陋的非洲飞机场,该品牌的旅游主题广告内容就是"畅游非洲野生动物园吧!这里有帐篷、幼狮、日落、篝火……非洲之旅亲近自然"。这则广告蕴含一种简约的美,也蕴含着一种时尚,也是现在的一种生活方式的视觉表达。

  广告是和大众文化共生的,广告可以说是大众文化的产物,也可以说广告本身就是大众文化。"大众文化指那种一般人随处可见的文化……它是众多的标语、地方传统、故事、歌曲、舞蹈和小调。大众文化在其他文明中更多的是过去的延续,是人们返回过去的一种方式,同时它也具有地方特色。"① 大众文化是大众所信奉、接受的文化,往往通过大众化媒体(网络、电视、报纸、杂志等)来传播和加以呈现,按照市场规律来运作。在许多精英看来,大众文化也意味着单调、平淡、庸俗,因此广告文化与大众文化一样呈现出商业性、消费性和通俗性的特点。

  广告的商业性就是它的价格,广告价格设定的目的就是为了卖出产品,也就是要充分利用广告,准确、快速、有效地向消费者传递商品信息,以达到出卖产品和赚钱的目的,这也是所有广告的最本质追求。只是广告的呈现方式会不同,有的广告给人的感觉是"看山是山,看水是水",这类广告对产品的状态和性能进行直接陈述。例如"好空调,格力造""买家电到三联""康师傅方便面,香喷喷,好吃看得见"等,都是直接说产品,直接表现产品,同时以简单的语言来传达信息。但也有的广告"看山不是山,看水不是水",相关的诉求处于似与不似之间。而广告的最高境界是

---

① 布尔斯廷. 美国的广告与大众文化[J]. 文艺研究,1991(5):158.

"看山还是山,看水还是水",说是至高境界一方面是体现在广告的表现方式的高妙、澄澈,另外一方面是体现在观看者的妙悟、洞彻。现在"隐秘"地植入广告十分流行,比如,江淮瑞风汽车就被巧妙地植入喜剧片《一路惊喜》中。《一路惊喜》中色彩明艳的画面,都市青春男女的爆笑剧情,都与瑞风 S3 外形所突显的都市气息相契合,而该款汽车的消费群定位与片中追求个性与自由的都市男女角色也不谋而合。在剧情中萧敬腾所饰演的角色送即将生产的老婆去医院,后座容纳一个躺着的孕妇绰绰有余,突出了车内空间的优势;突然遇到急刹车时,轻松地转弯以及稳定的车身,显示出了车身稳定系统的强大。

广告中的消费性就是利用广告产品来满足人们各种需要的性质,这种满足概括来说包括人的物质满足和精神满足两个方面。人们只有解决衣食住行问题后才会追求更高层次的满足,当然在"丰裕"社会,一般性的物质难以满足人们的消费欲望,追求产品个性、独特等成为一种趋势。消费者也需要在消费的同时满足自己的精神需求,这包括名望、地位、归属、情感等多个方面。电影《卡萨布兰卡》里男主人公李克发现失散多年的情人伊莎,误解解开之后,仍然深深相爱的两人陷入了艰难的抉择,在卡萨布兰卡的机场,李克选择了击毙阻止维克多和伊莎离开的德国少校,目送着自己最爱的女人奔向自由。LAMNTCOTY 香水广告就借用了这个离别的场景:

  李克:别管我,你该走了,上飞机吧!

  伊莎:不,李克,我不能就这样一走了之。

  李克:飞机一起飞,你就会后悔的。

  伊莎:但是,我们怎么办?

  李克:我们永远不会忘记那段在巴黎的美好时光。

  (接着,伊莎拿起香水向李克喷洒,李克顿时改变主意。)

李克：(拉着伊莎的衣袖)别急着走。

(出字幕：难分难舍，LAMNTCOTY 香水。)

(二人挎着肩膀亲热地走出机场。)

一个凄美的爱情故事和一个留有诸多悬念的结尾，被用到广告中，一个向男主角喷香水的动作就让情况急转直下，广告用这样陡转的剧情，来突显香水威力强大，也赋予了其戏剧性。

通俗性是大众化最为突出的特征，通俗就是为大众所理解、能够接受。在美国的诸多广告中为了通俗化，广告的内容多是"……众多的标语、地方传统、故事、歌曲、舞蹈和小调……美国广告具备了其他社会的民间文化所具有的许多特点，重复、平铺直叙的风格……"[①]这些通俗化的表现方式主要体现在广告的内容、广告音乐和广告形式上。图4-4为尊尼获加(Johnnie Walker)的广告，该品牌是苏格兰威士忌品牌，广告上在空旷地带一位牛仔风格的骑行者的状态，与对面公路车流熙熙攘攘的繁忙景象相比，显得从容、自信、高贵，而且打底的图片是选自美剧《行尸走肉》的海报，而这句广告语"Keep Walking"，蕴含着进步、自信等内容，与相关的画面和背景相得益彰。

图4-5这则写有大大的"Know."的广告，是早期的一个手机广告。在一个充满着广告的街道，有着匆匆行走的路人，但"Know"字暗示着主角无须留意，也不需要观看，她对此一切了然于胸。这正如伯杰所说的，"购买者选购的自由，制造商办企业的自由，资本主义城市中的巨型广告牌和霓虹广告，是'自由世界'近在咫尺的标记"[②]。这则广告似乎就是对这样的广告世界的一种视觉诠释。

[①] 布尔斯廷. 美国的广告与大众文化[J]. 文艺研究，1991(2)：158.
[②] 伯杰. 视觉艺术鉴赏[M]. 戴行钺，译. 北京：商务印书馆，1996：155.

图 4-4　　　　　　　　　图 4-5

第二节　广告的符号、结构、符码

　　德国著名哲学家卡西尔说,人与其说是理性的动物,不如说是符号的动物。人的理性强调人会思考,会利用合理的逻辑力量,而符号强调的是人能够创造符号,并且利用符号创造文化,与此同时,人在创造符号和文化的过程中也获得自由,并且成为真正意义上的人。皮尔斯曾经说:"宇宙如果不是全部由符号构成,符号也是充斥其间。"[1]这句话绝不是虚妄之言,其实符号出现的历史久远,在中国,古代的符瑞,就是表示吉祥征兆的符号,其符节和符契也是作为信物的符号。后来的道教发明了符箓作为驱邪避害的神秘符号。在埃及、两河流域、古希腊和罗马时代到处充斥着符号,在生活场所、仪式中、墓葬里都会有符号的出现。现代社会符号的使用更加普遍,从日常生活,到游戏,再到艺术都是符号的世界,广告也不例外。

---

[1]　伯杰. 媒介分析技巧[M]. 李德刚,何玉,译. 北京:中国人民大学出版社,2005:176.

对于什么是符号,索绪尔的定义最具影响力,在《普通语言学教程》中,索绪尔将符号分成两个部分:能指(signifier)或"音响形象"(sound-image),与所指(signified)或"概念"(concept)。比如,"汽车"作为符号,是由"汽(qì)车(chē)"这个词或者读音构成能指,其所指是具有动力驱动,不依靠轨道或电力架设,得以机动行驶的车辆,二者的组合构成"汽车"这个符号。

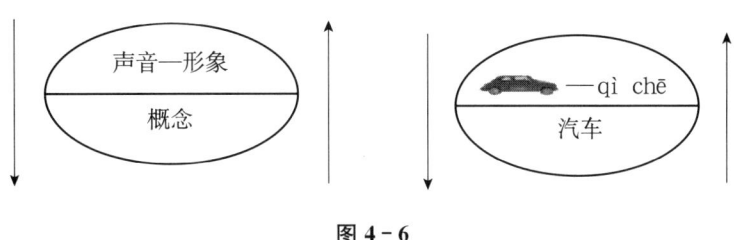

图 4-6

美国的学者皮尔斯将符号分为三个部分:代表物、对象和解释。三者的关系表现为,代表物指向对象,接受者做出解释,解释产生意义。他还将符号分为,类象的、标志的和象征的三大类。类象符号是指和对象之间存在某些共同性的代表物,如图片与代表的对象之间就具有共同性,图片就属于类象符号;标志性符号以接近性为基础,代表物和对象在时空上有接近性,体现为因果关系或者整体与局部的联系,比如,"少"和"多"就有"积少成多","云"与"雨"就隐含着因果关系;象征性符号是约定俗成的,需要我们具备一定的知识和素养,也需要通过习得的方式获得,比如将"玫瑰"和"爱情"联系在一起,将"镰刀、斧头"与"中国革命"相联系都是约定俗成的。皮尔斯的主要贡献在于,强调对符号的认知。他认为,符号之所以成为符号,主要是因为符号的解释者依据一定共同体或社会规范进行解释或认知。符号自身无所谓指称和表达,而是人们这样理解和规定的结果,也就是人赋予符号以生命,并以符号为工具发展了人自身。[①] 图

---

① 伯杰. 媒介分析技巧[M]. 李德刚,何玉,译. 北京:中国人民大学出版社,2005:16.

4-7、图4-8是两则广告,我们来看看其中所隐含的各种符号。

图 4-7　　　　　　　　　图 4-8

"从符号学的角度,我们可以对符号、广告与广告中的符号加以对比,要达到这个目的,有必要将广告内的每一个能指看作一个基本的符号——最基本的符号指不能再细分的符号。"[①]第一则是耐克运动品牌的广告,无论是品牌的LOGO,还是美国犹他州拱门国家公园里的一座天然拱门,以及一个手持物件的人物都是表达意义的符号。天然拱门在这里如同体育运动中跳高的横杆,从这种意义上说,天然拱门是图像符号,但其中蕴含的意义,比如胜利之门等,表明它又是象征性的符号。NIKE商标图案是个小钩子,象征着希腊胜利女神翅膀的羽毛,代表着速度,同时也代表着动感和轻柔,也属于象征性符号。第二则是斐济(Fidji)香水广告,其中充斥着各种符号,但无论是作为符号的人物还是色彩等,其中最能够抓人眼球的是那朵黄色的兰花和蛇,黄色兰花是一种标志性符号,蛇就是象征性的符号,而少女面部的各种器官、肤色等也具有符号意义。

符号的本质就是发掘其中的意义,意义是符号存在的前提条件。

---

① 伯杰. 媒介分析技巧[M]. 李德刚,何玉,译. 北京:中国人民大学出版社,2005:176.

1946年罗兰·巴特发表了题为《物的语义学》的演讲,他对符号的所指的意义进行了进一步研究。在巴特看来,所指除了本义外,还有引申意义,而且这些意义呈现序列化和层次化,其中第一序列是由能指和所指结合在一起的第一层意指系统(真实符号),这个意指系统作为整体构成第二层意指系统(术语系统)的所指,我们称之为外延系统,所表达的是外延意义。第二序列是由能指和所指结合在一起的第二层意指系统(真实符号)构成第三层意指系统(修辞系统)的能指,我们称之为内涵系统,所表达的是内涵意义。① 符号的意义(signification)则是外延意义和内涵意义的有机统一。

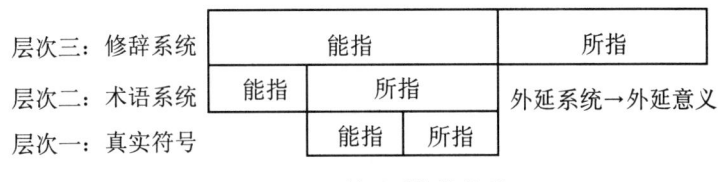

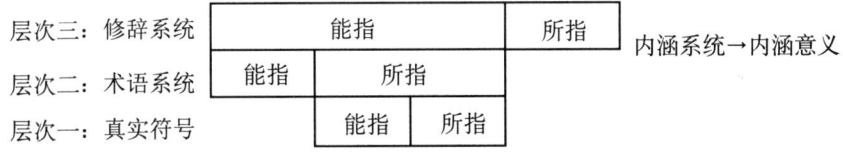

图 4-9

斐济香水广告中的蛇,其外延意义就是"四肢退化的爬行动物的总称",但根据弗洛伊德的理论"蛇的形状是阴茎的象征……女性和蛇的关系可以追溯到伊甸园,这种关系的结果是亚当的诱惑"②。这两重意义属于内涵意义了。巴特认为内涵意义通常在两个维度上产生:一是象征维度,属于隐喻性的,比如蛇象征诱惑等神话学含义;另一方面则是分类维

---

① 胡飞.艺术设计符号基础[M].北京:清华大学出版社,2008:64.
② 伯杰.媒介分析技巧[M].李德刚,何玉,译.北京:中国人民大学出版社,2005:180.

度,乃是社会赋予的等级系统,比如一般香水、品牌香水、名贵香水等意义差异。在符号系统下,物体如同语言,成为一种人类表意的符号体系。①

在对语言符号进行系统研究的基础上,索绪尔提出了,"……应该根据语言的个别部分,不仅应该历时地进行研究,而且应该根据语言个别部分之间的关系共时地进行研究,这就是说,要根据语言当时的适当性"②。历时性表示的是符号历史,而共时性表示分析是此在。"因此,以共时的方式研究文本就是探究元素之间的关系,而历时的方式研究文本则是审视叙事的演变方式。换一个说法是,以共时方式解读文本即发掘文本中隐含的两两对立模式;而历时分析则研究构成叙事的各个事件之间的联系。"③图4-10为广西电视台的形象宣传片。

图4-10

该广告分为三个主题:瀑布篇、桥篇、竹篇。三个广告都充分利用广西的人文特点来讲述故事。单从符号组合关系来看,《桥篇》的历时性表现在:

(1)清晨,侗族的鼓楼,显得悠远、宁静;

(2)阳光下,风雨桥色彩斑斓的文饰;

(3)吊脚楼前,侗族的姑娘们身着民族服装,唱着情歌;

(4)伴随着歌声,在薄雾中的风雨桥,一位侗族少女轻盈地跑上桥头;

---

① 胡飞.艺术设计符号基础[M].北京:清华大学出版社,2008:64.
② 霍克斯.结构主义和符号学[M].瞿铁鹏,译.上海:上海译文出版社,1987:11.
③ 伯杰.媒介分析技巧[M].李德刚,何玉,译.北京:中国人民大学出版社,2005:29.

(5)女孩深情地抚摸着桥上的廊柱,思念她的情郎;

(6)吊脚楼前,歌手们在歌唱(叠化);

(7)女孩在门廊前绣着一个绣球;

(8)一缕阳光下,女孩绣得那样仔细而深沉;

(9)在风雨桥上,少女把荷包深情地挂在桥上;

(10)同样是那首情歌,伴随着在风中摇曳的绣球;

(11)女孩消失,歌手们唱着情歌远离风雨桥,越走越远,画面上只有风雨桥上那无数的荷包。

广西电视台台标出。

广告语:心的托付 广西电视台

其实这是用一个充满着诗意的爱情故事来传达广告的意指:思念远方恋人的姑娘,为了表达思念之情,她每天都会在风雨桥上挂起象征爱情的荷包……广告词"爱聚心底,情动天下,心的托付",旨在说明电视台有情有爱、值得托付。广告也是一个历时性的叙述,从姑娘到廊桥再到她离开就是利用画面的连续转接,也形成了时间的连续和变化,突显其历时性。广告的共时性叙事就是探究在爱——思念——坚守等各种元素中所隐含的对立元素,那就是:非爱——怨恨——背弃等,也正是这样的差异性,使得爱情变得更加有意义,有价值了。"结构主义者通常同意雅各布森的观点,认为二元对立是人类思想的基础,是表达意义的基石。"[①]

斐济香水除了各种符号的意义外,其实该广告中还包含着历时性叙事结构:一个波利尼西亚的女子,她有着长长的黑发,头发上戴有一枝兰花,嘴唇鲜红,染有红指甲的双手握有一瓶斐济香水,脖子上绕有一条蛇,蛇头盖着香水的瓶盖,灯光有明有暗,身体部分十分明亮,而作为背景的头发部分显得十分暗淡。

---

① 伯杰.媒介分析技巧[M].李德刚,何玉,译.北京:中国人民大学出版社,2005:36.

"当人们看到广告时,他们经历了一个产生这种对立概念的过程——如果他们想在广告中找到意义,他们就会经历这个过程。"[①]我们在观看斐济广告中就试图去寻找这样的对立。伯杰从广告的主体——波利尼西亚女孩(有色人种女性)与白种女性之间寻找对立关系,这些关系包含着:自然的与都市的、逃走的与关押的、天堂与地狱、黑色头发与金色头发、自由自在的生活与受到约束的生活、神奇的与理性的、斐济香水与其他香水。[②] 当然广告还有其他方面的二元对立,如身上缠有蛇的波利尼西亚少女代表的是古老的历史和激情,这又和当下的平淡相对立。

对于广告的接受主要是通过受众的认知来实现的,特定的修辞手法对于强化观众的认知是十分有效的,也是符合观众的心理期待的。符号中各种符号的结构关系往往表现为一定的修辞性,这也如同我们经常见到的语言修辞一样。隐喻和转喻作为符号修辞中的主要手法,自然在广告符号中被广泛运用。"隐喻是通过类比指出两件事物之间的关系……通常的隐喻形式之一是明喻,即用'像'或'如'来说明比较。"[③]广西电视台的广告《桥篇》就运用了隐喻。从整体上看,广告通过一位侗族少女思春的故事和多民族文化展现,来比喻广西电视台是可以用心托付的媒介。在广告中一些具有符号特征的东西也是采用隐喻的,比如,用风雨桥来表达"通达""交流""愿望"等;用绣球作为爱的隐喻。

"转喻是以联想为基础的关系,用来暗示人们思维的符码,使得人们能够做出适当的关联……转喻通常的形式是提喻,即以局部代整体或者

---

① 伯杰. 媒介分析技巧[M]. 李德刚,何玉,译. 北京:中国人民大学出版社,2005:183.
② 伯杰. 媒介分析技巧[M]. 李德刚,何玉,译. 北京:中国人民大学出版社,2005:184.
③ 伯杰. 媒介分析技巧[M]. 李德刚,何玉,译. 北京:中国人民大学出版社,2005:40.

以整体代局部。"①广西电视台的广告《桥篇》中设计者用侗族的鼓楼、风雨桥色彩斑斓的文饰来表达广西文化的多样性和丰富性。斐济香水广告中就大量采用了转喻。其中对女孩脸部的局部展示就是为了突显其性感、激情,而选择波利尼西亚种族②则代表着天然的爱情、淳朴等意味。

符号的修辞手法是意义传达的一种方式,其实罗兰·巴特认为符号的能指和所指会形成表达层面和内容层面。表达层面意义指的是符号本来的含义,内容层面的意义是指"使用第一个符号作为它的能指,并在其上附加额外的意义"③。当能指与所指在第一个层面上形成符号关系后,在第二个层面上,该符号又可以与第二个所指建立新的对应关系,形成新的符号。根据符号能指和所指关系层级原则,可以拓展到第三个层面、第四个层面,并建立新的关系,其意义也在被不断延展,也就形成所谓符号的神话意义。

随着消费社会的到来,其突出的表现是物质达到极大地丰富,意义的消费在消费中的地位越来越突出,此外消费的模式也在发生巨大变化,特别是媒介越来越发达,这无论是对消费者或者生产者来说都是一个重大变化。而对于广告来说,广告的功效不是其传播的内容,也不是传播的目的和特定的传播模式,"而是出自其自主化媒介的逻辑本身,这就是说它参照的并非某些真实的物品、某个真实的世界或某个参照物,而是让一个符号参照另一个符号、一件物品参照另一件物品,一个消费者参照另一个消费者"④。当然这并不意味着我们只是依靠本能,听从于自然的发展,我们需要根据受众的需要来创造广告。

---

① 伯杰. 媒介分析技巧[M]. 李德刚,何玉,译. 北京:中国人民大学出版社,2005:41.
② 法国画家高更曾经到过法属殖民地波利尼西亚,高更被这里的自然景色、习俗所吸引,为此也创作了大量与此有关的绘画。
③ 巴特. 符号学原理[M]. 李幼蒸,译. 北京:生活·读书·新知三联书店,1999:84.
④ 鲍德里亚. 消费社会[M]. 刘成富,全志钢,译. 南京:南京大学出版社,2001:135.

第三节　广告的承诺与欲望满足

广告实际上是一种推销活动,但广告推销绝不是简单地向消费者推介或销售,而是通过说服的方式来达到目的,可以说广告的实质就是说服。具体地说,说服就是通过特定的诉求或者通过满足受众特定心理来让受众(或消费者)接受产品的相关信息,形成对产品的认知,并最终影响受众的消费行为,因此,说服和广告的诉求都是通过特定方式满足受众的心理来实现的。广告诉求"通俗地说是回答向目标对象'说什么'和'怎样说'的问题,即包含诉求点和诉求形式"[①]。其中最为重要的是"说什么",也就是商品广告宣传中所要强调的内容,俗称"卖点","卖点"同时体现广告的宣传策略。广告诉求的好坏往往是广告成败关键之所在,如果广告诉求设定得当,会对消费者产生强烈的吸引力,激发起他们的消费欲望,从而促使他们实施购买商品的行为。

广告的诉求不仅需要广告内容、形式等的创新,也要求广告适合消费者的"口味",能够"击中"他们"心窝",或者说能够打动消费者。其中最能够"打动"消费者的是广告中所含有的他们需求的"信息"以及满足他们潜在欲望的内容。消费者的需求是购买行为发生的动因,也是收看广告并且记住相关信息的内在动因。人的需要是多方面和多层次的,马斯洛把人类的需求分成生理需求、安全需求、社交需求、尊重需求和自我实现需求五类,并且这些需求呈现层级化满足的特点,生理需求最低,自我实现为最高。各种需要也不是截然分开的,不同的人,在不同的环境会呈现出不一样的特点。如

[①]　马谋超.广告心理:第3版[M].北京:中国市场出版社,2008:125.

何利用广告的艺术的方式来表现广告,广告人为此做出了各种各样的努力。

  生理需求是人类维持生命和延续后代的最基本需求,这涉及人的衣食住行等各个方面,其中最为主要的是食、住、衣等方面。美国广告专家斯达奇(Starch)的相关调查发现,"生理需求之一的食欲需求心理名列他所研究调查的 44 种心理动机之首"①。所以在众多的广告中食品广告所占的比重也较高,而如何利用人的"食欲"打动现代的购买者也是广告创意中的一个课题。图 4-11 的广告是在一束聚光灯下,有一个装有咖啡的杯子,后面是一个老鼠夹子,即便如此,食品的诱惑依然让老鼠义无反顾地铤而走险,这也向消费者诉说了产品的独特魔力。图 4-12 是一个饮料广告,为了抓住人的眼球,突出饮料中原料的成分,广告设计者在饮料的上方用了几个极具有视觉冲击力的草莓和苹果,衬上绿色的背景,视觉冲击力更强;广告的画面语言直观并且富于形象性,也将各种广告诉求隐含其中。"广告的目的在于使观赏者对他当前的生活方式萌生不满,但并非使他不满意社会的生活方式,而是让他对此中自己的生活方式感到不满。广告示意:假若他购买广告推销的商品,生活便可望改善。它向观赏者提供了一项改善现状的选择。"②

图 4-11　　　　　　　图 4-12

---

① 仝亚文,仝亚辉. 美国广告中的社会文化心理诉求[J]. 外国语言文学,2004(3):25-26.
② 伯杰. 视觉艺术鉴赏[M]. 戴行钺,译. 北京:商务印书馆,1996:182.

和生理需求一样,安全需求也是人的基本需求。安全需求包括对人身安全、生活稳定以及免遭痛苦、威胁或疾病等的需求,比如稳定的工作环境、有比较好的保障等。随着技术的发展,航空业也飞速发展,如何保障顾客安全、快速到达目的地,成为许多航空公司的广告诉求。作为英国第二大远程国际航空公司,维珍航空以其一贯的高品质服务及勇于创新的理念闻名遐迩,其航线遍及世界各大主要城市。该公司的广告宣传片中,维珍航空的员工身手敏捷,意念控制,预知未来,智商超群……广告似乎在告诉人们它的每一个员工都身怀超能力,潜伏在地球上拯救飞行的旅客。而有的航空公司或者飞机制造商直接将安全的诉求作为其广告语,道格拉斯飞机制造公司的广告语就是:"无论在大气层内还是大气层外,'道格拉斯'总是使飞行完美无缺。"一个从事旅游保险的保险公司,它的广告语就简单直接:"在世界的任何角落你都是安全的。"其主打的也是安全。

人是社会人,社交是社会人的一种基本需求,也是联系人类情感的重要方式。社交是社会中人与人联系的纽带,它可以是人与人之间的直接接触,也可以借助于一定的媒介。社交需求一般包括对友谊、爱情以及隶属关系的需求。广告也充分证明了这一点,对于不同的社会群体,广告"倾向于通过它推销的特殊商品的功能,许下改变买主个人生活的诺言……用配套的商品营造一种整体的气氛,借此改变人事交往接触的种种关系"①。许多广告都重视人际关系,作为手机广告,"人际交往"是绕不开的话题,某品牌手机广告词是:"回头便知,我心只有你。"无论是情节、场景还是人和手机之间的关系,广告都十分巧妙地把它们联系在一起。故事是这样的:男女主角之间有一个约会,但在约会的地点男主角误把拿有同样品牌手机的另外一个女孩当作女朋友,男主角正在为自己的

---

① 伯杰. 视觉艺术鉴赏[M]. 戴行钺,译. 北京:商务印书馆,1996:175.

过失感到懊恼的时候,突然看到对方的衣服掉了下来,他赶紧为对方披上掉下的衣服,而恰好这一幕被女友看到,女友愤然离开,但当女友打开手机的时候,她发现男友发来的短信:"回头便知,我心只有你。"最后是女友回眸一笑和男主角会心欢笑的表情被定格在画面中。而图4-13、图4-14、图4-15是一则财产保险公司的广告,广告就充分利用人的需求以良好、温馨的家庭关系为主题来设计的。广告中有一个温馨的家庭在一个气泡中,不管外界发生何事,比如洪水、火灾等,他们依然有安定温暖的家。气泡内的温馨与外界的动荡形成了鲜明对比,气泡也预示着我们生活环境的脆弱。

图4-13　　　　　　图4-14　　　　　　图4-15

尊重需求既包括对成就或自我价值的个体感受,也包括他人对自己的认可与尊重。尊重需求就是希望别人认可自己的能力,尊重自己的各种习惯、行为、选择等,当然也关心成就、名声、地位和晋升机会。尊重是建立在自己的才干被别人认可和赞赏的基础上的,当一个人赢得了人们的尊重,其内心也因自己价值被肯定而充满自信。一则"扬正气,促和谐"的公益广告,虽然直白了些,所反映的内容也缺少撼人心魄的力量,但却直奔主题。广告由几个不同工作场景组成:

一位老师(向家长)说:"你的孩子学习进步了。"

(画面:递上红包。)

老师说:"你在伤害我。"

医生(对病患家属)说:"好了,病人终于脱离危险了!"

(画面:递上红包。)

医生说:"你在侮辱我!"

官员(对前来取申办手续的人)说:"你的申办手续已经全办好了!"

(画面:递上红包。)

官员说:"你在藐视我!"

警察(对通过考试的学员)说:"恭喜你啊,考试通过了。"

(画面:递上红包。)

警察说:"请你尊重我!"

尽管四个人的职业不同,所接触的对象不同,所说的话语不同,但核心主题都涉及个体的尊严。每个人的尊严必须受到尊重,这不仅体现在公务活动中,在一些私人的交往活动中,不管对象是谁,尊重同样是不可忽视的问题。

自我实现是指个体的各种才能和潜能在适宜的社会语境中能够得到发挥,并且最终实现个人理想和抱负。自我实现亦指个体潜能得到充分发挥。能够自我实现的人,往往外在表现为接受自己也宽容他人,有较强的解决问题能力,其自觉性、独立处事能力都比较强。特别是在消费社会自我实现表现为,个人独特的形象,个人的名望、地位,甚至包括个人自由选择等方面的内容。

在消费社会中,形象能够直观表达产品和产品的观念信息。广告中男性形象表达的是孤胆英雄,骑马挎枪,豪情万丈,驰骋在莽莽雪原,而配上的广告语是:"真正的猎人需要一支好枪,真正的骑手需要一匹好马,真正的男人需要一种亲情,伊力特曲,英雄本色。"男性形象也可能是"雄浑、冷静、热情、抉择英明"的代表,如"男人的世界"的金利来广告……[1]富有

---

[1] 欧阳瑰丽. 现代广告中男性形象的变迁[J]. 云梦学刊,2005(9):101.

男人味是广告中男性形象的一种重要类型,但是健康、聪明、帅气的优质偶像王力宏也是广告的宠儿,自1995年进入演艺圈代言广告以后他就大受人们欢迎。1997年作为"维他露P"代言人,他凭借此片入选十大广告明星,2001年他代言娃哈哈纯净水广告,广告中城市男孩(王力宏)自信、潇洒地控制"水",以及由此而招致对女孩的"吸引力"这两条线索相互呼应、互为背景展开表达,音乐语言独特、结构精巧。2015年王力宏代言的4G广告用极具视觉特色的中台湾美景作背景,宛若仙境,设计情节单纯,人物关系及对话突出了"未来、速度、连接",这又和"4G网"有机结合起来了。形象的形成一方面是历史、文化的,另外一方面也包含着广泛的社会期待,是一个具有多重意义的"符号"。

名望、地位已经成为商业社会判定人是否成功的标志,也是许多人努力追求的目标。广告充分利用这一点,也使得名人代言广告成为一种时尚。有统计显示,大多数电视台黄金时段播出的广告节目中,明星广告占到30%以上。名人的广告效应在于:名人具有高知名度,这种知名度具有较好的吸引人的能力;名人的晕轮效应,也就是名人的光环会延伸到他所代言的产品上,对于提高产品的知名度和品牌认知度有好处;名人的示范作用,特别是名人代言一些日常生活产品会引起受众的追捧和模仿。李易峰借助选秀节目出道,凭借《古剑奇谭》成为当红小生,后来他成为许多电影和电视剧的宠儿,加上颇高的颜值和"逗比"的性格,他也受到年轻受众的追捧,他代言的广告被人追捧也就不在话下了。由他代言的广告包括康师傅绿茶、蒙牛真果粒、德芙、乐事薯片、百事、凌仕、特步、泰格豪雅、OPPO手机、QQ浏览器、盗墓笔记手游、易信以及蘑菇街。

由李易峰代言的某品牌口香糖推出的《足球篇》,以"持久进化"为广告的主旨,广告从远古时代的"猿人"画面开始,到俊俏的宋朝小生,再到飒爽的足球小将,最后变成酷炫的未来队长画面。广告中的主角一边嚼口香糖一边踢足球,造型不断变化,球技不断长进,而贯穿其间大嚼口香糖的镜头,充分展现了该产品带给消费者"根本停不下来"的持久体验和"美味持久,久到离谱"的产品效果。当然明星广告也会带来投资、道德、形象等诸多风险。"金钱就是生命。这不是说没有金钱你就会挨饿,也不是说资本赐予一个阶级统治另一个阶级生生死死的权力,而是说金钱是人所具有的种种能力的具体显现,并且是个中关键。花费钱财的能力就是生存能力。"①

西方政治议题最为普遍的、最有吸引力的话题就是"民主、自由、平等"。在鲍德里亚看来,福利革命是资产阶级革命未能够从根本上实现的一次变相的实现。"因此,民主原则便由真实的平等,如能力、责任、社会机遇、幸福的平等变成了物以及社会成就和幸福的其他明显标志面的平等。"②这即是丰盛即民主、丰盛即幸福,这也是消费社会的基本逻辑,而反映在广告中就表现为,"广告把消费转换成民主的代用品,人们对食(或衣或行)的选择取代了有意义的政治选择。广告有助于掩盖或补偿社会中一切不民主的现象,而且它也掩饰了世界其他地方发生的事端"③。图4-16、图4-17是百达翡丽的商标广告,百达翡丽(Patek Philippe)创办于1839年,是瑞士著名钟表品牌,高贵的艺术境界与昂贵的制作材料使其成为世界十大名表之首。它的广告词是:"You never actually own a Patek Philippe. You merely look after it for the next generation."(没有人能真正拥有百达翡丽,只不过为下一代保管而已)。这个广告中就隐含着"珍贵""传世"等意义。

这两个广告构图上都包含着代际关系,即父亲和儿子的关系,母亲和女儿的关系(也包括祖母和孙女的关系),同时广告中也将产品和知识、智

---

① 伯杰. 视觉艺术鉴赏[M]. 戴行钺,译. 北京:商务印书馆,1996:173.
② 鲍德里亚. 消费社会[M]. 刘成富,全志钢,译. 南京:南京大学出版社,2001:34.
③ 伯杰. 视觉艺术鉴赏[M]. 戴行钺,译. 北京:商务印书馆,1996:181.

慧、欢乐等元素融合起来,传递出产品所包蕴的丰富含义。

图 4-16

图 4-17

人的生理需求、安全需求、社交需求、尊重需求和自我实现需求是作为一个社会人不同层次的需求,而且这些需求都是一种个体可以意识到的、感受到的需求。但是人是极其复杂的,除了这些可以感知的需求外,人还有一些无意识的需求,如何利用人的无意识也是许多广告设计者绞尽脑汁思考的问题。20世纪初,人们开始研究消费心理,特别是研究潜意识对广告的影响。许多研究者都注意到,"个体的消费源自需要,而没有上升到意识的需要称为潜在需要。潜在的需要虽然不能被体验,但是它却影响了人们的购买行为。换句话说,无意识的心理需要影响了人们的动机和行为"[①]。无意识中的原始冲动和本能以及由此产生的种种欲望,由于社会标准不容许、得不到满足而被压抑到潜意识之中,但它们并没有消亡,而是在无意识中积极活动,比如,俄狄浦斯情节,生的欲望、秘密的想法和恐惧等,此外,痛苦的思想、悬而未决的问题、人际间冲突和道德焦虑都会成为人的无意识的内容。早在1964年,迪希特

---

① 马利军,张积家. 广告中潜在需要的心理效力[J]. 社会心理科学,2005(1):3.

(Dichter)就指出,"无论你对现代心理学和心理分析抱有什么样的态度,有一点毋庸置疑,即我们日常的许多决策由我们无法控制和无法觉知的动机控制着"。而契肯(Chekin)的相关调查也表明,消费者的选择许多是由本人未意识到的因素所决定的,为此他还运用各种投射技术来探索目标刺激对潜意识的意义。① 弗洛伊德认为,潜意识虽然被压抑着,但却蕴藏着巨大能量,它需要通过符合社会规范的形式来加以宣泄或满足。广告通常用各种视觉化方式激发消费者的原始冲动和本能,以达到销售产品的目的。

我们需要食品、服装、汽车、化妆品、阳光、清新的空气、美丽的沙滩……广告是以可以供人享受真实的商品作为基础的,广告正是利用了人类追求享受的本能。这类主题在广告中十分普遍,它能够和我们日常生活中的各种物品联系起来,比如,服装有"木棉的质料,触感柔适,加上迷人的刺绣,更显绝代风姿";房产有"东方威尼斯,演绎浪漫风情";食品有"浓情蜜意,尽在其中"等,不一而足。下面是两个酒水广告,广告的构图和广告语都旨在追求"浪漫、温馨、诗意、惬意"的效果。

图 4-18 是"Freixenet Cavas"的广告,该广告以一个具有巴洛克风格的古典建筑围栏和庭院为背景,这里有优雅的环境,迷离的光线,一对男女亲密相拥。广告中的女性拿着一瓶该品牌的酒,广告语是"Too must fun to be taken seriously",而广告下端的广告语就强调了该酒的历史,它所具有的独特口味、感觉,以及其中所蕴含的西班牙精神,这些都与广告所预示的主题相一致。图 4-19 是关于"Hardys"红酒的广告,该广告是以酒、酒杯为主体,男女主角被放在背景中,二者之间亲密的对视和处于画面前端的桌子上放着的酒瓶和盛着酒的酒杯相映成趣,而酒吧里的昏暗灯光更增添了诗意。广告语也强调的是其品质给个人

---

① 陈宁. 广告的无意识传播及其对广告效果测评的启示[J]. 商业研究,2001(3):146.

带来的享受。

图 4-18　　　　　　　　图 4-19

广告能够有这么强大的吸引力和说服力,不在于它是多么真实,多么有诱惑力,"而是取决于广告推销的幻想同观赏者——买主的幻想——之间的关系"①。广告和消费者之间如何建立起幻想呢? 有研究表明主要就是通过"魅力"。魅力是现代社会的发明。男性魅力表现为品位、自信、男人味、情商高、有权力等。2015 年 11 月贝克汉姆荣获《人物》杂志评选的"2015 年度最性感男士"称号。这项评选活动已经持续了 30 年,第一位获得该称号的是梅尔-吉布森。贝克汉姆的成名,缘于 1996 年他效力于曼联时期的一次超远距离吊射入门,自此贝克汉姆被人视为有魅力的男性,也一直是大众公认的偶像,而他代言的广告更是数不胜数。2008年,贝克汉姆代言的某内衣广告被挂在旧金山梅西百货大楼外,当幕布被揭开的时候,女性粉丝阵阵尖叫。广告中的男性形象有的是事业成功的男性,有的是成熟、魅力十足的男性,有的是青春性感的偶像化的男性,有的是专业成就非凡的男人,当然也有居家过日子、生活平凡的男性,等等,

---

① 伯杰. 视觉艺术鉴赏[M]. 戴行钺,译. 北京:商务印书馆,1996:176.

无一例外,他们身上都有着一种独特的魅力。

广告会利用梦来满足幻想,但梦是难以捉摸的,或者稍纵即逝,或者模糊不清。广告就是用梦的结构方式向你明确说出需求,而且这个需求是可以实现的。

按照弗洛伊德的观点,潜意识是人的本能、原始冲动和被压抑的欲望,其中性压抑也就被称为"力比多",它是人行为的内在动力。弗洛伊德认为人的许多行为都和性有关,他的"泛性化"也招致许多批评,但就其理论的核心部分来说是有合理性的。那么广告如何利用人类被压抑的原始冲动呢?通常广告通过与性相关的文字或视觉信息来达到目的,具体说,广告中通常包括视觉信息(性感的模特或是裸露的女性),具有性暗示的语言信息和音乐,当然也可以是包含有性信息的元素。由此可见,广告中性信息包含形象部分、言语部分,或者两者结合部分。就其表现方式而言,性感广告有直接表现型,即采用直白的画面或语言,另外,也有采用谐音、双关或场景嫁接的表现形式,通过性暗示间接表现。美国学者大卫·里斯曼和迪莫希·哈特曼通过对美国相关广告的研究认为,广告可以通过产品功能、联想、象征以及其他手段以达到目的。功能性的性广告是"与性商品、性形象、性心理直接相关的广告,它的主要特征就是强调产品功能"[①]。但这类广告受到法律和伦理的限制,被使用的频率比较低。联想就是"由某事物想到与其有关的人或事物",最能够激发性联想的是与性有关的物件、语言或者声音等。斐济(Fidji)香水广告中黄色的兰花有明确的性暗示,因为花是植物的性器官,兰花让人联想到未成熟的少女的身体,也和爱情联系在一起,而兰花的珍贵又使人联想到热带地区的热情和奔放;女子局部的脸,特别是鲜红的嘴唇和红色的指甲暗

---

① 高兰英. 平面广告中的性暗示分析[J]. 包装工程,2015(12):17.

示激情和性兴奋;女子的黑头发让人想到温暖、热情和性激情。① 象征是借助某人某物的具体形象(象征体),以表现某种抽象的概念、思想和情感,有的甚至是表现隐秘或者意义飘忽不定。广告中性象征指向十分明确,即便如此,其中所隐含的意义也往往是十分暧昧或者不确定的。

斐济(Fidji)香水中的女人与蛇的关系就和亚当的诱惑有关。在创世纪中,蛇劝说夏娃吃了智慧之果,夏娃又劝亚当吃了智慧果,最后他们都被逐出了伊甸园。蛇身子的曲线可以看作"S",瓶塞上部的光线以及瓶子下部构成了"E",少女的手交叉构成"X","Sex"(性)被镶嵌在这个形象中,而少女两手交叉所象征的性的含义也十分明显。② 对于一些本身与性没有什么关系的产品,为了特定的推销效果,增加其销售业绩,这类产品广告中往往会加入性元素。

图4-20是一则中国电信的广告,广告的画面语言十分简洁,在聚光灯下,有两个留有很大间隙的枕头,枕头间隙中是一张写有字的纸条,也是广告语:"少了沟通,就算近在咫尺,也远隔天涯。"这暗示着如果缺少沟通那么即使"同床共枕"的夫妻也会形同陌路,而何况是我们一般人之间呢?广告的诉求十分明确。图4-21是某无糖啤酒广告,该广告就用两个放置在一起的、光影分明的、轮廓清晰的苹果来暗指乳房,这也会引发人的诸多想象,而广告词"男人不需丰'胸'",让人恍然大悟,原来这里是指不含麦芽糖的啤酒,不会使人发胖,这种亦庄亦谐,"明修栈道,暗度陈仓"的手法起到了意想不到的效果。

其实在现实中许多广告对性欲的表现都是隐含的,有的甚至是无意识的。"拥有购买能力就拥有吸引异性的能力。"③这样的诉求也是十分

---

① 伯杰.媒介分析技巧[M].李德刚,何玉,译.北京:中国人民大学出版社,2005:179-180.
② 伯杰.媒介分析技巧[M].李德刚,何玉,译.北京:中国人民大学出版社,2005:179-182.
③ 伯杰.视觉艺术鉴赏[M].戴行钺,译.北京:商务印书馆,1996:174.

隐含的。图4-22是则香水广告，香水瓶盖如同一团火，它象征着激情、兴奋等，而作为背景的一对紧密相拥的男女和前面燃烧的火焰相得益彰，对性的激情暗示明显。当然有关性的诉求只有与产品形成合理的联系时，才能提高品牌记忆，否则就会弄巧成拙。

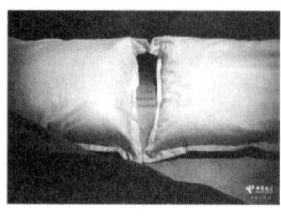
图4-20

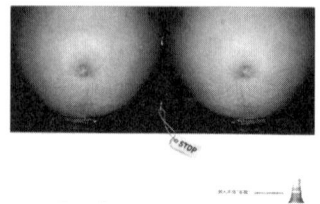
图4-21

图4-22

焦虑是人类基本情绪，它是人类在与环境做斗争及生存适应的过程中发展起来的一种情绪反应。适度的焦虑具有积极的意义，它可以充分地调动身体各脏器的功能，适度提高大脑的反应速度和警觉性，但过度的焦虑就会成为病理性的了。广告会充分利用人类的基本情绪反应来提高广告传播的效果。在广告的世界里没有什么比金钱、财富、美丽更重要的，对失去名望、财富、美丽的焦虑，是广告叙述的内容之一，广告利用的就是人们对失去的恐惧。刊登在某时尚杂志上的一则速效保湿霜就用充分保持水分作为宣传点，而用外观显得十分鲜艳、美丽和饱满的桃子作为广告表达的主体。"润肤露暴露了女性对于性欲和生殖能力的焦虑。大量的化妆品强调湿度、润滑，使女性产生焦虑，害怕身体变成一片干燥的沙漠——或者说身体缺乏生机、贫瘠、了无生气。"[①]广告对人的焦虑心理的表现是多方位的，这样也极大地丰富了广告强大的表达功能。

迈克·费瑟斯通认为："为满足由广告刺激起来的欲望，人们才使用

---

① 伯杰. 媒介分析技巧[M]. 李德刚, 何玉, 译. 北京：中国人民大学出版社, 2005：179-186.

商品,这种观点,是一种暗淡无色的墨守成规的大众文化观点。与之相反,已经有人指出,消费商品的意义、它的使用及解码过程,是复杂而充满疑难的。"① 广告中传达出来的越来越多的是对生活方式的弥散的、模糊的想象,更多的信息被激发出来,它们不断采用现代主义的甚至后现代主义的促销方式,对观众既进行诱导,同时又进行奉承。正如鲍德里亚所预言的那样,记号和影像消解了现实与想象世界的差别。② 当然广告传达什么,广告消费者接受什么,这两者之间存在一定的反差,也就是说,广告内容往往会和广告的鉴赏者关于理想的形象的认识不一样,二者之间甚至会产生鸿沟。只有两者在某种程度上认知达到一致的时候,这条鸿沟才会被抹平,这需要广告在多方面加以努力,当然这包括加强广告的组合和丰富广告的形式。

第四节　广告的形式:结构、互文性与修辞

我们在留意广告内容的同时,另外一个问题也必然会进入我们的视野,那就是广告的形式。形式是一个极有包容性的词汇,形式是指外形、外在表象,也指事物内部各要素之间的结构,形式具有视觉化特征。广告形式从一般意义上看,包括其外在表现和内在结构,但就其具体内容来看,我们这里的广告形式是一个比较开放性的概念,它既包括广告的内容组合方式和广告与媒介其他内容的编排方式,也包括特定的艺术表达手法(因为表达手法中也隐含着内容的组合方式)。

---

① 杨简茹. 广告:男色可餐[J]. 艺术与设计,2013(2):106.
② 杨简茹. 广告:男色可餐[J]. 艺术与设计,2013(2):106.

鲍德里亚在《消费社会》一书中就"信息配置"做了专门的论述:在各种媒体中,新闻、娱乐、广告以及其他信息都是混编在一起的,在报纸中,同一个版面有新闻、娱乐内容,也有广告;在广播、电视等电子媒介中信息呈现方式是线性的,在播出一个内容后才播出另外的内容,一条娱乐信息后面是一条国际新闻,然后是广告,当然后面也会在时间的连续中出现其他方面的内容。"这是一串不连贯的符号信息,其中所有的秩序都被等同化了。"①图4-23、图4-24是随意找到的两张报纸,这两张报纸每一个版面上都是有新闻,有图片,也镶嵌了多则广告,这和鲍德里亚所列举的报纸信息呈现方式一样,这也说明,这样的信息配置方式是十分普遍的。

图4-23　　　　　　　图4-24

在一般人的心目中,媒介中所有的东西都应该是围绕新闻信息展开的,新闻的发布节奏也是媒介所需要的内容的变化的基本节奏,广告只是其他信息内容的附生产品,人们关注的是信息传播的内容。但在

---

① 鲍德里亚.消费社会[M].刘成富,全志钢,译.南京:南京大学出版社,2001:129.

鲍德里亚看来,从消费角度看,各种信息之间是没有区别的,具有等值性,甚至"这种对'消息'话语和'消费'话语的精心配量在感情方面独独照顾后者,试图为广告指定一项充当背景……其有条不紊地强制性地轮换造成了唯一的接受模式,即消费模式"①。这也表现为独特的视觉呈现方式。

麦克卢汉的"媒介即信息"对于分析广告的视觉呈现模式也是有价值的。对于广告而言,广告的视觉呈现不在于其传达什么内容,而是与其特定的编码方式有关。编码实际上涉及两个方面:元素和结构。广告编码就是探究广告符号(元素)在广告信息传达以及构筑广告传播环境时的内在运作机制(结构)。广告语言是一种视觉语言和听觉语言,更为重要的是视觉语言表现为图像符号,它具有描摹事物外在特质的能力,它是用二维方式表现三维,正如霍尔所形象表述的,电影中的狗会叫但不咬人。不同的语言符号也会采用不同的编码方式,具体有单纯的语言符号组合模式,语言符号和声音符号组合模式,语言符号、声音符号、图像组合模式,当然还有其他组合模式,比如平面广告大多是语言符号和图像符号的结合,这和电视多种符号组合在一起的结合方式是完全不同的。平面广告利用瞬间的形象,其画面大多采用浓缩、象征、新奇的手法,力求简洁,扣人心弦,而相关信息简洁明了。姚晨代言的中华牙膏平面广告就是由面带笑容的图片,带有外包装的牙膏图片,显示洁白牙齿的小图片和广告词构成,整体的构图十分简洁,意义指向十分明确,给人一目了然的印象。与平面广告不同,电视广告或者其他视频广告具有及时传达、能够具体准确传达意义的功能,同时其提供多元化的手法来强化、暗示相关内容。同样是姚晨代言的"中华魔力迅白"的视频广告,就是采用了具有对比的两个角色展开叙事,一个是干练的职业女性,一个是居家的"俏佳人",在用

---

① 鲍德里亚.消费社会[M].刘成富,全志钢,译.南京:南京大学出版社,2001:130.

背景声播出广告词后,用姚晨的同期声"伶牙俐齿,以快制胜"作为结语,给人十分紧凑的感觉。当然不同符号之间的结合方式会形成不同的传播模式,但是不同的叙事、互文性以及修辞等也会形成特定的编码方式,它们也对广告信息传播产生影响,同时文化、习俗等也会对编码产生影响。

互文性作为广告的一种重要表现手法,其运用范围也十分广泛。叙事学者拉尔德·普林斯给出了一个清晰、简单的定义:"一个确定的文本与它所引用、改写、吸收、扩展或在总体上加以改造的其他文本之间的关系,并且依据这种关系才可能理解这个文本。"[①]"……广告比例的增加预示了这种媒介的书写能力,即对以前的广告的形式和内容的再循环,以及将它们转变为媒介反思性和商品差异的能指。"[②]在现实中,广告一方面充分借鉴老广告的形式和内容再利用,另外一方面就是对旧广告的再利用,也包含一些其他的怀旧内容再利用。在2012年迎来百年诞辰之际,中国银行品牌形象广告"百年中行"就是从一张老照片开始,伴随主人公的脚步,再现了中国银行1912年在上海成立、1929年从伦敦开启国际化之路、1985年发行中国第一张信用卡、1990年中国香港中银大厦落成及2008年参与北京奥运等历史瞬间。中国银行的广告一直在努力探索这一百年民族品牌的独特气质。从1996年推出的"高山、大河、麦田、竹林"系列广告,到2004年由张艺谋执导、濮存昕主演的"珍重客户篇"到2010年打造的"中国之美,世界看见"主题广告,它们的内在气韵和风格都是一致的。

广告对艺术的借用,是互文性的一种重要表现方式之一。水墨艺术是我们传统艺术中重要的艺术表现形式,水墨艺术中勾、点、擦、勒、

---

① 程锡麟. 互文性理论概述[J]. 外国文学,1996(1):72.
② 古德曼,帕普森. 超符码的广告[M]//巴尔特,鲍德里亚,古德曼,等. 形象的修辞:广告与当代社会理论. 北京:中国人民大学出版社,2005:132.

染、晕、泼墨等独特的手法,简洁的形式语言,"计白当黑"的朴素表现手法,以及水墨艺术追求的意境都给我们的广告提供了诸多借鉴。别克君威汽车就大量借用了水墨艺术:在广告中一辆君威轿车行驶在荷花池边,发动机的声音居然没有惊扰到一只停在荷尖上的蜻蜓。车停了,蜻蜓飞落在君威的车标上,而"在动静中融智慧,于无声处见君威"的广告词突出其高洁大气和动静相宜的东方神韵。广告创建中国水墨式意境,传递出闲庭信步的自在与自信。YSL中文名为圣罗兰,是法国著名的奢侈品牌,它的许多广告都通过借用、引用或改写西方著名的油画的方式来为其产品做宣传。图4-25、图4-26是YSL的两则平面广告,一个引用法国写实派与印象派画家马奈的《草地上的午餐》,而另外一则广告是借用马奈的《奥林匹亚》。与一般的物质相比,艺术品显示的是文化的权威,也是尊贵或者智慧的象征,"广告'引用'艺术作品,有两种作用。艺术是富裕的标志,它属于美好的生活,也是世界赐予富人和美女的装饰品。"①

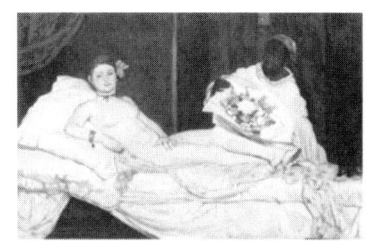

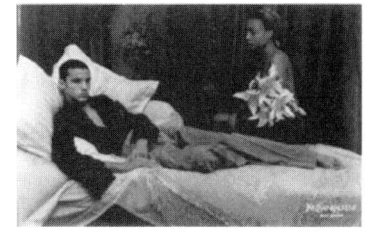

图 4-25　　　　　　　　　图 4-26

---

① 伯杰. 视觉艺术鉴赏[M]. 戴行钺,译. 北京:商务印书馆,1996:161.

通常说来艺术涉及文学、音乐、舞蹈、雕塑、绘画、建筑、戏剧、电影等多个门类。广告作为一种综合性的艺术表现媒介,在广告中,某一音乐文本、某种摄影风格或电影与电视制作的场景,或一个片段,或部分的抽象场景都可以成为广告互文性对象,特别是互文性的音乐是广告重要的表现手段之一。在早期由玄彬搭档金泰熙的 LG 手机广告片,就采用韩国歌手朴慧京演唱的 Yesterday 作为广告歌。在步步高音乐手机广告里,由香港歌手冯曦妤哼唱的曲子就是容祖儿的《挥着翅膀的女孩》的原曲。"互文性的指涉就像一个钩子,能够把商品和消费者的记忆联系起来。"[①]广告对艺术品的应用也具有矛盾性:商品是有价的,是可以买卖的,它的价值是物质性的,而艺术是无价的,难以用一定的金钱来衡量,它的价值更多地体现在其精神性上。因此在广告中如何缩小甚至消解这样的矛盾是我们需要严肃、认真对待的事情,当然这既需要我们对此有充分的认识,同时也需要我们在广告设计中利用艺术化的手法巧妙地加以弥合。

如何借用艺术化的表现手法来实现广告的目的是许多广告从业者和广告研究者十分关注的话题,但广告并不是纯粹的艺术,它与艺术是有区别的,因此广告在艺术处理手法上也不同于纯粹的艺术,而且随着技术发展和艺术表现手法的发展,广告艺术也在不断发展。广告摄影兴起于 20 世纪 20 年代,随着摄影技术的进步,特别是数码摄影技术可以像绘画一样主观、清晰、质感,这使其成为广告表达的重要艺术手段。而随着电视和移动媒介终端的出现,影视摄影、摄像技术也在广告中得到广泛运用,这也极大丰富了广告艺术的表现手段和方法。现实主义画家达利通过写实的绘画技巧表现梦幻中的情境,给人以时空交错的感觉,这也给广告摄

[①] 古德曼,帕普森. 超符码的广告[M]//巴尔特,鲍德里亚,古德曼,等. 形象的修辞:广告与当代社会理论. 北京:中国人民大学出版社,2005:132.

影带来极大的启发。广告中的超现实是通过编码技术来再构现实的技术,这种编码也作为一种符号,对广告的阅读产生影响。一则获得2000年莫比广告奖的减肥药物广告就运用了超现实主义手法。广告结构是下面这样的①。

一位天使般打扮的女孩伫立在奔驰的火车上。

(女孩的呓语)画外音:"我想要做很多事情……我要在冬季的雪地里赤身行走,沐浴夏日的阳光,像孩子一样玩耍,像勇士一样思考,和陌生人相爱……"

(犹如梦境)画面:女孩与士兵一起操练;她手捧冰雪,雪团绽放成一朵玫瑰;她一会儿变成做鬼脸的顽童,一会儿变成被枪决的勇士;风吹过坟墓,女孩手持魔镜站在巨大的树根之上,周围是温顺的狼群……

画面:女孩透过镜子看到的现实情况——一个坐在床上、身体严重肥胖、无法自由行动的年轻女孩!旁白:"我们是不是自己想象的样子呢?""减去体重,赢得生活。Xenical是一种处方药,用于严重肥胖和危险的并发症,请遵医嘱使用。"

广告超现实表现手法正是将现实与虚拟结合起来从而创造无限可能的创意世界,建立起梦幻般的真实情境。利用梦境是超现实主义的重要手法,与此同时,在画面的结构上,常用的手法是将表现的主体或者放在屏幕的边缘,或者让其模糊不清,或者伪装成其他物品,"产品在叙事中根本不是作为能指/所指被赋予第一的位置,同时它也不是作为叙事的动力发挥作用。"②广告超现实表现手法利用技术手段对图像或者影像加以拼

---

① 钟静. 超现实主义元素在广告创意中的应用——解析超现实主义广告[J]. 湖南科技学院学报,2009(9):241.
② 古德曼,帕普森. 超符码的广告[M]//巴尔特,鲍德里亚,古德曼,等. 形象的修辞:广告与当代社会理论. 北京:中国人民大学出版社,2005:127.

贴,或者将人们熟悉的形象变为陌生的画面,或者创造出来具有超现实特点的新形象,甚至是一些荒诞或具有神秘感的形象。在一个劝说驾驶员禁酒的公益广告中,汽车轮子是反向朝着天的,而且汽车在天空中腾云驾雾,这都是通过想象对相关内容的再拼贴的结果。当然摄影的技术手法对广告的影响是多方面的,"超现实编码的一项熟悉的技术是推拉镜头、摇镜头和跟踪镜头的运用……这里存在一种非常奇怪的非中心化的效果,因为这里没有一个中心对象。"① 使用摄影镜头放大粗糙的图像,有颗粒的图像也使超现实感进一步加强,包括采用家庭摄像的风格都是超现实表现的重要方法。

狭义的修辞指修饰文辞,而广义的修辞是指调整或选择适用语词。简单点说,修辞就是修饰文字和行文的技巧。修辞的具体表现就是修辞手法,就是修饰词语,调整语句,运用特定的表达形式。广告修辞其实也是基于对"词语、语句和表达方式"的修饰和技巧的把握,其目的在于增强广告的表现力和说服力,也是为了使广告所要传播的信息为受众关注、理解,并且由此获得认同。对于广告修辞实际上涉及三个方面内容,即"语言修辞""画面修辞""声音修辞"。对于画面(视觉)修辞,有学者认为,就是"为了使传播效果最大化而对传播中运用的各种视觉成分进行巧妙选择与配置的技巧和方法"②。而且就修辞手法来说,中国言语修辞学家们"总结归纳出的辞格多达231种,最基本的也有二三十种,如:比喻、比拟、对偶、对比、排比、摹状、互文、回文、顶真、夸张、反复,等等"③。如果考虑到各种修辞手法以及广告的各种"语言"形态,广告的修辞就变得十分丰富多彩。对于广告来说,最为主要的修辞有比喻、比拟、夸张、对比、反

---

① 古德曼,帕普森. 超符码的广告[M]//巴尔特,鲍德里亚,古德曼,等. 形象的修辞:广告与当代社会理论. 北京:中国人民大学出版社,2005:126.
② 冯丙奇. 视觉修辞理论的开创——巴特与都兰德广告视觉修辞研究初探[J]. 北京理工大学学报(社会科学版),2003(12):3.
③ 汪国胜. 汉语辞格大全[M]. 南宁:广西教育出版社,1993:1.

复等。

比喻就是用与 A 有相似之点的 B 来描写或说明 A 事物,比喻是人认知世界的一种基本方式,通过寻找两个事物之间的共同点来达到认识的目的。比喻三要素:本体(被比喻的事物,如 A)、喻体(用作比喻的事物,如 B)和喻词(联系本体、喻体的词语,如,像、好像、是等)。某品牌的爽口液广告词是:"宛如春之玫瑰,使您笑口留芳;犹如醇酒一般,令您唇齿留香。"把这个爽口液比作"春之玫瑰"和"醇酒",而且从产品的不同侧面展开,十分形象、生动。

荷兰有关交通安全的公益广告在威尼斯国际电影节上获得银狮奖,广告中就运用了比喻的方法。广告在急促的音乐声中开始。

画面一:一个手提公文包的男人紧贴在拿着商品的女士身后。

画面二:还是那个拿着公文包的男人紧贴在一个悠闲散步的男人的身后。

画面三:还是那个拿着公文包的男人紧贴在一个老人的身后。

画面四:还是那个拿着公文包的男人紧贴在一个快步急走的年轻男子的身后。

画面五:还是那个拿公文包的男人紧贴在一个也拿着公文包的男人的身后。

画面六:出现了"可笑吗"这句话。

画面七:还是那个拿公文包的男人紧贴在一个推着垃圾车的男人身后。

画面八:出现的广告语是:"那你开车时为什么要这样做呢?"

画面九:还是那个拿公文包的男人紧贴在正在跑步的年轻女子身后。

画面十:黑屏(传来汽车急促刹车声音)。

广告借用在日常生活中人与人之间过于狭小的空间,给人带来的局促、不安的感觉,来比喻开车的时候没有给其他车辆留下更多空间,不只是带来不安,还会造成交通事故,也就是说过于拥堵的交通会给生命安全造成伤害,也会给人造成心理阴影。

比拟就是把 A 当作 B 来描述、说明。比拟通常是将人比作物、将物比作人,或将甲物化为乙物。广告中运用比拟,可使受众对商品或相关信息产生鲜明、深刻的印象,而广告中的感情倾向也容易引起受众的共鸣。中国台湾的一个丛书广告词是:"与书为友,天长地久。"广告把"书"拟作"人",读书就是交友。图 4-27 的广告是一个公益广告,图 4-28 是一个品牌的牛仔裤广告。

图 4-27

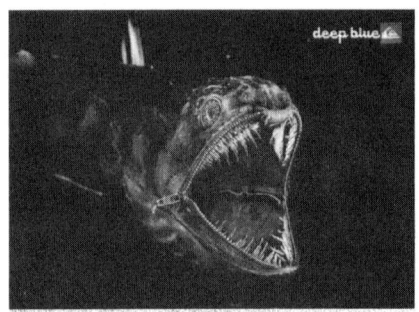
图 4-28

公益广告用北极熊的行为方式比拟人的行为方式,直立行走中的北极熊脱下"衣服"(其实是自己的皮毛),以此描述北极气温升高,也让观众十分容易得出气候变暖的结论,广告的背景是四周融化的冰雪世界,暗指全球气候变暖已经影响人类和动物的生存。在牛仔裤广告中,这个牛仔裤的裤口,如同深海中的某种凶猛的鱼张开的大嘴,显示其凶猛的野性。广告通过动物比拟来突显该品牌牛仔裤自然的野性,赋予牛仔裤与众不同的个性。

夸张就是用夸大的方法来形容事物,夸张突出了事物的本质特点,能使受众产生丰富的联想,同时也给人留下深刻印象。图 4-29 是一个眼镜广告,图4-30是一个书店广告,两个广告都是系列广告,而且都采用了夸张的手法。

 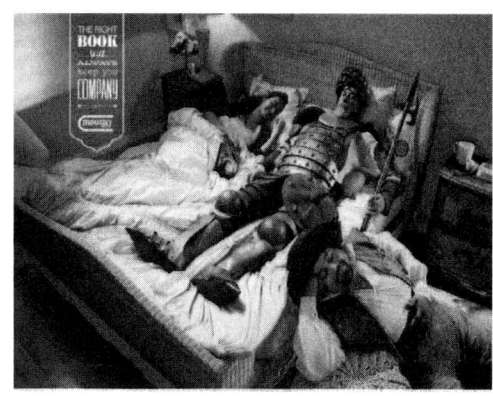

图4-29　　　　　　　　　　图4-30

这个眼镜广告显示一个蒙着面的孩子,戴上"Sear"品牌的眼镜,就可以轻而易举地将缺少尾巴的毛驴的拼图拼全,后面还有组装航模、人脸手绘,这即使对于视力好的孩子也是难事,而广告中人物只要戴着眼镜蒙上眼睛也可以完成,正如广告词所说,"这可是Sear眼镜,好眼镜,不怕挡,so easy!"以色列的连锁书店Steimatzky Books围绕"让书中的人物陪你入睡"这一主题,制作了系列广告,广告中,仿佛《堂吉诃德》《魔戒》《斯大林》《福尔摩斯》《卖掉法拉利的高僧》这些书中的主角就睡在身旁。不同的人在睡前读不同的书,虽然最后都不约而同地睡去,但身边这本好书中的角色却始终在一旁陪伴,不让你感觉到一丝孤单,这是一种精神的力量,也是我们社会竭力推崇的文化追求。

对比是把两个相反或者相对立的事物或同一事物相反、相对的两个方面并置在一起,以此来描述或说明对象。对比可以是直观的形象,比如色彩、形状、质感、数量、面积、方向等的对比;也可以是内在意义上的,比如属性、功能、情调、内涵、特质等的对比运用,如把好与坏,善与恶,美同丑并置产生对立,或者把事物的正面与反面、内与外等不同的方面展示出来,给人们形成不同的反差,也由此会给人留下不同的印象。下面的两则广告采用了对比的手法。

图4-31是一则整容手术广告,通常的整容广告往往强调的是个人整容前后的对比,而这则广告的聪明之处,在于打破常规思路,将整过容的人与自己的同龄人进行对比。广告设置的场景是一群老人的同学会,老头老太中间穿着红衣的少妇无论面容和身材,都像是孙女辈,她露出的自信笑容同男同学的别样目光、女同学的尴尬表情也形成对比,她以格格不入的青春姿态宣告了美容手术的成功。图4-32是一个汽车广告,但广告却以两把伞作为表达的主体,撑开的那把伞下写有"敞开"二字,收起来的那把伞下写有"闭合",对比意味十分明显,而广告左下角的敞篷汽车图,让人极其容易想起雨伞的开合功能,打开的伞对敞篷汽车来说意味着"敞开",而收起来的伞对敞篷汽车来说意味着"闭合"! 用雨伞来比喻敞篷车,也暗示了易于操作与安全保护等产品特点,所以这种广告是多种修辞的混合。

图4-31

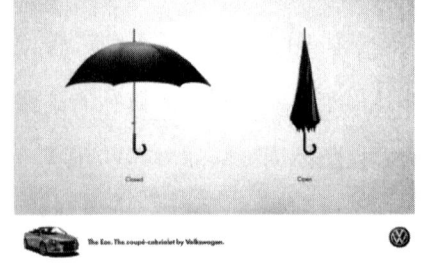

图4-32

对于语言来说,反复意味着重复使用某些词语、句子或者段落等。对于视觉语言来说反复是画面、情节、场景、行为、细节等的重复出现。反复是为了强调某个人物、某种思想、某种情感。保健品"果味VC"的电视广告词:"VC,VC,果味VC,您想宝宝长得活泼健壮,请吃果味VC,您想使皮肤白嫩，防止衰老，请吃果味 VC。VC，VC，果味 VC，又酸又甜，好像橘子，真好吃。"这个广告词十分直白，但是其中采用了多种修辞手法，其中最为重要的修辞是对"VC，VC，果味 VC""请吃果味 VC"的反复，这样不仅强化了其品牌的效应，也强调了其实用价值。荷兰的交通安全公益广告中，虽然场景和被追随的对象在变化，但是拿着公文包的男性的紧随其后的行为在广告中反复出现，而且频率比较高，给人以急促感和压迫感，这也为后面所要表达的主旨埋下伏笔。

　　实际上广告中还采用其他的修辞手法，像暗示、倒装、顶真、对偶、反问，等等，这些修辞手法使得广告的意义传达更加丰富，也有利于强化广告的传播效果。我们在关注修辞的时候经常是或者注意语言侧面，或者关注图像侧面，但却忽视文字和图像之间的关系。巴特特别强调通过文字和图像关系来研究广告，强调文字对图像的作用即"锚定"与"接力"。"锚定的基础是图像的不确定性与多义性，文字的作用就是'固定'其中的某一种含义，以便使广告受众更加便捷、准确地获取这种含义。在这个过程中，文字表达与图像信息部分或全部相同的内容，以这种部分或全部重复的方式对图像中的某一种含义加以强调突出。"[①]接力关系，是文字和图像传达不同的内容，二者之间不存在意义的重复，但需要将两者整合起来，这样就构成了接力关系。随着媒介技术的变化，广告的媒介表现方式也更加丰富，这样也使得广告的修辞更加多元化和复杂化，需要广告人和相关研究者以更大的勇气和智慧认真面对。

　　我们讨论了广告表现的主题，研究了广告的符号结构，也研究了广告心理和广告的修辞等，但就广告的本质而言，"广告发挥着巨大的影响力，

---

① 冯丙奇. 平面广告图文修辞的内在结构体系分析[J]. 现代传播，2010(8):57.

是一种极其重要的政治现象。它说得天花乱坠,可是提供的东西却极为有限。它六亲不认,只承认购买力。人类的其余的一切擅长或需要无不屈居于这一力量之下"[1]。这说明广告就其影响来说是政治的,就其表现方式来说,其信息传达的内容是有限的,而金钱和实力是广告存在的基础,也是商业社会发展的基本逻辑。

---

[1] 伯杰. 视觉艺术鉴赏[M]. 戴行钺,译. 北京:商务印书馆,1996:188.

第五章 / 影视艺术：交错的时空和岁月

> 电影是视觉艺术……尽管它是想象中最绚丽多彩的礼花，其本质上仍然是睁开眼睛的艺术。电影的现实主义有时也会成为一种逃避现实的意识形态，但归根到底一切现实主义都是革命的。在为真理而进行的斗争中，认识和介绍事实是最具影响力的武器。
>
> ——巴拉兹·贝拉

在文字没有出现以前，人类的情感表达或者交流都是"可见"的，无论是面对面的交流，还是通过图画或者实物等视觉化的艺术，都是可以直接感知到的，而文字的出现改变了这种现状。维克多·雨果曾经在他的一本书中称，印刷物代替了中世纪教堂的作用，并成为人们思想的传播者。但是，成千上万册书把教堂的统一的精神也肢解为成千上万种观点……就这样，可见的精神变成了可以用文字表达的精神，视觉文化变成了概念文化。[①] 1895 年 12 月 28 日，法国的卢米埃尔兄弟在巴黎放映了《工厂的大门》，这一天被认定为世界电影的诞生日。在巴拉兹看来，电影从根本上改变了文化的性质，视觉回到文化传播的首位，人在电影里用表情、手势，也就是说直接用身体语言表现精神世界，人再一次变得"可见"了。"电影艺术的魅力就在于：它把人类从巴别摩天塔的咒语中解救出来。现在第一个国际语言正在世界所有银幕上形成，这就是表情和手势的语

---

① 贝拉. 可见的人——电影精神[M]. 安利, 译. 北京：中国电影出版社, 2003：11.

言。"①1925年10月2日,贝尔德将一个人的图像发射到屏幕上,屏幕上面的人物形象看上去十分逼真,甚至连眉毛和头发都清晰可见。电视的出现进一步改变了传播的格局,也强化了对"可见的人"的表现力,它将真实和虚构的东西通过不间断播放的方式加以传播。

第一节 综合:影视艺术的视觉表征

电影和电视艺术在对"可见的人"进行表现的过程中,除了借鉴其他艺术形式外,还充分利用技术以及自身的优势。影视艺术以现代传播技术和媒介技术为基础,集多种艺术为一体,通过动态画面和各种声音的创造和组合来再造特定的时空、叙述特定的故事、表达特定的意义,因此影视艺术是技术与艺术的综合,是视觉和听觉的综合,是时间和空间的综合。

一、影视艺术是技术与艺术的综合

通常,我们在看电影的时候主要集中于电影的主题、情节、故事、场景、演员阵容等,其实这只是电影的一面,而电影的另一面则是技术。电影技术的换代、发展才使得我们看到今天电影在拍摄、制作等方面多方位运用数字技术。《魔兽》是早期较为有代表性的电影,它是由传奇影业与举世影业连续在暑期档推出的电影,它以2D、3D、IMAX3D形式在巨幕上放映。在拍摄方面,工作人员搜罗了最大规模的动作捕捉拍摄场景,以

---

① 贝拉. 可见的人——电影精神[M]. 安利,译. 北京:中国电影出版社,2003:17.

及最先进的面部和神色捕捉技术。技术的发展不是一蹴而就的,它是一个循序渐进的过程。

有研究者在《纽约时报》中选取了从 1915 年到 1993 年的 5 篇关于电影技术的报道,来展现电影技术进化的历史。[①]这些报道涉及电影摄影、放映、录音、彩色电影和银幕技术等方方面面。1915 年 10 月 2 日,正处于第一次世界大战期间,美国的一些中小公司针对爱迪生及其电影专利公司对电影放映机和相关专利的垄断发起法律诉讼。这篇报道讲述的就是法院正式判决电影专利公司涉嫌垄断,其中涉及放映机、有声电影、彩色电影、视觉特效、IMAX 等多项技术。1926 年 7 月,AT&T 和华纳兄弟研发了叫"维他风"的机器,它能够将演员的声音和画面同步播出。1935 年 6 月,媒体报道了雷电华电影公司(RKO-Radio)正在发行新拍的全彩电影《浮华世界》。1991 年 7 月,工业光魔公司用电脑为《终结者 2:审判日》制作特效。1993 年 8 月,美国三家行业巨头开展了一场"大银幕之战",大银幕将演变为一种前所未有的全新娱乐形式,它集观影及主题乐园娱乐效果于一身。

"电视"(television)这个英文单词意思是"远距离看"。没有电视技术,"远距离观看"是无法做到的。1883 年,还是大学生的尼普科夫制作了一个机械扫描圆盘,这就是著名的"尼普科夫圆盘"。他在专利申请书的第一页上这样写道:"这里所述的仪器能使处于 A 地的物体,在任何一个 B 地被看到。"1925 年 10 月,贝尔德发送了第一个真人图像;1928 年,贝尔德成功进行了伦敦与纽约间的无线电视收发试验;1930 年,贝尔德和英国 BBC 合作,开始用声画配合来试播电视节目。1873 年,英国科学家约瑟夫·梅发现硒元素具有光电效应的特性,硒可以将光能变成电能。

---

① David Everitt. 电影技术进化史:如何发展到今天的? [EB/OL](2016 - 02 - 09)[2016 - 03 - 21]. http://tech.163.com/16/0208/10/BFA148KB000915BD.html.

德国科学家布劳恩发明了一种带荧光屏的阴极射线管,英国的斯温顿进一步改进阴极射线管使其成为现在的摄像管。兹沃雷金发明的电子扫描影像管,正是现代电视摄像和接收成像的设备,而此后的电视伴随着技术的发展一路高歌猛进。

影视也是艺术的综合,一方面体现在其对诸多艺术的综合运用,另一方面体现在影视艺术借鉴了其他艺术的特长。影视艺术综合了文学、摄影、绘画、音乐等各种艺术。这是因为影视的基础是其文本,这是文学性的;它的画面依靠绘画和摄影等多方面知识;音乐在影视作品中的位置是十分显著的,音乐可以起到表现人物、烘托背景氛围的作用。当然,影视艺术还从其他艺术获得了许多有益的借鉴。电影艺术源自戏剧,这是中外许多学者的共识,中国的第一部电影《定军山》不只是对戏剧的简单翻拍,对其进行制作过程中制作人还从戏剧的表演、结构方式、语言等多方面汲取营养。文学与影视之间的关系就更加密切了,影视的许多题材来自文学作品,文学作品的情节展开方式、结构方式、文学语言都为影视艺术提供宝贵的范式。由中国经典名著改编的电视剧《西游记》之所以取得成功,归因于电视剧忠实于原著,塑造出经典的人物形象。因此,影视艺术既具有绘画、摄影等直观造型的特点,又有小说、戏剧、诗歌、音乐在运动中反映现实生活、抒发主观情感的特质,从而声与画、动与静、情与理有机统一于动态视觉形象中。影视艺术的基础是其视觉性,影视艺术是通过视觉化的方式来表现或再现现实的。

当然,最为重要的是影视艺术在技术与艺术层面的高度协调和一致,好的影视艺术需要借用好的技术作为依托。在目前的技术条件下,一部影视作品从选题到人员的选择,再到具体的拍摄和后期制作都完全依靠技术。与此同时,在影视的生产和传播过程中,技术成分也越来越多。

二、影视艺术是视觉和听觉的综合

苏联的著名电影导演爱森斯坦说:"电影是从视觉上最简练地叙述抽象概念的艺术。"美国导演格里菲斯也说:"我试图达到的目的:首先让你看见。"①这两位大师都在强调电影艺术的视觉性。当然这样的视觉性外在的表现为可见,此外视觉性还应该包括形象性和艺术性。可见性是影视最为鲜明的特质,因为"影像的本质是'呈现',这个呈现是将世界'现象'化了。犹如李白、苏东坡等诗人咏明月的诗句,将那个冰冷冷的星球'现象'化了"②。我们从影视中看到的不仅是一些外在的视觉信息,还看到了各种鲜活的形象和独特的艺术表现,只要留心看一下就会发现,影视作品中一些鲜活的形象是最能够打动观众的。

对于声音,巴拉兹在《电影的精神》中有这样的描述:"一个完全无声的空间……在我们的感觉上永远不会是很具体、很真实的。我们觉得它是没有重量的、非物质的……只有当声音存在时,我们才能把这种看得见的空间作为一个真实的空间,因为声音给它以深度范围。"③

在影视艺术作品中,声音有人声、自然声和音乐声,所以各种不同的声音不只是给人现实的真实感,还可以起到推动情节、烘托艺术气氛、渲染情绪的作用。电影《泰坦尼克号》就很好地实现了将音乐与画面统一起来:该片的主题音乐首次出现就在男主角杰克第一次看到女主角的时候,悠扬的苏格兰风笛声从远方慢慢飘来、沁人心脾、回味悠长,伴随着钢琴分解和弦,女主角形象在杰克眼中更显光鲜亮丽;随着男女主人公爱情的发展,音乐表达基调柔和动人,并配合以反复播放主人公在船头相拥的画

---

① 张客. 论电影艺术的视觉性[M]. 北京:中国电影出版社,1984:1-2.
② 周月亮. 影视艺术哲学[M]. 北京:中国广播电视出版社,2004:8.
③ 贝拉. 可见的人——电影精神[M]. 安利,译. 北京:中国电影出版社,2003:267.

面。这两段音乐强调了影片的主题,用最优美动人的旋律将这种浪漫爱情呈现出来,使主题思想得到进一步深化,电影音乐的魅力也得到了充分展现。

影视艺术到底如何实现声画相互交融的？在影视艺术发展的早期尤其是早期电影,由于技术原因,在拍摄影视作品的时候,人们拍摄现场画面的同时也会将现场的人物对话、自然声等一并摄入。电影人物的对话也是由现场人物直接展开的,这样的表现比较质朴、自然,形象赋予声音以可见性,声音丰富了形象的表现力。随着影视拍摄技术的发展,声音和画面得以分开录制,这给后期的录音和剪辑带来了便利,于是声画关系也就带有人为编配的痕迹,这种关系通常通过声画分离和声画对位的方式体现。声画分离指声音和发出声音的人或者物不在同一个画面内,也被称为画外音。画外音是影视艺术中常用的表现手法,除了表现人物的心理或者交代背景外,画外音对于影视人物的塑造尤其具有独特功效。比如1979年拍摄的《现代启示录》,维拉德上尉的画外音贯穿全片,影片一开始主人公就以一种厌恶的口吻说:"西贡,妈的,我又回到西贡了。"影片以第一人称的画外音形式,试图向观众展示一个任性疯狂的个性特点,维拉德上尉的声音沙哑而具有无力感,这也把上尉的心理情绪有力地表现了出来。

声画对位,主要指声音和画面之间内容、形式、情感、气氛等表现出一致性。比如表现欢快的场面配以欢快的声音,而在压抑的情绪下,与其匹配的音乐或者声音则是低沉的。比如电影《花木兰》中的花木兰隐匿了身份开始从军生活,她与文泰并肩作战。二人都成为将军后,文泰和木兰清理战后沙场时,镜头呈现的是士兵们死在异国他乡的战场上,木兰等人拾起他们带血的腰牌。而在这一组镜头中制作人插入典型蒙古风格的女声长调,音乐的加入使得残酷的景象被转化为人物内心悲伤壮烈的感受,也使观众真切地感受到战场的残酷和为国牺牲的悲壮,同时,音乐的加入也表达了对士兵守卫国家的气节的赞颂,声画对位应用得十分成功。

三、影视艺术是时间和空间的综合

时间是物质存在的一种主要形式,体现客观物质的持续变化;空间是二维、三维的客观存在。时间和空间是观察世界的重要维度:一个人从小到老,一年四季的变化,我们都可以从中看到时间的影子;而从宇宙到国家,从家庭到区域都包含着空间的元素。影视艺术既需要特定的空间,也需要在时间中逐步呈现,是时空统一的艺术。

影视中可以任意表现过去、现在和未来,因此时间的变化往往是通过画面的连续运动来表现的。比如一个男人从火车站口到上火车是一个时间性的过程,影视会通过这个男子步入火车站大门口,然后在熙熙攘攘的人群中拿着车票候车,最后在火车门口检票的画面,来表达这个男子进火车站的全部时间。巴拉兹将电影的表现时间分为放映时间、情节时间和观众心理时间。放映时间比较好理解,对于影视作品来说就是电影和电视放映的时间,通常电影是 150 分钟左右,当然也有短些的,也有长的;电视剧一集播出的时长是 40~50 分钟。情节时间是影视作品情节展开的时间,比如根据米切尔小说《飘》改编的电影《乱世佳人》,讲述的是美国南北战争期间郝思嘉与白瑞德的爱情故事。《芈月传》讲述了秦昭襄王母亲宣太后的传奇一生,宣太后是中国历史上第一位垂帘听政的太后,她执掌朝政四十余年,使地处西北边陲的秦国逐渐变得强盛。当然,情节时间有的表现的是很长的历史时期,有的表现的是很短的一段心理历程,这就需要制作人压缩或者拉长时间。压缩时间可以通过空间的对接、叙事等方式实现;而拉长时间可以通过重复、慢动作方法实现,也可以采用几架摄影机同时在不同的角度拍摄同一场景,然后将拍摄的画面和场景连起来的方法,这就会使得时间被拉长。观众心理时间和观众观看影视作品的感受有关。有的影视作品十分引人入胜,使观众感觉时间过得总是很快,而有些作品给人拖沓、缓慢的感觉,心理时间就长了。造成这种感觉的原因是多方面的,既和影视作品的主题、故事、叙事等有关,也和观众的观影素养、审美心理等有关。我们现在讨论的是影视作品如何再现客观时间的问题,实际上电影还可以创造时间,"电影出于表达的需要,也可以创造出客观时间之外的心理时间。这种心理时间是作品中人物的感受,常用于表现人物的性格和内心活动"①。

影视可以表现世界上任何空间,"从北极到赤道,从大峡谷到一块钢板最细微的裂缝,从嘘的一声飞逝的子弹到一朵花迟缓地开放,从一阵思潮的闪现到一张宁静的脸,甚至一个狂人癫狂的谵语,一个人的幻想梦境……空间的任何一点,只要是在人的理解范围之内,都可以在电影中获得表现"②。影视艺术的空间包括客观空间、虚拟空间和心理空间。客观空间是现实存在的空间,从房屋、舞台、城镇,再到区域等,当然也有更小的空间。《黄土地》中的祈雨仪式,《秋菊打官司》中对城镇市场的描写,《菊豆》和《惊蛰》中出殡的场景,都是对特定空间的表现。虚拟空间是现实中不存在的空间,《海底两万里》中的海底世界是早期通过电影艺术手段虚拟的空间。随着技术的发展,人们越来越多地用影视作品表现虚拟世界,比如《黑客帝国》,叙述的是一个年轻的网络黑客尼奥发现现实世界实际上是由一个名为"矩阵"的计算机人工智能系统控制的,尼奥在神秘女郎崔妮蒂的引导下见到了黑客组织的首领墨菲斯,三人走上了抗争矩阵的征途。心理空间就是通过视觉化的方式描述心理世界,《盗梦空间》中的多姆·柯布是一位经验老到的窃贼,他甚至能够潜入人们的梦

---

① 王晓玉.影视文学写作[M].上海:上海外语教育出版社,2006:23.
② 林格伦.论电影艺术[M].何力,译.北京:中国电影出版社,1979:119.

境中,窃取潜意识中有价值的秘密。影视可以通过蒙太奇将各种空间加以组织和再构,比如用蒙太奇可以神奇地将同一时间内不同空间组织到一起。

影视艺术将时间艺术的描述和空间艺术的展示综合在一起,使之成为综合性的艺术。影视艺术为了让人物丰满和生动起来,往往会通过历时性叙事和情节来展现、刻画人物的性格、命运和情感。当然,影视艺术也可以通过共时性的各种元素来塑造人物,并表现人物和社会的生存发展环境。在时空关系的处理上,影视作品通常会采用"时空顺序"和"时空交错"形式进行结构。

第二节 视觉画面:影视语汇

任何一种语言都是由最基本的要素构成的,比如说"我热爱电影"这句话,是由"我""热爱""电影"等词组成的。"热爱""电影"还可以分解成为单独的词素,譬如"电影"一词,就是由"电"和"影"两个语素构成的,用以表示一种特殊的现代艺术形式的概念。同样,影视语言作为一个语言系统,其最为重要的构成要素是什么呢?有人说是镜头,也有人说是画面,应该说镜头接近于"语汇",而画面更接近于"语素"。如果说到最小的语言结构,我们更加倾向于把画面作为影视语言系统的最小单位。在形式上画面属于形象的范畴,这里所讲的形象主要是指人和事物本身的形状及其被摄录的直观形状。影视画面是通过摄影、摄像设备将人和事物记录在感光胶片、录影带或者其他设备上,最后在屏幕上还原出来的视觉形象。影视画面中的影像既是对现实物象的再现,也是对现实物象的重写。影视画面是对现实的一种复制,也是用特定的艺术手法对现实的复制,既是对现实的记录,又是对现实的超越,是被赋予了意义的真实,同时也是超越现实的真实。①

画面是影视视觉构成中最小的意义单元。对于影视艺术来说,画面是指画幅和银幕上面呈现的形象,其中画幅是电影胶片中一张单独而完整的画格,而银幕是指投射电影的白色屏幕。也有学者将影视画面定义为:"影视画面的单位——'一个画面',指的是摄影机从开机到关机这一段时间里所拍摄到的全部视像。因此,在这个意义上说,画面和常说的'镜头'是同一个概念:一个画面就是一个镜头。"②画面最为重要的特质是对特定对象的表现,这其中隐含内容(主要是形象)和形式要素。而形象包括画面中的人、物、景;形式要素包括景别、光影、色彩、构图等。

一、镜头与画面

影视艺术中的镜头有双重含义,一是指摄影、摄像机中的光学部件。镜头是由光学镜片和镜头筒组成的,光学镜片的作用是使景物能够在感光胶片上成像,而镜头筒的作用是将光学镜片按照光路位置固定好,并且与照相机机身准确接合。镜头筒上有光圈调节装置,也有调节镜头距离的装置,变焦镜头还有调节焦距装置。镜头第二重含义是指从开机到关机所拍摄下来的一段连续的画面,或两个剪接点之间的片段,也叫一个镜头。马尔丹从摄影、编辑、受众的角度给出更加详细的解释。从拍摄角度来说,镜头是指在拍摄过程中,摄像机的马达开动至停止段被感光的胶片;从剪辑角度来说,镜头则是剪两次,与接两次之间的那种胶片;从观众的角度来说,镜头就是两个镜头间的那段胶片。通常,一部电影的镜头大

---

① 彭吉象. 影视鉴赏[M]. 北京:高等教育出版社,2008:79-80.
② 鲁涛. 影视语言[M]. 西安:陕西人民美术出版社,2003:23.

约有 1 200 个,而 85 分钟的动画电影则有约 1 250 个镜头,20 分钟的动画剧有 350 到 450 个镜头,而 10 分钟的动画剧只有 150 到 180 个镜头。

光学镜头是根据焦距长短或视场角的大小区分的,主要有标准镜头、长焦镜头、广角镜头和变焦镜头。这里涉及两个重要概念,即焦距和视场角。焦距也称为焦长,是指从透镜中心到光聚集之焦点的距离,亦是摄影机或照相机镜片光学中心到底片、CCD 或 CMOS 等成像平面的距离,原理见图 5-1。镜头的视场角是摄影或摄像管中有效成像平面边缘与镜头后节点所形成的夹角。从造型角度看,视场角的大小反映了照相机和摄像机表现景物的开阔程度,视场角越大,景物越开阔,反之,视场角越小,景物越狭窄,原理见图 5-2。

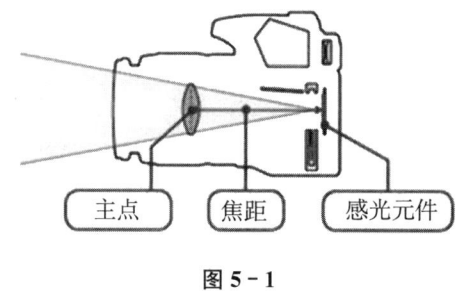

图 5-1

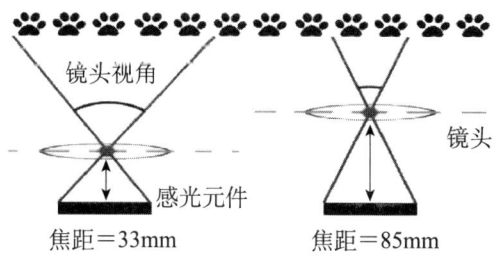

图 5-2

标准镜头是焦距长度和所摄画幅的对角线长度大致相等的摄影镜头,其视角一般为 45°～50°。标准镜头通常是指焦距在 40～55 毫米之间的摄影镜头。标准镜头所表现的景物的透视与目视比较接近。改变拍摄的距离,标准镜头可以拍摄出不同景别的大小范围。长焦镜头指比标准镜头的焦距长的摄影镜头,长焦镜头分为普通远摄镜头和超远摄镜头两类。以 135 照相机为例,其镜头焦距在 85~300 毫米的摄影镜头为普通远摄镜头,300 毫米以上的为超远摄镜头。从视角来看,长焦镜头对角线视角窄于 46°,而且焦距越长,视角越小。广角镜头焦距短于标准镜头,从视角看,其对角线视角大于 46°。广角镜头中还有一类叫鱼眼镜头,该镜头视角范围大,这是指在同一视点(与被摄物的距离保持不变)用广角、标准和远摄三种不同焦距的摄影镜头取景,广角镜头能比其他镜头拍摄到更多的景物。不同焦距的镜头有着相对固定的对应角度,具体如图 5-3 所示。

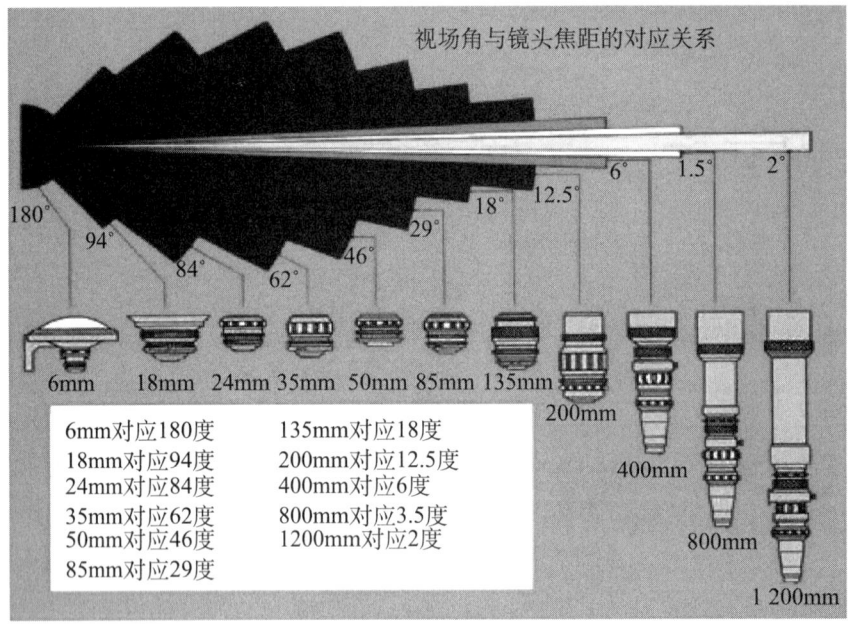

图 5-3

有固定焦距的镜头被称为定焦镜头,要改变其焦距必须改换镜头,而变焦镜头的镜头焦距可按拍摄者意愿变换,"变焦镜头由多组透镜组成,摄像师通过调节镜筒上的变焦环,移动镜头内部活动镜片组,改变镜片之间的距离,实现连续变焦的目的"①。变焦镜头能够一边调节焦距一边拍摄,也增强了摄影的表现力。变焦的过程也是拍摄角度发生变化的过程,这如同更换不同的镜头,变焦和拍摄视域的关系如图5-4所示。

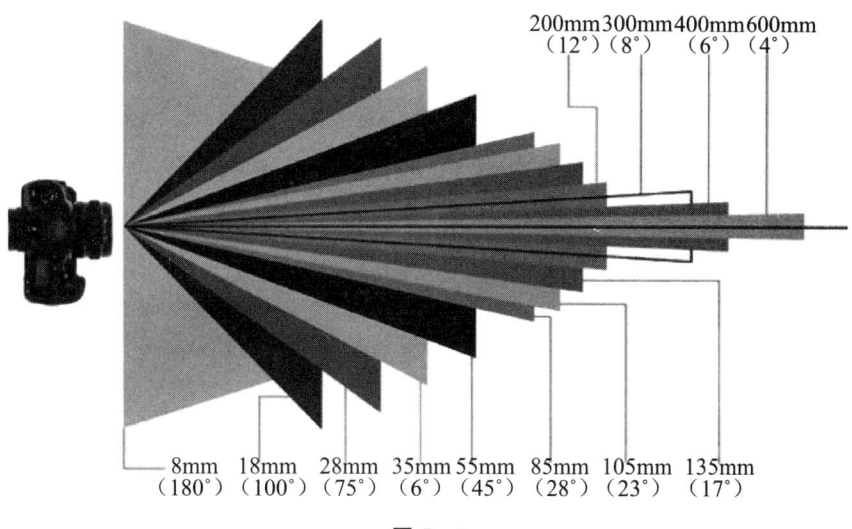

图5-4

在拍摄物体时,光学镜头的物理特征表现为不同的镜头,在不同的距离,可以呈现原样复制、缩小和放大的效果。通过利用镜头上的光圈调节景深,我们可以控制拍摄角度进而拍摄出不同画面效果。

画面作为影视的基本语言,也是用视觉化的方式来呈现世界,而世界上每一个人物、每一起事件、每一个场景,都会有特定的主体以及与主体有联系的陪体和各种背景性因素。影视画面是由画框和形象组成,"画框"是借用绘画用语,指影视画面的边缘。影视作品的创造魅力就在于它将媒介限制性地加以利用,创造者可以利用画框造成内外两个空间,从而营造特殊的艺术效果。

画面的主体是画面重点表现的对象,这个对象可以是人物或景物,主

---

① 刘荃,吴鑫. 影视艺术摄像[M]. 南京:南京师范大学出版社,2009:52.

体往往处于画面的突出位置或者画面的中心位置。在一部影视作品中，主体就是主角。对于一个画面来讲，表现的主体是变化的，可以持续表现一个主体，也可以在表现主体的同时表现其他对象；从表现方式上来说，表现的可以是主体的形象，也可以是主体的活动。为了突出主体，可以采用直接聚焦的方式，也可以将主体放在画面的前景中，当然还可以运用特定的拍摄手段，如光线的变化、明暗的对比来达到突出主体的作用。电视画面在屏幕上的停留时间比较短，这就要求构图简单、主体突出，甚至强调主体是单一的，也就是不能有两个以上的视觉重点同时出现在画面里。

画面中的陪体，是相对于主体而言，处于次要地位的表现对象。为了达到突出主体的目的，就需要弱化陪体。陪体的存在是为了突出主体，使得画面表达更加明确，同时陪体对于推进情节的发展，强化故事的效果也起到十分重要的作用，也因此，陪体的形象的表现常常是不完整的。比如拍摄记者采访一位名人，摄影记者会站在现场采访记者的后面来拍摄名人正面，这样名人就成为拍摄的主体，采访的记者就是陪体。当然在影视画面中还可以利用人物或者景物在画面中占据时间的长短来达到突出或者弱化的效果。从技术手法上看，人们可以通过景别、光线、色彩和构图等来淡化陪体，突出主体，从而达到吸引观众视线的目的。在影视作品中，也有一些特殊的例子，比如特写镜头就没有陪体，运动镜头画面主体和陪体是可以相互转换的，有时主体先出现在画面里，后面出现陪体，有时先出现陪体，随着镜头的运动后出现主体，在复杂的运动镜头里很难辨别谁是主体，谁是陪体。

环境是指画面中主体、陪体周围的情况，它可以是景物，也可以是人或者特定的场景等；它可以是自然环境，如蔚蓝的天空、广袤的草原，也可以是人文环境，如车水马龙的街道或者具有巴洛克风格的大厅；它还可以是其他物品，如某种装饰物或者一个盆景等。环境是画面的背景，是主体存在不可或缺的部分，它对主体起到烘托、突出等作用，当然环境也具有独立表情达意的功能。

作为画面中的三个实体存在,人们根据三者之间的位置来确立哪一个是前景,哪一个是背景。前景是主体前面的物体,或靠近镜头位置的人或物,前景可以是主体,也可以是陪体,但大多数属于环境部分。前景由于位置突出,视觉上给人物体大、色调深的感觉,也容易与远景中的图形成大小和色调对比,这样便于强化画面的纵深感,给人身临其境之感。一些规则排列或有图案形状的物体作为前景,可以起到装饰画面的作用。背景是主体后面的构图内容,背景往往作为主体的环境,主要是为了突出主体形象、丰富主体内涵。人们常选择一些富有区域或者时代特色的景物作为背景,比如《红河谷》就取景于西藏的江孜,在格桑和雪儿救出了英国人罗克曼和琼斯的时候,影片通过琼斯的眼睛表现西藏:湛蓝晴朗的天空、绵延辽阔的草原、洁白高耸的雪山、川流不息的河流,等等。电影《归来》中"无处不在的细节,例如道具、服装、音乐、情节等都令人回忆起那个具有强烈时代特色的社会背景,让曾经历过的人很容易产生代入感,搜索起已经遗忘已久的生活细节和感觉,而这些像催泪弹一样产生作用"[1]。从技术层面看,运用变焦、变化拍摄角度或者简化背景都可以起到突出主体的作用。

二、景别、拍摄角度

"景别,是指被摄主体和画面形象在影视屏幕框架结构中所呈现出的大小和范围。"[2]"被拍摄主体和画面形象"是拍摄对象,可以是人,可以是物,也可以是景。我们人类观察世界是由眼睛的视野决定的,通常人眼睛

---

[1] 看天下. 时代走远归来?归不来![EB/OL](2014 - 06 - 30)[2015 - 07 - 23]. http://www.vistastory.com/a/201406/61.html.
[2] 刘荃,吴鑫. 影视艺术摄像[M]. 南京:南京师范大学出版社,2009:52.

观察的角度约为170度,加上人的身体的活动,人的观察视野变得更加广阔。一旦现实世界被拍摄进影视作品中,并通过特定的屏幕来播出,播出的图像就一定在平面框架中,也就是"屏幕框架"。屏幕框架结构限制了影视作品内容在屏幕上的大小,也会对表现的内容产生限定,这也是景别形成的基础。影响景别的因素有许多,其中最为主要的是摄影机与拍摄对象之间的距离、拍摄的焦距等因素。镜头越接近被摄主体,场景越窄,而镜头越远离被摄主体,场景越宽;同时,焦距越长,场景越窄,焦距越短,场景越宽。与此相关联,被拍摄主体在画框内呈现的范围和比重也会发生变化,据此人们将景别分为若干种,即远景、全景、中景、近景和特写五种,在实际运用中还有大远景、大全景、中近景和大特写等几种景别。

远景是摄影机拍摄远距离景物和人物,景物和人物在画面中显示的只是一个点或者轮廓。远景可以展示人物活动背景或表现气氛,还可以表现规模浩大的活动场景。远景画面的处理,一般重在"取势",不细琢细节。远景的视野广阔,表现的内容比较丰富,也便于抒发情感,镜头的时间长度较一般镜头会略长一些。图5-5是《哈利·波特》作品中的一个画面,有三个人站在一个坡地上远远地望着一幢楼房的远方。通过远景来介绍地理环境时,影视作品可以采用静态镜头或者动态镜头。静态镜头是通过人物角色的动作变化来表现环境全貌的,而动态镜头是通过摄像机的运动来表现人物关系或景物的,远景更多强调主体与环境的关系。

大远景是从遥远的距离拍摄一个大的全景。通常情况下,大远景主要拍摄的物体有蓝天、白云、飞鸟,等等,如果有人物的话,那么人物在大远景当中只会占非常小的位置,只可能占画面的1/4或更小。图5-6是《哈利·波特与魔法石》开头的一个画面,它就采用大远景来表现霍格沃茨景致的。透过镜头前的树林向远处看去,霍格沃茨背山环湖,而周围被群山环绕,天空中的云低沉而压抑。

图 5-5　　　　　　　　　图 5-6

全景表现的是人物全身或某些场景的全貌,虽然表现的是被拍摄主体的全貌,但其背景仍然被保留了较大空间。与远景相比,全景中被拍摄对象是画面表现的重点和中心。全景中"被拍摄对象(尤其是单个人物)在画面中的面积并不大,仅占到画面的四分之一至三分之一左右,但由于其在画面结构和情节构成中具有优势而成为画面的中心和灵魂,同时场景环境对被表现主体的烘托、陪衬和说明作用不可忽视"[1]。正是由于全景中有被表现的主体,也有背景等其他元素,全景自然会突显主体和其他元素之间的关系,表现主体的活动轨迹和活动空间,利用画面中的各种元素关系来推进叙事。图 5-7 是校长慢慢走向哈利·波特的全景画面,其中被虚化的背景、校长清晰的面部表情和安详的体态语言,增强了画面的表意功能。

中景一般只拍摄人腰部以上或者物体局部的位置,中景画面里的空间更紧凑。如果用中景拍摄几个人物及其活动,就有利于交代人与人之间的关系。由于中景相当于我们日常社交的观察距离,这个距离表现人物关系比较客观,也比较细致,往往可以将观众的视线汇聚到被拍摄主体上,也便于表现拍摄对象的动作、姿态、视线等,同时这个距离对于发掘心理活动也十分恰当。中景一般都是在远景后出现,作为过渡景别,通常用来展示人物的表情动作,人与人之间的交流表情与反应等。图 5-8 中哈

---

[1] 刘荃,吴鑫.影视艺术摄像[M].南京:南京师范大学出版社,2009:74.

利·波特在海边与人对话就采用了中景,不仅可以表现人物之间的关系,也可以表现人物的心理。

图 5-7

图 5-8

近景一般是指被拍摄人物的胸部以上或者需要表现的主体的局部。近景由于拍摄的距离更近,主体更加大,画面表现的空间范围被进一步压缩。如果从交际距离来说,近景表现的是"个人距离",显示一种亲密的个人关系。近景可以表现被拍摄对象的细节,如表现人物面部表情,甚至轻微的神态。近景的作用是让观众看清人和物的表情或者动作,产生近距离的交流感,同时近景也有情感的带入作用。近景强调的是人物的外形、表情、行为和细节部分,同时,强调将主体从周围的环境中抽离出来。图 5-9 是用近景来表现哈利·波特的,背景中除了一盏灯外,主人公的坚毅表情跃然画面之上。

特写主要是指人物肩部以上的头像动作,或者是被拍摄对象细部的画面,它强调的是人的细节局部。特写希望通过以点带面的方式,窥见人物的内心或者是事物的本质。特写可以说是一种具有视觉强制性的镜头,是由被拍摄主体某个特定不完整的局部所构成的画面,使观众去注意关键性的细节,例如惊愕的眼神、欲滴的泪水、颤抖的肌肤、抽搐的表情,等等。这种强烈而清晰的视觉意象,可以使观众感觉更加真实,容易被带入特定的情景中。图 5-10 用特写来表现哈利·波特的痛苦表情,近乎满画面的构图也让观众感受到了那种痛苦的真切。

图 5 - 9　　　　　　　　　图 5 - 10

拍摄角度就是画面被拍摄时的视点,我们也可以说角度是由镜头和被摄对象的实际空间位置决定的,即由摄影机的机位决定的。画面拍摄角度,一般是由人观察事物的角度演化而来,人在生活中观察事物的时候,由于受位置、现实条件以及心理需求等方面的影响,都会采用特定的角度。我们面对一座高山时,不同的观看角度会产生不同的感受,苏轼赴汝州任团练副使时经过九江,并游览庐山,在庐山写下的《题西林壁》中有"横看成岭侧成峰,远近高低各不同"的感喟。孟子所说,"孔子登东山而小鲁,登泰山而小天下",是从另外一个角度来谈视角对人的观念的影响。对于影视拍摄的角度,从技术层面来看,角度受到拍摄的方向、高度和距离等因素影响,其中最主要的是方向和高度。

摄影机与拍摄对象之间关系是变动的,摄影机可以在拍摄对象的四周任何一个位置拍摄。"拍摄方向是指摄像机镜头与拍摄对象在水平平面上360度范围上的相对位置,即摄像机与拍摄对象在同一水平面上,围绕拍摄对象选择拍摄点,体现为拍摄对象与摄像机的方向关系。"[1]假如拍摄一个人物,在人物位置固定的情况下,移动摄影镜头,可以拍摄到人物的正面、背面、侧面,等等,具体见图5-11。

正面角度指摄像机位于拍摄对象的正前方,镜头的光轴与拍摄对象

---

[1] 刘荃,吴鑫. 影视艺术摄像[M]. 南京:南京师范大学出版社,2009:87.

方向轴呈现平行状态,拍摄对象呈现的是正面形象,正面角度给人稳定、庄严的感觉,有利于被摄主体的正面特征保持直观、简洁、不变形。在拍摄人物的时候,正面拍摄的对象能使观众更容易产生一种面对面交流的感觉。

背面角度是指摄像机处在被拍摄物体的背面,所拍摄的画面常常同时将主体与主体所关注的对象表现出来,观众容易进入主体人物的内心世界,镜头也表现出强烈的主观感受,在作为主观镜头使用时还能够使观众参与事件的发展进程。

从背面角度拍摄人物时由于没有表现主体的正面,观众只能通过人物姿态动作的某些特征展开想象,表达主题比较含蓄。在电视节目段落的最后运用背面构图镜头,往往可以带动观众对主题进行更深刻的回味。另外,背面构图还可以展示被拍摄者的背面特征,在许多影视作品中这种构图常常被使用。

正侧面拍摄角度是指摄像机镜头轴线和拍摄对象的朝向垂直,摄像机在与拍摄对象成 90 度的位置上进行拍摄,这样拍摄出来的画面呈现的是拍摄对象的侧面轮廓或特征,表现出明显的方向感和运动感。斜侧面角度指摄像机与拍摄对象成一定夹角,就是通常我们所说的右前方、左前方及右后方、左后方。斜侧面角度是影视摄像中较为常见的拍摄角度。

摄像机对拍摄对象的拍摄除了围绕四周展开,还可以从高处、低处或者平行的角度展开,这样就形成了一定的拍摄角度,通常拍摄的角度有平拍、仰拍和俯拍等,如图 5-12 所示。拍摄角度的变化主要改变的是画面中地平线位置,也会使画面中被拍摄主体和背景之间的关系产生变化,造成透视角度的变化,同时,从不同角度拍摄出的不同画面容易引起观众不同的情绪体验,也会使观众产生不同的心理效应。

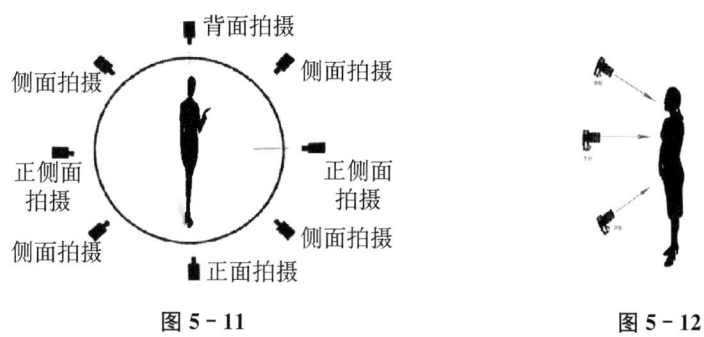

图 5 - 11　　　　　　　　　　图 5 - 12

平视拍摄是摄像机与拍摄对象处于同一高度,也就是拍摄对象与拍摄者的视线平行(通常摄像机被拍摄者放在肩上,摄像机的镜头位置大致就是人的眼睛的位置)。通常情况下,人们观察事物的时候都是采用平视的视角,因此平视拍摄比较符合人的正常的视觉观赏习惯。平视拍摄的对象,一般不会变形,画面的整体结构也基本稳定、平衡,如果在运动中采用平视拍摄手法会给人有第三者观察的感觉。

仰视拍摄是摄像机从低于被摄主体的水平线向上进行拍摄。由于镜头低于对象,产生从下往上、由低向高的效果,这就和人在观察对象时产生的仰视效果是一样的。仰视拍摄一般有利于表现被摄物体的宏伟,仰视也会使得观察对象更加高大。仰视拍摄多用于表现建筑物的宏大,也经常用来拍摄宗教、国家领导人等。仰视拍摄可降低地平线,使地平线处于画面下端或从下端出画,并除去所有背景特征,通常会出现以天空或某种特定景物为背景的画面,这样可以净化背景,达到突出主体的效果。

俯视拍摄是摄像机从高于被摄主体的水平线向下进行拍摄,这恰好与仰拍相反,俯视拍摄由于镜头高于对象,产生从上往下、由高向低的挤压效果。由于俯拍的机位较高,处于低位拍摄时原来重叠在一起的画面就会在俯拍时展开,这就有利于表现场景全貌,突出其规模和层次,也可以表现出深远辽阔的场景和波澜壮阔的气势。在表现人物的时候,俯拍会有贬低或者嘲讽对象的意味。

在影视拍摄的角度中还有客观角度和主观角度,客观角度强调的是从人们日常观察事物的习惯出发,突出的是叙事角度的客观性。主观角度是以画面中的人物或其他视点作为表现的视角,这样就使得叙事的角度具有变动不居的效果,主观性也随之增强。在影视作品中就存在着如何辩证处理好二者之间关系的问题。

三、影视艺术中的光线与色彩

光线与人类的生活密切相关,光给了人类生命,没有光就不会有物种的进化,光提供给我们氧气和食物,也提供大气、水等物质……光线是人的视觉存在的基础,没有光线就没有色彩斑斓的世界,也不会有绚丽多彩的艺术,没有光线,人类的生活是无法想象的。人们对艺术中如何利用光线的认识也有一个过程,早期的电影场景中利用阳光就是为了照亮人和景,一直到 20 世纪四五十年代人们开始追求戏剧光效,同时也开始关注自然光效,用光线造型也越来越受到人们的追捧。许多人认识到,对于摄影来说,光线犹如水墨画中的水墨,没有水墨便没有了水墨绘画,当然离开光线,影视艺术也就无从谈起了。

光线对影像的意义表现为,光线可以塑造立体的空间,可以表现主体的形象,同时光线的变化可以突出明暗的对比。当然,我们可以利用光线来突出或淡化某种氛围,也可以利用光线去增强或者通过对比强化某种氛围。电影《决战太原》中,戴炳南深夜向阎锡山告密黄樵松正在谋划起义一段,就是利用光线的对比和变化来塑造人物形象的。为了营造紧张、急迫、阴森、突变的气氛,电影画面中采用强烈的光影对比,来配合黑白影调,使画面与故事在整体气氛上相吻合,也使得影片整体的叙事能够节奏协调一致。

现实生活中的光是形形色色的,然而就光源来看,只有两类,即自然光和人工光。这两种光在造型过程中可以表现出不同的效果,因此影视艺术的用光,大多需要充分利用光的不同性质和特点。用光来塑造形象主要取决于光源的性质、物体吸收或反射光的性能,以及人的视觉感受能力,根据光源可以将光分为直射光、散射光和混合光。

　　直射光线又称硬光,指能够产生清晰投影的光线,如晴朗天气下的阳光、聚光灯的灯光等。强光照在物体的表面会有较明显的投影,所以物体的表面会形成不同的光影。比如影视作品中早上第一缕阳光透过窗户射进屋子里的时候,会给人温暖、明亮的感觉。散射光也称软光,指在被投射物体上不产生明显的光线,相对于强光来说,散射光是某种非直射的光,比如有雾的天气或者多云的天气中的光线都是散射光。混合光是直射光线和散射光线混合的光线,这种光线经常在拍摄现场被运用。

　　自然光又称"天然光",通常人们将天然光源和一般人造光源直接发出的光都称为自然光。不管是直射还是散射,自然光都是大范围的,但是,自然光有一定限制,而且随着时间变化自然光也会发生变化。例如从早到晚不同的时间段,自然光的照射强度不同,角度由小变大又变小,亮度也由弱变强再变弱,所以,对摄影来说,光照的时间也是非常重要的。室内自然光是摄影的常用光线,与户外的自然光不同,室内的自然光是随着室内光源的大小而改变的,而室内光源的大小也是可以调节的,这样就避免了受到自然环境变化的影响。人工光的照明范围有限,但是便于控制,人工光可以根据拍摄的需要,设置成不同的类型,如主体光、辅助光、轮廓光、背景光等,利用人工光线既可以突出主体,也可以显示背景,塑造形象。自然光或者人工光可以是强光,也可以是弱光,晴天直射的阳光,有方向性的人工光都属于强光,反之,无方向性的自然光,或者人工光都可以是弱光。在影视作品中,强光、弱光在表现景物的立体感和纵深感方面各具特点。

　　摄影的光线,可以来自以被摄物体为圆心的三维空间中的任意方向。

不同的拍摄位置,对于摄影机来说光线是变化的,有正面光、侧光,也有逆光。光线的方向性往往是能够察觉到的,在人们观察相同景物时,不同方向的光线会对景物产生不同的影响,所以景物变化的多样性也与光有关系。不同方向的光线使得被照射物体的形象发生一定变化。

顺光也称正面光,或者平光。顺光是光源在被摄物体的前面,光的投射方向与镜头相一致,顺光能够完全、清晰地展现景物面向镜头一面的特征。用顺光来拍摄物体,物体表面受光均匀,没有投影,光色恒定,但层次感较弱。而拍摄人物的时候,顺光则是能表现出相对客观冷静感觉的拍摄光线,但顺光拍摄往往缺少立体感,没有办法表现主客体之间的层次关系,整个画面布局缺少纵深,同时,顺光也没有办法展现陪体的色彩及背景。侧光也称为侧面光,即光源照射方向与摄像机镜头光轴呈90°左右的夹角,这样被摄对象受光面和背光面各占一半。用侧光拍摄对象,画面明暗反差大,影调层次丰富,物体表面富有质感和立体感、轮廓比较清晰、层次分明,这样也容易形成一定的戏剧性,因此,这种光有时被称作"结构光线"。逆光又称为背面光,即光源照射方向与摄像机镜头的光轴方向相对。逆光拍摄的画面正面比较暗,能够显示被拍摄物体的轮廓和线条,而且背景与主体之间容易形成对比,拍摄的画面空间感较好,有时可产生光晕,半透明物体可以表现出柔和的光感。采用逆光拍摄物体剪影,可以创造出简单而又有表现力的影像。

影调是影视画面的基调,是光的空间存在形式。影调是通过画面的明暗层次、虚实对比和色彩的色相明暗之间的关系来实现的。影调是影视艺术处理造型、构图以及烘托气氛,表达情感的重要手段。影调是物体结构、色彩、光线效果的客观再现,影调也受到作品主题、艺术表现手段(如光线构成、拍摄角度、取景范围等因素)的直接影响。

影调可以塑造空间,同时通过空间来传达特定的情景氛围。中央电视台《走遍中国》的《夏布人生》中的"经纱"一节就运用了影调来充分地展示画面空间感。清晨,分宜乡下院村后的小树林里,阳光透过疏密相间的树林和密密的树叶,在斜照光线照射下,蒙蒙的水汽在缓慢升腾,向四周弥漫,而此时,树林显得空旷、安宁,小鸟的鸣叫声不时从山林中传出来……一种安详、静谧的环境从画面跃然欲出。

不同色调的画面会形成不同的质感,而具有反差的色调就会形成质感美和立体美。打麻是夏布制作的一道工序。传统的打麻,是用麻刀将麻秆上的麻丝轻轻剥离,拉成一条条细细的丝绒,而现代打麻则使用打麻机。《夏布人生》在表现父女两代人打麻的时候就充分运用了暗调反差手法,在表现传统打麻工艺的时候采用侧光、侧逆光、逆光手法,而对现代工艺的表现则是交替使用正面顺光、侧顺光和侧光,并选择中景、近景、特景三种景别,如此产生的影调显得明丽而有温情色彩。[①]

影调是利用拍摄角度、景别、色彩和光线等综合手段,使画面表现与主题、整体风格相符。光线、色彩的配置可以影响影调,例如不同的光线和色彩,可以有亮调、中间调、暗调等。其中亮调给人的感觉是轻松明快,其主要使用高光和较为明艳的色彩;中间调则有对比、平衡感,它的层次相对更丰富;暗调则给人沉重肃穆感。

色彩离不开光,光以不同的波长投射到物体上之所以能显示出五彩缤纷的色彩,是因为物体对光会形成散射、反射或者折射。物体反光越强,它显示的色彩就越丰富。而由于光在不同物体中的反射率不同,人眼会分辨出不同的色彩。视觉是人体最敏锐的器官,色彩和人的关系非常密切甚至会与人的大脑有最直接关联。

影视是光影艺术,光影和色彩密不可分,或者说影视艺术不能缺少色彩,同时影视造型丰富、变化的特点也改变着形、光、影与色彩。影视作品中最吸引人眼球的往往是色彩,而影视艺术中画面色彩布局与构成,是通

---

① 张伟. 浅谈电视画面的影调语言[J]. 才智,2011(24):292.

过不同的画面色彩、场景色调、主体色彩、色彩搭配形成的。这样的色彩组合既可以丰富影视的表现力，也可以促进和完善影视的结构。由于色彩对人的心理会产生影响，利用光源、物体、色彩、视觉及心理之间复杂、微妙的关系，可以制造出人意料的艺术效果。

  影视作品的色彩对于突出画面主体、表现情节、渲染气氛具有十分重要的作用，同时巧妙运用明暗、色彩等手段表达情感，也是色彩的重要功用之一。叙事是影视的重要功能，色彩的叙事主要用于表现人物性格、环境、气氛和叙事的节奏等。在电影《英雄》中，导演张艺谋通过黑、红、蓝、绿、白五种色调展现五种不同的叙事层次，将视点与故事情节的转换有机地结合起来。同时《英雄》用红、蓝、白三种色彩讲述无名、飞雪、残剑这三个人的不同故事，表现叙事基调和人物性格特点。色彩的情感表达功能是影视艺术不可忽视的内容。由于色彩中蕴含的情感是历史积淀下来的，不同的民族有着共同的情感色彩。比如中国人将红色视为吉祥、激情、尊贵的颜色，白色意味着纯洁无瑕。另外色彩也可以表达个性，这些色彩所包含的心理现象，能够折射出人类精神与情感世界的丰富及深邃。美国影片《猎鹿人》就是利用色彩的对比来强化情感的。在影片开始，三个人去森林里面打猎，画面用的是一种蓝绿色，这除了表达压抑情感外，也预示主人公的悲剧命运。接下来的婚礼庆祝场面采用橘黄色强化了浪漫温馨的气氛，与越南战场中丛林里冷冷的青绿色色调形成强烈对比。许多影视艺术通过色彩来表达一些概括性的、抽象的思想，这样抽象的表现手法在影视艺术中俯拾皆是。基耶斯洛夫斯基的经典电影三部曲《蓝》《白》《红》就是一种象征，因为法国国旗的颜色有蓝色、白色和红色三色，而这三种颜色在欧洲文化当中代表着自由、平等和友爱。这三种色彩已经不仅仅是一种简单的色彩，而是一种连接情感和文化的象征性符号。当然，影视的色彩不是单一的，而是通过其色彩构成得以体现，影视的色彩已经是总体视觉效果的重要部分，也是影视艺术中一种强有力的造型表现手段。

四、影视艺术中的构图

构图是一种组织的过程,是将原本杂乱无序的现象,或者自然界中的景物或者发生的事件,通过选择、编织、组合成一个有序的整体。这里的编织既可以是人工的编织、组合,也可以是透过特定的表现手法,如拍摄的角度、距离、高度来实现的构图。其实画面的构图,或者是画面布局,概括起来说就是人、物、景等元素在画面中不同的配置,不同的画面布局可以使画面效果完全不同。

构图可是一种形象思维的过程,在构图过程中,设计者从客观存在的事物中,找到内在联系,并且透过这种联系,将这些客观存在的事物在一个完整的画面中或者一段视频中加以布局。构图可以说是影视创作重要的组成部分,也是整个创作的基础,若干画面构成情节,若干情节构成段落,段落与段落之间的组合最终才能形成作品。下面我们主要介绍构图的基本原则,这也是构图的基础。

一个画面构图是否合理,要看画面内容布局是否平衡。格式塔心理学对于对称和平衡的解释是:"'对称'基本上是同一个母体形的'左—右'或'上—下'并置而形成的一种镜式反映关系,对称是简约的完形或好的形的一个主要性质。"[①]所以,画面构图的基本原则是对称和平衡。对称和平衡的构图,不一定完全追求左右对称,或者是上下平衡,平衡的内容可以是一种心理上的,例如同样的形状,左边与右边,右边与左边,在相同的画面中,它们所占的比例相同就是平衡,而如果明亮的色彩和灰暗的色彩,在左边和右边比例也刚好恰当,这样也是一种平衡和统一,我们可以称之为画面的对称与平衡。画面的对称与平衡表现的实质是心理上的静止和稳定,及

---

① 阿恩海姆. 视觉思维[M]. 滕守尧,译. 北京:光明日报出版社,1986:21.

视觉上的愉悦。在进行画面构图时,最终需要用怎么样的形式去构造才是最关键的,设计者除了要顾及对称表达的意义之外,还要考虑传达的内容。

黄金比例被公认为是世界上最美的比例,它是指将一条直线分割为两部分,较长部分与全长之比等于较短部分与较长部分之比,其比值接近于0.618,这种比值关系就是黄金比例。在画面构图中,使用黄金比例的构图能够塑造出艺术美感,能够突出对象,同时也能够吸引观众的视觉目光。除了黄金比例之外,画面比例的大小也需要根据画面的内容和观众心理的需要而加以调整。例如,主体和陪体的大小之比,主体与背景的面积之比,不同的比例往往传达出不同的内涵。节奏构成影视画面的"神韵",它联系、维系着画面诸要素,也激发了画面整体的活力。在画面构图中,节奏主要是通过线条的流动、色块变化、光影对比等因素有规律地反复重叠运动来实现的,有节奏的画面能够使欣赏者感同身受,也使观众的视线追随着它们产生有节奏的视觉运动,进而引起心理情感的活动。[1]

对比是将相同或者相异的视觉元素进行比照的一种构图原则。在画面构图中,有明暗的对比、色彩的对比、主次的对比,也有大小的对比,刚柔的对比,还有虚实的对比,各种对比在画面中普遍存在。例如在同一影视作品中,使用明暗对比,可以使对比的主体更加清晰,视觉效果也就更强烈,但是由于影视作品构图具有连续性,因此还需要在连续流动的画面之间形成持续的对比。对比是为了表现形象、突出感情、表达观点,通过对比能够营造出一种和谐的美。

在影视艺术中,我们注意统一中的变化,也注意变化中存在的统一。例如,变动的事物更能引起人的注意,但是统一的画面结构、统一形式,则是流动中不可或缺的。可以说,画面不能为了追求改变而改变,也需要依据内容的改变而做出相应调整。统一有着比协调更明显的共通性,统一

---

[1] 黄匡宇. 当代电视摄影制作教程[M]. 上海:复旦大学出版社,2006:186.

可以看作一种更高层次的协调。

画面构图除了遵守上述相关原则外，也需要防止一些倾向。首先，要防止背景的杂乱，因为在画面构图中，背景杂乱可能会影响到主体表现，也可能会分散观众的注意力，所以我们要防止杂乱的背景出现在画面中。例如，我们经常可以看到影视作品中出现错乱的电线、树枝等这样的背景，这些可能导致视觉注意力分散，甚至会导致人物关系错乱。其次，我们要防止整个画面中的留白不足。留白是绘画的表现方式之一，不着一点笔墨，却给人留下许多想象空间，同时因为留白是体现人物和背景关系的重要手段之一，适当的留白，才能够体现周围的环境，也给人留下想象的空间。比如在拍摄建筑的时候，我们要注意不要让人物的颈部沿着画框的上线，否则就不能给整个背景以足够的留白，这样就会造成前方留白不足。再次，要注意运动物体的拍摄，在拍摄运动物体的时候，主观性很强，而且拍摄镜头容易晃动，所以在拍摄运动物体的时候，我们必须要学会如何根据运动物体的方向、速度和快慢调节自己的节奏。拍摄物体的时候，我们也要注意到主体的方向，不能出现位移的现象。在拍摄物体的时候，摄像机不能超过假想轴线180度。如果摄像机在运动物体前进方向的左右两侧进行拍摄，那么整个运动物体的运动方向会发生错乱，摄像机没有办法拍摄出运动物体真正的运动方向。

第三节 视觉语法：蒙太奇与长镜头

1895年，卢米埃尔拍过四部一分钟的短片，即《水龙头出水》《用水龙头的水救火》《扑灭火灾》《灾难拯救者》。原先这四部影片，每放映一部，中间都有一个短暂的换片时间。这是电影的原始形态，那时候无所谓"分镜头",只有当胶片不够长或背景需要改变时,拍摄者才将内容分为数段来拍摄。但是随着放映技术的改进,那些被分段拍摄的对象可以连在一起连续放映了,这个时候把卢米埃尔拍摄的四部片子一起连续播放就形成了一部,而且连续播放使影片具有戏剧性,情节性也比较强,这样就成了故事性更加"完整"的一个影片了。因为这四个片段的组合颇为生动地描述了在火灾中救出一个遇难者的过程,所以其在1896年上映后,就取得了极大成功,并且对后来的影片拍摄产生了深远影响。卢米埃尔的这套电影采用连续播放的时间,离电影发明不到一个月,应该说是最初始的蒙太奇。

卢米埃尔不懂得如何在一个场景中切换镜头,他始终采用固定视点拍摄,拍出的都是单一的全景。分开拍摄、连续放映的方式被英国人效仿,他们尝试拍摄一部叫《火警》的电影,但是英国人比法国人走得更远,他们发现摄像机并不需要固定在一个位置上,他们将摄像机推进到拍摄对象面前拍摄,或者将摄像机远离物体拍摄以此来展现更广阔的环境,于是就出现了电影拍摄中所谓的特写、近景、中景、全景、远景等不同的景别。杰姆斯·威廉在1899年拍摄的《莱亨赛船》中运用了停机拍摄的方法。在影片中,他拍摄了聚集在一起的人、船只的出发、竞赛的船队、获胜的终点等场景,最终他将这些场景连接在一起,表现了赛船的情景。

后来,分段拍摄的好处逐渐被人们发现。20世纪初,美国电影导演格里菲斯开始有意识地将影片内容分解成一个个不同的镜头来拍摄。他根据影片的主题思想和艺术表现的需要,用分镜头的办法来变换地点、时间、人物位置、动作角度,直到每个细节,为影片的结构方式开辟了新的天地,使电影从"舞台剧照相"的圈子里解放出来。电影能够发展成一门独立的艺术,是和分镜头分不开的。[1] 格里菲斯不仅采用了分镜头的拍摄方式,他还纯熟地运用蒙太奇的剪辑手法。在格里菲斯的影片中,他熟练

---

[1] 冀志枫. 蒙太奇技巧浅探[M]. 北京:中国电影出版社,1982:1.

地使用了剪切拼接、闪回并列、平行交叉的手法，例如在特定的事件中，用全景、远景，展现空间的关系，用近景强调视觉和重点。当时电影界非常流行的"最后一分钟营救"，就是格里菲斯所创造的，他为促进电影语言成熟迈出了决定性的一步。

1928年，爱森斯坦、普多夫金、亚历山大洛夫发表了《未来的声影片》宣言，这个宣言声称，蒙太奇不仅能够运用于画面与画面的连接之中，也可以运用于声音和画面之间，声音与声音之间。随着对蒙太奇技术运用的不断纯熟，许多电影开始使用蒙太奇手法，但真正使蒙太奇理论化的是苏联导演艾森斯坦和普多夫金，此后蒙太奇的理论被逐步完善和发展，这为电影蒙太奇的发展提供了强大的理论支撑。

蒙太奇的发现、活动摄影和声音的使用，使得电影结束了"活动照片"时代。蒙太奇（montage）原义是建筑学中的"构成"和"装配"，在影视艺术中的"蒙太奇"简单地说就是画面的"组接"和"结构"的意思。对于蒙太奇出现的原因，巴拉兹认为："电影中就是最意味深长的场面调度也不足以赋予其影像完全的含义。这个含义的确定归根结底要由一个影像在其他影像中所处的位置来决定。"[①]巴拉兹还以油画的笔触、音乐旋律中的音符、语言中的单词来说明，他认为这些艺术中的"笔触""音符""单词"作为单独的部分是没有价值的，只有在相互关系中才有价值。普多夫金做了一个有趣的实验：微笑的脸、手枪、惊恐的表情三个特写画面，不同的组接方式会产生不同的效果。巴拉兹列举了一个微笑的表情，对着情人和对着手枪枪管，同样的微笑，含义改变了，甚至笑容也变得异样起来。"可以说，当一个影像中涉及另外一个影像（或看到的，或想到）的瞬间，这些影像便有了某种示意的倾向。在一个示意的具体内容还未显露前，影像

[①] 贝拉. 可见的人——电影精神[M]. 安利，译. 北京：中国电影出版社，2003：172.

就使人感到有了这个示意。"①蒙太奇除了示意性外,也有确定时间的功能,因为影像只显示现在时,而无法表达准确时间,制作者只有通过剪辑才能让多个画面在相互关系中确定需要描述的时间。当然,在讨论蒙太奇的时候我们不能忘记,作为一种结构方式,蒙太奇有叙事,也有抒情、表意以及其他的功能,这样也就有了叙事蒙太奇、表现性蒙太奇。

叙事蒙太奇是通过画面的剪辑来实现其叙事功能的。叙事功能在于强调故事的发生、发展、高潮、结局,也注意故事中的冲突等要素。"叙事蒙太奇是最简单、最直接的,是将许多镜头按逻辑或时间顺序分段纂集在一起,这些镜头中的每一个镜头自身都含有一种事态性内容,其作用是从戏剧角度(即戏剧元素在一种因果关系下展开)和心理角度(观众对剧情的理解)去推动剧情发展"②。因此,时间顺序和因果关系是蒙太奇的基础,镜头画面的"事态性"(事情发展的趋向)是前提,戏剧元素是内在动力。叙事性的蒙太奇可分为单一叙事和复合叙事两种,而且根据叙事时间(纵向)和因果(横向)关系可将叙事蒙太奇分类为:时间顺序蒙太奇、空间顺序蒙太奇、逻辑顺序蒙太奇。

时间顺序蒙太奇就是按照事物发展过程或者先后来展开组织和结构的方式,这样的叙事结构展示了生活发展的自然状态,叙事也具有连续性。例如电视连续剧《三国演义》的第一集《桃园三结义》就是按照时间顺序组接画面的:刘备、关羽、张飞三人相遇,叙谈甚欢,不觉情投意合,于是三人在桃园结拜为兄弟。空间顺序蒙太奇就是按事物的空间转换来构造故事,展开叙事,来逐一展示不同空间里事物存在状态或事件的发展趋势,这样的空间集合必然包含不同的空间以及不同空间的内在联系,并且形成有机整体。因此,反映事件或者某一事物状态都可以用空间顺序来

---

① 贝拉. 可见的人——电影精神[M]. 安利,译. 北京:中国电影出版社,2003:172.
② 马尔丹. 电影语言[M]. 何振淦,译. 北京:中国电影出版社,1980:110.

组接。影片《无人区》从旁白两个猴子摘桃吃的寓言开始,同时镜头画面在荒漠上不同区域之间切换,之后交代故事就发生在这个"鸟不生蛋"的地方。随着故事的发展,警车疾驰之后尘土飞扬的公路、偏远火车站和法庭、简陋的"帝豪大酒店"这些背景,或近景或远景,交代即将要展开故事情节的地方的空间特征。逻辑顺序蒙太奇是指在叙事中按照事物之间的关系或者逻辑结构来安排先后顺序。电影《穆赫兰道》有三个完整的情节段落,段落 A:一个女人在撞车中失去了记忆,躲进一座公寓后遇见初到洛杉矶的贝蒂,贝蒂帮助她寻回记忆并确认身份,在这个过程中两个人擦出了同性相爱的火花;段落 B:戴安娜与卡米拉是同在好莱坞打拼的女演员,两人保持着恋人关系,但卡米拉最终选择与导演亚当结婚,屈辱的戴安娜雇凶杀人,东窗事发后戴安娜在愧疚中自尽;段落 C:导演亚当选用新电影女主角时遭到黑帮干涉,在遭遇一系列挫败和人身威胁后,亚当最终选择了妥协。这三段看起来像是各自独立的事件,但导演巧妙地利用了电影的特性将三个故事串联起来。

叙事蒙太奇的这三种叙事方式,并不一定是孤立的,而往往是交叉在一起的。以时间顺序为主的镜头组接另一个事件的镜头,会使得空间发生变化;以空间顺序为主的镜头组接,同时也蕴含着现实时间的跨越;在以逻辑顺序为主的叙事中,我们也可以看出跨越时空的特征。

表现性蒙太奇是以思想、情感为主线来对画面进行组接,因此表现性蒙太奇是以并列镜头为基础的,其目的在于将某些不相干的镜头通过对比、比喻等方式组合在一起。当然这些画面也不是思想和情感的简单图解,它们还可以创造出作品的悬念、节奏,甚至观点和情感。例如,南斯拉夫电影《瓦尔特保卫萨拉热窝》中的两个镜头:(镜头一)钟表店老板到教堂保卫瓦尔特时被德军打死在钟楼下;(镜头二)一群鸽子在尸体的上空盘旋飞翔。飞翔的鸽子是和平、自由的象征,与钟表店老板的牺牲并置就是表现他为自由而献身的精神。表现性蒙太奇作为画面蒙太奇组接技巧的代表,它富有表现力也能够表现哲理性的内容和更深层次的思想。表现性蒙太奇通常有平行蒙太奇、对比蒙太奇、积累蒙太奇、隐喻蒙太奇、重复蒙太奇等多种方法。值得注意的是,表现性蒙太奇的各种组接技巧,大多是指每两个镜头之间的组接,但也不排除两个段落蒙太奇之间的组接。

平行蒙太奇常常出现在影视的某一段落中,同时并列地叙述两个或者两个以上的事件。这两个或两个以上的事件之间存在逻辑上的联系。平行蒙太奇是通过对两个事件的"复线叙述",来创造一种新的含义,以得到跨越时空、抒发情绪的效果。《疯狂的石头》是一部现代喜剧。一开始,影片中谢小盟从索道上扔下可乐罐,这个镜头与包世宏的汽车被砸构成了一组平行蒙太奇。同时,包世宏车撞宝马的镜头又和道哥、小偷三人帮忙与交警交涉的镜头构成一组平行蒙太奇。又如,包世宏与道哥会面的一场,片中花开两朵,各表一枝,平行叙述,很好地把握了节奏,使观众不至于一眼看到底。对比蒙太奇通过镜头(或场面、段落)之间在内容上或形式上的强烈对比,强化不同力量之间的对立,表达作者某种寓意或强化所表现的内容、情绪和思想。比如,伊文思的纪录片《新土地》中使用的一组镜头就是把丰收的麦田、粮食被烧毁、牛奶倒入大海的镜头和骨瘦如柴的饥饿儿童、反饥饿游行的镜头组接在一起,这样就形成鲜明的对比。积累蒙太奇将一些内容或者形象相近的画面组合在一起表达思想或者主题。这些画面往往从不同侧面说明相同的主题,多侧面的组接之后产生一种综合效应。《香港沧桑》中就采用了积累蒙太奇:英国的军舰侵入我国海面;英军向中国人举枪射击;被吊死在树上的中国人;手、脚戴着刑具的中国人;戴着枷板的脚;母女俩沿街乞讨;大批中国人倒地死去……这一组画面从不同侧面表现英国侵略者的侵略、屠杀、残害、奴役中国人民的滔天罪行。在英语中有隐喻,它又称暗喻,表达方法是:A 是 B。在隐喻中本体、喻体都出现,中间常用"是""似""变成"等连接。隐喻蒙太奇就是将不同形象的画面并列,但两个形象之间存在着传送、联想关系。隐喻蒙太奇是把表现不同形象的镜头画面加以连接,从而在镜头的组接中产生比拟、象征、暗示等作用。比如爱森斯坦的《战舰波将金号》中,卧着、坐着、站着的三个石狮隐喻群众的觉醒、革命的爆发,是经典的比喻力作。重复蒙太奇是表现同一内容、动作的镜头或画面在影片中反复出现,以突出、强调其独特意义。在电影《花样年华》中反复出现主人公周慕云和苏丽珍各自走过狭窄的楼梯,从家到小面摊和从小面摊到家的画面。这一画面反复出现,表面上是对主人公生活的表述,但实际上电影用这样重复的画面来喻指他们孤独、冷清的生活状况,为他的妻子和她的丈夫之间发生婚外情埋下了伏笔,同时也预示了他们两个人之间会有故事发生。

邓烛非在他的《电影蒙太奇概论》中,对于蒙太奇的总结是十分有价值的,他写道:"整部影片是由若干段落构成的,影片的段落是由蒙太奇句子或者段落镜头构成的。蒙太奇句子可以由若干短镜头组成,也可以由若干长、短镜头组成,还可以由若干长镜头组成,段落镜头一般就是一个长镜头。我曾把电影的场面与段落分成以下五种情形:(1)若干短镜头组成的蒙太奇句子;(2)若干长、短镜头组成的蒙太奇句子;(3)若干长镜头组成的蒙太奇句子;(4)单一构图的段落镜头;(5)复杂构图的段落镜头。"[1]

在蒙太奇理论出现之后,法国电影理论家巴赞的纪实美学也成为一种影响广泛的美学理论体系。纪实美学是电影影像本体论,电影本体论认为"电影是现实的渐近线"[2]。可见电影本体论强调电影影像与现实被摄物具有同一性,主张影像反映真实。后来的学者根据巴赞的理论不断总结,演绎出"长镜头"这一术语。在巴赞看来,长镜头是一种影像的伦理,长镜头代表着尊重事实、尊重观影者。长镜头是指用单个镜头胶片超过17米或者延续时间30秒的镜头,在画面上构成不同的景别和构图。

---

[1] 邓烛非.电影蒙太奇概论[M].北京:中国广播电视出版社,1998:63-64.
[2] 巴赞.电影是什么[M].崔君衍,译.北京:中国电影出版社,1987:8.

长镜头用来表现事件的全貌,特别是在纪录性的影视艺术创作中,长镜头可以不间断地表现事件的过程。

随着长镜头理论的广泛传播,许多学者开始参加到相关理论的探讨中。美国电影学者布里安·翰德逊认为,长镜头可以被理解成,一段时间的持续较长而未被剪辑的镜头。[①] 长镜头也是指使用较为完整的镜头或景别,其最大限度地将景物信息摄入镜头,以确保影像和被摄物之间的真实关系。

长镜头追求的是空间的真实,就是能够让观众在空间中感受到环境和人的真实关系。然而蒙太奇追求的是视觉效果,蒙太奇是一种对影视情节、画面、声音进行有机组接和拼装的技术,是依靠短镜头及后期对其组合、连接形成的。一般而言,蒙太奇更强调组接镜头的空间和时间转换,蒙太奇作为一种电影的思维方式,可以传达导演想要表达的思想,是用剪辑方式来叙述故事,然而蒙太奇所营造的空间关系可能变得不真实。所以长镜头和蒙太奇是两个各自有自己的特定内涵的概念。但是长镜头和蒙太奇也不是相互对立的,将蒙太奇和长镜头共同运用到电影里,让它们共同为电影服务,这才是电影各种理论所要达到的真正目的。

在一部影视作品中,需要根据整体的样式和风格来使用蒙太奇和长镜头。创作者往往根据影片的整体风格,在不同的时间段使用相应的表现手法。长镜头强调事实,注重论述,而蒙太奇意在强调表现思维。有人表示,蒙太奇是思维,而长镜头是眼睛,蒙太奇和长镜头之间并不存在谁更好或者谁更差的问题。在一部作品中,蒙太奇与长镜头往往是共同运用、互相融合的,对于电影创作者来说,它们各自都有非常重要的作用。

---

① 波德维尔,汤普森. 电影艺术:形式与风格[M]. 彭吉象,译. 北京:北京大学出版社,2003:478.

第四节　视觉修辞：画面和结构修辞

要了解什么是视觉修辞，首先我们应该认识什么叫修辞，修辞也是语言规范的一种，掌握了基本的语言规范，我们就能够合理流畅地表达出想要表达的思想。但是如果我们想要行文更通畅、表达更有力量，那么我们也需要大量使用修辞。亚里士多德认为修辞是在一件事上发现可以运用的说服能力和手段，但他将修辞运用的对象局限于演讲。而在以后一段相当长的时间里，修辞主要运用于语言，它特指"应用语言的艺术"，是应用语言技巧的艺术，但它又和语音、语法有着密切关系。而新修辞学和后现代主义将修辞的内涵和外延都给予了极大拓展，他们认为修辞就是运用话语和象征来达到某种目的。这样修辞几乎涵盖了我们社会生活中的一切文化现象，"我们不仅解读修辞文本，而且制造修辞文本"[①]。

近年来，随着视觉研究和实践的深入，人们也开始注意到视觉中存在的修辞现象，自然也会将修辞学的有关成果移植或嫁接到视觉修辞研究中。通俗地说，所谓的视觉修辞，就是用图形、图像作为媒介，通过视听符号的重新组合，展现出原先完全不一样的意义。冯丙奇认为，视觉修辞是"为了使传播效果最大化，而对传播中运用的各种视觉成分进行巧妙选择与配置的技巧和方法"[②]。从影视艺术的角度看，影视的视觉修辞是属于蒙太奇的一种，蒙太奇更多的是画面之间的组合、叙事，视觉修辞更多强调的是画面之间、段落之间的修辞关系。不仅如此，影视作为一门综合的

---

① 宁, 布朗, 菲希尔, 等. 当代西方修辞学批评模式与方法[M]. 常昌富, 顾宝桐, 译. 北京：中国社会科学出版社, 1998：2.
② 冯丙奇. 视觉修辞理论的开创[J]. 北京理工大学学报(社科版), 2003(6)：3.

视觉艺术,需要利用综合的艺术表现手段,而修辞作为一种有效的表现方式和传播手段,自然会被广泛运用。影视艺术通过画面、图像和声音等符号来记录现实、表达对现实的看法,并且画面、图像和声音是以统一的文本形式出现。而画面、图像和声音一旦构成统一的文本,在这样统一的文本世界中就会有"自己的语言、自己的语法和修辞"①。

一、影视的画面修辞

画面作为影视的基本"语言"单位,它是由画面内容、镜头构图、景距等要素构成。画面的内容涉及画面所呈现的形象,即"可见之人"和"可见之物",以及透过形象所传达出的意义;而"镜头中的人、物之间,人们之间,整体与部分的相互关系,即通常称为的'镜头构图'——取景时所用近景、远景与照明——在此都有意义"②。这些关系往往呈现出修辞特性,这种修辞也是对影视传达意义的一种新的阐释方式。

影视中的视觉修辞是为了传达意义、表达情感、强化传播效果,这与文学和其他艺术是一样的,加上视觉修辞和文学艺术修辞在心理机制上的相似性,许多文学艺术的修辞手法与影视视觉修辞是相通的。比如比喻、示现、夸张、重复、省略等修辞手法就在视觉修辞中经常被运用。

比喻可以说是影视作品中最为常用的修辞,比喻利用物体之间形态的相似性或者构图的相似性,即用某一个事物或构图来与另一个事物或构图相比较。如 A 和 B 相似,那么就可以用 B 来比喻 A,A 是本体,B 是喻体,在文学上还有喻词。通过比喻的方式将不同的对象联系起来,这样可以引发受众联想,也激发受众对影视作品内容的兴趣。《奎迪》是一部

---

① 张骏德. 当代广播电视新闻学[M]. 上海:复旦大学出版社,2001:15.
② 梯尼亚诺夫. 论电影的原理[M]//什克洛夫斯基,埃亨巴乌姆,托马舍夫斯基,等. 俄国形式主义文论选. 北京:生活·读书·新知三联书店,1989:62.

以拳击为主题的电影。在奎迪第一次正式比赛胜利后,教练、奎迪以及他的女友在教练家中庆祝胜利,三人倚靠沙发而睡,教练醒来时,镜头切换到电视中的电影画面,一列地铁脱轨而出,横冲直撞,这其实就运用了比喻。

示现的修辞手法是通过想象将过去、现在和未来,或无法亲眼看见的事物,凭借艺术的手法带入画面或者情节中。示现修辞往往通过追述、预言、想象等方式加以表现。《盗梦空间》的多姆·柯布是一位经验老到、本领超群的窃贼,他能够潜入人的梦境中,窃取潜意识中有价值的秘密。他和他的同伙不仅能够窃取思想,而且能够植入思想,加上遭遇离奇的故事,整个电影中充满着想象,也可以说将想象发挥到了极致。

夸张则是对事物的功用、特征、价值等在视觉上进行夸大或缩小。在影视艺术中夸张一般呈现超现实的特点,或抽离于现实的一些特点。在《一个都不能少》中魏敏芝来到水泉小学当代课教师就是为了村主任和田老师许诺的50元工资和10元奖金,电影在平实的叙事中,用夸张的手法表现魏敏芝朴实的品格和执着的个性。

重复修辞是为了强调某种思想、情感,反复使某些画面、场景等在影视作品中出现。重复作为视觉修辞中一种重要的修辞方式,起到强化特定的视觉效果,或者突出某些主体的作用。与小说中的重复一样,任何一部电影也"都是重复现象的复合组织,都是重复中的重复,或者是与其他重复形式形成链形联系的重复的复合组织"[①]。美国电影《拯救大兵瑞恩》的开头是老年瑞恩站在为救他而牺牲的战友的墓前回忆那段残酷的战争往事的场景,影片最后再回到瑞恩站在墓前的画面就是一种重复。《罗拉快跑》讲述的是黑帮小混混曼尼弄丢了10万马克,如果不能按时如数交还将性命难保,故事以曼尼的女友罗拉的奔跑、找钱、救男友为核心

---

① 米勒. 小说与重复——七部英国小说[M]. 王宏图,译. 天津:天津人民出版社,2008:3.

的重复叙述展开。

马尔丹引用约克·费德尔的话说:"在电影中,暗示就是原则。"马尔丹由此慨叹道:"电影是省略法的艺术。"①影视艺术中出现省略是由于艺术是一种创造,艺术不是对现实的简单复制。艺术创造必然会对相关材料进行筛选和重组,出于特定的艺术目的就会将一些与创造无关的东西舍弃掉,或者省略掉,当然省略也有暗示、制造气氛、维持结构统一、制造悬念等作用。台湾电影《帮帮我,爱神》开头部分,男主角出场,在画面中,躺在房间蛇形睡袋上的男主角神情萎靡,抽着烟,旁边是散落的啤酒瓶。烟和散落的酒瓶的镜头一闪而过,但这样的画面有极其强烈的暗示作用。一些表现性省略,"其目的是为了创造一种戏剧效果"②。马尔丹列举了电影《交叉炮火》的开始场景,电影展现了在黑暗中进行的格斗场面,但是观众却不知道参加格斗的是些什么人,而一盏在格斗中被打翻的马灯只照亮格斗者的下半身,在画面中尤其醒目。省略可以起到象征作用,《维里迪安娜》中一个经典的段落是:流浪汉们趁维里迪安娜不在家,在客厅里狂欢。画面的构图和人物安排模拟了达·芬奇的名画《最后的晚餐》,坐在基督位置上的人竟是一个盲人。电影并没有对这样的内容充分展开,但这样的省略依然能让观众理解其中含义。

影视作品中的画面关系通过特定的转接方式连接,随着技术的发展,画面转接的方式也越来越丰富,这样的转接方式也被认为是一种特定的修辞方式。影视"播放的叙事动作的一部分,存在于切换,淡入淡出或其他结束一个镜头、引向一个新镜头的编辑程序之间……每一个镜头和用在镜头之间进行过渡的编辑程序都是在告诉我们某些东西的暗示"③。

---

① 马尔丹. 电影语言[M]. 何振淦,译. 北京:中国电影出版社,2006:53.
② 马尔丹. 电影语言[M]. 何振淦,译. 北京:中国电影出版社,2006:55.
③ 伯格. 通俗文化、媒介和日常生活中的叙事[M]. 姚媛,译. 南京:南京大学出版社,2000:125.

影视修辞的多样性极大地丰富了其艺术表现力,但就其总体上看,影视艺术中的修辞是通过画面的组合来实现的,其目的是表现主题,渲染环境,使得主题和意境相协调。

二、画面结构的修辞性

语言是有结构的,而且有层次的,从语素到词、从词到词组(短语)、从词组到句子,都是按照一定的结构逐步完成的。"正因为修辞是以语言手段为凭借的,故而修辞作品中自然亦存在着结构层次问题。"①单画面缺乏完整的叙事表意功能,只有将画面逐层组合起来,形成了一定的结构,才能表达完整的意义。从修辞学的角度看,如果是组合的问题,它呈现在词组或句子的排列形式上,最常见的有转喻、隐喻、象征、并置、重复等词格。②

画面的结构关系,首先表现为线形关系,也就是说,多个画面在一定的时间内有序地组合。这种结构关系不仅表现画面组合的"语法"关系,而且表现出特定的修辞性。"组合的(或句段的)过程表现在邻近性(把一个词置于另一词的旁边)中,它的方式因而是转喻的。"转喻,不仅具备词与词组合的邻近性,转喻还要以"人们在实实在在的主体和它'邻近的'代用词之间进行的(或'相继的')联想为基础"③。邻近性和联想性是转喻的基础。"转喻的通常形式是提喻,即以局部来指代整体或以整体指代局部。"④在电影 *The life of Pi* 中,派与各种动物同乘救生艇,与孟加拉虎斗争、共存,最终获救,这个过程是历时性的——派不断地进行海上斗争、

---

① 吴礼权. 修辞结构的层次性与修辞解构的层次性[J]. 延边大学学报(哲学社会科学版),1995(11):27.
② 高辛勇. 修辞学与文学阅读[M]. 北京:北京大学出版社,1997:66.
③ 霍克斯. 结构主义和符号学[M]. 瞿铁鹏,译. 上海:上海译文出版社,1987:76.
④ 伯杰. 媒介分析技巧[M]. 李德刚,何玉,译. 北京:中国人民大学出版社,2005:41.

学习生存采用的就是一种转喻的手法。《囚犯》中恐怖的"海盗船"象征着统治村庄的专制政权,这采用的也是转喻手法。

"一个词对另一个词的取代,这产生了隐喻的效果。一个词与另一个词的组合,这产生了转喻的效果。""隐喻是以实实在在的主体和它的比喻式的代用词之间提出的相似性或类比为基础的。"①如"汽车如甲壳虫般地行驶",汽车行驶慢用"甲壳虫般地行驶"替代就是隐喻了。影视作品中的隐喻通过蒙太奇,将镜头之间或镜头内部各个表现元素加以强化、浓缩、类比,由此在观众的感觉和心理上产生特定的效应。苏联影片《母亲》中河流解冻、冰块流动和工人举行示威游行、冲击沙皇专制制度的镜头并列出现,冰块本身不仅构成了背景的有机部分,而且在情节发展中起了烘托作用,也突出了春天的主题,生动地体现了工人群众的情绪和力量,这一组镜头是运用隐喻的出色范例。卓别林主演的《淘金热》中有一个经典的场景,卓别林在煮自己的鞋子吃,把鞋带吃得像通心粉一样津津有味,这也是十分典型的运用隐喻的镜头。

象征与隐喻很相似,是镜头间的联想关系,只是象征是"某一事物代表、表示别的事物",并且"某一事物"与其代表的对象具有重复、持续的意义象征(symbol),"这是某种因自己和对象之间有着一定惯常的或习惯的联想的'规则'而作为符号起作用的东西"。在思想三合一的符号体系中,修辞素具有符号的意义,电影《黄土地》中翠巧爹与顾青在炕上交谈时,翠巧爹的一个中景构图反复了几次;那历经沧桑、麻木不仁,却又慈祥、朴实的父亲形象已不只是表现翠巧爹的个人形象,而是整个民族父亲原型的象征。

影视作品中画面的并置、重复也具有修辞功能。将相关联的画面,特别是相对立的画面并置,便可以建构一种观点。如画面中将无家可归的

---

① 霍克斯. 结构主义和符号学[M]. 瞿铁鹏,译. 上海:上海译文出版社,1987:77.

乞丐与衣着讲究的路人并置，无须画外音，便可暗示出一个国家财富分配的不均。而重复的画面可以起到强化特定意义的功效，也加强了画面结构的节奏和韵律。

画面的结构修辞手法多种多样，它不仅可以使得画面结构更丰富，而且可以营造优美的意境，从而加强了影视作品的画面表现力。

影视艺术是社会文化发展的产物，它反映着人类在视觉表达中科学技术上的进步，在引领社会发展趋势和社会风尚的同时，也在满足人们不同的审美需要和精神追求。影视艺术不仅属于一种大众文化，而且和其他文化相互借取，相互渗透。作为一种精神文化，影视艺术与其他精神文化有内在的一致性，它们都是人类从事精神活动的结果，并对人类的精神领域产生程度不同的影响。影视艺术通过特有的视觉传达的手段，使人感受到视觉冲击和启迪人心灵。

第六章 / 虚拟空间：
体验共同幻象

> 第四维度与非欧几里得几何的出现，是将众多现代艺术和理论融为一体的最重要的旋律。
>
> ——琳达·亨德森

> 我们应该打破屏幕的玻璃，进入这种机器的世界。
>
> ——伊凡·萨瑟兰

萨瑟兰说："我们应该打破屏幕的玻璃，进入这种机器的世界。"这句话表明，我们与网络世界相隔的这层"玻璃"不该成为阻隔我们进入虚拟世界的屏障。也确实如此，为了人们便捷地进入电脑空间，电脑屏幕上设置了一个"界面"，它成为我们进入"机器"世界的方便之"门"。"因特网不仅是'技术性的'，而且还是准机器性的：构筑人类与机器之间的边界，让技术更加吸引人类，把技术转化成'用剩的设备'，而把人转化成'半机械人'，转化为与机器唇齿相依的人。"① 那么，当我们步入网络世界的时候，我们面对的是什么？是一个页面，一个游戏，一个虚拟空间，还是其他什么？穆尔在《赛博空间的奥德赛》的开篇写到，面对一个充满着奇幻、变化、深邃的电脑屏幕保护程序，他感慨道："……这种电脑屏保尤其令我着迷的是其隐喻意义。电脑屏幕上这种充满想象的穿越太空的旅程的画面，是一个穿越赛博空间旅行的隐喻，电脑万维网打开了这

---

① 波斯特. 第二媒介时代[M]. 范静哗, 译. 南京：南京大学出版社, 2005：38.

个虚拟世界。"①穆尔用古希腊《荷马史诗》中奥德赛十年漂泊的故事,来喻指现代人类在互联网这个无法预知的空间里"漫游"。

在奥德赛的十年漫游中,他经历了食人族、太阳神的牛、塞壬……他在茫茫无际的大海中只有听从命运的摆布。如果说我们的先民在空间世界里"漫游"还完全受制于外在环境的话,随着人类的发展,各种技术、文化的进步为我们认识世界打开了一扇又一扇大门:郑和与哥伦布的航海对地理空间的发现;显微镜对微观空间的发现;天文望远镜对宇宙空间的探索进一步拓展人类对宇宙空间的认识;心理学帮助我们认识人类心理世界的奥妙;社会学是对社会空间的重新认识等……"空间创造了一种有可能的作用与互相作用构成的指令系统。赛博空间也是如此。电脑网络遍及世界,其硬件和软件揭示了一种虚拟的维度,既超越又交织于我们日常生活的世界。"②赛博空间是一种数字化的虚拟空间,它有多种显示方式,譬如电脑游戏、超媒体、虚拟社区、虚拟现实、人脑-电脑界面,等等。

第一节　网页的视觉表达

1969年9月2日,加州大学洛杉矶分校的两台笨重计算机被一条7英尺长的灰色电缆线连接起来,人们开始在网络上交换数据。"最早的网页界面都是由字符组成,以功能性为第一指导原则,以技术因素为主要考虑对象,以完成或实现必要的功能为目标。"③20世纪80年代后

---

① 穆尔. 赛博空间的奥德赛[M]. 麦永雄,译. 桂林:广西师范大学出版社,2007:2.
② 穆尔. 赛博空间的奥德赛[M]. 麦永雄,译. 桂林:广西师范大学出版社,2007:10.
③ 宗世英. 网页界面设计艺术[M]. 长春:吉林出版集团有限责任公司,2009:8.

期,欧洲核研究组织的 Tim Bereners Lee 开发了超文本系统并且应用于网络中,但只能显示文字。1992 年,美国国家超级计算机活动中心开发出一种程序,它可以显示图形,并能在超级链接之间漫游,而且所有操作只需利用鼠标就能够完成,后来这个程序得以广泛运用,这时候网页界面也开始图形化了。随着人们对网络可视化认识的加深和可视化专业开发工具的出现,网页界面就不再只是计算机专业人员的专属技术了,网页也有界面的设计等艺术性的问题。网络空间的资源的无限性、多媒体化、互动性强、高速高效的特点,也给信息传播、人际交往、产业发展带来了生机和活力。但从消费的角度看,"网页有着各种不同的服务功能,从向消费者提供信息、说服和提醒消费者到维持交易。换句话说,网页的功能就是吸引网上冲浪的人逗留并重复访问。但吸引消费者注意力的竞争和消费者控制互动的转变,使得人们要做到上面所说的成为一项很有挑战的任务"[①]。要实现这样的效果,有研究者从网页的静态角度,也有研究者从人机互动的角度来加以研究。人机交互(HCI)相关的研究者们找到了网页技术、视觉效果和内容生成技术,并以此作为基础最大限度实现网页的有用性、愉悦性、可用性和满意度。网页界面中视觉信息传达是极其重要的一个方面,但网页不同于一般的界面,作为虚拟空间中的视觉元素及其组成都具有一定的流程规律。

一、网页表达中的视觉元素

视觉元素是视觉对象的构成单位,网页视觉元素包括信息元素和形式元素。信息元素包括文字、图形、形状、形体等具有内容特征的要素;形

---

① 摩斯.性别、设计与营销——如何根据性别差异进行设计和营销[M].滕文波,刘旸,译.北京:企业管理出版社,2012:201.

式元素由点、线、面、色彩、空间等具有形式特征的要素组成。视觉元素是传播和接收信息的载体和媒介,是构成视觉信息的基本单位或符号。人们进入网页要想了解网页中的内容,首先接触的就是网页中的视觉元素,网页中的视觉元素是网页不可缺少的要素,同时不同的视觉元素在网页中有着不同的作用。网页一般是由文本、背景、图标、图像、表格、颜色、动态影像等多种元素构成,这些元素的灵活应用和合理布局是视觉形成的基础。

文本

从广义上说,任何由书写方式呈现的话语都属于文本,网络中的文本指用文字表达的相关内容体系,文字呈现方式是文本的外在表现。文字是一种表意符号,它有内在生产规则,同时需要特定的语境,也因此,文字可以抒情,可以达意,可以阐发,可以引申,也可以促发人联想,同时可以表达深邃的思想。文字具有多方面的功能,互联网上许多内容都是以文字文本为主,文字是网页信息表达的主要方法之一。只要留意一下各类网站,无论是综合性门户网站、商业网站、行业网站、新闻网站,还是论坛、博客、微博等,文字在其中占据不可替代的位置。除了文字文本传递信息外,其特定的视觉特征也在传递信息。网页中的文字占据网页中的很大面积,如何突显文字视觉效果将直接影响整个页面的质量。网页文字需要传达一定的有效性和清晰性信息,必须考虑文字的形象性、直观性、整体效果,以减少其边际效应。网页中的文字主要有标题文、正文、辅助文字三大类,对文字视觉化的编排除了注意精简和避免杂乱外,同时需要通过改变字体和对文本的整体布局来最大限度保留文字的可看性和识别度。

改变文字通常的手法是改变文字的字体、字号或者将文字图形化。字号的大小可以形成均衡或者对比等效果,而不同的字体也会形成不同的效果。人们普遍认为,宋体——客观、雅致、大气;黑体——厚重、抢眼;楷体——清秀、平和,带书卷味;综艺体——艺术、专业、现代感……我们对网页中的文字不仅可以按照常规的方式来设置,也可以对字体进行艺术化的处理,这样不仅强化了表意功能,也可以用更富创意的形式表达特定的思想。比如对"哭笑""喜悲"图像化,"其中将'哭笑'和'喜悲'按照汉字字义和意境将其中的'竹字头'部首、'口'字部首、'喜悲'二字的笔画进行图像化设计,使之具有'哭笑'和'喜悲'的人类表情特征,使汉字形态的变化在意料之外又能看得出汉字的原形,也即既保留和继承了汉字本身的形态特征,又完成了'哭笑''喜悲'的寓意传达和表现。略带诙谐的'图像化'汉字形态设计有其独特的字体个性特征、超强的视觉冲击力和艺术感染力……"①如图 6-1、图 6-2、图 6-3 所示。

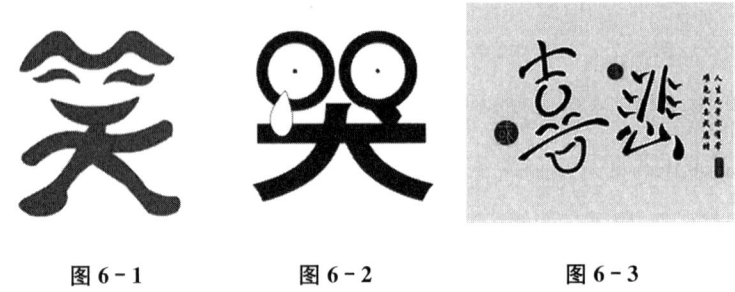

图 6-1　　　　　图 6-2　　　　　图 6-3

网页文字编排重要的一点就在于服从网页的内容,其风格要与网页内容相吻合,不能与网页内容脱节,更不能相互冲突。通常文字的编排或者呈两端对齐,或居中对齐,或左对齐,或右对齐,或绕图编排。两端对齐指文本中的文字左端或右端对齐,这样文本呈矩形或方形,给人规整、严谨、平稳的感觉;居中对齐使得文章两侧文字整齐地向中间集中,整个段落或整篇文章都整齐地在页面中间显示,这样会具有形式美感;左对齐或右对齐是为了使文本左或右形成一条清晰的垂直线,这样形成虚实结合、动静相宜的格局。将文字围绕图形边缘排列叫绕图排列,以此实现图像和文字的有机结合。文本的视觉化呈现实际上也涉及标题、正文等的处

---

① 纪方圆,黄迅. 国际化语境下的汉字形态设计研究[J]. 家具与室内装饰,2016(1):32.

理问题,自然也和其他要素之间有着密切的关系。

图片

图片能够直接表现事物的外在形象,给人真实、直观的印象,图片也便于表达情绪。有实验表明,人们更喜欢读图,很多人宁愿从图像中学习知识,世界上三分之一的人喜欢用图像作为学习的工具。有人就"您浏览网站,期望得到怎样的第一印象?"进行的调查表明,用户喜欢那种简约理念的网站,所以放上一张效果惊人的背景照片,背景上面再写上几行字,就能满足用户需求。[1] 图像比文字易于理解,这已经是大多数人的共识。正是图片的这些特点,决定图片在传播中的优势。一是认知优势。在复杂的网页信息中,人们希望一眼就可以全面了解网页的主要信息,图片则成为人们快速直观了解信息的主要途径,同时图片还可以整合许多不同的视觉元素,传递整合的信息,因此符合"精练"的特点。二是图片视觉优势。图片信息具有很强的视觉性,因此图片所反映的信息具有很强的观赏性。在网页中使用图片不仅可以美化网站的界面,而且可以突显网页的整体视觉风格。图片可以增强网页的视觉冲击力,当然更为重要的是图片能够帮助人们更好地理解内容,起到吸引浏览者的作用。

网页中的图片就其功能来区分主要有:主体图片、辅助图片、导航按钮和LOGO。在网页中所占的篇幅较大,用来烘托网页主题的图片,就是主体图片;作为特定表现对象的背景,或者烘托主体、渲染气氛的图片都属于辅助图片;一些起导航作用的便于人们识别的图片或者符号被作为导航按钮;网站的LOGO作用十分显著,选用有特点的符号或者图形作为LOGO可以起到事半功倍的效果。图片有的来自传统渠道,有的来自用户。来自传统渠道的图片包括摄影的照片、手绘图片;来自用户的图片是用户结

---

[1] 浅析文字在国际范网页中的重要性[EB/OL]. (2013 - 10 - 10)[2014 - 01 - 15]. http://www.uisdc.com/website-text-design-experience

合自身的需要通过创作、组合、改造后的图片,两者的运用都十分广泛。

尽管图片自身具有一定的独立性,但一旦被放置到页面后,就需要考虑图片与图片之间、图片与其他元素之间适合的视觉关系。通常来说,网页的结构方式会影响图片的传播效果,如用四角与中轴四点来结构,就是在网页的四个角和中轴的四个点安排图片,这种布局强调的是平稳、均衡,但也给人平淡的感觉。也有块状组合与散点组合:块状组合,即通过水平、垂直线分割,将多幅图片整齐、有序地排列成块状放置在页面中,这种结构给人整体感和秩序感。散点组合是由多幅图片自由组合或分类组合而成,这样的结构给人轻快、活泼感。图片的呈现还表现为,静态呈现、带幻灯片形式的动态呈现。不同的图片呈现方式更加丰富了网页的视觉元素的表达。

图标

网页图标是具有明确指代含义的图形符号。我们在浏览网页的过程中,很容易迷失自己,不知道该往哪里看,或者如何到达需要的目标,而图标往往以简洁明了的方式引导浏览者,它可以十分直观地指示我们到达目的地。图标通常具有一定的功能性和指向性,例如前进、后退、链接图标就是如此。这些图标的符号简洁明了,能够使浏览者清楚地知道自己将要进行的操作,方便浏览者更好地浏览网页。

图标往往是以隐喻和模拟方式出现,这样便于让使用者产生联想,小型化的图片、标识、艺术字或者其他设计元素都十分常见,也正是由于图标这样的特点,使得图标具有可识别性、交互性和通用性。可识别就是图标的外形、色彩、性质或特征容易被辨认出来,这是图标存在的基础;交互性,其一是指图标是用来作为交互工具的,其二是指网页内容的交互,即具有网页链接的功用;通用性是指大多数用户或各种类型的网站都可以方便使用。网页中的图标有许多类型:形象性图标以人物、动物、植物、器物等图像作为图标;抽象符号图标采用抽象的图像,通常有圆形、三角形等几何图形;文字图标利用文字的视觉化特点,通过各种艺术手法来突显其图标的作用;数字图标主要是用于排序,这样的图标简洁、直观。网页图标具有其他符号难以替代的优势,它用简洁的图形符号将复杂的网页功能标注成为容易辨识的内容,也大受使用者的欢迎。

色彩

色彩可分为有彩色与无彩色,光谱中的全部色彩都属有彩色。色彩同时具有明度(亮度)、彩度(饱和度)、色相三个要素。网页色彩指的是整体网页体现出来的颜色,颜色可以突显网页的风格和视觉特点。网页颜色能够调适浏览者的视觉心理,也能够调整浏览者的视觉体验。不同色调的网页会给浏览者截然不同的感觉。色彩可以烘托整个页面的气氛,生动的色彩表达可以使网页更加生动有趣,不同的色彩对比也可以给浏览者以强烈的视觉刺激。

网页具有独特的信息传达功能,如果要在最大限度上实现这样的功能,就要求人们在色彩的处理上注意:主题性的色彩鲜明,网页的色彩必须与内容统一,色彩具有整体感等。每一个网页都会有自己的主题,而且对主题的表现方式是多方面的,或突出内容,或突出风格,或突出服务,等等。色彩需要服务于主题,确立与主题一致的色彩最为重要。通常设计者择一个主色调以此突出网页的主题,比如,在网页中以浅色调背景为主,加上深色调的文字,这样将深浅色彩进行搭配,在视觉上会给人自然流畅的感觉,也可以更好地突出页面的主题和重点。网页的色彩必须与内容统一,对于不同类型和不同受众的网站,色彩的使用也是有所区别的:门户网站具有综合性、专业化等特点,加上信息量巨大,有多个频道,需要功能性搜索,这就要求色彩相对简洁、素雅一些;对于企业网站,完全可以根据企业自身文化、产品特点来使用色彩;娱乐休闲的网站无论是网站的内容还是目标受众的定位,都要求其色彩鲜艳、富于动感。当然,色彩的整体感也是处理色彩的重要原则,其要求在色彩的使用上注意色彩间的一致,注意色彩和网页内容的一致,同时也注意色彩和受众的审美的一致。

要想设计一些轻快、动感的网页,运用对比色是一种有效的方式。比如运用明亮的色彩,这些色彩与其他色彩之间会形成一定的反差,也会产生较强的视觉冲击,运用得当,可以起到强调、突出的效果。但对比色不能够太强烈,否则会影响其他内容的取色,也会使得网页中的一些内容难以辨认。网页色彩会使得网页更加丰富多彩,同时,色彩能够激发情感和想象,完美的色彩可以使得网页充满魅力,也激发我们去网络空间探索和发现。

其他

网页其他一些元素也具有视觉化的特征,比如表格、背景等。表格有清晰的行、列,可以清楚地传达相关的内容,对于统计数据或经济数据,表格的作用更是不言而喻。概括来说,表格也是网页布局的一种方式,在网页中主要用于呈现数据和相关的信息。表格通过行和列的布局控制文本和图形,并使得数据呈表格化排列,同时,表格能够精确地控制特定元素的排列并显示位置。网页的大部分面积被背景所占据,不同的背景可以带给视觉不同的观感,背景衬托了文字和图片的对比度,使得文字和图片更加清晰,所以说背景在网页中起着至关重要的作用。

二、视觉元素的组合

网页视觉元素绝不是孤立的,文字、图像、图标等视觉元素在有限的屏幕空间内按照一定的规律、规则组织成一个"有机体",这如同把散落的部件组合成一个完整的机器。视觉中各构成元素之间的相互关系相当于文章的字、词、句、段落、篇章,需要按照一定的语法、文法、逻辑等规则组织起来,形成具有完整性、节奏感、秩序感的整体。那么,对于一个由各种视觉元素组成的网页,其内在的规则是什么呢?有没有一个适合各种类型网站和网页的规则呢?其实美学中变化与统一、对称与均衡、比例与尺度、对比与调和、节奏与韵律等形式原则，以及平面构图中的空间法则以及透视法则，都会对视觉元素的组合有重要的指导意义。

统一与变化

统一强调所有视觉元素都必须围绕并且服务于主题，同时强调网页风格、结构的统一。变化强调统一不是刻板的，也不是一成不变的，要根据不同的主题、不同的风格采用多样化的组合方式。统一中有变化，能够减轻人们在浏览网页时候产生的视觉疲劳，也体现网页符合简单的形式美法则。统一与变化中，占统治地位的是统一，变化不是无序的变化，是统一中的变化。网页统一主要包括版式统一、字体统一、设计风格与结构布局方式统一，以及明暗色调统一等。有相同特征和形状的视觉元素在页面各处重复出现，能使各个局部之间实现一致性和规律性，有效地实现统一。

对称与均衡

对称指某个中心线（或中心点），其左右、上下或前后在大小、形状和排列上呈现一一对应的关系。我们的身体、许多建筑物以及自然界中许多植物结构都是对称的，对称形式构成的图案重心稳定，给人庄重、整齐的美感。均衡指布局上的等量不等形的平衡，它和对称完全不同，从视觉上说，均衡布局内的元素分量相同，纹样和色彩不同，但在中轴线或中心点依然保持力的平衡。在网页中如果左右大小不平衡，我们可以通过改变色彩的轻重、内容的疏密来达到平衡的效果。均衡的构图使得网络页面生动活泼、富于变化和动感。对称与均衡是构图的基础，主要作用是使画面具有稳定性。均衡与对称指称的意义不同，但两者都包含有稳定的特质。

比例与尺度

比例是数量之间的对比关系，或指某事物在整体中所占的分量，也指图片中图形与其实物之间的线性尺寸之比。在美学中，经典的比例分配莫过于"黄金分割"，如果网页充分利用黄金分割就会给人自然、舒适的感觉；尺度是指准绳，分寸，也可看作看待事物的标准，对于视觉空间或者其他艺术中的尺度的把握，主观成分比较多。比例是理性的、具体的，尺度是感性的、抽象的。

对比与调和

对比是把差异明显或矛盾、对立的两个物体进行对照比较。视觉对比包括形、线、色的对比；不同性质之间对比，包括刚与柔，静与动，等等。调和主要是指调节、配合适度，使得色彩和谐。视觉中的调和突出的是各个部分之间的统一、和谐，而不是分离和排斥，它赋予事物的是秩序。一般而言，对比强调差异，而调和强调统一。对于网页来说，图形、质地、肌理、色彩、方向等都可以形成对比和调和的关系。比如色彩在对比状态下，带给我们的感觉是不一样的，当我们长时间注视某一彩色图像之后，再看白色背景时，眼前会出现色相、明度关系大体相仿的补色图像。如果背景有色彩，补色图像就会与背景色混合，产生独特的视觉效果。色彩调和是将两种或两种以上的色彩合理搭配，产生统一和谐的效果，色彩对比是调和的基础。

节奏与韵律

节奏是按一定的规律、顺序重复连续地出现的一种有律动的运动。它有等距离的连续，也有渐大、渐小、渐长、渐短、渐高、渐低、渐明、渐暗等构成的连续。在音乐中，节奏是重要的表现形式，在诗歌、小说等其他艺术中，节奏也十分重要。节奏中隐含重复，重复使单纯的变得更为单纯，统一的更为统一。韵律使诸元素形成系统重复，也使一系列并不相连贯的元素通过一定艺术手法建立起可以感受到的规律。韵律是较节奏更高一级的律动，在节奏基础上超越线形的起伏、流畅与和谐。像音乐中的旋律，不但有节奏，更有情调。节奏和韵律在网页设计中的运用是多方面的，比如网页一般通过疏密、大小、方向、重叠、虚实等变化来显示其节奏和韵律，使网页产生一种运动感，也可以在很大程度上满足人们的心理需求。

平面构图中的空间法则体现的是在网页平面中字体设计、编排设计、插图、摄影等各个元素的构成和组合关系。在网页空间中各要素的安排上,大小、疏密要得当,空间层次分明,主题突出,才能产生节奏感和韵律美,进而形成视觉艺术的美感空间。我们一般把平面空间分为正空间和负空间。正空间指向物象的形、轮廓,而图形和文字部分通常也被称为正空间;负空间通常指背景的形状。空白也可以说是被"形"包围的那部分空间,也被称为负空间。透视法则的"透视"一词源于拉丁语的"perspclre",指"看透"的意思,"主要是指如何在一个平面上绘制三维空间,即透视图"①。透视法则原来多出现在绘画中,也是指绘画的一种理论。在网页中透视法的运用就是透过线条或者变形,或者利用近大远小的透视关系来创造空间。图6-4、图6-5就是通过透视线条创造出空间感的,即运用透视中近大远小的规律创造出空间效果,"页面上部3个带字母的大小不同的圆圈,使原本简单的页面看起来拥有了运动的空间并充满活力。"②

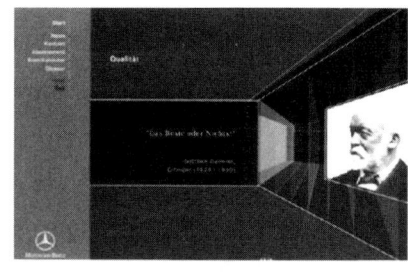 

图 6-4　　　　　　　　　图 6-5

网页版面的组合规则只是一些指导性的原则或者说是对实践中的经典应用的总结,如何将这些原则变为具体的实践,或者对这些问题进行创新运用,需要有对理论的参悟,也需要有实践的验证。在实践中,人们根据相关的理论原则并且根据网页设计的实践,将网页版式的类型分为:骨笛型、满版型、分割型、中轴型、曲线型、倾斜型、对称型、焦点型、自由型九种。

骨笛型又被称为骨骼型,类似于报纸的版式,常见的有竖向和横向两

---

① 严晨. 透视规律在网页设计中的应用研究[J]. 科技与出版,2012(4):72.
② 严晨. 透视规律在网页设计中的应用研究[J]. 科技与出版,2012(4):73.

大类，具体的还有通栏、双栏、三栏、四栏等小的类型。骨笛型将不同的视觉元素分别呈现在页面上，使它们的布局在对比中又隐含统一。骨笛型的关键是实现视觉中心化，突出页面的主题和主体，增加页面的整体感和一致性，使得页面更具统一感，对比与统一相辅相成。这是一种规范和理性的分割方法。图片和文字在排版上严格按照骨骼的比例进行编排和配置，给人以严谨、和谐、理性的美。骨骼型页面中元素经过相互混合排版之后，既有线条性又有理性，既活泼又富于运动感，如图6-6所示。

满版型的版面中心用图像充满整版，以图像为主要元素，视觉的传达直接而强烈，文字压在图片之下，作为图片的补充说明，如图6-7所示。通过版面中大面积的图像来传达信息，不仅直观、能够给人强烈的视觉印象，而且那些图片有明确的主体性和极强的带入性。满版型还有细节满版和文字满版等形态，满版型给人以大方舒展的设计感，是商品广告中最经常使用的排版模式。

图6-6　　　　　　　　　　图6-7

分割型是把整个页面分成上下或左右两部分，并且以此为基准安排图片和文案。上下分割是将图片和文字分开布局的排版方式，通常在网页页面的元素配置中，上半部配置单幅或者多幅图片而下部配置文本，这样上部图片作为视觉表达部分而文字作为解释部分。左右分割型则如图6-8，是把整个网页页面分为左右两个部分，分别配置文字和图片，这样配置文字和图片在视觉上会形成强弱对比。一般情况下左右分割型的版式将会把分割线做虚化处理,或者用文字左右穿插,这样更符合视觉观赏习惯、增强浏览者的浏览体验。无论是上下还是左右布局,都会使图片部分的感性、灵动与文本部分的理性与平静形成对比。

中轴型版式,就是用图形或图片来做整个版面设计的中心,将图形或图片做水平或竖直方向排列,而文字被配置在图片的上下、左右或者与图片交叉排列,如图6-9。按中轴型的版式原则设置版面会给人一种安静、和谐、稳定、清晰的感受,而且版面不是十分刻板。如果是垂直型排列,视觉上还会有上下滑动的感觉。

图 6-8　　　　　　　　　　图 6-9

曲线型的版式是指图片和文字的排列形成一定曲线,使其就像是楼梯或者旋梯带给人的美感一样,跌宕起伏。这样的编排使得整个网页页面显得有规律,有韵律,有节奏,也使得网页有跳跃感,也会更活泼,并且不同于一些呆板的排版方式。但这种版式如果运用不当的话,就会导致整个版面混乱,看上去似乎你中有我,我中有你,也使得许多内容混杂在一起,难以分清主次。

倾斜型的网页版面中图片或视觉主题的图像呈现倾斜的排列方式,整个版面产生强烈的不稳定感觉,也极其富有动感,这样的编排方式若再配上色彩鲜明的图片将会更加引人注目,如图6-10。

对称型网页版式分为绝对对称和相对对称。对称型网页版式通常有左右对称,也有四角对称的,四角对称就是在页面四个角上安排有视觉上给人平衡感的元素,这样会使人产生稳定的感觉,也方便设计者控制页面空间。整体上看,对称型版式给人以均衡、严谨的感觉,如图6-11。

图6-10

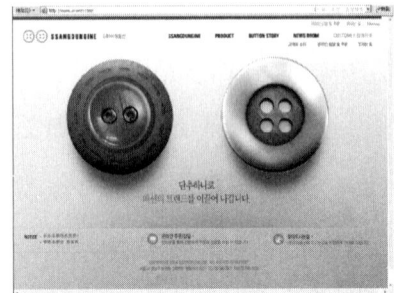
图6-11

焦点型版式又被称为中心型版式,这类网页大多围绕一个中心布局,因此网页页面中心突出。这样的布局重点是通过对视线的诱导,使页面中心成为视觉焦点。焦点型版式的具体类型有中心、向心、离心等三种形态。中心型主要将对比强烈的图片、图像或者其他文本置于版面的中心。向心是通过在中心位置布置具有吸引力的视觉元素,达到吸引网页浏览者的视线的目的。向心是心理上的,也是比较传统的一种表现手法。离心就是网站中相关视觉元素具有向外辐射的趋向,给人离心的感受,这种版式属于外向型,具有动感。

自由型网页版式是指网页中的文字、图片和其他元素布局呈现无规律和随意的结构编排方式。随着技术的不断发展,网页设计开始由平面变得立体,它颠覆了传统以图片为中心的结构方式,将影像或者动画等置于中心,而且忽视文字的作用。这样的版式使得整个网页更加简洁、活泼,给人轻快的感觉。

三、网页中的视觉流程

网页是网站中的页面,如同图书中的页面,但与图书直接阅读的方式不同,网页是通过浏览器浏览的,页面是一个平面的空间(当然也可以利用虚拟的方式呈现三维特点),因此页面在屏幕上可以区分为不同大小的区域。人眼睛的晶体结构决定了人在观看事物的时候只能产生一个焦点,而不可能把视线停留在两处或两处以上的地方,事物位于眼睛聚焦的中心才会被看见。人的观看行为是积极主动的,人在观看事物的时候一般水平方向视线从左向右移动,垂直方向视线从上向下移动。这样也就形成了不同视觉区域的重点,即页面中偏左的区域,以及页面中上部区域是视觉重点。而且不同区域给人的感觉也是不同的,"上部给人轻快、漂浮、积极、高昂之感;下部给人压抑、沉重、限制、稳定的印象;左侧,感觉轻便、自由、舒展,富于活力;右侧,感觉局促却显得庄重"[①]。人们的观看是一种选择性的过程,而且观看的方式有扫视、注视以及往返观看,这些都会影响观看的效果。

1944年,美国麻省理工学院著名教授克宾斯在《视觉语言》一书中提出视觉流程的概念,后来被广泛应用。根据人的视觉认识规律和认知模式,网页的内容布局应该遵循"视觉流程"。网页视觉流程是与网络的浏览者视觉流动路线以及活动范围相关联的,我们需要按照视觉移动规律对网页中的各种要素进行有效、合理布局。视觉流程决定人的视觉浏览顺序,促使用户在浏览网页的过程中可以第一时间浏览到网站的主要信息。设计者根据视觉流程规律以及视觉特点来安排网页相关内容,同时在内容布局上整体上遵循先图后文、先动后静、先大后小、先中间后边缘的原则。

视觉心理学的相关研究表明,"一条垂直线在页面上会引导视线做上下的视觉流动;水平线会引导视线做左右的视觉流动;斜线比垂直线、水平线有更强的视觉诉求;矩形的视线流动是向四方发射的;圆形的视线流动是辐射状的;三角形则随着顶角之方向使视线产生流动;各种图形从大

---

① 顾群业,惠岩.网页艺术设计[M].济南:山东教育出版社,2012:54.

到小渐层排列时,视线会强烈地按照排列方向流动"[①]。根据视觉流动的规律和相关的实践,人们归纳和总结出许多视觉流动的类型,即线性视觉流程、导向性视觉流程、散点视觉流程、放射性视觉流程。

线性视觉流程是将流程"线条化","线性视觉流程重点把线条当作内、外在的线索,影响视觉的延伸性、流动性。大致来说,这一流程是通过人的视觉感受外界环境要素的流动"[②]。由于线条有横线、竖线、斜线,直线、曲线等,由此可以将线性流程分为横线视觉流程、竖线视觉流程、斜线视觉流程、直线视觉流程、曲线视觉流程等。不同的线性流程给人的感受是不同的,比如,横线视觉流程引导人们视线从左往右或是从右往左流动,也契合人们的视觉习惯,这样的视觉流程给人直观、清晰、明了的感觉;曲线视觉流程具有跃动、起伏感,如果将这种流程和其他流程结合,会使视觉呈现自然、变动的趋向。线性视觉流程可以运用字体、字号、色彩、形状以及各种变化的线性编排来实现。

导向性视觉流程是利用引导性的元素来决定视觉流程方向,这些引导性的元素可以是图像、文字、符号、相似性元素等,并且这些元素按照主次、明暗、显隐等不同的方式分类,形成关联的诱导。

散点视觉流程是在具有相同性质或者规律性的信息中增加一些有特点的信息,或者通过分散视觉焦点来加以编排,使视觉随各视觉元素做或上或下、或左或右的自由移动。它强调自由、随机、偶合。散点视觉流程使得我们的阅读不再单调,避免了枯燥。放射性视觉流程是从某个中心向四周投射,如同灯光从灯的中心向四周散射,这样的视觉流程给人的视觉冲击力最强,而且信息的主次分明,现在许多网页都采用这种视觉流程。

一般来说,网站由不同层次的页面组成,也就是有一级页面、二级页

---

① 顾群业,惠岩. 网页艺术设计[M]. 济南:山东教育出版社,2012:53.
② 冯蓓蓓. 基于线性视觉流程的出版装帧应用研究[J]. 出版发行研究,2015(12):89.

面、三级页面,并且依次推之。不同的页面之间视觉流程是不一样的,而且页面与页面之间也存在特定的链接和导航方式,这就使得网页视觉流程不只是单个网页上的视觉流程,还包含了多个页面的复合的视觉流程。因此,单一的网页视觉流程容易形成视觉流程的程式化,也容易使人产生视觉疲劳,而变化和打破常规的网页视觉流程更容易被人记住,也更容易打动网页的浏览者。

第二节　动画艺术的视觉表达

"动画"从字面理解就是"活动的图画",英文"animation"的意思是"赋予……以生命",就是给没有生命的东西以生命,使静止的图像活动起来。"动画片"是用图画来叙事的影片,人们对一幅幅图画,逐格拍摄并记录,再通过放映机在屏幕上播放,显示的是活动画面。与此相关联的还有"漫画""卡通"和"动漫"。

"漫画"一词起源于20世纪20年代的日本,"漫画"作为"讽刺画""滑稽画""笑画""寓意画"的总称被引进中国。第一次世界大战前日本把用线条描绘的漫画统称为"动画",这也是后来电影"动画"一词的由来。"卡通",是cartoon的音译,源于文艺复兴时期,当时绘制大型壁画之前,画师需要在厚纸板上画底稿,cartoon有"草图,底图"和"漫画"的意思。"卡通"在二战以后被人们所熟知,当时人们把用线绘、木偶等形式制作的电影统称为"动画"或"卡通"。"动漫"脱胎于漫画,有人说"动漫""是与漫画、动画相关联的使用电影镜头语言绘制的极具综合性的新叙事艺术形式"[1]。

---

[1] 刘小林.动画导论[M].武汉:湖北美术出版社,2010:4.

动漫有独到的运动性并且采用幽默的艺术表现形式,还有虚拟和创意功能,往往容易被改编为动画影片。

随着技术的进步,漫画、卡通、动漫、剪纸、木偶、黏土以及用计算机绘制的图像甚至实物影像都可以作为叙事媒介。现在动画已经从影视产品延伸到书画和其他音像产品领域,进而发展出文具、服装、工艺等衍生产品,甚至主题公园也与动画产生了联系。

随着计算机的发展,计算机图形图像处理功能越来越强,二维动画开始转向三维动画。20世纪70—80年代,二维动画技术占据主导,2D动画技术开始介入动画片创作;20世纪90年代到20世纪末,2D与3D动画技术结合成为动画制作的主流,3D主要是用于制造背景、环境;21世纪至今,三维动画技术被广泛运用。早期的计算机技术只是动画中的辅助技术,随着3D技术以及其他相关技术的发展,真正意义上的计算机动画时代来临了。与一般的动画相比较,计算机动画"指用绘制程序生成的一系列景物画面……计算机动画所生成的是一个虚拟的世界,画面中的物体并不需真正去建造,物体和虚拟摄像机的运动也不会受到什么限制"[①]。在传播渠道上计算机动画不局限于影院、电视,可以在网络和其他终端上播出;在功能上也不只是娱乐,它可以用来进行信息传播、教学等。从制作上或技术方式上看,计算机动画可以分为人机动画、机制动画、编程动画。

人机动画是人工绘制动画原画或人工制作动画模型,扫描或拍摄后再经过计算机进一步加工、合成并播放。机制动画指从动画原画创作、模型构建,到最后的加工、动作设计、音效、合成、播放、输出全部在计算机中完成。编程动画指动画完全通过编程来实现。从视觉方式看,计算机动画可以划分为平面动画(二维动画)和立体动画(三维动画)。

---

① 金小刚,等. 计算机动画技术综述[J]. 软件学报,1997(4):241.

在当下的技术条件下，无论是计算机动画辅助技术，还是计算机动画本身，计算机技术对于动画的生产和传播都有着十分重要的意义。但是如果从视觉文化的角度来看，这些动画都还是和传统动画艺术有许多共通之处的。本节主要就它们在镜头、角色造型、场景等方面的共同性和视觉性上做一个简要的论述。

一、动画视觉"语言"——镜头

动画艺术是利用时间、空间塑造形象的艺术，具有空间和时间特性的镜头就构成了动画的基本"语言"。镜头一般是指摄影机上的一个部件，即摄影机的光学镜头，但在影视艺术中镜头是指摄影机从开机到停机之间不间断地摄取的胶片上所显现的影像内容[①]，这样镜头就构成影片最小单位。动画制作，不是用真人、实景进行连续拍摄，而是将一幅幅绘制的画面逐格制作，没有真正的摄影机的开机和关机，所以动画的镜头通常是指"一组连续画面所表现的时空单位"[②]，这与影视的镜头又有相似的地方。但"连续画面所表现的时空单位"的确切含义是什么？从字面上理解，镜头中包含一个甚至更多的画面，画面表现的内容是连续的，而且是一个完整的时空单位，即能够表达一个相对完整的意思。最能够清楚区分镜头划分的是分镜头台本。分镜头台本是电影、电视、动画等动态艺术前期创作的基础部分。它根据文字脚本以镜头的视角对文字情节用分格画面的方式加以呈现。同时它也是故事叙述、作品形式、节奏、风格、长度，甚至摄影、场景、灯光、音乐、特效、原画、动画、后期合成等制作的蓝本。下图6-12是动画片《三毛流浪记》的分镜头台本，其中包

---

① 赵前，丛琳玮. 动画影片视听语言[M]. 重庆：重庆大学出版社，2007：14.
② 刘小林. 动画导论[M]. 武汉：湖北美术出版社，2010：79.

含镜号、背景、时间、动作和台词。镜号其实就是一个镜头,比如 142 号的镜头就包括:画面一,三毛眨眼睛;画面二,小明不理解(镜头下拉);画面三,三毛催促小明睡觉。这就完成了一个完整的叙事。

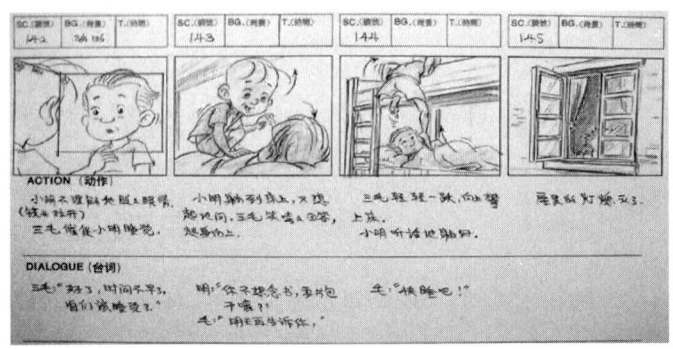

图 6-12

在现在的技术条件下,动画叙述的内容更加复杂,镜头表现方式更加多样化,这为动画创作提供了广阔空间。在许多动画中,一般一分钟有 15 到 20 个镜头,少于 15 个镜头的动画节奏就会显得慢,而多于 20 个镜头的动画节奏就会显得比较快。在早期的动画艺术短片中,有时也会出现所谓一镜到底的拍摄模式,这种长时间拍摄的镜头,就是长镜头拍摄法。

长镜头是指长时间用单一镜头表现同一场景和表现特定主题的拍摄方式。长镜头可以是固定长镜头、景深长镜头、变焦长镜头和运动长镜头。获得奥斯卡最佳动画短片奖的动画《破坏》仅有 2 分 40 秒,一共 13 个镜头,但镜头一、镜头二和镜头十一都采用了长镜头。比如镜头一是一个 33 秒的长镜头,在这个长镜头里,等车的人始终站在那里不动,又始终只有身体的局部出现在镜头画面中。导演运用背景的横移、下移等虚拟镜头运动的手法,使镜头画面现出等车人的木然状态,而一系列等车人眼睛的左视右视的重复画面,使 33 秒的镜头既简练又富有变化,而不显得乏味。

镜头是由画面构成的,具有表现空间的能力,同时由于动画的画面是运动的,所以一个或多个画面组成一个镜头,一个或多个镜头组成一幕。镜头又具有时间性,为了利用画面中的场景和时间来展开叙事,就需要充分利用空间调整和时间调整,"镜头中的空间调整被称为'场面调度',镜头的时间调整被叫作'蒙太奇'"①。

场面调度指将演员"摆在适当的位置",原来是舞台剧专有名词,就是导演根据剧情的需要对演员在舞台上表演的位置变化进行合理处理。而影视艺术由于演出的场所不再局限于舞台,而且其拍摄技术和手法更加多元化,场面调度就主要考虑拍什么和怎样拍的问题。与传统的戏剧比较,动画中的场面调度包括场景调度和摄影机镜头调度两个方面。场景调度是在镜头拍摄的范围内,拍摄者充分利用拍摄主体、背景、光线、运动等与镜头之间的关系,为动画表达的主题服务。单从拍摄主体与镜头关系来看,摄影镜头调度有横向调度、纵向调度、斜向调度、斜向上或斜向下调度、环形调度,等等。摄影机镜头调度主要指摄影机运动形式,即摄影机的推、拉、摇、跟、移、升、降,以及镜头拍摄角度,即平拍、仰拍、俯拍、升降拍及旋转拍等形式。摄影机镜头调度是动画调度中的重要方法。一般来讲,若干衔接镜头,用同一个运动形式拍摄,会给人流畅的感觉;用忽而仰、忽而俯的角度拍摄,会给人强烈的对立感觉。日本动画导演今敏在拍摄《未麻的部屋》中有这样一段:主人公未麻在走出地铁时,突然想起神秘网站上详细记录了她某某天是用左脚走下列车的,心中十分恐惧,于是她悬起左脚跑出地铁站。这一段落的镜头如图6-13所示。

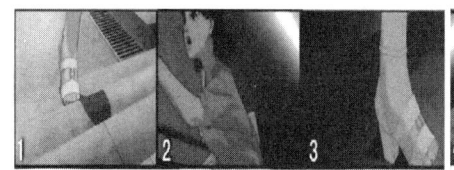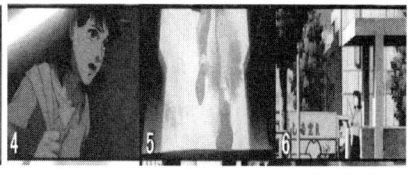

图 6 - 13

---

① 刘小林. 动画导论[M]. 武汉:湖北美术出版社,2010:79.

1. 未麻脚的特写，从左边跑入画从右边跑出画。1.5秒

2. 未麻向画左边奔跑的近景，背景移动。2秒

3. 未麻向画右面奔跑的脚部特写，背景移动。1秒

4. 未麻向画右奔跑的近景，背景移动。2秒

5. 低角度画面，未麻跨过镜头往纵深跑。1秒

6. 室外全景镜头，未麻跑出地铁车站，手扶围栏大声喘气后靠在围栏上向上看。12秒

这一组画面中的场景调度十分丰富，有横向调度、纵向调度，还有其他的调度手法。镜头调度也是富于变化的，体现在景别和拍摄角度上。景别包括特写、近景、中景、远景，拍摄角度有平拍、俯拍、仰拍。被摄对象的运动方向会构成一条无形的直线，即"轴线"，如果拍摄的机位或角度越过轴线就会造成画面中人物运动方向的混乱和观众视觉上的不连贯。"在前三个镜头中，今敏别出心裁地用两次'跳轴'来表现未麻内心的慌乱与不安，使观众视觉上的混乱与主人公心理上的混乱汇合在一起……另外，我们还能发现，为了避免对观众欣赏习惯的过度刺激，这三个镜头通过背景的移动保持了相对静止，而近景和特写景别的选择也略微使动作降低了动感。"[1]

在数字动画制作中摄影机本身是不存在的，所以我们可以利用画面的结构来解决镜头的运用。许多动画软件中都有模拟相机、摄像机的功能，可以帮助导演解决部分画面与运动的难题，而动画可以产生类似摄影机运动的感觉。所以，我们可以用摄影机的移动和摄影机的角度来理解画面构图以及动画构图中两个方面的调度。

与其他影视艺术一样，蒙太奇是动画艺术语言的基本结构方式，也是一种思维模式。不同的镜头组合方式可以表达不同的内容和情感。假如我们对图6-13中的六个画面重新组合，就会产生不一样的效果，比如将

---

[1] 彭俊. 今敏动画的镜头语言分析：下[J]. 影视制作，2010，16(4)：22.

上述的组合顺序换为 1—3—5—6—2—4 的话,情节就会发生变化,当然还可以用其他的组合方式……

画面的不同组合方式产生不同的效果,正如爱森斯坦所说,"两个蒙太奇镜头的对列不是二数之和,而更像二数之积"。这是蒙太奇组合的效应。《电影艺术词典》给蒙太奇下了一个定义:"从总体看,是导演对影片构成的总体安排,包括叙述方式(顺序、倒叙、分叙、插叙、补叙、夹叙夹议等)、叙述角度(主观叙述、客观叙述、主客观交替叙述、多角度叙述等)、时空结构(各种时空的组合方式)、场景、段落的布局;从横向看,包括画面与画面、声音与声音、画面与声音的组合关系以及上述三种组合关系所产生的意义和作用;从纵向看,包括对镜头的运动和处理(如景别、角度、拍摄方式、长度等),镜头的分切和组接,场面、段落的组接及转换。"[①]这个定义既包含着宏观和微观的成分,也包括横向和纵向的因素,实际上蒙太奇已经深入到影视,当然也深入到了动画叙事、画面组合的方方面面。图6-13"也是一组隐喻结合心理表现的蒙太奇"[②]。脚步的特写与人物奔跑的身体近景组合,从画面意义上显示的是主人公在急速奔跑,如果和相关的情节联系起来看,可以看出其内心的恐惧。其实我们还可以将蒙太奇分为纵向的叙事功能蒙太奇和横向表意功能蒙太奇,当然每一大类下还有许多具体的类型,比如叙事蒙太奇包括连续、平行、交叉、复现等多种,而表意的蒙太奇包括隐喻、对照、抒情等多种。

在动画中,镜头中的场面调度和蒙太奇构成了动画视觉元素,任意一个连续的完整叙事或者情感表达都离不开这些视觉动画元素。因为动画叙事中,任何连贯的镜头都是通过镜头选定范围、场面调度和剪辑的方式来完成的。在动画中,其空间是独一无二的,在封闭的境况中物体可以随

[①] 赵前,丛琳玮. 动画影片视听语言[M]. 重庆:重庆大学出版社,2007:174.
[②] 彭俊. 今敏动画的镜头语言分析:下[J]. 影视制作,2010,16(4):22.

时转换,所以在动画视觉元素中,三者的关系是相互的。

二、动画造型——形象塑造

造型的字面意义就是塑造或创造物体的形象。18世纪的莱辛在他的美学著作《拉奥孔》中,通过对雕塑作品《拉奥孔》与诗学(文学)的比较分析,将"造型艺术"视作"视觉化"的,并且将文学作为形象的艺术排斥在造型之外。艺术造型是指利用一定的物质材料和手段,在特定的空间中塑造出艺术形象。与摄影、绘画一样,艺术造型用线条、色彩、色调等在平面空间中创造出平面感或立体感的二维形象。广义的动画造型是指动画中的道具、场景、人物等具有可视的、需要被艺术加以塑造的形象;狭义的动画造型就是动画角色塑造。如同影视作品中的人物塑造一样,动画中的角色造型是动画的核心。动画中的故事是动画的灵魂,而故事中的情节是围绕角色之间的冲突而展开的。动画角色造型能够更形象地展示动画人物的内涵和性格,使动画人物更生动、更富有感情张力。例如,在动画中一般善良的角色大多数是英俊、美丽的,而反面角色则通常邪恶、狡诈。不同的动画造型使得受众可以通过动画造型了解角色性格,从而使整个动画具有感染力。好造型借助动画片的经久流传而广为人知,比如孙悟空、小蝌蚪、米老鼠、唐老鸭、变形金刚、超人、蜘蛛侠、机器猫……

根据不同的标准,动画可以分为不同的类型:如按照地域可以分为,中国动画和外国动画;根据制作技术和手段可以分为,以手工绘制为主的传统二维动画、三维动画,以黏土偶、木偶或混合材料为主要角色的定格动画,以及剪纸、皮影、提线木偶等其他艺术形式的动画。如果根据动画的外在造型来分,有写实型、装饰型、漫画型与可爱型。[①] 写实型主要是

---

① 袁晓黎. 动画造型基础教程[M]. 南京:南京大学出版社,2006:6.

在忠于现实生活原型基础上,对其进行必要的提炼与概括;装饰型是通过对角色的美化与修饰,突出角色某部分的造型特点;漫画型是借用漫画的简练、夸张的手法表现角色特征;可爱型就是突出角色的可爱,有时是具有个性特点的可爱,这种角色不仅容易为孩子所接受,也会容易使孩子产生亲切感受。

动画角色造型有着多种不同的手法,不同的手法塑造出来的动画人物也会产生不同的审美趣味。与此同时,面对不同的受众、不同的情节也需要有不同的角色造型手法。动画的造型手法主要分为以下几种,即简化、夸张、变形和幽默。角色塑造不只是简单地设计角色的外在形象,它还涉及塑造角色的行为、语言甚至心理,而这些与角色的生存背景等因素有关联,造型的手法在动画角色塑造的各个方面都会产生作用。一部由西班牙的 Daniel Martínez Lara 和 Rafa Cano Méndez 联合执导的动画短片 *Alike*,讲述的是父亲 Copi 与儿子 Paste 之间围绕"学习、兴趣"展开的十分简单的故事,用时 8 分钟,没有一句台词,但却获得了 117 个奖项提名,荣获包括戈雅奖在内的 64 项大奖。其在角色塑造方面也有超常之处。下面我们就围绕这个短片就相关造型手段做一个简要的分析。

简化是动画造型常用的手法。在现实生活中,无论是人的形象或工作或生活,人们往往注重细节,人的生活状态也往往过于琐碎,但是在动画形象造型中,高度精练的形象会给予观众无限的想象。简化就是对动画形象进行归纳和精练,简化抓住了角色大的形状和特征,去掉了一些过于琐碎的细节,简化的原理就是要删繁就简。经过简化的人物,其形象往往更直观更特别,更容易被人记住,所以许多动画造型都使用了简化手法。*Alike* 给人留下的最为深刻的印象是角色形象、生活背景、他们的社会状态,这些在动画中都用了简化的手法。

父亲 Copi 与儿子 Paste 的形象除了一个大脑袋和大眼睛外,身体的其他部分似乎都显得微不足道,如图 6-14。在动画中有两个场景十分突出,一个是在早期上班(上学)的路上,灰色的街道,行色匆匆的行人,另外一个是父亲 Copi 在办公室做着重复工作的那种状态,如图 6-15。

图 6-14

图 6-15

夸张是通过扩大或者缩小的方式来突出表现对象的特点,夸张可以用在形象、性格、动作、环境等方面,也可以用在情节、节奏等处。在正常的情况下,人如果撞到了墙,大多数人感觉到头痛,少部分人会捂着头哇哇大哭。但是在动画形象中,角色撞到了头或者遇到头部被打到的情况之后,就会夸张地隆起一个大包,而且这包可以成为特征或者有"神奇"的功效。这样夸张的手法使得现实生活中许多平淡无奇的内容变得幽默。夸张的造型使得动画角色内容更加鲜明,也更具个性化。*Alike* 采用了大量的夸张手法。动画开始,父亲 Copi 在一堆书中不停地给儿子书包里装书,以及第一次父亲拉着儿子的手在人来人往的大街上行走等场景都用了夸张的手法。夸张的动画造型可以打破人们日常生活中惯性的思维,使得动画的内容更形象更生动,更标新立异。天马行空的想象和夸张可以使动画中的人物更具生命力。

变形是指物体原有的形态发生改变或者扭曲。在表现物体的体积或者重量的时候,变形起着至关重要的作用,可以直观地让观众感受到物体大小的变化。

Alike 中关于街道的背景以及街道上的行人和汽车都是采用变形的手法,而父亲 Copi 一坐到办公室看到送来的成堆文件,眼睛变大,头的颜

色也变成蓝色等都采用的是变形手法。变形是动画造型中独特的手法。在动画的造型设计中,变形是为了强化角色的内涵。动画中的夸张和变形之间到底有什么关系?"从创作效果看,夸张包括变形……但变形与夸张是有区别的,夸张是以物象原型为基础进行外在的直观的延伸、变化、增减,赋予其代表性特征并加以强调;变形是创作者经过主观分析后,将一个客观实物用艺术手段改变其原有形状,得到一个新的艺术形象……"①

幽默是指有趣、可笑而意味深长。动画中幽默的体现是多方位的,它可以是幽默的动画形象、动画情节,也可以是幽默的动画对话,或者音乐,当然还可以体现在动画的其他方面。许多动画造型,都是为了突出动画的幽默特性。例如在许多卡通人物中,被打的人会直接弹出去,这就造成了一种诙谐幽默的效果。Alike 在结构上采用情节大致相同的三段式。第一部分孩子 Paste 见到街上拉琴人时欢快的表情,Paste 坐在教室中愉快地画着各种美图,这些片段都用了幽默表现手法;即使到最后一段孩子极其悲伤地伸出自己的手臂,那书包似乎自动弹到双臂上,加上背景音乐,也给人十分强烈的幽默感。幽默化的形象和符号能够使整个动画内容更加形象,更能够被受众所记住,许多幽默的内容也能够被受众反复回味,这样动画在人群中的流传度也就更广,更受人欢迎。

当然,动画艺术的表现手法还有许多,比如重复、象征等,而且许多艺术手法还在不断被创新和发展,这都为动画艺术的发展带来新的活力。

三、视觉造型——动画场景

"场景"源于舞台剧,"场"指场次,是戏剧演出中的较小单位或者段

---

① 彭玲. 动画创作与创意[M]. 上海:复旦大学出版社,2007:103.

落。在使用胶片拍摄电影时，通常要用场记板，按照场次记录所拍摄的内容。

"景"指场中的景物，也包括其他因素。动画场景是指动画中的场面，或者说是动画角色活动与表演的场合与环境。场景对于塑造角色、突出环境、营造氛围、传达情感以及增强叙事的真实性和感染力都有十分重要的作用。

场景能够塑造角色，这是因为人与环境的关系十分密切，而且会形成互动关系，也就是说环境可以影响人，人对环境也有影响。动画世界也不例外，场景作为动画中的微环境，良好的环境塑造对于表现角色性格都是十分有价值的。场景是对特定环境中人物活动的描写，而且是以人物活动为中心的"动态"的描写。但是各个场景是环境的体现，许多场景就构成动画整体环境的部分。动画场景能够营造气氛。场景是从观众视点出发，场景气氛也是观众观看到特定场景后产生的心理情绪。一个舒缓的场景给人的是舒适和美的享受，而紧张的气氛除了增强叙事的紧迫性外，也会给观众带来紧张感。动画正是利用场景来营造各种气氛的，这样既可以丰富动画的表现力，也可以调动观众的情绪。动画场景能够传达情感。场景是动画中表现的重要内容，场景具有自然属性、社会属性，也具有象征性，不同的场景会传达不同的情感，甚至场景中的空间、色彩等都具有传达情感的作用。也因为如此，在动画中场景有室内场景、室外场景和混合场景。

动画中的许多场景都是室内场景。室内场景是指以建筑物或者交通工具的内部空间作为场景。因为室内场景的空间是有限的，所以室内场景中物件的摆放都应该突显其功用，与此同时，室内场景一定要与整个动画中的情节和故事内容相吻合，能够给观众以真实感。室外场景指封闭场景之外的空间，与电影不同，动画中的室外场景往往不需要取景，它完全是由人手工绘制或者电脑合成出来的，因此，它克服了电影场景实地取景的局限性,同时人们可以发挥想象力,创造出符合动画需要的场景。当然室外场景的设计需要符合情节的发展,也要做到自然并且富有表现力。混合场景是指室内场景和室外场景混合的场景。一般情况下混合场景内的光线层次更加丰富,结构更加复杂,也更富于变化。混合场景适用于不同场合下的情节发展。动画电影中混合场景的出现一般是为了烘托主角的情绪,同时也为了突出表演的重点。室内场景和室外场景同时出现,对比更加鲜明,更能体现出主角或者人物内心感受,是一种很好的衬托手法。

在动画的发展历史中,由于受到历史、文化、技术等各方面的影响,不同地区、不同时期会形成不同场景风格。比如,美国的动画发展历史比较长,商业化成分较高,在场景的运用上注意运用宏大的规模、夸张的表现方式、精细的描写,如《狮子王》《海底总动员》《丹佛,最后的恐龙》等。日本的动画比较精致、唯美,并充分利用虚构和想象将动画的场景描绘得美轮美奂,如《聪明的一休》《花仙子》等。中国的动画除了大量采用中国题材外,也有自己的美学追求,擅长将中国画中的水墨画以及其他的艺术元素运用到场景的描写中,比如《小蝌蚪找妈妈》《喜羊羊与灰太狼》等。

动画作为视觉艺术的一种样式,它的视觉元素包括角色的造型、场景的塑造。镜头语言的运用都需要调度各种视觉元素,一部动画除了有比较好的题材,最重要的就是通过视觉元素来打动观众的心。

第三节　虚拟现实中的视觉表达

在古代,先民们知道怎样模仿自然界植物乃至动物的声音,这样一种模仿就是虚拟现实技术的前身。在 20 世纪 60 年代初,米隆·克尔格

(Myron Krurger)教授就在学术论文中描述了计算机与人类交互的场景;1973年,米隆·克尔格又提出了虚拟现实的概念;20世纪70年代到80年代早期,美国军方开发了飞行头盔的仿真器;20世纪80年代中期,美国国家航空航天局(NASA)和美国国防部联手在实验室进行星球探测的研究,并且使用虚拟环境视觉显示器,此后,NASA又开发了多种仿真传感器,可以实现人机交互,可以说NASA是探索虚拟现实技术的先锋。1987年,詹姆斯·D·福利(James D. Foley)教授对虚拟现实的概念进行了描述,同时他还阐述了想象、交互行为与虚拟现实等相关概念,同时还对虚拟现实设备的接口硬件、人机交互的界面以及未来的应用前景做了充分阐述。这项研究也引起了VPL公司的注意,他们试图将虚拟现实技术商品化,以此来推动虚拟现实技术的发展和应用,而NASA建立的虚拟工作站包括模拟的陆战和海军战的军事作战系统、虚拟的军事地图,等等,同时虚拟工作站也被用作训练宇航员,绘制宇宙图片。

虚拟现实技术除军事和航空用途外,也开始逐渐走入民间,最典型的便是虚拟现实技术在工程和城市建设中的运用。拥有300万个零部件的波音飞机,其各种产品和性能在拼装前,都需要在虚拟现实的环境中进行测试和评价。同时虚拟现实技术在城市设计中成果显著,例如,在对美国的洛杉矶和拉斯维加斯两个城市进行评估的过程当中,专家就运用虚拟技术将一些场景加以再现,同时帮助这两个城市进行城市路网规划的调整。虚拟现实技术在医学中,可以帮助医生进行模拟的人体解剖、外科手术等,还可以帮助医生对患者进行远程救治。虚拟现实技术在核电、水利、石油、采矿等各种危险行业中都得到了一定程度的应用。随着家用计算机的飞快发展,游戏开发商也不断将虚拟现实技术带入游戏中来。1994年,在日内瓦召开的互联网大会就提出了互联网虚拟现实技术,虚拟现实技术得以进一步发展。而且虚拟现实技术也被运用到文化领域,比如,召开现代的大型运动会人们用虚拟现实技术进行主场馆的布置,许多的晚会布景和电影也开始使用虚拟现实技术。虚拟现实技术不断发展使其也越来越注意贴近人的感受,更有沉浸感,更重视用户体验。虚拟现实技术在创意展示和体验,以及人机交互和增强现实中,也迈上了新的台阶。例如,谷歌的眼镜和HTC游戏机,它们真真正正地将虚拟现实技术带到了人们的生活当中。

一、虚拟现实

多媒体技术是计算机发展的一种趋向,多媒体集计算机技术、音像技术和通信技术为一体,具有良好的集成性。多媒体技术使信息不仅作用于人的视觉,也作用于人的听觉,从而扩大了人对计算机输出信息的摄入量,使得人机关系更加密切。虚拟现实技术近年来发展十分迅速,计算机图形、多媒体技术、人工智能技术是虚拟现实技术的基础,可以说,计算机技术的多方位发展是虚拟现实技术的推动力,同时虚拟现实技术也为技术的发展奠定了新的基础。

"虚拟现实(Virtual Reality,VR)是以计算机技术为核心,结合相关科学技术,生成的与一定范围真实环境在视、听、触感等方面高度近似的数字化环境,用户借助必要的装备与数字化环境中的对象进行交互作用、相互影响,可以产生亲临真实环境的感受和体验。"[1]即,虚拟现实是数字化的人工环境;虚拟现实与人之间的关系,即人和机器可以互动而且相互影响;人机交互后的感受,即能够给人真实体验。

对于虚拟现实的特点,1993年伯第亚在一次电子国际会议上提出:沉浸感、交互性、构想性。"作为VR系统的基本目标之一,'沉浸性'主要表现在以下两个方面:一是VE[2]中的事物的真实感、实在感,让人难辨真

---

[1] 赵沁平. 虚拟现实综述[J]. 中国科学(F辑:信息科学),2009(1):2.
[2] VE是virtual environment(虚拟环境)的缩写。

假;二是 VE 空间的浸入体验,让人仿佛真的置身于另外一个世界。"[①]在虚拟现实中,作为用户的人有身临其境之感,而且是多感知的,即听到的、嗅到的、触摸到的都给人真实的感觉。交互性是用户在虚拟场景中与各对象进行互动,并且可以产生一定的效果。在虚拟场景中各种交互是通过各种传感器来实现的,比如触觉反馈,目前许多大的 VR 头显厂都采用了虚拟现实手柄作为交互模式,这是一种两手分立的、6 个自由度空间跟踪的(3 个转动自由度、3 个平移自由度)、带按钮和振动反馈的手柄。眼球追踪技术通过对人眼位置的检测,提供当前所处视角最佳的 3D 效果,同时,眼球追踪技术可以获知人眼的真实注视点,从而得到虚拟物体上视点位置的景深。实际上还有动作捕捉、手势跟踪等多种交互设备,以增强人机交互的维度,而且这些交互设备已经被运用到现实中。美国有一个最老的火车站,是一座历史建筑,为了吸引人去参观,管理者专门请人把在这个老火车站里所发生的经典故事重新拍摄和剪辑并放到专门的 APP 里,当人们下载好这个 APP,到火车站后打开 APP,它就能还原历史现场,并且通过这个 APP 人们还可以与历史互动。构想性反映了某个设计者的思想,用来实现一定的目标,构想性另外一层含义是在虚拟现实中的人可以根据自己的需要,通过互动来达到某种目的。比如游戏中,人们可以给自己增加装备,或者选择攻击某个角色,或者通过改变环境来实现目的。同时虚拟现实不只是一个终端,其还可以分析用户的使用爱好,提高用户感知力,从而使用户产生新的构想。

　　虚拟现实不仅是一个技术问题,也是一个哲学问题。哲学意义上的虚拟现实被赋予仿真性、超越性和幻象性的特征。虚拟现实的仿真性便是运用计算机模拟出自然现实面貌。虚拟现实虽然并非真实的现实,但是虚拟现实里的一切都是符合自然界的规律的。在虚拟现实中人的思维

[①] 苏丽. 沉浸式虚拟现实实现的是怎样的"沉浸"？[J]. 哲学动态,2016(3):84.

与现实世界中人的思维具有一致性，是符合逻辑的。虚拟现实的超越性则是体现在现实世界无法企及，人类感官无法感受到，日常生活中无法接触到的物体，可以通过虚拟方式来实现。虚拟现实充分发挥了人们认知和探索的能力，它将人类带入到一个以现实为基础，却超越现实的场景中。例如，根据量子力学的定义，人类可以探知微小粒子的运动法则，而运用虚拟现实人则可以将这样一个法则以现实的状态呈现在人的世界当中。人们可以用虚拟现实模拟外太空甚至原子世界发生的情况，可以将浩瀚无垠的宇宙和纤细无比的原子世界模拟出来。虚拟现实的幻象性体现在人类可以运用计算机技术，把子虚乌有的事物变成真实存在的事物，例如，人类可以想象天堂世界的样子，并根据自己的想象，创造出各种各样稀奇古怪的并不存在于真实世界的事物。所以说幻象性的虚拟世界是交互性的，也是虚幻的。在这几个层面上看，虚拟现实的哲学意义的特征似乎和技术性特征在某些方面隐含着内在的关联性，这样也就启发我们不仅要学会运用虚拟现实，同时需要考虑虚拟现实给我们带来的各种现实的挑战和思考。

我们在理论层面上探讨了虚拟现实的概念和特点，在现实层面上，虚拟现实是如何实现的呢？或者说它的原理是什么？目前的 VR 设备主要有，Oculus、Sony、三星、Google，它们需要 PC 或者游戏主机或者手机来运行应用或者游戏，它们也需要用于输入的设备——头部追踪、控制手柄、手势追踪、语音控制、设备上的按钮或触控板。由于观看的图像是 360 度全景画面，这与人的双眼看到的画面是不一样的，这种差别让人们能感知到深度，让事物看起来立体。头部追踪技术会感知我们的头部动作，这样当我们在现实世界中移动，虚拟现实世界中的我们也就能同样地移动；眼球跟踪技术是通过追踪我们的瞳孔实现的，算法能够根据我们注视景物的状态来变换景深，从而带来更出色的沉浸式体验；而其他设备各具特定的功能，见图 6-16。

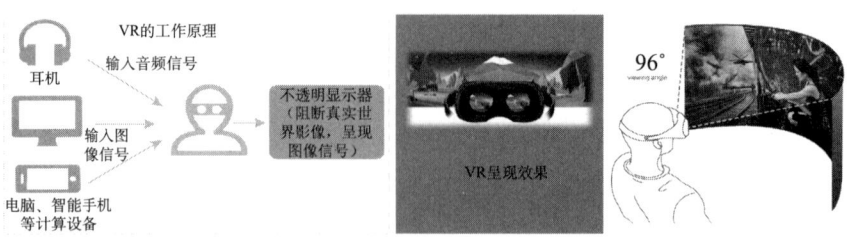

图 6-16

与 VR 技术相类似的还有 AR(Augmented Reality),即增强现实。它通过电脑技术,将虚拟的信息应用到真实世界,真实的环境和虚拟的物体被实时地叠加到了同一个画面或空间。MR(Mix Reality)即混合现实,其包括增强现实和增强虚拟,是合并现实和虚拟世界而产生的新的可视化环境。虚拟现实的根本目的是达到人机交互的沉浸式体验,所以根据沉浸程度,我们把虚拟现实分为桌面虚拟现实、沉浸式虚拟现实、增强型虚拟现实和分布式虚拟现实。

桌面虚拟现实是利用个人计算机或设备进行的虚拟现实仿真,将桌面的计算机作为虚拟现实世界的窗口,通过各种设备进行虚拟现实与人的互动,这些设备包括了显示器、鼠标等。这样一种虚拟现实要求使用者通过屏幕进入虚拟现实世界,并且操纵其物体。这样一种虚拟现实并不是完全的沉浸,桌面虚拟现实最大的缺点是缺乏真实的体验感,但是相对的优点则是不需要过高的成本。沉浸式虚拟现实是高级虚拟现实的一种,沉浸式虚拟现实使用虚拟现实设备,包括头盔、传感器等,使用户有一种置身于虚拟现实世界的感觉,将用户的听觉、视觉完全地包裹起来,提供给用户一个新的虚拟感的世界。沉浸式虚拟现实的设备有许多,通常包括头盔、手套、输入设备等。沉浸式系统也有别于桌面式,沉浸式虚拟现实,一般有自己的操作系统。增强型虚拟现实是指利用真实的场景或者人物模仿出来的虚拟现实的场景。与虚拟现实场景相比,增强型虚拟现实具有临场感强,同时工作量小的优点。增强型虚拟现实通过增强用户对环境的感受,使得用户能够享受更强的体验。在军事训练中,很多情况就用到了增强型虚拟现实,例如飞机训练,要运用现实中的场景技术进行操作,同时在 3D 的虚拟物体中也更加逼真地合成真实的场景,给士兵以真实的体验感和操作感,从而达到演练目的。分布式虚拟现实是将许多用户通过计算机的模式结合在一起,共同体验虚拟的现实。例如在许多游戏当中,人们通过网络将虚拟世界连接在一起,同时进行操作。

二、虚拟现实的传播特点与审美特征

随着计算机、网络信息技术,以及模拟环境、传感设备等的发展,虚拟现实已经进入了航天、军事、交通、医学、机械制造、建筑、教育,甚至是人的日常生活中,在这样的技术环境中产生的新的传播样态,也预示着一种历史上从未出现过的传播交流方式——沉浸式传播。通常意义上,我们进入网络空间,需要通过计算机界面系统,并且借助于鼠标、键盘,这个空间里不同内容或者不同网页之间可以进行链接,而且内容呈现的方式是多媒体的,但是对网页中形象的接受和感受还只是通过视觉和听觉。虚拟现实"创造了一个能够将虚拟自然环境作用于人类身体,并使其产生各种感知和肢体反应的技术系统,即利用人类的身体感知构造了一个由光电子材料构造的第二自然,制造出了能让用户难辨真假的光电子界面环境。我们把上述虚拟现实环境下,人机界面所形成的这种感知交流特征,称为虚拟现实的沉浸性。所谓沉浸性,是指能让使用者似乎完全置身于虚拟环境之中,并可以感知和操控虚拟世界中的各种对象,而且能够主动参与其中各种事件"[①]。这种虚拟现实传播交流的沉浸性特征主要体现

---

① 杭云,苏宝华. 虚拟现实与沉浸式传播的形成[J]. 现代传播(中国传媒大学学报),2007(12):21.

在使用者身体的感知系统和行为系统上。身体感知主要表现在视觉、听觉和触觉等方面。人类的行为系统有姿态、方向、运动、饮食、动作、表达和语言七个子系统,虚拟现实行为子系统主要包括方向、表达和语言三个方面。而沉浸式传播的本质主要表现为:"虚拟现实系统正在利用技术的进步,传达给用户一种更加完整全面的身体和心理感受,使得人机交流中的人能够越来越趋向于回到人的本原状态……虚拟现实作为一种构造第二自然时空的媒介,正以这种全新的沉浸式传播方式,寻找着一种跨越时空的身体交流——在场交流,这是人类一直孜孜以求的传播交流的最高形态。"[1]

李沁从媒介形态变化的角度来讨论沉浸传播。麦克卢汉认为"媒介是人的延伸",媒介发展也使人得到进一步的延伸,沉浸传播技术延伸了人的视觉、听觉、触觉、嗅觉。"虚拟世界可以说是人与媒介共同延伸后又合二为一的产物,即所谓超媒介,这很可能就是未来的媒介形态,是满足人对信息最大限度需求的最人性化形态。"[2]对于沉浸传播的特点,李沁也有比较全面的总结:传播以人为中心,一切皆为媒介,人也是媒介形态;传播无时不在,现在、过去与未来融合,虚拟与现实同在,即时与恒久同在;传播无处不在,"遥在"与"泛在"融合,固定、移动、虚拟并存;传播无所不能,娱乐、工作和生活边界消失了,云计算整合了一切。[3]也许作者对沉浸传播的有些论述过于主观,也缺少技术和具体的实例作为支撑,但究其研究的思路和研究勇气是十分令人佩服的。在关注虚拟现实的时候,研究者都将重点向沉浸性偏离,其实作为一种媒介现实,虚拟现实的互动性和构想性是和沉浸性相辅相成的,三者之间不可偏废。

---

[1] 杭云,苏宝华. 虚拟现实与沉浸式传播的形成[J]. 现代传播(中国传媒大学学报),2007(12):23.
[2] 李沁. 沉浸传播的形态特征研究[J]. 现代传播(中国传媒大学学报),2013(2):116.
[3] 李沁. 沉浸传播的形态特征研究[J]. 现代传播(中国传媒大学学报),2013(2):117-119.

虚拟现实技术作为一种刚刚兴起的综合性技术，其技术发展和美学追求都处于初级阶段，但其发展趋向，一是桌面虚拟现实的大量运用和发展，二是高性能沉浸式虚拟现实的发展。但无论发展方向如何，人们对虚拟现实可视化、感知性等要求会不断提高，由此数字美学或者虚拟美学被许多研究者提到议事日程中，其中最为重要的是虚拟现实的技术美和艺术美。

技术美是伴随着现代科学技术的进步产生的，它是现代生产技术和商品社会的产物，是技术和艺术相互融合、相互渗透的结果。虚拟现实建立在计算机软件、硬件技术发展的基础上，技术是虚拟现实美的基础。虚拟现实技术创建的是沉浸式环境，一个成功的虚拟现实演示或作品可使观众或听众或游戏操作者沉浸在计算机模拟建立的环境中，其关键技术包括环境建模技术、实时渲染技术、碰撞检测技术。

在虚拟现实系统中，虚拟环境是虚拟现实运行、工作的基础，虚拟环境建模的目的在于创造出非常接近现实的虚拟环境并在交互过程中实时获取三维环境中的数据。因此，虚拟现实环境中的物体需要有自己的动作，而且必须具有在现实世界中所具有的一切行为动作，同时这些物体必须具有良好的操纵性，为了达到目的，设计者通常是通过几何建模、物理建模和动作建模来实现。几何建模主要是对虚拟环境中的物体的几何信息进行表示和处理，它主要涉及：物体的形态方面的构造。物理建模就是赋予物体材质色彩等属性。动作建模主要是对物体运动的处理和对其行为的描述。实时渲染技术也称为实时动态显示技术，其目的是为计算机用户提供一个能从任意视点及方向实时观察三维场景的手段，如当用户的视点改变时，图形显示速度也必须跟上视点的改变速度。实时渲染技术是基于几何图形的实时渲染技术和基于图像的实时渲染技术产生的技术。碰撞检测技术是指当用户接触到环境中的物体并对它们进行操作时，它们能发生真实的碰撞并做出相应的反应,这就要求虚拟现实系统能够实时检测出这些碰撞,并及时产生碰撞反应,然后更新场景的显示输出。这是因为,虚拟现实系统给人真实感,用户不仅能从视觉上真实地看到虚拟现实环境中的物体及其活动,而且能与它们进行互动,这就要求虚拟现实环境中的物体是不可穿透的,这需要碰撞检测技术的应用。

  虚拟现实系统中的艺术美是创作者按照美的规律创作的结果。虚拟现实的艺术美与传统的艺术美有许多相通的地方,即具有形象性、情感性、感染性、个性化等特征。美的形象性是指美的事物总是表现为生动、具体的感性形象,是形式与内容相统一的。美的事物,无论自然美、现实美,还是艺术美,都需要借助具体可感的形象来展示,即通过特定的点、线、形、声、光、色等物理因素所构成的感性形式,和与内容有机统一的有意味的感性形式来展示自身。比如,自然美侧重于形式因素所构成的形象美,社会美偏重于生活内容的形象美,而艺术美的内容与形式有机统一于审美意象,即使抽象艺术也是通过变形的形象来展示对生活生命的感受和理解的。虚拟现实体现艺术美,也体现自然和社会的美。情感是人们对于客观事物能否满足主观需要所产生的一种肯定性或否定性的情绪体验,是人的心理特征的重要组成部分,具有普遍的社会属性。情感美是在纯自然的快感、道德感、价值感和实用感的基础上升华而形成的。苏珊·朗格在《艺术问题》一书中给艺术下了这样一个定义:"一切艺术都是创造出来表现人类情感的知觉形式。"①可见艺术就是人类情感的一种表现形式。情感可以激发艺术家的想象力,引导艺术家构造形象。虚拟艺术不仅在创造中充满着情感,在互动中也是一个情感体验的过程。美的感染性是指美的事物所具有的吸引人、激励人、愉悦人的特性,是指美的事物能够引起审美主体的感情波动或思绪变迁,也有极强的艺

---

① 朗格. 艺术问题[M]. 滕守尧,朱疆源,译. 北京:中国社会科学出版社,1983:75.

术感染力。美的感染性表现为主体情感与美的事物的互动和感应,其实这也是审美的过程,这个过程中包含着移情、共鸣和升华三种形式。美的感染性的根源在于美的事物借助生动具体的感性形象来确证人的本质力量,即美的感染性源自美的形式与内容的有机统一,源自对主体的自由创造的肯定和确证,源自对事物形式因素的和谐统一的感悟。艺术美总要受到艺术家个人的思想、风格、环境、技巧等方面的影响,对于同一个表现对象,不同的艺术家会有不同的表现方式,个人的审美感受也不一样。正如马克思所说的,艺术家是以"精神个体性的形式"来反映社会生活的,每一件艺术品都应该是不重复他人的"这一个",艺术美追求的是艺术家的个性,每个艺术家都有自己的风格。虚拟现实同样需要追求"个性"的"这一个"。

虚拟现实的美还有其独特性,这种独特性和虚拟现实自身的特点有关联,虚拟现实的美学特点也表现为,多感知性、交互性、超越性。虚拟现实除了具有一般计算机技术所具有的视觉感知之外,还有听觉感知、味觉感知、触觉感知、运动感知,甚至包括嗅觉感知等。随着虚拟技术的发展,各种感知的混合已经成为一种趋向,这也给我们提出了新的挑战。虚拟现实是以高级的人机交互技术为基础的,其交互性是通过参与者对模拟环境内物体的互动和呼应得以实现的。在虚拟环境中人机交互给人临在感,也会激发参与者的情感效应。虚拟现实由于是用技术营造出来的,有的甚至是超越现实的存在,这也给我们某些追求提供了一种满足的"窗口",在这里,我们可以不受现实环境的羁绊,徜徉在自由而神奇的虚拟世界中。

三、虚拟现实带来的视觉革命

艺术需要技术的支持,又在技术的基础上表现着思想与情感。而技术则是功能与理性的良好载体,技术的不断更新又为艺术的表现形式提供了多样性。在影视中,技术的基础性支持使得艺术能够表现出来;艺术的指导性为技术提出新的要求与发展方向。虽然最初人们发明能够记录影像的工具只是为了纪实与传播,但是,随着人们对美的标准的不断提高,艺术应运而生。艺术诞生之后,便有了艺术的思维与创造方式。人们运用这些方式创造出思维的成果,之后又用技术去实现它。艺术对技术不断提出更高的要求,技术便沿着这条路不断有新的发展。而当一项新技术被发明出来,人们就会再次思考它能够衍生的艺术成果。二者之间相互促进,交替成长。

视觉文化生产的变化

随着虚拟现实技术的发展,虚拟现实运用的范围也会越来越广泛,从平面画到立体画再到 VR 画作,技术进步带来的变化是革命性的。自 HTC 推出 Vive 后,谷歌推出了 Tilt Brush,这是第一个 VR 在视觉艺术创作中的应用,用户可以在三维空间中自由挥毫,将想象力展现在 VR 世界中。英国的前卫艺术家利兹·爱德华兹(Liz Edwards),自称"3D&VR 艺术家",用 HTC Vive 和 Tilt Brush 创作了一系列惊艳的 3D 艺术画作,并发布在了交互模型分享网站 Sketchfab 上面。2016 年,奇点艺术与 87870 跨界合作,在 798 艺术区杨·国际艺术中心举办艺术展,87870 为该展呈现了当下最热门的 VR 艺术创作技术。用虚拟的方式进行艺术创作,其影响是十分巨大的。"一是艺术家的操控性改变材料使用方式。创作者从触动指尖局部肌肉绘画,转变为联动四肢和躯体协同创作,画面更具生命力,操控更为自由。二是空间的变化,将一切传统拘泥于平面的绘画形式,转变成立体空间的画面,既保留手绘质感,又可多层次多维度呈现……"[1]

---

[1] 高尔东. 虚拟现实技术给视觉艺术带来变革 [J]. 美术研究,2016(3):113.

视觉艺术呈现方式的变革

VR 现在是一种试验阶段的艺术创作形式,如何将虚拟视觉作品实体化,除了通过网络的在线呈现外,线下也可以有多种多样的呈现方式,如画画、雕塑、3D 打印等。而 2015 年《"想象的未来"艺术展》的揭幕也预示着全球首个"云端"美术馆的落成,这也是一种视觉呈现的重要方式。在这个美术馆中的作品在声、光、电多重效果下,表现得极为震撼;而放置在展览现场的平板电脑则通过 APP 链接云端,同步创造出一个虚拟空间,进一步将作品展示得更充分。对于叙事作品,比如影视,"虚拟现实与传统电影最大的不同来自讲故事方式的不同……虚拟现实的影视作品,重点强化临场感和代入性交互体验。因此,也必须是有清晰思路、有明确叙事走向的、有个性风格的影像……虚拟现实的影视创作未来将更多依赖数字 CG 和电脑动画"[①]。

视觉艺术接受方式的变革

首先,虚拟现实技术致使观看方式发生根本转变,这意味着我们无须在电影院里,也不需要端坐在客厅里,或者电脑旁,我们只要有相关设备就可以随时随地观看,同时观看意味着我们是在全景式的"真实的环境"下看,而且这种观看是互动的。其次,观看场所的转变,"也将人们的注意力引离结构完善的、正式的观看场所,如影院和艺术画廊,而引向日常生活中视觉经验的中心"[②]。虚拟现实技术的观看之道恰恰就是建构了一个与传统观看场所截然不同的新的场域。同时,透过虚拟现实技术看到的事物都是透过某种技术手段呈现出来的,比如屏幕、头盔、手套等电子媒介,这些媒介都是技术性的。"技术性的观视"也是视觉文化最重要的特征之一。

---

① 高尔东. 虚拟现实技术给视觉艺术带来变革[J]. 美术研究,2016(3):114.
② 毛毅静. 虚拟现实的视觉文化意涵[J]. 现代远距离教育,2013(1):12.

随着技术的发展，在未来的一段时间内，包括 VR 在内的新技术一定可以像互联网一样，彻底改变我们的生活、消费，甚至思维方式。随着 VR、AR、MR 等技术的广泛运用，人们可以随时随地参与媒体的生产、互动，我们会沉浸其中，时空被拉近，传播不再只有单一的模式，也不再只有单一的感知方式，我们需要为这个神奇时代的到来做好各种准备。

第七章 / 建筑空间：用结构表达思想

> 一座伟大的建筑物，按我的看法，必须从无可量度的状况开始，当它被设计着的时候又必须通过所有可以量度的手段，最后又一定是无可量度的。建筑房屋的唯一途径，也就是使建筑物呈现在眼前的唯一途径，是通过可量度的手段。你必须服从自然法则。一定量的砖、施工方法以及工程技术均在必需之列。到最后，建筑物成了生活的一部分，它发出不可量度的气质，焕发出活生生的精神。
>
> ——路易·康

我们生活在特定的空间里，但空间是什么？空间对我们有什么影响？我们营造的建筑空间究竟带给了我们什么？空间如迷雾一般，但空间对我们又充满着诱惑。人类生存的世界里充满着各种物体，每时每刻都会发生各种各样的事件，我们需要了解这些事物或者事件，我们需要知道我们究竟在哪里，也就是位置，由此也可以确定我们和他人的关系。人们对空间的认识许多都是源自经验，这样的经验主要有三类：一是，物体在什么地方的经验，就是物体所在位置、地方、处所；二是，"空"作为一种存在的状态，就是所谓虚空；三是，任何物体都有大小和形状差别，有长、宽、高的不同，这是所谓广延经验。[①] 在社会生产和生活实践中，人们又开始对各种空间的经验进行必要的总结和概括，这样又形成了三种空间观："处所经验反映的是物与物之间的相对关系，是空间关系论的经验来

---

① 吴国盛. 希腊人的空间概念[J]. 哲学研究, 1992(11):67.

源；虚空经验反映的是某种独立于物之外的存在，是空间实体论的经验来源；广延经验反映的是物体自身的与物体不可分离的空间特性，是属性论的经验来源。"[①]这也是后来发展出现的"关系论""实体论""属性论"等空间理论的基础。当然人类认识空间不是一蹴而就的，它是一个历史的过程。

第一节　空间与建筑空间

一、人类对空间的认识

中国人的空间观是和特定的哲学观与哲学思想联系在一起的。我们祖先把宇宙解释为"上下四方曰宇，往古来今曰宙"。宇是由东西南北和上下组成的空间，宙是过去、今天、未来的时间延展，宇宙就是空间和时间的统一。"天圆地方"是古人对生活的空间想象性的描述，《尔雅注疏》云："因天形穹窿，其色苍苍，故曰穹苍。"《易经》被称为"群经之首""文化之源"，《易经》由太极阴阳图、八卦及六十四卦构成。"阴"和"阳"作为其最基本的构成要素，也是整个系统变化的基础。"无极生有极，有极生太极，太极生两仪（即阴阳），两仪生四象（即少阳、太阳、少阴、太阴），四象演八卦，八八六十四卦。"太极生两仪则气出，两仪生四象则形具，四象生八卦则质成。这其中就蕴含着空间的变化：太极生两仪，则一维时空出现，物仪为之出；两仪生四象，则二维时空出现，物象为之具；四象生八卦，则三维时空出现，物质为之成。

---

① 吴国盛. 希腊人的空间概念[J]. 哲学研究，1992(11)：67.

孔子继承了《易经》传统的空间观，但又有进一步发展。孔子讲的"道"是"中庸"，也即"中庸之道"，就是要求人们在认识万物时，要从空间里看到事物的对立面，即从上与下、左与右等各方面加以观照。老子在《道德经》里讨论"有"和"无"的关系时就以陶器和建筑空间做比喻。"埏埴以为器，当其无，有器之用。凿户牖以为室，当其无，有室之用。故有之以为利，无之以为用。"其大意是，用泥土烧成的器皿，当器具有了空的地方，器皿才有作用。开凿门窗建造房屋，当房屋有了空间，房屋才有作用。所以，"有"给人便利，"无"发挥了它的作用。老子还认为："天下之物生于有，有生于无。"老子所说的"有"和"无"，是对阴阳对立的进一步发展。而"有"与"无"相互依存，相互转化。对于空间而言，空间"看不见摸不着"属于"无"，但空间又具有一定形态又属于"有"，空间的"有""无"之间也是相互依存、相互作用。庄子探讨的是浩渺的宇宙空间："有实而无乎处者，宇也。有长而无本剽者，宙也。"庄子意在说明，"宇"是无限延伸的物质存在，"宙"是没有始终的时间存在。《管子》的"宙合"说，其主旨在于："宙合之意，上通于天上，下泉于地下，外出四海之外，合络天地以为一裹。""宙合"就是在绵延不绝之时间中，天、地、四海融通于一体。

需要说明的是，中国传统文化中的空间往往是和时间联系在一起的，比如，天干地支（简称干支），是夏历中用来编排年号和日期用的，是古人创建的历法，而后来开始被符号化，并且被运用到地图、方位及其他方面。不仅如此，时间和空间还会出现循环往复。天干地支的计时方式，就产生了一个花甲六十年的计时方式，以六十为一个循环周期。

古希腊哲学家亚里士多德、欧几里得已经开始把空间作为研究对象。亚里士多德认为空间不是个别物体的广延，而是某物体与包含它的另外物体之间的关系，所谓空间"就是一切场所的总和，是具有方向和质的特性的力动的场"①。欧几里得以几何学为基础,把空间定义为:"无限、等质,并为世界的基本次元之一。"欧几里得的空间理论是基于点线面的假设,他描述的也是一种物理空间。而埃利亚学派则否认空间的物质存在。芝诺提出"飞矢不动"理论,描述的是,由于箭在飞行过程中的任何瞬间都有一个暂时的位置,这也意味着飞着的箭在任何瞬间都是既非静止又非运动的。如果瞬间是不可分的,箭就不可能运动,因为如果它动了,瞬间就立即是可以分的了。这一悖论旨在说明时间和空间令人困惑的性质。伽利略和牛顿都把空间延伸到抽象的数学世界里。如伽利略把空间看作物体运动的不变框架。牛顿在《自然哲学的数学原理》中提出了"绝对空间",牛顿认为,自身可以运动的空间是一个相对空间,相对于它有一个更大的空间,有一个绝对空间,其自身不动,而物质在其中运动。牛顿强烈暗示了绝对空间是实在的。康德修正了亚里士多德的空间的传统类属的概念,却继承了牛顿绝对空间观以及莱布尼茨的空间非为实体而是关系的思想。康德是从时间和空间的关系入手的,他解释称,空间和时间是人类感性的先天形式,空间是"外感官"的形式,时间是"内感官"的形式,外感官是人的五官,也是可以直接感知的对象,内感官来自内在的道德感、美感、生命感,也指内在的自我。康德同时认为一切来自外界的感觉,都存在于空间里,而意识中的一切观念,则都存在于时间里。康德认为从空间和时间中可以获取有关自然界的地理描述,按照时间的描述为历史,按照空间的描述为地理,这两者可以满足人类知识的整个领域,即历史学是时间的知识领域,地理学是关于空间的知识领域。② 福柯也十分关注空间,他认为我们与空间的关系比与时间的关系更重要。他论证道:伽利略发现地球绕太阳转,在于发现一个无限的空间,但这个空间没有被好好开

---

① 詹和平. 空间[M]. 南京:东南大学出版社,2006:6.
② 柴彦威. 城市空间[M]. 北京:科学出版社,2000:8.

发,我们依然生活在一个二元对立的空间世界里,诸如私人空间与公共空间,家庭空间与生活空间,文化空间与实用空间等。福柯也特别强调"空间是一切公共生活形式的基础,是一切权力运作的基础"①。

列斐伏尔不认为空间是社会的容器或平台,他认为,"空间既是在历史发展中生产出来的,又随历史的演变而重新结构和转化……我们关注的空间有物质、精神、社会三种……而空间的知识理应将物质的空间、精神的空间和社会的空间相互联系起来,这样才能够使主体游刃于各个空间之间"②。这样实际上也跳脱了传统的二元对立的窠臼。索亚的著作有《第三空间:去往洛杉矶和其他真实和想象地方的旅程》,索亚最为重要的观点是第三空间。他认为空间包含第一空间、第二空间和超越的空间。他认为,第一空间是可以感知的物质空间;第二空间是精神空间,它主要指的是通过话语建构的空间,是构想和想象出的空间;第三空间是在质疑第一、第二空间的思维的同时,也在向"先者注入传统空间科学未能认识到的新的可能性,来使他们把握空间知识的手段重新恢复青春活力……既是生活空间又是想象空间,它作为经验或感知的空间的第一空间和表征的意识形态或乌托邦空间的第二空间的本体前提,可以视为政治斗争中你来我往川流不息的战场……"③曼纽尔·卡斯特是网络空间的社会学家,他开始对网络空间表现出极大兴趣,他认为,网络空间彻底改变了人们的时空观,具有文化、历史和地理意义上的"地域空间"正在被类似形象拼贴的网络"流动空间"所取代。实际上从 20 世纪末开始就出现了"空间转向",一批学者开始关注现实生活中的"空间性",甚至将历史、文化、社会关系放到空间的视域中加以思考。

---

① 陆扬,王毅. 文化研究导论[M]. 上海:复旦大学出版社,2007:357.
② 陆扬,王毅. 文化研究导论[M]. 上海:复旦大学出版社,2007:357.
③ 陆扬,王毅. 文化研究导论[M]. 上海:复旦大学出版社,2007:362.

二、建筑空间

　　建筑是人造的,供人使用的,这一点毋庸置疑,但对于什么是建筑,莫衷一是,人们认为建筑是艺术,建筑是文化,建筑是空间,建筑是技术与艺术的结合,等等。建筑与空间的关系,有人认为空间是建筑的核心,是灵魂,是本质,也有人认为空间是建筑的外在表现。但就两者关系的本质看,建筑是应该有与其功能相适应的空间,住宅应该有客厅、厨房、卧室等,车站要有候车厅、售票厅和候车区等,音乐厅主要强调的是有较大的空间,有演出区、观看席等。同样,人们需要考虑从建筑的造型和空间效果方面来满足人们的感受和心理需要。

　　建筑早先是为了遮风挡雨,为了阻止野兽的侵害,"由此也就产生了室内外空间的区别。建筑物的每一个体块,包括墙体、柱子或栏杆,等等,都会成为边界……从而每一建筑物都势必会成就两种类型的空间:内部空间和外部空间"①。而内部空间由六个面(天花板、地面、四壁)构成,这个六面空间内外关系清晰,但一旦六面中缺少某些面,内外关系就变得复杂了。比如我们常见的院落,有五个面,但缺少顶;亭子只有顶和地面,缺少四壁。日本学者芦原义信根据建筑的围合程度加以区分,一类是围合感、聚合感较强的"积极空间"(PS),另外一类是围合感、聚合感弱的"消极空间"(NP)。但有学者认为,无论围合程度如何,有无屋顶应该成为区分是不是内外空间的重要标志,也就是说屋顶下的空间都是内部空间,其余属于外部空间。由此可见,建筑空间是由建筑内部和外部共同组成的整体,具体地说,建筑物的进深、通进深(进深的总和)、幢深、开间(面宽)、通面宽、建筑长度、层高、层数、室内外地坪高差、女儿墙高度等三维量度

---

① 刘芳,苗阳.建筑空间设计[M].上海:同济大学出版社,2001:5.

确定了特定的建筑空间。

人们十分注意利用建筑创造空间,但是18世纪以前几乎没有关于建筑空间的专门论述,从19世纪开始,黑格尔在《艺术哲学》上大量地使用了这个术语,后经康德,特别是经希马索、立普斯等人的发展,建筑空间研究在哲学研究领域达到了高潮。到19世纪末,德国建筑领域才将"空间"一词作为一个相对独立的建筑术语,也找到了建筑空间的独特意义,正如赛维所说:"建筑除了仅有长和宽的空间形式——面,供我们观看以外,还给了我们三度空间,就是我们站在其中的空间。……各种艺术中,唯有建筑能赋予空间以完全的价值。建筑能够用一个三度空间的中空部分来包围我们人,不管可能从中获得何等美感,它总是唯有建筑才能提供的。"[1]

20世纪,建筑空间研究被不断突破,其中吉迪恩是对建筑空间研究最有贡献的人。在《空间·时间·建筑》一书中,吉迪恩把建筑史纳入各种空间的概念化体系中,并且在建筑发展的历史进程中讨论建筑空间的力、空间关系以及相互作用,而且他的空间研究已涉及一些视觉过程。舒尔兹在《存在·空间·建筑》中梳理建筑空间理论的发展源流,提出"存在空间"的概念,"就是比较稳定的知觉图式体系,亦即环境的'意象'。所谓建筑空间,可以说就是把存在空间具体化。二者的关系是,存在空间是构成人在世界内存在的心理结构之一,而建筑空间则是它的心理对应"[2]。林奇在《城市意象》一书中提出了城市的意象空间,以及意象空间的特征和构成要素等。

至于建筑空间与其他艺术空间的区别,赛维在《建筑空间论》中论述道:"建筑的特性——是它与所有其他艺术区别开来的特征——就在于它

---

[1] 赛维.建筑空间论[M].张似赞,译.北京:中国建筑工业出版社,1985:124.
[2] 詹和平.空间[M].南京:东南大学出版社,2006:20.

所使用的是一种将人包围在内的三度空间'语汇'。绘画所使用的是两度空间语汇,尽管所表现的是三度或四度的空间。雕刻是三度空间,但却与人分离,人是从它外面来观看它的。而建筑则仅是一座巨大的空心雕刻品,人可以进入其中并在行进中来感受它的效果。"①这就充分说明建筑的空间性,从量的方面看,包括"三度",即有长、宽、高;在本质方面看则是"人化"的,同时又通过人的各种感官来感受。当然建筑空间形成所受到的影响因素有许多,比如使用功能、建筑技术、艺术造型、社会背景和民族风格等。鲍列夫在他的《美学》一书中指出:"建筑是在建造能满足人的居住和社会活动需要的楼房和各种建筑物时,按照美的规律创造现实的艺术。建筑创造了一个与自然相隔离、与自然环境相对立,使人能够利用人化空间满足其物质和精神需求的封闭的、人造的,既有功利性又有艺术性的世界。"②

人类认识事物的过程就是从感觉到知觉、从感性到理性的渐进过程。人类对建筑的认识也是如此,对建筑空间的认识也不例外,都包含对建筑形态到结构,再到其含义的认识过程。建筑空间的形态就是指建筑空间的外部形式和表面特征。空间形态是人们认识建筑的基础,也影响着建筑的整体视觉效果,同时建筑的空间形态受到时代、地域、种族、设计师个人风格等多方面影响。"空间的方向、大小、形状、轮廓、虚实、凹凸、色彩、质感、肌理,以及组织关系等可感知的现象都属于建筑空间的形态。"③建筑的空间结构"是指各功能系统间的一种组合关系,是隐含于空间形态中的组织网络,是支承空间体系的几何构架"。它受到许多因素的制约,这些制约因素需要通过人们仔细地辨认才能够发现。建筑的含义体现在建筑所要表达的意义上,也就是说建筑不

---

① 赛维. 建筑空间论[M]. 张似赞,译. 北京:中国建筑工业出版社,1986:9.
② 鲍列夫. 美学[M]. 乔修业,常谢枫,译. 北京:中国文联出版社,1986:410.
③ 刘芳,苗阳. 建筑空间设计[M]. 上海:同济大学出版社,2001:9.

仅要实现其功能,同时也需要传达文化意义。

建筑空间是复杂的系统,因此对其的分类标准不同,导致其类型也不一样。建筑空间从使用上可以分为公共空间、半公共空间、私密空间、专有空间;从边界形态上分为封闭空间、开敞空间和中间空间;从空间态势上分为动态空间、静态空间和流动空间;从结构特征上分为单一空间和复合空间;从空间的确定性上分为肯定空间、模糊空间、虚拟空间。[①] 有学者认为,建筑空间是科学的、哲学的、艺术的综合,其中几项艺术中的特性在特定的空间里会有所体现。而建筑空间又和时代、文化、民族以及城市环境有着千丝万缕的联系,人们对建筑空间的认识也是多元的。

第二节　建筑实体空间视觉要素

如果对建筑进行必要的抽象,最终都可以抽象成为点、线、面、体等元素。反过来看,建筑是由点、线、面、体等元素组合而成的,但这些元素的组合不是随意的,建筑师会根据建筑所处的环境、建筑的功能要求、建筑师自身的个性特点、建筑技术要求对这些元素灵活加以处理和运用。与此同时,点、线、面、体作为概念性要素,需要我们去感知。建筑物中的窗户,如果在非常大的墙面上就是一个点,但在相对较小的墙面上就是面。华盛顿纪念碑从远处看是一条线,而近观则是体。点、线、面、体等要素在三维空间里就会演变成有内容、形状、色彩、质感等特征的形式,这是我们认识和理解建筑最为关键的一步。

---

① 刘芳,苗阳.建筑空间设计[M].上海:同济大学出版社,2001:12-15.

一、建筑的点——最简洁的形

　　点是建筑中最基本的组成部分,它属于建筑中最小的成分之一。与线和面等相比较,点占有的长度、宽度以及面积都是最小的。"点是相对很小的形,从概念上讲,点是没有量度的,也没有上下左右的连续性。它在空间中只标明一个位置。"[①]点是最简洁的形。

　　当点处于特定的环境中或作为标识出现在观察者的视线中,它就有了存在的意义。点在建筑中的大与小是相对的,是和其他元素比较而言的。一个建筑入口的大门,在较小墙面中就显得很大,但在较大墙面中就会显得很小。从横剖面图看,塔形的建筑物近乎一个点,平面图中的柱子也像一个点,立面图上的多个窗犹如众多的点。1952年,在法国马赛市郊建成的马赛公寓大楼,是勒·柯布西耶著名的代表作之一,成排的玻璃窗户构成的"点",成为建筑构图中的亮点,因为这些布置在墙体上的大小不一的窗户分布有规律,就如同富有韵律的点。作为标识,点可以出现在线的端点或者节点上,也可以出现在平面或立面上。在欧洲古典建筑中的爱奥尼柱式的柱头的正面和背面各有一对涡卷,由柱础和圆盘等部分组成,而柱头和地面的圆盘就如同两个点。米拉公寓波浪形的外观,是由白色的石材砌成的外墙,扭曲回绕的铁条和铁板构成的阳台栏杆和宽大的窗户给人感觉像洞穴或者像海浪,或像退潮后的沙滩,每一个墙面上的窗和顶层的开窗,都似乎成为墙面上的点。

　　建筑中点的表达方式有很多种,它可呈圆形、方形,或呈现不规则的形状。一个圆形的柱头是一个点,罗马式建筑的拱顶也可以看作一个点。建筑中的方形点更加普遍,许多建筑的门窗都是方形的,许多装饰性的框

---

① 罗文媛,赵明耀. 建筑形式语言[M]. 北京:中国建筑工业出版社,2001:19.

架也是方形的，一些建筑装饰也采用的是方形。不规则的外形在现代建筑和后现代建筑中比较普遍，朗香教堂粗糙的白色墙面上开着大大小小的窗洞，上面嵌着彩色玻璃，入口在卷曲墙面与塔楼交接的夹缝处，可见，窗洞、入口这些点状物都以不规则的方式加以呈现。

在一定的区域范围内，建筑可以作为某个环境区域中的点，成为这个建筑环境中的一个部分，当然也有突出和突显的含义。城市广场中的某些建筑就可以看成是这个广场中的点，例如天安门广场中的人民英雄纪念碑就可以看成是点。建筑平面上的点，如一些装饰性的点，通常作为强调的或者相对独立的形态，标志着其是有别于其余空间的存在，甚至起到突出建筑的主题的作用或调节气氛作用。建筑界面上的窗、阳台、门洞以及界面上其他小型构件通常也显示点的效果。一些建筑部件被转化为相对抽象的点、线、面的表达，或是作为形状、色彩、尺度等造型要素，在建筑中起着呼应、联系、补充等作用，使建筑表达趋向完美。

在特定空间里，引起人们视线集中的点就成为焦点，焦点是建筑的核心。如作为某些环境的中心位置，周围的诸要素都会围绕这个点展开，当点偏离了中心点，也会引起视觉中心向点方向移动。当众多的建筑往同一方向聚合时，意念上给人的感觉是在朝一个方向集中。维多利亚港的海岸线很长，南北两岸的景点多不胜数，香港岛一侧有充满现代感的高楼大厦和已成地标的香港会展中心新翼，中环区位于本岛的核心区域，是中国香港的金融贸易心脏，这一区域沿路新旧建筑林立，而中银大厦、国际金融中心成为聚合的中心。建筑中的点并不是静止的，而是有集和散、始和终的，运用在具体的建筑中则具有引导、汇聚视线的作用。

点是建筑形态最基本的要素，它相当于建筑中的字母。建筑之所以被称为艺术，在于建筑可以表情达意，可以呈现美的形态。建筑中的点，作为建筑构成的部分，也具有表达情感的作用。如排列有序的点能给人以严整感，分组组合的点给人以韵律感，对应布置的点给人以对称感和均衡感；小点环绕大点给人以重点感、引力感，大小渐变的点给人以动感，无规则的点给人以神秘感，等等。

二、建筑的线——连续运动的点

线是由很多的点沿相同方向运动形成的。与点一样，线具有视觉化的特征，线是细长的形，与体、面相比，线通常会给人精致和轻巧的感觉。① 线有长度，有方向性，有位置，建筑造型都是通过线来完成的。线在建筑中无处不在，一切相对细长的形状都具有线的效果，这些形状的线性效果是与周围形状对比而产生的。如一座高楼，单独存在是一个体，但将它放置在一定环境中就会产生线的感觉。华盛顿纪念碑位于华盛顿市中心，在国会大厦、林肯纪念堂的轴线上，是一座大理石方尖碑，远远望去就呈现出线形，而每一条棱角线都简单轻快、明了，给人一种庄重、挺拔的感觉。

与其他线条构成一样，建筑中的线有直线和曲线，而直线包括折线、平行线、虚线、相交线，曲线中有弧线、旋涡线、抛物线、双曲线、圆、椭圆等。建筑中最基本的线是直线，建筑面的交接处，各种建筑体的棱，各种柱子、房屋的檐口、栏杆和一般建筑的窗格都表现为线的特征。徽州古民居的线形特点十分明显，高高的围墙棱线分明，而围墙上镂空雕刻着的两扇窗户的轮廓线清晰，而门框、天井、梁柱等虽然各具特色，但都呈现线形特点。曲线作为建筑造型的一种手段，在建筑中运用也十分普遍，在西方的建筑中尤其如此。罗马的建筑结构中曲线运用得十分突出，拱门、拱架、拱券、穹顶都是用的曲线。在西方建筑发展史中，一切拱形结构，包括各种形式的券、筒形拱、交叉拱的变化和发展都是利用曲线变化来拓展建

---

① 罗文媛，赵明耀．建筑形式语言［M］．北京：中国建筑工业出版社，2001：54．

筑空间的。在现代建筑中，霍尔塔最先将曲线融入建筑之中，霍尔塔公馆的楼梯间是他的代表作。高迪的建筑大多是由一堆曲线组合而成的，高迪的米拉公寓和巴特略公寓是曲线建筑的代表。

由于线的特殊表现力和多样化的造型功能，建筑结构中会大量采用线或线形结构。线存在的形式大致有以下几种：[①]实线——由实体形成的线状线，如建筑中的梁柱、室内外墙面上凸出的线脚等；虚线——由线状空间形成的线，如界面上的凹槽、形体间的缝隙等；色彩线——由色彩表示的线，如在建筑立面上人们往往会采用油漆或者各种颜色的建筑材料形成色彩线；光影线——是由光和影形成的线，光影线是平面的而且是运动变化着的；轮廓线——是体面相交形成的线，如立体转折处给人以线的感觉，建筑物的边缘也会给人线的感觉。

建筑结构中的线如同建筑中的纹理，作为视觉对象，人们能够快速地从具有特质的线条中把握对象的形，进而形成整体印象。但是线有垂直与倾斜、长与短、粗与细、曲与直等，以及由此给人造成的视觉张力不同，线给人的感受也不同。垂直线挺拔，斜线滑动；长线条给人流动感，短线给人稳定感；粗线沉稳，细线灵动；曲线柔软，直线刚硬。而在建筑中不同类型的线一旦和其他建筑视觉元素交织在一起，就会呈现异彩纷呈的特质。国家体育场——鸟巢，整个建筑通过巨型网状结构联系，各组件相互支撑，形成网格状的构架，外观看上去就像树枝织成的鸟巢，其灰色的钢网以透明的膜材料覆盖；看台是一个完整的没有任何遮挡的碗状造型。在这座建筑中建筑师将中国传统艺术中镂空的手法、陶瓷的纹路、艳丽的红色与钢结构完美地融合在一起，无论是整体外形的轮廓，还是网状的结构都是通过线条来表现的，而且这种表现被发挥到了极其高的水准。建筑中的多变的线为建筑营造出了风格迥异的各种空间，使得建筑的造型更加丰富。

---

① 罗文媛，赵明耀.建筑形式语言[M].北京：中国建筑工业出版社，2001：54.

三、建筑的面——建筑的表皮

建筑造型中,面是物体的外表,是构成建筑空间的基本要素,按照面的功能和组合方式可以将其分为不同的类型。在建筑中,面包含屋面、墙面、地面、顶棚以及其他具有面的特征的构件,建筑的墙面、屋顶、地面的高低起伏、曲直开合会影响建筑空间的性质和形态,因此,建筑形体的面是建筑物特有的基本语言之一。美国环球航空公司候机楼是由建筑大师沙里宁设计的,也是象征主义建筑代表作。该建筑外形像展翅的大鸟,动势很强,屋顶由四块浇钢筋混凝土壳体组合而成,几片壳体只在几个点上相连,空隙处布置了天窗,楼内的空间富于变化。

面的形状表现了面空间存在的形态,而面的形态又包括平面与曲面两种。平面呈现边界轮廓形状,而曲面的形状是三维的。建筑的主要功能是供人居住和活动,一般建筑都呈现出方形或矩形等比较实用的形状,所以无论墙面或者房顶都呈面状。从建筑发展的历史看,平面在建筑中比比皆是。在中国古代,无论是宫殿建筑、宗教建筑还是民居,平面使用十分普遍,而现代建筑中平面的运用也是俯拾皆是。至于平面在建筑中的运用,可以追溯至1973年的马德里大厦,建筑师将该大厦方正的正面做多边的分割,也就是通过四边形组合、变化构成该大厦形态。位于中国香港中西区花园道与金钟道交界处的中银大厦,是平面运用于建筑的典范。中银大厦是一个方正的平面,按照角平面被画成4组三角形,而每组三角形的高度不同,这样的变化使得各个立面在严谨中显示着变化。曲面在传统建筑中很早就被使用,如中国房屋的坡顶,以及由斗拱支撑的飞檐和翘起的屋角都是曲面。由于建筑技术、建筑材料的发展以及人们对建筑个性化的追求,人们开始大规模和广泛地运用各种形态的曲面,曲面不仅有维护和分隔空间的作用,而且曲面本身的线条也会形成轮廓美。

西班牙的毕尔巴鄂古根海姆博物馆，是由规则的石建筑和覆以钛钢与大型玻璃墙的弧形体构成，它是绕着一个扣着金属穹顶的中庭的中心轴旋转成形的。

建筑性质很大程度上要根据建筑面的形状来判断。建筑中常用的面的形状造型有：充实面，比如，楼墙面、顶棚面等；也有中空面，如孔口、门窗、镂空花饰等。为了达到各种效果，在具体的建筑造型中，建筑师或者通过轮廓线来造型，或者通过挖洞的方法，这样不仅可以创造出别具风格的面的形状，还可以营造出另一空间层次。

建筑中面的造型种类很多，但许多面的造型都是由一些基本的面形组合而来，这些简单的面形比较规则，也符合大众的审美习惯。这些常用的面形包括：正方形、矩形、圆形、半圆、三角形和多角形。正方形四边及对角线分别相等，容易被分割成矩形与方形，在建筑造型上使用，具有灵活性，也具备纯粹、稳定、安静的特质。矩形因邻近两边之比不同而有无穷的变化，所以在建筑上常被采用。圆形具有圆润、简单的特点，是最早被运用到建筑中的一种面形，如在原始时代就出现了圆形窝棚、圆形坑居和叠涩屋。希腊露天剧场合理地使用了半圆。万神庙采用了平面为圆，顶为半球的造型。奥古斯汀"寓多于一"的美学原则指出，因为圆心到圆上各点的距离都相等，而且圆的大小富于变化，所以圆是最美的。三角形底边最大，顶点最小，给人以稳定感。金字塔、希腊神庙、中世纪和文艺复兴时代的一些建筑都采用三角形构图。

面在建筑中不作为一个独立的存在，面需要和其他元素组合才能真正成为建筑的一部分，而且面与面之间由此形成各种关系，也构成风姿各异的建筑造型。通常面的组合关系有：搭接、穿插、交接、叠加、对位等，[①]这些组合关系在建筑造型中都具有独特的意义表达作用。

---

① 罗文媛,赵明耀. 建筑形式语言[M]. 北京:中国建筑工业出版社,2001:73.

第三节　建筑体造型的视觉特征

建筑是人们用泥土、砖、瓦、石材、木材（近代用钢筋砼、型材）等建筑材料建造的一种供人居住和使用的空间。由于建筑是用各种材料建成的，而且表现为一个空间存在，其目的是供人居住和使用，这就涉及用什么材料，如何建造，建造成什么样子等问题。在古代，中国的建筑主要用土、木、砖、瓦搭建，西方建筑许多采用石材作为建筑材料。1849年，法国人莫尼尔发明了钢筋混凝土，人类建筑史上一个崭新的纪元就此开始。建筑作为一个空间存在，一定会呈现出一种形状，尽管现代建筑的样式各式各样，甚至有的还略显怪诞，但仍然呈现出特定的形状。与建筑空间相关的还有建筑位置和方向，不同材料的质地和纹理成为建筑体的一部分，这些对于我们从视觉上把握建筑都是十分重要的。自然世界就是色彩缤纷的世界，建筑是我们居住的空间，我们不仅注意到了它的实用性，而且注意到了它的外观，另外，色彩也逐渐成为建筑的一部分。建筑正是由上述这些要素组合而成，而这也形成了建筑视觉特点的底色。

一、建筑的形状

大到宇宙小到微观世界中的物质都会有形状，而且无论大小它们的形状千姿百态。对于一般物体而言，形状指外部的面或线条组合而呈现的外表，而且轮廓、面等都是形状的重要组成部分，也包括轮廓线、面和体的特征。

建筑的轮廓线一般是指其外形与天空或者其周边的其他景物相区别的外边缘界线或者分界线。比如，法国巴黎的埃菲尔铁塔的轮廓线就是由三段曲线构成：顶上、中间、下端。由于三个部分曲线呈渐变的趋势，三者合成一条近似抛物线的曲线。西安的小雁塔、大理的崇圣寺千寻塔的建筑轮廓也近乎抛物线。屋顶轮廓线作为建筑轮廓的重要表现形式，受到历朝历代建筑师的关注。屋顶是用于隔热、防晒、防雨的，但屋顶也处于建筑的最高位，往往是一个建筑形象的重要部分。在古代尽管受到技术条件的限制，但是智慧的古代工匠们还是造出了表现不同区域文化特点的风格各异的屋顶造型。在中国古代人们就注意屋顶轮廓的作用，《诗经》里有"作庙翼翼""如鸟斯革，如翚斯飞"，就是用飞鸟的展翅来比拟屋顶。中国古建筑屋顶主要有：硬山、悬山、攒尖、歇山、庑殿等。硬山顶有一条正脊和四条垂脊，如图7-1；悬山顶有一条正脊和四条垂脊，与硬山顶不同，屋顶伸出了山墙之外，如图7-2；攒尖顶，无正脊，只有垂脊，只应用于面积不大的楼、阁、塔等，平面多为正多边形及圆形，顶部有宝顶，根据脊的数量多少，分三角攒尖顶、四角攒尖顶、六角攒尖顶、八角攒尖顶，如图7-3；歇山顶又称九脊顶，有一条正脊、四条垂脊、四条戗脊，如图7-4；庑殿顶又称四阿顶，有五脊四坡，又叫五脊顶，前后两坡相交处为正脊，左右两坡有四条垂脊，如图7-5。这些屋顶的各种脊梁构成了建筑屋顶的轮廓线。当然还有一些相对比较特殊的屋顶，如叠顶、盔顶、十字脊歇山顶及拱顶，其轮廓特征也十分明显。

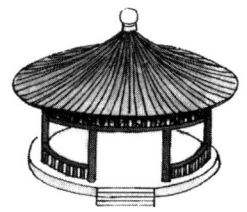

图 7-4　　　　　　图 7-5

在中国古代建筑中根据建筑等级要求,每种屋顶又分单檐与重檐、起脊与卷棚。其中庑殿顶、歇山顶、攒尖顶又分为单檐(一个屋檐)和重檐(两个或两个以上屋檐)两种。歇山顶、悬山顶、硬山顶也衍生出卷棚顶。重檐就是在一层建筑上有两层或者两层以上的屋檐。重檐在攒尖顶、歇山顶、庑殿顶上的使用相对比较普遍,也有一大批有代表性的建筑,如重檐庑殿顶的代表性建筑——泰安岱庙天贶殿、曲阜孔庙大成殿;重檐歇山顶的代表建筑——保和殿、太和门、天安门;重檐攒尖顶的代表建筑——祈年殿;八角攒尖顶的代表建筑——郭如亭。卷棚屋顶是屋顶的前后相连处不做成屋脊而做成弧线形的曲面,也就是屋顶的正脊是弧形,可分为悬山顶、硬山顶两种。

现代技术的发展和现代人的美学追求使得屋顶轮廓线更加丰富多彩了。按照屋顶的形态可以分为平屋顶、坡屋顶、曲面屋顶、复合屋顶等。[①] 屋顶越来越成为建筑师展现才华与奇思妙想的地方,为了适应建筑整体造型变化,"平面中曲线多,则可选择圆形等曲面屋顶;平直墙面则可选择平、坡屋面;低层建筑往往选高屋顶,高层建筑则宜选宽檐式或尖屋顶"[②]。

---

① 方于升,黎楠,夏非,等. 现代建筑屋顶、墙角设计精选[M]. 南京:江苏科学技术出版社,2002:2.
② 方于升,黎楠,夏非,等. 现代建筑屋顶、墙角设计精选[M]. 南京:江苏科学技术出版社,2002:3-4.

建筑物都是由面围合而成的，如果从建筑外观上看，有外墙和屋顶，而从建筑内部看有内墙面、天花板和地板。这是实体的面，其实在建筑中还有虚面，虚面是在实体的面或者线之间形成的，给人以面的感觉，比如两根柱子之间形成的矩形平面，延伸出墙面外的屋顶与地基所围合的面，等等。建筑的面的形态类型多种多样，但就其基本形态来看，分为直面形式和曲面形式，许多其他复杂的形态都可以视为这两种基本形态的特定组合或者变形的形式。

直面形式是建筑中最常见的面，它由一系列相同的或不同的界面要素按照几何秩序排列所形成。在靠近马德里的科斯拉达，有一栋多层的综合体建筑，该建筑从底层到三层可作为地下停车场、办公楼和商业区，三层往上作为居住空间。该建筑的外墙面总体上呈现直面形状，它是由多个直面的实体墙、窗户以及虚拟空间构成的，整体上给人简洁、淡雅的感觉。

曲面形式所包含的要素数量或种类相对较多，分割成的空间也更加复杂，其在外观上表现出较强的流动性和富于变化的特点。早在19世纪末，西班牙的建筑大师高迪想仿效大自然，像大自然那样去建点什么，他设计的古埃尔公园和米拉公寓将想象力和曲面运用发挥到了极致。柯布西耶通过在规则、秩序的建筑中添加几何曲面形式（如弧面、椭圆、球体等）来构建建筑的独特外观。当代建筑设计中，曲面形式常常出现在形态较为复杂、外形怪异的建筑形体当中。

如果对面进行细分，还可以分为抛物面、球面、螺旋面、环面。悉尼歌剧院就是抛物面建筑中的杰作，而建筑师坎德拉利用双曲抛物面盖起了巨大的建筑，使用的混凝土薄到不可思议的地步。球面建筑在现代建筑中十分普遍，如北京2014年亚太经合组织会议官方举办地日出东方凯宾斯基酒店呈扇贝的形状，被称为世界上最大的球形建筑；杭州国际会议中心会议主体建筑由12米的椭圆形裙房部分和直径85米的上部球体构成。螺旋面建筑近年来十分受建筑师的推崇,著名的螺旋面建筑有瑞典的马尔默螺旋中心大厦,阿联酋迪拜旋转摩天大楼,加拿大米西索加的"梦露大厦"等。由扎哈·哈迪德(Zaha Hadid)设计的"流动艺术"展览馆是一个呈几何形状的环形曲面,其圆形的环面正是最基本的展览空间,其再往周边伸展,为参观者带来置身其中的感受,让参观者与展览产生互动的效果,让艺术观赏成为集体的体验。

通常意义上,线是用长度衡量,面以面积衡量,体是以体积衡量。也正是由于体的体积化表征,才有了造型的作用。但就其构成看,体通常是由各种形态的面封闭、基本封闭或围合而形成的,如锥形、台形、柱形、球形以及由此组成的其他形状。

锥形建筑的原型其实可以追溯到古埃及的金字塔。玛雅金字塔虽然外形上是平顶,塔体呈方形,底大顶小,层层叠叠,但可以与埃及金字塔相媲美。中国的一些古塔,如大雁塔也是锥形体建筑的早期范本。早期的锥形建筑相对简单,随着建筑观念和技术的发展,锥形建筑也出现一些变体和组合的样式,这些建筑立面或倾斜或退台,形似锥体,也有倒立状的锥形建筑。埃及开罗无名英雄纪念碑是一个金字塔形状的纪念碑;朝鲜的柳京饭店是以平壤的古名"柳京"为名,大厦为三角金字塔式建筑,斜面角度为75度,高105层330米;美国亚利桑那州的Tempe市政大楼倒锥形的建筑特色引人入胜。而丹麦的"小丹麦"城市综合体,就是根据锥形体的几个面的朝向来确立倾斜角度的,以便有效地受光。

台在中国古代建筑中是一种重要的类型,在古代的中国,"凡帝王宫殿、园苑、天象观测所、城池、烽燧以至庙、观、寺、陵……"都采用台的形式。早期的比如北京的观象台、故宫的三大殿、拉萨的布达拉宫等都是台式建筑的典范。①至于台的含义,根据《尔雅》和《说文解字》的释义:"四方

---

① 高介华. 先秦台型建筑[J]. 华中建筑,2008(6):194.

而高曰台"，"观四方而高者"。由此可见，台的要义在于"高"，其目的在于俯瞰四方。天坛始建于明永乐十八年，清乾隆、光绪时曾重修改建，为明、清两代帝王祭祀皇天、祈五谷丰登之场所。天坛由圜丘、祈谷两坛组成。祈年殿又称祈谷殿，它是一座由镏金宝顶、蓝瓦红柱、金碧辉煌的彩绘组成的三层重檐的圆形大殿。祈年殿采用的是上殿下屋的构造形式。大殿建于高6米的白石雕栏环绕的三层汉白玉圆台上，该圆台即为祈谷坛。在近代建筑中，南京的中山陵是高台建筑的典范。中山陵按南北向中轴线对称布置在中茅山南麓的缓坡上，从空中往下看，中山陵像一座平卧的"自由钟"。中山陵主体建筑位于海拔高度158米的大平台上，大平台东西宽137米，南北深38米，处在山顶最高峰。

柱形建筑最早是一些纪念柱和塔等，如位于意大利罗马奎利那尔山边的图拉真纪念柱，以柱身的精美浮雕而闻名；矗立于圣彼得堡冬宫广场中央的亚历山大纪念柱，是1834年沙皇亚历山大为了纪念1812年俄法战争胜利而修建的。塔在中国主要和宗教有关，特别是一些佛塔都是柱形建筑，而塔也指高耸的塔形建筑，如迪拜塔、东方明珠塔等。从建筑学的角度来说，圆形建筑物的地基更稳固，也有利于减小风的阻力，在外观上别具一格，在视觉上给人以温和、圆润的感觉。现代建筑也开始使用这种形式，位于英国伦敦的金丝雀码头边的摩天住宅楼，就是一个柱形大楼；而西班牙的赫尔克里士大厦是象征着希腊神话中大力士赫尔克里士的柱形建筑；马来西亚首都吉隆坡的双子塔是吉隆坡的标志性城市景观，独立塔楼外形酷似玉米，又名双峰大厦。

根据科学测定表明，球形建筑物比其他形状建筑物更牢固，而且拥有最大面积的内部空间及无遮挡的自然亮度，因此被历代的建筑师所推崇。在西方10—12世纪，流行于欧洲地区的罗马式建筑风格多见于修道院和教堂，罗马式建筑因采用古罗马式的拱券而得名。拱券是一种建筑结构，竖向荷重时具有良好的承重特性，其外形为圆弧状。球形建筑在现代建筑中运用十分广泛,其或者作为建筑的主体,或者作为建筑的部分。美国建筑师富勒于1947年发现,在自然界所有的形状中,球形体表面的面积最小,空间最大;而底面为三角形,共有四个面的角锥体表面的面积最大,内部空间却最小①。于是,富勒设计的一种由四面体嵌合起来的球形结构——网络球顶诞生了。球形的建筑以其宽敞和美观的特点,吸引着许多艺术家,一般的居民也开始对球形住宅产生了兴趣,在美国的五十个州里全都有圆球形的住宅,其中主要集中在美国的东南部和西北部。② 球形建筑不只局限在美国一地,世界许多地区都有球形建筑,世界最大的球形建筑是位于瑞典斯德哥尔摩的爱立信体育馆,其外形像一个大高尔夫球,直径为110米,内部高度为85米,体积为60万立方米。北京也有许多球体建筑,除了国家大剧院外,奥运会场馆中的球形建筑也别具特点。球形建筑在20世纪60年代曾经十分盛行,如今在美国、加拿大等国家,以及亚洲、西欧及中东地区再度走红。美国工业杂志《圆顶》的专家们解释这类建筑走俏的原因是"它节约能源成本,最符合今天'以少成就多'的观念"。美国南加州房地产商最近走访建筑业及一般屋主,结果他们一致预测,未来的房屋将朝球形发展。③

二、建筑质地、纹理和色彩

质地通常指某种材料的性质给人在视觉和触觉上的感觉。建筑的质地"不仅指界面的天然材质或经过加工处理后的形态,还包括建筑界面具有质地效果的形态构成"④。"纹"是指物体表面的花纹,"理"原来专指加

---

① 安昌奎,韩志丹. 建筑造型设计[M]. 沈阳:辽宁科学技术出版社,1995:35.
② 安昌奎,韩志丹. 建筑造型设计[M]. 沈阳:辽宁科学技术出版社,1995:35.
③ 浩知. 向球形发展的未来建筑[J]. 科技信息,1997(8):43.
④ 罗文媛,赵明耀. 建筑形式语言[M]. 北京:中国建筑工业出版社,2001:177.

工雕琢玉石，后引申为石材的纹路和细腻程度，这样"纹理"指物体表面上的花纹或线条，当然许多都有人工斧凿的痕迹。建筑的纹理不仅体现在建筑材料的花纹、线条中，而且也指建筑的门、窗、墙面、地面材料的样式、结合的缝隙等其他方面之中。质地和纹理作为建筑材质的表现形态，与人们的感官印象相联系，它是建筑环境和建筑造型的重要组成部分，也对视觉形象形成有着重要的影响。

建筑是由多种建筑材料构成的，建筑材料的质地构成建筑的基本特色。中国古建筑大多采用木材、砖瓦。木材自重轻、强度高、有弹性、韧性比较好、绝热、纹理富于装饰性。经过油漆加工的木材，表面光滑，高光与反光层次变化较大，有时还能隐约显示出木材的纹理。木材还可以作为建筑的梁、柱、门窗、地板、墙等。中国古代木质建筑代表有位于山西五台县的南禅寺、佛光寺，也是现存最早的木质建筑；位于天津蓟州区的独乐寺是仅存的辽代的三大寺院之一。砖的质地坚硬，表面粗糙，色泽富于变化，人们把砖用作建筑材料，往往以"秦砖汉瓦"来形容它的历史悠久。自唐、宋以后砖结构建筑物明显增加，除砖塔外，在南方一些城市还建造了许多砖甏城。到了明朝，砖不仅用于砌筑宫殿府第，民间建筑也开始用砖建造。由于石块大小、形状不很一致，色调也有变化，人们将石块大小搭配，使石块堆砌得变化有致，接缝错落，给人以坚硬、富于变化的感觉。传统的西方建筑长期以石头为主体，如埃及的金字塔、古希腊的神庙、中世纪欧洲的教堂等都是用石材筑成。

现代建筑材料不仅有天然材料，还有化学材料、金属材料、非金属材料等。新型建材具有轻质、高强度、保温、节能、装饰等优良特性，质地光滑、细腻，而且富于变化。比如玻璃材料具有光滑、透明和反光的特点，玻璃在阳光照射下，会出现许多条条块块晶亮的高光，还能把天空、云彩和周围的树木、楼房反映出来。在世界各大洲的主要城市均建有宏伟华丽的玻璃幕墙建筑，如纽约世界贸易中心、芝加哥石油大厦、西尔斯大厦都采用了玻璃幕墙。香港中国银行大厦、北京长城饭店和上海联谊大厦也都采用玻璃幕墙。钢筋混凝土出现在近代,钢筋混凝土结构在1900年之后在工程界得到大规模使用,1928年,一种新型钢筋混凝土结构形式预应力钢筋混凝土出现,并于二战后亦被广泛地应用于工程建设中。这种建筑材料拥有较强的抗压强度,也可以增加建筑的跨度。钢筋混凝土现在已经成为城市中的主要基调和纹理。

中国原始建筑都用本色显示原始而质朴的特点,后来开始把红、白、黑、黄颜色涂在建筑上。由于社会分化和等级的出现,色彩也被划分为等级,《礼记》规定:"楹,天子丹,诸侯黝(黑),大夫苍,士黈(黄)。"到了汉代,宫殿与官署建筑多用红色,而且富丽堂皇,民间住房一般比较朴素。盛唐时,建筑用大红、绿青、黄褐及各层晕染的间色,绿色、青色琉璃瓦流行,深青泛红的绀色琉璃瓦也开始使用。魏晋南北朝以后,屋顶上开始使用琉璃瓦,黄色被放到了至尊的位置。隋唐的宫殿、庙宇、官邸多用红柱、白墙、被施以彩画的梁架,屋顶为灰瓦、黑瓦与彩色琉璃瓦,还出现了"剪边"屋顶,丰富了屋顶的色彩变化。宋代建筑的彩作和室内装饰色调相对比较单纯,这时期,往往对构件进行雕饰,色彩是青绿彩画,朱金装修,白石台基,红墙黄瓦综合运用。宋元以后的宫殿使用白石台基,红墙、红柱,黄色、绿色琉璃瓦屋顶。从建筑总体上看,中国的建筑色彩可以用"雕梁画栋"来注解,建筑中的瓦、墙壁和木料的用色、梁枋上的彩画、斗拱彩画、天花彩画以及其他彩画都是色彩纷呈的。

西方古代建筑色彩的运用也比较广泛而且丰富。在古希腊建筑中,几乎到处都能看到艳丽色彩的痕迹,神庙檐口和山花有色彩,陶立克式柱头上涂有蓝与红色,爱奥尼式建筑除用蓝与红外,还用金色。罗马贵族爱好奢华,为了装饰公共建筑、宅邸、别墅等,各种色彩都予以运用,如室内喜用红、黑、绿、黄、金等耀眼的色彩,墙上有壁画,甚至通过色彩在墙面上模仿大理石效果。当时的建筑经典《建筑十书》介绍,那个时代的建筑色彩非常丰富,有黄土色、灰黄、胭脂、淡红、红褐、鲜红、朱红、灰绿、蓝绿、深蓝、白、红白、黑、金等。

随着城市化进程的加速以及各种社会思潮的影响,追求个性化成为一种趋势,色彩成为重要的表现手段。色彩可以分成无彩色系和有彩色系。无彩色系是指白色、黑色以及由白色黑色调和而成的灰色系列;有彩色系是指红、橙、黄、绿、青、蓝、紫等颜色,有彩色系具有色相、纯度、明度三重属性。色相反映色彩不同的相貌,是色彩种类形成的基础,明度是指色彩的明暗程度,纯度是指色彩的纯净度和强度,色彩的这三重属性互相依存、互相制约。色彩的丰富性和富于变化的特点使得建筑色彩承担着结构建筑、制造气氛、表现风格、创造形象等功能。

对于建筑来说,色彩虽然在建筑的视觉形态要素中占有重要地位,但色彩必须依附于建筑的其他部分,并且借助于外形等来表现建筑的特质。色彩的视觉表现状态是通过点状、线状、面状或者其他形状表现出来的。色彩在建筑中作为点构成的表现方式,就是将可视元素抽象为有色彩的点。在建筑形态中的色彩线条是指有颜色的线条、檐口线条、腰线等,也指那些呈线性特征的百叶窗,竖向的柱、墙等。

三、建筑位置和方向

物体所处的位置是指物体所在的地方或者空间,也指特定的方位,如左右、前后、上下等,当然也包括地理坐标。譬如天安门广场的位置,通常会被描述为,位于北京市中心,地处北京市东城区东长安街,天安门以南,正阳门之北,东起中国国家博物馆之西,人民大会堂之东。由于建筑是由许多不同的部分构成的,每一个部分会在建筑的整体中处于特定的位置,这样也就形成了建筑不同部分的有序组合关系,而且不同的位置会有不同的作用。在中国的古代,确定建筑位置和朝向是十分重要的事,制定历法、观天测地、兴修水利、修建通衢大道、建筑房屋等都需要测定方位。有资料显示,先秦以后,宫寝都城等都是以南向作为主要朝向,建筑群体的主要中轴线往往就是南北中轴线。建筑风水学是中国古代建筑理论三大支柱之一,风水实际是地理学、气象学、生态学、规划学和建筑学的一种综合,它是关于"理""数""气""形"的理论,它遵循自然的法则、自然的数值比、自然的气息、自然的外形等。传统风水的曲线美主要体现在"山环水抱"和"曲径通幽"两方面。在建筑发展的历史中,人们越来越注意人与自然的和谐,注意追求与自然界固有的和谐美,顺应之并有节制地加以修饰。生态建筑学运用生态学的原理和方法,以人、建筑、自然和社会和谐发展为目标,争取与自然处于最优关系。利用并合理地改造自然,也符合自然生态的平衡与和谐发展。

在古代,由于人们缺少方向意识,往往会迷失在茫茫的高山和丛林中,于是中国古代先民就发明了指南针。《鬼谷子》里就有这样的记载,郑国人到深山密林中去采集玉石时,为了不迷失方向,带着司南。"司南"就是指南针。在后来的相关著作中有关指南针的描述就越来越具体了,指南针的运用范围也更加广泛,其特别重要的作用就是作为航海的工具。宋代中国与阿拉伯的海上贸易十分频繁,中国开往阿拉伯的大型船队用指南针来导航。指南针被传到西方,加上西方人对地理、航海、造船、天文等知识的掌握和航海技术的发展,进一步激发了欧洲人的地理探险动力。基于指南针的指向,人们确立了东、西、南、北四个方位,方位的确立给我们在现实生活中判定物体的位置带来了极大便利,使确定方向的方法更加简单和实用。在现实生活中,"我们常以水平面作为角度的参照系,用以确定三维空间中某一直线或平面的状态,即倾斜度。倾斜度为0°,表示为水平状态;倾斜度为90°,表示为垂直状态"[①]。当然,倾斜度也可以表

---

① 朱松青.造型学概论[M].上海:上海人民美术出版社,2015:42.

示线与线、线与面和面与面之间的角度关系,而且这不只是一般的角度关系,还是一种意义关系,如水平线的平稳、延伸感,垂直线的耸立、挺拔感等。"建筑的方向表达运动感,表达发展趋势,表达建筑的姿态。"①这样建筑中的平行、垂直、倾斜都有了其独特意义。

呈水平状态的建筑,整体上比较长,并且和地面呈平行状态。随着技术和城市化的发展,建筑空间多向拓展已经成为重要趋势,单纯呈平行状的建筑相对比较少,但是仍然有建筑师在这个方向中寻找自己的创造灵感,因为"水平方向呈延伸、平衡的态势。水平方向一般表示亲切平易和舒展的感觉"②。位于莫斯科新兴地区的一座办公大楼是围绕中庭展开的,内部楼梯相互交错穿插,建筑每一层的露台上下错开,外部呈水平向的堆叠状,给人一种错落有致、平稳有序的感觉,如图 7-6。某公司总部大楼,是一个 800 米×300 米的线性的、有机形态的建筑物,建筑由 8.4 米×8.4 米的形态各异的结构模块组合而成,与当代城市中让人束缚的空间形成对比,如图 7-7。

图 7-6

图 7-7

总之,无论是建筑的形状、质地、纹理、色彩,还是建筑的位置和方向都是旨在给我们描述建筑体的外在视觉呈现方式。这些元素是完全独立

---

① 罗文媛,赵明耀. 建筑形式语言[M]. 北京:中国建筑工业出版社,2001:264.
② 罗文媛,赵明耀. 建筑形式语言[M]. 北京:中国建筑工业出版社,2001:264.

的,但它们在不同层面上呈现出一定的组合,这种组合关系又是那么密切,我们只有透过这样的组合关系才能更加真切地发现建筑作为一个视觉存在的内在机理和规律。

第四节 建筑结构空间的视觉特征

黑格尔在论述艺术形式与内容的辩证关系时说:"……遇到一件艺术作品,我们首先见到的是它直接呈现给我们的东西,然后我们再追究它的意蕴或内容。前一个因素——即外在的因素——对于我们之所以有价值,并非由于它所直接呈现的。我们假定它里面还有一种内在的东西,即一种意蕴,一种灌注生气于外在形状的意蕴。那外在形状的用处就在于指引着意蕴。"① 由此可见,形式是艺术存在的基础,它具有呈现和指引的功能。但是形式是如何呈现的,是其外观的自然显现,还是"人化"的结果,是点、线、面、色彩等各种元素的集合,还是各种不同结构之间的比例组合,这些都十分值得研究。宗白华先生给了艺术形式一个比较直观的描述:"美术中所谓形式,如数量的比例、形线的排列(建筑)、色彩的和谐(绘画)、音律的节奏,都是抽象的点、线、面、体或声音的交织结构,以集中地提高和深入地反映现实的形象及心情诸感,使人在摇曳荡漾的律动与谐和中窥见真理。"② 由此可见,艺术形式是各种艺术的基本元素交织在一起的结构,这种结构包孕形象、情感以及其他内在的规律。各种艺术形式是不一样的,绘画艺术的线条、色彩和结构是其基本的表现形式。比如绘画

---

① 黑格尔. 美学:第1卷[M]. 朱光潜,译. 北京:商务印书馆,1979:24-25.
② 宗白华. 宗白华全集[M]. 合肥:安徽教育出版社,2008:513.

中的三角形、圆形、方形、波状等结构。三角形构图就是将景物置于三个视觉中心点，有时候以三点成为面来安排景物，同样是形式，但表现的内容却大相径庭。詹建俊的《狼牙山五壮士》以五个人物聚合成不规则的三角形，体现庄严、肃穆、雄壮的气势，也表现了五壮士大义凛然、慷慨就义的英雄气概；靳尚谊的《黄宾虹像》给人以稳重、稳定和平衡的感觉。

　　建筑艺术的形式不同于其他艺术形式，它具有独特的形式特征。建筑的存在主要是满足人们对实用空间的追求，然而，建筑作为一种艺术，人们对建筑的审美认知过程，是从建筑外部的形式开始的。建筑的外部形式包括"建筑空间体量所生成的外观视觉形式，也就是它的形体造型效果，以及建筑形体间相互联系所构成的外部空间形态——建筑形体是反映内部空间构成形式的外观视觉表象，是内部空间形式结构适应周边空间环境的协调的结果"[1]。建筑形式结构正是对内外同一关系意义的概括，建筑形式结构在建筑造型结构中发挥着组织架构的作用。

　　程大锦认为，建筑形式是一种综合性的语汇，它包含着多种含义[2]。其一，建筑形式指"可以辨认的外观"也指"三维的体量或者容积"，这是一个最为直观而且最好理解的解释。建筑是三维空间的存在，各式各样的建筑外观是我们把握建筑形式的重要方法，澳大利亚的悉尼歌剧院、法国的朗香教堂、迪拜的舞蹈大厦等建筑都是以其独特的外观而为世人所津津乐道的。其二，建筑形式指"某物担当的角色或者展示自身的一种特定的状态"。从建筑的角度看，城市的标志性建筑，如拉萨的布达拉宫，澳门的大三巴牌坊，或者有独特意味的建筑，如徽派建筑、西方的现代主义的

---

[1] 胡仁禄，胡明．当代建筑造型构图技艺[M]．北京：中国建筑工业出版社，2011：116．
[2] 程大锦．建筑：形式、空间和秩序[M]．刘丛红，译．天津：天津大学出版社，2008：34．

代表性建筑等,都可以认定是在担当某种角色或者展示独特的状态。其三,建筑形式把形式看作一种结构,是指"内部结构与外部轮廓以及整体结合在一起",也是指"排列和协调某一整体中的各要素或组成部分的手法,其目的在于形成一个条理分明的形象"。这一点强调的是形式是由一些基本元素构成的,但这些元素不是独立的,而是通过特定的手法加以"排列""协调",进而形成具有表现力的形象的。

建筑形式的结构就是将建筑要素在二维平面或者三维空间中组合起来。平面结构在平面内展开,对于建筑而言主要是指建筑的界面;空间结构指复杂的形体空间。这两个维度是我们把握建筑视觉形式的基本维度。建筑形式结构的组成方式包括自然的形式结构和理性的形式结构,而理性的形式结构是人为的结构模式,是最具有代表性的建筑形式结构组合方式。

一、建筑形式结构的类型

建筑结构是指建筑的承重结构和围护结构两个部分,现在浇钢筋混凝土结构框架一般由梁、板、柱组成,再加上围墙等,这是建筑的实体结构,也是建筑的内在结构。但这些结构需要通过外在的形式加以呈现,而且这些形式要素不是独立的,都需要进行必要组合。"形式结构限定基本形式的组合关系,确定其在空间的方向和位置。建筑形式结构的基本类型表示建筑造型的式样,它从总体上控制着形式的表达。"[①]由此可见,形式结构对建筑基本形式组合产生影响,它表现为建筑中的方向和位置等信息,类型是各种组合形式的不同方式,其中建筑形式类型多种多样,主要有:点式、线式、三段式、对称式、围合式、半围合式、辐射式、螺旋式、聚

---

① 罗文媛,赵明耀. 建筑形式语言[M]. 北京:中国建筑工业出版社,2001:327.

合式等。

　　点式结构总体呈现出点状,点状有的是指许多单个建筑相对于整体的规模呈现出点状,也有的是指在建筑合理、有规则布局上具有点特征的结构,如点式立面等。西泠印社在整体布局上就呈现出点状。西泠印社位于西湖景区孤山西麓,南至白堤,北邻后孤山路,西近西泠桥。西泠印社所在的孤山,高 38 米,是西湖群山中最低的山,却是西湖中最大的岛屿,依据孤山的地形山势组成山脚、山中、山顶以及后山四大景区,这四个景区分布呈点状。山川雨露图书室、仰贤亭、宝印山房均位于半山腰,是山中景区的主体建筑群,与散见于其中的其他建筑群组成了点状整体,如图 7-8 所示。布达拉宫外观 13 层,自山脚向上,直至山顶,每一层的房子都有窗子,这白墙上整齐的黑窗框,配上红窗门,以及繁丽的窗顶木框架,在蓝天的映衬下,显得分外好看,就如同整个墙面上分布着整齐的点,如图 7-9 所示。

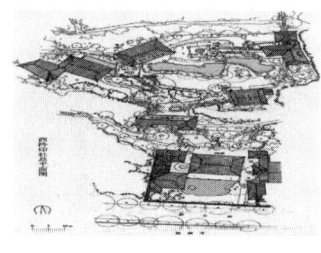
图 7-8

图 7-9

　　线式结构是指在建筑立面中较多运用横线、竖线。"利用连续的带形窗与上下窗间墙形成横线。"①这是横线形成的主要方式。图 7-10 是一所学校的教学楼,建筑立面上横线线条富有韵律感的排列方式,使得整个建筑自然统一而又富有变化。此外,"利用竖向连续的带形窗形成竖

---

① 罗文媛,赵明耀. 建筑形式语言[M]. 北京:中国建筑工业出版社,2001:330.

线"①。图7-11是某办公楼,其建筑立面以一组疏密有致的竖向线条来营造挺拔向上的感觉。塔楼立面精心设计了几道水平的线条,给严谨理性的竖向构图注入轻松而写意的元素,彰显简洁稳重又极具时代感的气质。

图7-10

图7-11

三段式结构是一种特殊的横线式,就是建筑立面被明显区隔为三个部分,这个形式结构在建筑立面造型中被广泛采用。梁思成曾经对中国古典建筑的立面结构做出一个总结:"中国的建筑,在立面的布局上,明显地分为三个重要部分:台基、墙柱构架和屋顶。任何地方,建于任何年代,属于何种作用,规模无论细小或雄伟,莫不全具此三部。"②如太和殿上承重檐庑殿顶,坐落于三层台基上,加上廊柱以及墙体和门窗构成这个建筑体的三个部分,如图7-12所示。文艺复兴时期的法尔尼斯府邸的平面有明显的主轴和次轴线,布局整齐,周围环有券柱式围廊,内院的立面三层分别用不同形式的壁柱、窗裙墙和窗楣天花,同时用同样比例的窗洞形式和相同的窗间距给人整体统一的感觉,如图7-13所示。此外,凡尔赛宫作为古典主义建筑的代表,巴黎圣母院作为哥特式建筑的里程碑式建筑都采用了三段式结构。在现代建筑中三段式建筑也十分普遍。

---

① 罗文媛,赵明耀.建筑形式语言[M].北京:中国建筑工业出版社,2001:331.
② 宋鑫.由"三段式构图"浅谈中西方古典建筑立面[J].北京建筑工程学院学报,2013(7):35.

图 7 – 12　　　　　　　　　图 7 – 13

对称式结构指建筑结构是沿轴线对称布置，或者说以一个点或一条线为中心，两边的形状和大小一致且对称。对称性给人一种严谨和有秩序的感觉。在对称中有完全对称、局部对称、群体对称、意象对称。印度的泰姬陵就是对称式建筑结构的典范，陵墓中的花园是一个典型的波斯式花园，位于陵墓主体前方的中央有一水道喷泉，有两行并排的树木把花园划分成 4 个同样大小的长方形。陵墓的主体是对称的，主体两旁各有一座清真寺，以红砂岩建筑而成，顶部是典型的白色圆顶，这样布局就是为了维持整座泰姬陵建筑的平衡效果。故宫是严格遵循对称规则，沿一条南北走向的中轴线排列的，而这条中轴线上的建筑，更以三大殿为重，中轴线两边的建筑阴阳对称。故宫内的太和殿、中和殿、保和殿、后寝三宫（乾清宫、交泰宫、坤宁宫）均位于中轴线上，其他宫殿不建在中轴线上，也是严格按照对称规则进行布局，分布在中轴线两边。

围合式建筑就是建筑围绕中心布局，根据围合程度可以有全封闭围合和半封闭围合，国外的围合更多倾向于看似封闭实为敞开的空间，而中国的围合则和敞开分野比较明显。围合能形成有效的边界，具有内向、保护和封闭的性质，也给人创造领域感、归属感和私密性。丽江纳西民居的布局形式有三坊一照壁、四合五天井、前后院、一进两院、两坊拐角、四合院、多进套院、多院组合等类型，其中以三坊一照壁和四合五天井为典型。

三坊一照壁,即主房一坊,左右厢房二坊,加上主房对面的照壁,合围成一个三合院。四合五天井指由正房、下房、左右厢房四坊房屋组成的封闭式四合宅院,除中间一个大天井外,四角还有四个小天井或漏间。这些都是围合建筑的典型。此外,中国的许多民居、园林、宫殿、寺庙都是围合建筑。卡比多广场是在古罗马时代的元老院旧址上规划建设的广场,广场为梯形,沿中轴线严格对称,左侧是美术馆,右侧是音乐学院,正面轴线上的建筑是参议院,广场中心为一尊骑马的人物雕塑,前沿完全敞开,以大坡道登山,是一个半围合式的广场。

辐射式结构是蛛网结构中的一种具体形式,又称放射性结构。其以主体建筑为中心,由一个中心空间和若干呈辐射状扩展的串联空间组合而成。辐射式组合空间通过现行的分支向外伸展,与周围环境紧密结合。这些辐射状分支空间的功能、形态、结构可以相同,也可不同,长度可长可短,以适应不同的地基环境变化。这种空间组合方式兼有集中和串联空间的特征。这种空间组合方式常用于山地旅馆、大型办公群体等。另外,设计中常用的"风车式"组合也属于辐射式的一种变体。图 7-14 是从太空中拍摄的墨西哥 Del Ejecutivo 广场四周的辐射式街道。

螺旋是一种像螺线及螺丝的扭纹曲线,是生物学上常见的形状。螺旋式结构建筑表现出环绕、向中心和向上攀升的姿态。螺旋分为左旋和右旋。从螺旋中心沿轴线望去,如果螺旋由近至远为逆时针方向,便是左旋,反之则是右旋。大部分螺丝的螺旋是右旋。螺旋式具有运动感,也有很好的空间布局感。迪拜卡延塔总高 310 米,共 73 层,最大特点是楼体实现了 90 度扭曲旋转,大厦的设计灵感来源于人体 DNA 的双螺旋结构,楼体每一层之间都有 1.2 度的旋转错落,从而实现了总体 90 度转角的独特外观,如图 7-15 所示。这样的螺旋建筑还有许多,梦露大厦是位于安大略米西索加的两栋高层住宅,一栋高 179 米,而另一栋高 161 米。这两座大厦从底部到顶部的扭转度均为 209 度。因其曲线般的沙漏状外形与演员玛丽莲·梦露形体相似,故而该建筑被人们昵称为"梦露大厦"。

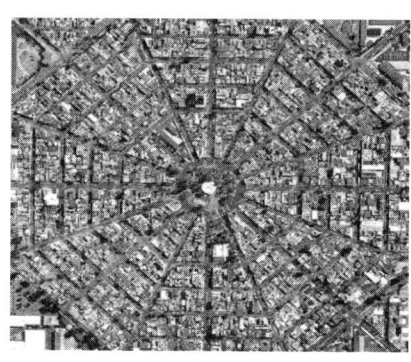

图 7 - 14　　　　　　图 7 - 15

聚合式结构是许多建筑单体之间采用自由集结的组织形式。多个基本形体自然聚结成群,无明显规则性,一些自然村庄,一些城市形态开始形成时候的布局,以及依照自然形态集结的,或者不是按照设计自然形成的建筑群都属于此类。由 L·赖特设计的流水别墅,它在空间处理、体量的组合及与环境的结合上均取得了极大成功。别墅共三层,以二层的起居室为中心,其余房间向左右铺展开来,别墅外形强调块体组合,使建筑带有明显的雕塑感。溪水由平台下自然流出,建筑与溪水、山石、树木自然地结合在一起,像是建筑也是从地下生长出来的似的。

宇宙万物和人的身体、心理,都受着内在和谐秩序的支配。秩序是由一定的组织结构体现的,任何系统都存在特定的结构。建筑的组织结构不仅有利于建筑空间的合理布局,同时有效的结构也能够表现完整的美的建筑形象。

二、建筑的群体组合

群体是相对于个体而言的,群体是由个体集合而成的,也就是说一个群体是由许多个体构成的,这个"构成"就是组合。对于建筑来说,"群体组合,主要是指如何把若干幢单体建筑组织成为一个完整统一的建筑群"①。这些个体的建筑被组合在一起,绝不是随意的,而是需要考虑到多方面因素,比如,各建筑物之间的功能关系、特定的地形条件、建筑空间内部与外部完整统一等。如果对各种建筑群体进行概括,其大致可以分为公共建筑、居住建筑、工业建筑、沿街建筑等,不同的建筑群在组合方式上也会各不相同。

公共建筑是供人们进行公共活动的建筑,也就是供人们进行政治、文化、福利服务等活动使用的建筑物。公共建筑群是多个公共建筑的集合,因此各种功能区分明确的建筑要形成比较明确的功能关系和使用性质,同时注意合理进行分区。这些建筑群需要在总体布局上注重方便、合理和紧凑,也需要利用环境因素和空间因素创造出丰富的组合空间。组合方式有中心式布局的群体组合、分散式布局的群体组合。杭州某办公建筑群,如图 7-16 所示,通过层数的变化、交叠,形成一个整体,其中南侧为 21 层板楼,中间为 6—13 层的连续建筑群组,北侧为 24 层的板楼。建筑整体通过建筑形体的围合,中间形成两个半开放式的中心庭院,既具有一定的私密性,又通过建筑的引导,与城市融为一体;中心庭院与主入口形成有秩序的空间序列,通过空间回转中心庭院与外部城市空间相互呼应和渗透。

居住建筑是供人们日常居住和生活的建筑物,这类建筑包括住宅、别

---

① 彭一刚. 建筑空间组合论:第二版[M]. 北京:中国建筑工业出版社,1998:72.

墅、宿舍、公寓等。居住建筑群在农业社会主要是一些自然形成的村落，以及村落中以家族为中心的建筑群。比如安徽的西递和宏村，以及宏村里的承志堂、乐叙堂，都是居住建筑群的代表。随着城市化的发展，居住建筑是城市建设中比重最大的建筑类型，居住建筑群的样式也更加丰富，组合方式更加灵活。居住建筑群布局除了要考虑居住建筑本身的特点外，重要的就是要合理安排居住区的群体建筑、公共配套设施、户外环境等。就组合类型看居住建筑群布局主要有，周边式布局、行列式布局、独立式布局。[①] 周边式布局强调的是住宅沿规划区域周边布局，而中间形成的院落可以用来娱乐或者布置公共设施，如图 7-17 所示。行列式布局是建筑物互相平行陈列，公共设施穿插地安排在住宅建筑之间。独立式布局是最方便、最实用的布局方式，也能够适应不同的地形条件，进行建筑群体组合时，自由而富于变化。

图 7-16

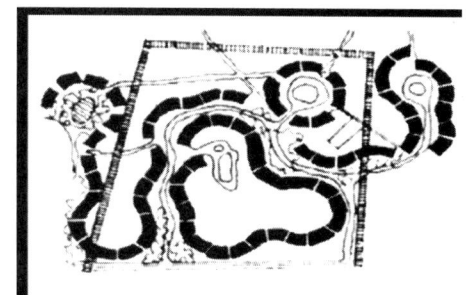

法国巴黎大勃尔恩居住区住宅组

图 7-17

工业建筑是从事各类生产活动的建筑物和构筑物，包括工业厂房和配套建筑。由于工业种类多，加上对厂房的要求也不一样，这就使得工业厂房的建设多种多样。工业建筑群组合首先需要满足生产工艺要求，这是确定建筑设计方案的基本出发点，生产工艺包括流程、运输工具和运

---

① 彭一刚. 建筑空间组合论：第二版[M]. 北京：中国建筑工业出版社，1998：73.

输方式、生产特点等。其次是合理选择结构形式。再次则是保证良好的生产环境。最后是合理布置生活用房和辅助用房，在总平面组合上要合理解决全厂各部分之间的分隔和联系，并且从发展的角度考虑全局问题。

沿街建筑组合就是指沿着城镇的街道或马路两侧来修建的建筑。沿街建筑通常由商业建筑、公共建筑或居住建筑组成。就其组合方式来看，有封闭式、半封闭式、开敞式和单面式。封闭的组合形式是指建筑物沿街道两侧密集排列，而形成一条狭长的、封闭形式的空间。半封闭式的组合方式是街道一面的建筑呈屏风的形式，另一侧呈独立的形式。开敞式的组合方式是指沿街道两侧的建筑均呈独立的形式。单面式的组合方式，主要是指一些沿河、湖或临公园、风景区的街道，只有一面有建筑。

传统的建筑一直依靠自然提供的各种材料，如树木、石头等，同时建筑也需要根据特定的自然环境建设，甚至会对自然环境产生负面的影响。随着社会的发展和建筑技术的提升，人们对建筑的认识和对建筑的关注逐渐从建筑本身转向了与建筑相关的环境，这是当代建筑的一个重要特征。建筑依存环境，建筑离不开所处的环境，建筑与周边环境应当保持和谐的关系。荷兰建筑大师基·考恩尼说过："建筑绝不只是单一存在的个体。它与构成自然的许多次序一样，也是庞大次序中的一个。"[1]建筑不但要满足使用功能，还要与周围环境相适应，同时体现一定的文化历史特点，这对保持整体环境和谐十分重要。

人通过感觉器官来感知世界，并与世界进行物质、能量和信息的交流。视觉信息是人类的主要信息来源，人的视觉活动是一种积极的、活跃

---

[1] 渊上正幸. 世界建筑师的思想和作品[M]. 覃力,黄衍顺,译. 北京:中国建筑工业出版社，2000:46.

的、有选择的活动,其中最为主要的是眼睛能够对看到的任何一种事物进行选择,并且具有一定的视觉规律。朗格认为:"建筑是一种造型艺术,它首先让人获得的是一种幻想,一种转化为视觉印象的纯粹想象性或者概念性的东西。"[1]我们在对建筑进行观察的过程中,主体与客体不是分离的,而是"融合、整一"的,我们沉浸于建筑所营造的氛围,同时也会用心去感知,这样就会形成一种潜在的交流。视觉能够将各种元素融合,让人产生不同的感受。

---

[1] 刘先觉. 现代建筑理论[M]. 北京:中国建筑出版社,1999:56.

第八章 / 城市：被展开的内外空间

> 一座城市就像一朵花、一株草或一只动物，它应该在成长的每一个阶段保持统一、和谐、完整。而且其发展的结果绝不应该损害统一，而要使之更完美；绝不应该损害和谐，而要使之更协调。早期结构上的完整性应该融合在以后建设得更完整的结构之中。
>
> ——霍华德

城市存在于一定空间里，它是由建筑等实体构成的，实体化的空间决定了城市的视觉特点，这种特点也可以表述为，视觉的城市和视觉化的城市。视觉的城市是说，无论城市中的建筑或者景观，如住宅、商场、博物馆，街道、公园、广场，作为边界的高山、河流等都是视觉的存在，是我们能够用视觉辨识出来的对象。而视觉化的城市强调城市的整体布局、各具特色的街道和风格化的建筑都是被规划、被设计出来的，目的在于突显城市"视觉性"。也就是说从城市的整体结构，到城市的局部区域，再到具体的道路、广场，从城市建筑的立面，到地面各种铺设，再到地下空间的布局都或多或少地采用视觉的表现方式。而现代城市中各种各样的广告更是充斥着城市的街道、广场以及各种流动的交通工具，这些也成了视觉化城市中一道靓丽的风景。

美国学者格莱泽在他的《城市的胜利》中是这样描述世界城市发展的现状的：在美国，有2.43亿人口拥挤在仅占全国总面积3%的土地上，那就是我们的城市。生活在东京及其周围的人口高达3 600万，这里是全球生产效率最高的城市区域……但还是有越来越多的人正在越来越近距离地聚集在大型的城市地区。每个月有 500 多万人迁居到发展中国家的城市里。[①] 城市有什么样的魅力吸引着如此众多的人离开乡土，投入到让他们茫然而又迷离的都市中呢？这是因为，都市是创新的发动机，都市预示着繁荣、活力，都市有便捷的交通，有无数的工厂和商店，有无数机会……芝加哥学派的帕克曾指出，城市"绝不仅仅是许多单个人的集合体，也不是各种社会设施，诸如街道、建筑物、电灯、电车、电话等的聚合体；城市也不只是各种服务部门和管理机构，如法庭、医院、学校、警察局和各种民政机构等的简单聚集。城市，它是一种心理状态，是各种礼俗和传统构成的整体，是这些礼俗中所包含并随传统而流传的那些统一思想和感情所构成的整体"[②]。城市是人、空间、机构的集合体，当然城市也是心理、情感和风俗的统一体，而最为重要的，城市也是现代人类创造的新家园。

城市的发展其实也是城市结构的变化和发展，城市结构是城市构建的基础。一般意义上来说，城市结构是指城市各种要素相互联系、相互作用的形式和方式。城市内部各种功能区域，如商业区、住宅区、工业区，以及各功能区之间通过特定的方式形成的有机联系的整体成为城市"空间结构"或"内部结构"，当然城市结构受到多种因素的影响，既受自然环境的影响，也受历史、文化、宗教和规划的影响。

城市是人类生活的场所，"城市中人自身的活动，即人与人工（man-made）环境的相互作用，在多数场合决定着环境结构"[③]。城市是根据人的需要建造的，我们绝对不能忽视人的影响。每一个城市的历史、区域特点和独特的风貌会对城市的发展和人们对城市的感知产生十分重要的影响，也正是城市和人之间的互动方式决定了城市的文化特性。当然，对城

[①] 格莱泽.城市的胜利[M].刘润泉,译.上海:上海社会科学院出版社,2012:1.
[②] 帕克,伯吉斯,麦肯齐.城市社会学——芝加哥学派城市研究文集[N].宋俊岭,吴建华,王登斌,译.北京:华夏出版社,1987:1.
[③] 黄亚平.城市空间理论与空间分析[M].南京:东南大学出版社,2002:13.

市空间的研究还要从地理学、设计学、文化学等各种理论视角展开。

富利从地理学角度来研究城市空间,并且提出了四维城市空间观。他认为,城市空间的物质环境、功能活动、文化价值是通过"空间的"与"非空间的"两种方式呈现的,再加上时间维度,就构成了城市空间的四维空间。在富利的研究基础上,韦伯提出城市空间三要素,即物质要素、活动要素、互动要素。波纳则用系统理论来研究城市空间结构,该系统理论涉及三个核心概念:城市形态、要素关系、城市空间结构。哈维则从空间形态和社会过程之间的相互关系角度来研究城市空间。中国学者黄亚平认为,城市空间是各种要素之间的布局和作用,并随着时间的发展而变化和发展。单就城市空间的要素看,它包括物质、社会、生态和感知。城市物质空间,是城市社会中各类要素相互作用和关系的物化在城市土地上的投影,城市实体环境是其外在表现。城市社会空间是社会阶层、邻里与社区组织、土地利用、建筑环境的空间分异,土地利用与建筑环境的分异是社会分异的空间表征,而组织结构分异则是空间分异的内在原因。城市生态空间是城市空间的重要组成部分,与所依托的环境关系密切;城市感知空间是指城市空间中能够被知觉(包括被认识与感知)的无数"场所"。①

有研究者从"质"和"量"两个方面来研究城市空间的要素及其构成。这里的"质"是指城市空间的功能,即基础空间、活动空间(目的空间),其中基础空间又分为:骨架空间和象征空间。"量"则指城市空间的强度,包括人口密度、土地单价、容积率、建筑高度、建筑密度、开发速度以及空间产品的产量等。② 这种城市空间划分,兼顾质和量两个方面。城市是人生活和工作的环境,是现代都市人安身立命的空间,城市与人之间的互动是了解城市的一个主要视角。

---

① 黄亚平. 城市空间理论与空间分析[M]. 南京:东南大学出版社,2002:16.
② 黄亚平. 城市空间理论与空间分析[M]. 南京:东南大学出版社,2002:28.

第一节　城市象征空间

城市与人的关系十分密切，没有人就没有城市，也不会有城市的发展，当然城市也为人的生存和发展提供了重要的基础，人与城市之间的互动关系进一步促进人和城市共同发展，城市空间也被人赋予了丰富的内涵，其中就包括空间的象征意义。"象征意义是指象征意义的体验者、象征意义本身以及被象征化的实体在地理上形成的一种'意义场'。"[①]城市象征空间包括实体建筑、象征意义的体验者、象征意义以及由此构成的场域。快速发展的建筑技术、全球化时代的到来和人口的城市化催生了城市象征空间的发展，而且有快速发展和蔓延之势。由于象征空间独特的意义承载作用，这些空间往往也成为城市中的视觉焦点，因此一些具有特质的景观要素都可以是城市的象征空间。这些景观要素主要类型有："水"——各类水景、河湖水面，"绿"——城市公园、城市绿地、植被、山林绿化景点，"场"——城市广场、集市、开放空间等，公共建筑物——具有标志性的大型建筑，历史纪念物等。

一、城市的水体

城市水体是城市重要的风景资源，也是构成城市生态环境的重要部分。城市水体不仅具有较强的实用价值，即城市的河流、湖泊不仅给城市提供水源，也成为城市景观的重要组成部分。许多人在评价城市的时候，

---

① 童巧珍，唐文跃. 我国城市象征空间研究的背景、内容及方向[J]. 城市问题，2013(12)：21.

水体就是一个重要的参考要素。华盛顿之所以能够成为美国首都，主要也是因为这里有波托马克河。显然，过去的人们在选择城市的时候，水源是考虑的第一因素，中国许多城市都是临水而建。一些水体使其所在的城市得以扬名天下，如上海的黄浦江、桂林的漓江、杭州的西湖、巴黎的塞纳河，发源于科茨沃尔德希尔斯的泰晤士河横贯英国首都伦敦与沿河的10多座城市，可见水体对城市的重要性。

水有动态和静态两大类：河、湖、池、沼等属于静态的水；喷泉、瀑布、跌水、涌泉等为动态的水。[①] 作为城市的一部分的水体，它不仅是实体的存在，许多水体也作为一个城市象征的空间存在，如杭州的西湖、昆明的滇池、济南的趵突泉就是这些城市的象征空间。因此，作为象征空间，它与政治、经济、文化、历史、人文等大的文化环境，与城市水文、气候、风向等自然环境，还与水体、岸域、驳岸、水生生态系统密切地联系在一起。

城市空间是都市居民生活、工作的场所，水在给城市带来"灵气"之外，也为城市居民带来视觉上美的感受，会给人以不同的情感体验。城市的水景观首先是视觉性的，有研究者根据观察者视线的纵横和视点的高低将水景观分为纵观景、对岸景、水上景、鸟瞰景、断面景五种类型。[②]

纵观景（流轴景）是指站在桥上（或者位于船上）沿水流方向眺望的景致。在一些河流贯通的城市，跨河大桥是城市重要的交通枢纽，这里人口流动量大，地理位置也十分独特，站在桥上的位置可以看到曲折流动的河水，也可以浏览河两岸的景色，如图 8-1。如果在水面上行进，人们还可在运动中感受、体悟两岸景物由远及近、富于变化、连绵不断的渐变过程。有"一桥飞架南北，天堑变通途"的武汉长江大桥，横跨武昌蛇山和汉阳龟山，蛇山之巅有黄鹤楼，龟山上有电视塔，顺流远看，正前方是武汉长江二

---

① 宛素春,李艾芳,傅岳峰,等. 城市空间形态解析[M]. 北京:科学出版社,2004:167.
② 黄静. 城市水景观体系规划研究[D]. 南京:南京林业大学,2012:34.

桥；武汉长江大桥右边是武昌汉阳门、民主路、临江大道；大桥左边，汉阳桥头下是晴川阁、晴川饭店和汉阳江滩，再向前是长江与汉江交汇处的南岸嘴。罗浮曾经吟唱道："吴江凝碧楚天空，江山俱在画图中。长桥一带曳千景，登临堪唱大江东。"①

图 8-1

图 8-2

对岸景是站在河堤等地观看对岸，当视线方向与河流走向近乎呈直角时所看到的对岸景观。纵观景和对岸景都是跨河城市衍生的景致，如图 8-2。对岸景以河流为主体，包括水线、堤防、小岛、船只、桥梁等，也包括对岸的建筑、树木、山体等。如布里斯班被称为"河流之城"，布里斯班河犹如一条明亮的缎带，在市区里绕了几个 S 形后，飘然隐没在远方的山谷里。城中蓄水人坝及其辅助设施风景如画，堪称布里斯班水上乐园。阳光下的布里斯班河碧波盈盈，站在河岸，可以看见对岸的住宅小巧玲珑，错落有致，河岸的草坪上花香草绿，一派诗情画意的景象。

水上景是乘水上交通工具浏览到的水面上以及河岸的景观，当然也包括分布在地形较低的、在水面下不深的地段的景观。其实这样的景观在古代就有，温庭筠在他的诗《利州南渡》中有这样的描述：

---

① 罗浮. 罗浮诗词选[M]. 北京：团结出版社，2013：16.

> 澹然空水带斜晖，曲岛苍茫接翠微。
> 波上马嘶看棹去，柳边人歇待船归。
> 数丛沙草群鸥散，万顷江田一鹭飞。
> 谁解乘舟寻范蠡，五湖烟水独忘机。

此诗描述诗人在四川嘉陵江渡口看见日暮江天如画、人马争渡、鸥散鹭飞的情景，表达欲归隐山水的忘我情怀。"数丛沙草群鸥散，万顷江田一鹭飞。"这句纯为写景咏物，有岸上景，有水上景，有群景和独景，独具韵味。

鸟瞰景是位于河流周围的山体、高架路面和高层建筑等空中较高位置观看城市的水体得到的景观，在这样的位置人能够把广阔范围的水体尽收眼底。鸟瞰景能展示水体的气势和水体在地形、地势变化中显示出来的概貌。各种繁杂水体和水上景物从高处看就变成不同面积的块状、点状以及各种形状的线条图案，由此形成了别具一格的视觉形象。许多城市为了能够俯瞰城市或水面上的景观，建立了观光建筑。澳门旅游塔，总高度为338米，站在塔的观光廊，澳门半岛和凼仔、路环两岛犹如莲花漂浮在碧绿的海面上。东西望洋山、中银大厦、葡京酒店等错落分布，两条乳白色的跨海大桥下，过往船只像点点繁星，在海面上划出弧形的痕迹。

断面景中的断面是指物体的剖面。从剖面可以看到物体详细的内部结构。断面景的视点低于水平面，所以断面景多见于水下动物、植物展馆，或水下隧道工程。如，西班牙瓦伦西亚海洋馆，有水中霸王灰鲨，悠游于一条长35米的水底通道四周，人们步入水底通道可以观赏西起加那利群岛，东到百慕大群岛的大西洋海底景观。

当然，城市水景观是动态的、开放的、不断发展变化的，而且是一个综合的多层次的整体，同时水景观也有特定的语言表达系统，承载着特定的精神文化信息。

二、城市的公园和绿地

随着城市化的发展,城市环境功能日益突显,人们也开始关注城市生存的环境。而随着科学技术、城市规划理念的发展,"绿色城市""生态城市"成为城市发展的一个趋向,当然能够称为"绿色""生态"城市不是简单地指城市绿地、公园等绿化水平达标。城市公园、城市绿地、植被、山林等绿化景点,作为城市"绿化"的主要组成部分,除了具有休憩、游乐、生态防护等功能,也可以起到美化城市的作用,也属于城市景观的一部分。

公园作为工业时代的产物首先出现在西方,其源头有两个:一个是贵族私家花园的公众化,即所谓的公共花园;另一个是社区或村镇的公共场地,特别是教堂前的开放草地。人们对于公园的定义莫衷一是,但所有的城市公园都具备这样的特征:(1)它属于城市公共绿地的一部分;(2)它的主要服务对象是城市居民,也包括远道而来的旅行者;(3)它用于休闲、游憩、娱乐;(4)它是一件艺术品,随着岁月的积淀,其中的文化元素会越来越突出。

如果对城市公园进行分类的话,它主要分为综合性公园和专题公园。综合性公园又可以分为全市公园、区域性公园、社区公园等;专题公园往往具有特定的内容和形式,主要包括儿童公园、动物园、植物园、历史名园、风景名胜公园、游乐园、体育公园、纪念公园、雕塑公园、湿地公园等。

城市公园作为城市独特的空间,它既有功用价值,也有审美价值,将功能和视觉感知等方面统一于一体。视觉空间是由点、线、面等构成的,但人们在观看空间的时候,一般是从面到线再到点,即先注意整体,然后由线形引导至景观点。城市公园空间视觉呈现都会在某种程度上显现出一定的规律和特点。

　　植物景观在公园空间中占据重要的地位,植物景观的布局除了考虑植物的种类、适应性、季节性等要求外,还要考虑植物布局和空间配置。植物布局中主体和衬托、动和静、均衡和韵律、高和低都具有特定的视觉效果,而空间配置单与双、系列与群体的搭配会增强植物景观的韵味。如合肥滨湖湿地森林公园有植物达281种,其中,森林上层以高大的杨树为主,辅以女贞、湿地松等;中层以次生的香樟、桑树、乌桕等为主;林下由棕榈、木芙蓉、藤蔓等植被组成。公园里还有国家一级保护植物水杉、珙桐、银杏等珍贵树种,以及再力花、德国鸢尾、荷花等各种花卉。"山水庐州"景观位于公园主入口处的广场上,合肥市行政区划图镶嵌在景观广场的中央,其中在巢湖位置铺设草坪,并栽植香樟、朴树、皂角三棵大树,象征巢湖三岛,巨型山水石耸立于广场西北。整座广场以天、地、森林为纸张,配以石山流瀑,构成了一幅山水庐州的优美画卷。

　　水体景观是古今中外的园林都十分重视的景观,水景在城市公园具有不可替代的作用,公园水体或明净、清澈,或曲折、变化,或优雅、动人,或明丽、耀眼……都给人不一样的感受。许多公园设置的滨水设施,如临水道路、临水广场、临水平台、临水栈道,形式各样,各具特色;而公园中的瀑布和喷泉等景观显现出的动感、韵律都使得公园景观更加绚丽多姿。

　　景观小品一般指体量较小、色彩单纯、造型独特、对空间起点缀作用的构筑物,在公园中可以起到画龙点睛的作用。公园小品包括建筑小品,如雕塑、亭台、廊、花架、楼阁等;功能小品,如座椅、树屋、网桥、垃圾桶等;道路小品,如街饰、防护栏、指示牌、道路标志等。景观小品在城市公园景观建设中是必不可少的,也是公园其他景观的补充。从视觉平衡角度看,在城市公园中各构成要素,要大小、体量、色彩、材质等协调。小品、设施和周围景观在空间构成关系上要协调,主要景观应该立于中轴线之上,同时视觉造型上应该注意动态和静态的平衡,材质和颜色协调空间效果,物与物之间比例要充分考虑景观与人的空间关系。

城市绿地是被栽植的树木、花草等绿色植物所覆盖并且布置有相关配套设施,同时被赋予一定功能与用途的区域。城市绿地通常具有景观、游憩、生态防护等多种功能。绿地系统作为城市系统的一部分,在开放和多元化的城市空间系统里,绿地的分布受到城市布局和城市建设理念的影响,绿地的形状也会各异。块状绿地呈块状、方形、不等边多角形,它们均匀地分布在公园、花园、广场中,如上海、天津、武汉等城市均有大量的块状绿地。环状绿地是指围绕城市,形成数个绿色环带,而公园、花园、林荫道等都可以被布局在绿色环带中。合肥老城区的环城公园就基本上形成了一个环状绿地。楔形绿地布局是林荫道、广场绿地、公园绿地相互联系从郊区深入市中心,并且由宽到窄进而形成楔形绿地。混合式绿地是几种绿地布局的混合,使得城市绿地呈网状布置,而且使带状绿地与郊区绿地有机联合起来。

城市绿地作为城市环境的一个重要因子,它本身就是空间、大气、水、植物、土地等因素的复合体,因此,城市绿地在保护环境、抵御灾害方面都十分有价值,城市绿地系统是城市景观不可忽视的部分。但城市绿地多是人为形成的,许多绿地在某种程度上都是人文景观。城市绿地大到公园,小到一小块草地、一棵树木,都有"人化"的痕迹。它们或是人工的作品或是经过人工处理的,随着时间的冲刷和历史的洗礼,它们自然成了真正意义上的人文景观。中国明代计成在他的《园冶·相地》中写道:"园地唯山林最胜,有高有凹,有曲有深,有峻而悬,有平而坦,自成天然之趣,不烦人事之工。"他认为在有山有树的地方造园是最好的选择,这是由于,山林环境具有地理、生态和自然风光等多方面的优势,可以最大限度地减少人工制造,这样不仅节约成本,还能造出最接近自然的园林。杭州在历史上不同时期,通过疏浚西湖,特别是逐步建成白堤、苏堤、三潭印月、湖心亭等湖堤和湖中岛后,极大地丰富了西湖景观层次,奠定了西湖自然山水景观和绿地景观的布局。

三、城市的广场和集市空间

城市空间是由多种空间复合而成的,这些空间有围合的,也有开敞的。与围合空间相比较,开敞的空间具有开放性,它是可以供市民日常生活和从事公共活动而使用的室外空间。广场、集市、街道、居住区户外场地、公共绿地及公园等都属于这类空间。通常意义上的开敞空间主要指广场、集市和其他具有特殊功用的空间。

城市广场作为城市的一部分,它的历史像城市发展一样久远,但真正意义上的广场,始于古希腊,那个时期的广场是人们自由交谈的场所和发表演说的地方。城市的大量出现和功能的变化,使得广场的格局和功能也在逐步变化。如中世纪,围绕教堂设置的广场主要是进行宗教仪式以及宗教活动的地方。文艺复兴时期的广场追求以人为中心的视觉秩序和庄严宏伟的效果。文艺复兴后期的广场布局规整,常常采用柱廊,空间开敞,雕像往往放在广场的中央。巴洛克时期的广场最为突出的特点是最大程度上将广场和城市道路连成一体,视觉上强调动态美感,这样城市广场空间成为可以流动的连续空间。古典时期的广场追求秩序和永恒的王权,因此在广场的布局上强调构图中的主从关系,突出轴线,讲求配称,突出对称、协调,崇尚纯粹几何结构。中国古代广场主要有两种形式:一是专为老百姓贸易、娱乐、交流之用的街市广场;二是多与寺院园林结合,为皇家与老百姓游玩之用的园林式休闲广场。

城市广场一词源于古希腊"agora",是指一片开敞空地,是用来"集会的地方"。伴随着城市广场的发展和衍化,其内涵和外延也在不断拓展。如果单从空间构成上看,"作为名符其实的广场应具备以下四个条件:第一,广场的边界线清楚,能成'图形',此边界线最好是建筑的外墙,而不是单纯遮挡视线的围墙;第二,具有良好的封闭空间的'阴角',容易构成'图形';第三,铺装面直到广场边界,空间领域明确,容易构成'图形';第四,周围的建筑具有某种统一和协调,D/H 有良好的比例"[①]。这里的几个概念都有十分明确的含义,其中"图形"是指广场的轮廓、形状或外部的界限,主要指形状。"阴角"指墙面上凹进去的墙角,又叫内角,与之对应的是阳角,指墙面上突出来的墙角。"D/H"是指沿街建筑距离(D)和高度(H)的比值,这个比例应该合理、有序。

城市集市是人们定期聚集进行商品交易活动的场所。与传统集市相比,城市集市不仅定期进行商品交易活动,还举行展览、专卖、娱乐或某一主题的活动,有专门设施和相对固定的空间。随着城市化的发展,从国际会展到城市流动地摊,从特色集市到创意集市,各种各样的集市色彩纷呈,千姿百态。从集市发展的整体状况看,集市呈现集约性、多样性、开放性和参与性。

集约性是指土地的集约化使用和混合使用。大型室内市场、百货商店、拱廊街等都产生于 19 世纪的法国,它们是商业社会的产物。巴塔德在 1854 年至 1866 年间负责食品批发市场的建设,这个市场是用钢铁和玻璃材料搭建的一个超级玻璃大棚,许多小市场被串联在一起,形成了纵横交错的购物内街,总面积达到 50 000 平方米,成为当时世界上最大的室内商业市场,被称为"巴黎之胃",其集约性可以想见。像这样的集约化市场在现代城市俯拾皆是。

多样性强调集市空间需要在不同的时间段,满足不同人的购买需求,

---

① 芦原义信. 街道的美学[M]. 尹培桐,译. 武汉:华中理工大学出版社,1989:40.

所以在同一空间容纳不同的功能成为许多集市的选择。法国的拱廊街作为19世纪典型的公共建筑,是百货商店的前身,它集高档家具、时装、流行艺术、影院、咖啡馆等多元功能为一体,满足各种时尚人士对不同时尚的追求。意大利米兰国际展览中心,位于米兰市中心,有展览面积4万平方米,这里每年举办80多个展览会,如米兰国际家居展、米兰国际博览会、米兰国际电子展,等等。

开放性是指集市能够与其他空间相互融合、贯通,公众都能自由出入的特性。参与性是指人属于空间的一部分,人直接参与到各种活动中,使得空间更灵动。在多种多样的市场中,无论是零售、批发市场,或者是具体产品类型的市场在空间结构上都呈现出开放和参与的特征。位于浙江省义乌市的国际商贸城被分为几个区外加一个篁园服装市场,每一个商贸城分为几层,每一层都有通道连接,各个商贸区的联系也十分便利。

文化、历史以及其他象征空间是城市不可或缺的部分。城市空间绝不只是一个物化的空间,它的外在形式表达出隐含于其中的文化、历史的内涵,建筑空间也通过象征的手法表现出独特的文化韵味。韩国的传统市场可谓是韩国历史文化传承重要的一部分,如位于京畿道南部水原市的八达门市场已有220多年的历史,市场基本保持传统市场风貌,并且设有博物馆,该市场创立者的铜像、文化演出或者特色产品更是吸引人眼球。

在城市化的过程中,随着城区内建筑密集化,城市的用地也会出现紧张状态,如何向高空拓展成为现实的话题。这样也就出现了许多特殊的空间,如楼顶,各种楼与楼之间的连接空间,因为高架道路以及地下交通的需要而产生的空间。对这些空间除了突出其功能外,人们还通过屋顶绿化和可移动绿化墙面的技术来强化突出其视觉效应。

四、公共建筑物

公共建筑指具有标志性的大型建筑。标志性建筑也被称为"地标"或"地标物"。标志性建筑突显建筑的标志性。这里的"建筑"是指具有一定特征的建筑，它可以是建筑单体，也可以是建筑群，它位于城市空间特定区域，是组织构架区域空间的核心和依托。而"标志性"是指建筑的形象突出或者其位置重要，具有一定的象征意义和标志意义，在人们心理认知中占有重要地位。作为城市的标志，标志性建筑可以分为：单体标志性建筑、标志性建筑群建筑和标志性城市区域。单体标志性建筑以单一个体面貌出现，如悉尼歌剧院、巴黎埃菲尔铁塔。标志性建筑群建筑是以组合、群体方式出现，如希腊的雅典卫城。标志性城市区域是以整个城市中心或特色区域为基础，成为城市的形象代表的地市区域，如上海的外滩、纽约的曼哈顿。

标志性建筑在视觉形式上具有强烈的识别性，这些视觉特征表现为形体、比例、尺度、色彩特征。建筑的形体是内部空间和结构的外部反映和表现，建筑的形体受到内外两方面因素的制约。不同类型的公共建筑，由于功能不同，其内外空间的组合形式也会不同，外在的形体也表现不一样，它们中的许多建筑都可以成为标志性建筑。建筑形体应该有主有次、层次分明，应该在方向、大小、曲直之间形成一定的对比关系，而建筑的虚实、凹凸等既相互对立，也相辅相成。柯布西耶认为："原始的形体是美的形体。"那些简单的形体是最美的形体。密斯认为：少就是多。建筑形体中简单的形体中蕴含着极其丰富的美学内涵和极高的美学价值。广州塔又称广州新电视塔，主塔体高 450 米，天线桅杆高 150 米，具有塔身超高、结构复杂，但外形比较简洁的视觉效果。建筑的比例直接关系到标志性建筑的外观，也是视觉表现的重要部分。比例涉及点、线、面、体积、空间这些基本图形组织关系。毕达哥拉斯认为一切事物都可以用比例、平方以及直角三角形去反映和证实,他提出的"黄金分割"理论在古希腊和西方世界一直处于至高无上的地位。在东方,各种不同的比例也在建筑中被大量使用,尤其是正方、2倍方的矩形、3倍方的矩形、2∶3矩形,等等。

尺度是用来表现建筑形式、体量和规模的宏大程度的基本手段。建筑的尺度可以分为:自然的尺度、超人的尺度和亲切的尺度。许多标志性建筑都是以巨大尺寸而著称,特别是带有区域特征的标志性建筑更是如此。但也有较小尺度的,如天安门城楼。在高楼林立的北京,天安门城楼绝对是小尺度的建筑,但天安门却是人间的琼楼玉宇,集古代建筑艺术之大成,又具有政治象征意义。建筑的色彩是建筑景观中的主体部分,也是标志性建筑的突出特征。色彩的物理性能决定了人们要根据建筑功能以及周边环境选择最为合适的色彩。色彩又有装饰作用,恰当的色彩装饰,可以使建筑融入周围环境,也可以突显其个性。色彩在装饰中也可以起到区分、标识作用,增加了建筑的可识别性,同时色彩能够根据人们的心理特点及需要,赋予建筑以抽象的意义。

历史纪念建筑是用于表达对人或物怀念的一种建筑,它依托具象的物体将纪念功能和意义结合起来,承载着对历史、文化和情感的表达功能。历史纪念建筑是为了纪念历史人物或重大的历史事件而修建的建筑物,也可以说,是为了纪念在历史上功勋卓著的人和具有历史价值的重大事件而营建的建筑。历史纪念性建筑一般包括:纪念堂馆、陵墓、碑亭、牌坊、凯旋门及纪念性雕塑等。而现在已经出现了将多种功能融合于一体的综合性建筑,如具有特定意义的图书馆、博物馆,等等。就大致的类型看,历史纪念性建筑有:人物型纪念建筑,如毛主席纪念堂、中山陵;事件型纪念建筑,如南京大屠杀纪念馆、犹太大屠杀纪念馆等。

纪念性建筑本身只属于城市中的一个点或一条线,或是一个体,但它是城市中具有独立意义和价值的点、线、体。纪念性建筑作为一个点,往往成为特定区域的始点或目标点,如意大利西耶纳坎波广场上的纪念柱;也可以是某区域空间中的中心点或向心点,如巴黎的凯旋门。有的纪念性建筑呈现出线状,成了城市特色的一部分。1884年,为美国总统华盛顿建造的纪念碑,位于华盛顿特区中心,在国会大厦与林肯纪念堂的轴线上。这座高169米造型仿古埃及的方尖碑,高高的正方体碑柱顶端,为四面三角形的尖顶,锐气逼人。该碑也是华盛顿的制高点,无论你以任何交通工具,从任何方向来到华盛顿,首先映入你眼帘的就是这座用来纪念华盛顿伟业的纪念碑。

第二节　城市流动空间

随着人口的聚集和交往的需要,城市里出现了连接不同区域的道路,也是供人、车辆通行的通道。而交通工具的变化和人口汇聚,使人的交往和物资的交流更加频繁,城市的道路越来越多,功能也变得越来越强大。相关的统计显示,城市道路占城市总面积的四分之一左右,它是城市的命脉。

城市道路是一个特定的区域和空间,这个区域和空间是由沿着道路边缘的建筑外墙体、沿路绿化以及沿路的其他屏障围合或者半围合形成的。城市道路空间是集交通、市政、生态环境以及景观等多种功能于一体的,是各种功能的复合体。交通功能具有通行功能和途径功能,其中通行功能就是让参与交通的主体能够安全、快速、舒适地到达目的地;途径功能就是让交通主体便利正确地从道路到达目的地。城市道路的市政功能就是能够容纳公共设施。此外,道路空间是火灾、震灾发生时的避难场所,也是消防、救急救灾通道。生态功能是指道路空间扮演着城市绿色廊道的角色,而道路空间的走向、布局也会影响城市生态系统的通风、光照等。城市道路构成城市的骨架,亦是城市景观的组成部分。

城市交通是人流、车流、物流的通道,也是城市各区域联系的纽带。密如蛛网的城市交通线,也是人们的活动空间,雅各布斯在《伟大美国城市的生与死》中是这样描述的,"道路是城市中的重要内容,宏观上是线,在微观上是宽广的面"①。城市道路空间具有延展的特点,呈现出"狭长"线形的空间特征,而作为承载交通流的"线",具有"流动"和服务的特点。如果从城市交通的构成来看,它是由步行系统、车辆行驶道路、铁路交通、水路交通和空中交通构成,它属于城市空间的一部分,是城市运行的脉络,也构成城市结构的骨架。

一、城市的步行系统

尽管生活在城市里的人们,出行都依赖城市发达的公共交通系统,但步行仍然是人们重要的出行方式,这就需要在城市交通空间里设置便捷、发达的步行系统。如在繁忙的城市道路两旁修建人行道;在城市重要道路交叉口的路段加设人行横道、人行天桥,或人行地道;在繁华的城市中心区域设置便于市民购物休闲的商业步行街,以及方便市民生活和休息的步行道路等。"所以,人行道、人行横道、人行天桥、人行地道、商业步行街、城市滨水步道或林荫道的规划,应与居住区的步行系统,与城市中车站、码头集散广场,城市游憩集会广场等步行系统紧密结合,构成一个完整的城市步行系统。"②

---

① 雅各布斯. 伟大的街道[M]. 金衡山,译. 南京:译林出版社,2005:5.
② 王润琪,解松芳. 交通运输工程概论[M]. 北京:中国林业出版社,2012:25.

人行道一般是供人通行的道路，根据人行道的通行能力可分为人行道、人行过街道、人行天桥（地道）及车站码头的人行天桥（地道）等类别。城市人行道是城市中马路两侧或者一侧用路缘石或护栏等设施分隔出来，供行人步行的道路。由于城市交通是相互连通的，为了保障行人舒适、方便地参与城市的交通，也为了行人的交通安全，避免因行人随意横穿干路影响车速，宜在交叉路口附近加设人行横道、人行天桥，或人行地道。

人行道的视觉化主要通过物化和人化来实现。物化是通过自然景观和人工景观来实现的。每一个城市的山、林、水体等自然资源都是不一样的，合理利用这些自然元素会使得视觉景观独具特点，如海南海口市建成了以椰子树等棕榈科植物为主，搭配常绿的乔木和四季开花的树木花卉的景观。人化是通过铺装座椅、灯具、广告牌等附属设施来实现的，而且自然景观和人工景观的差异化会使人行道的视觉景观风格迥异、各具特色。人的活动和文化因素也是人行道视觉景观形成的重要原因，特别是历史和文化对人行道形成的影响更加深远，比如在历史发展过程中形成的人行道必然会留下历史的痕迹。俗语说："广州城，香港地，澳门街。"它形象地说出了这三个城市早期的特色。澳门的街道与其地理环境和历史发展都有着密不可分的关系。如关前街是澳门最有情调的街，这个铺砌黑白相间的葡式碎石路和保留完好的历史建筑相互辉映，趣味盎然。此外，历史人物和事件对描写人行道也会产生影响，街道中的人文景观承载着城市历史发展的脉络，也反映了城市的市井文化和人情风俗。

人行横道通常是在车行道上用斑马线等标线加以标示，这是基于交通安全而设置的。人行天桥、人行地道作为建筑设施，许多城市都在发展中形成了自己的特色。人行天桥造型往往反映城市的个性特征，但需要和周围景观相协调，而不同类型的人行天桥，也丰富了城市的景观。香港是天桥的世界,人行天桥在那里随处可见,也是香港城市建设中的一道独特风景。种类繁多的人行天桥,各得其趣:铜锣湾人行天桥呈环形,外装饰也采用环状;尖沙咀梳士巴利道人行天桥远远望去,似乎是跳跃的阶梯;荃湾建爱村人行天桥采用拱形顶;而上环西港城的人行天桥,则与穿梭其间的历史建筑相映成趣。人行地道大多位于城市道路的节点,人流密集,但由于处于地下空间,采光、通风等功能受到制约,这就需要在完善设施的同时,注意风格、尺度、色彩、结构、质料等方面的协调,当然入口、内部空间和其他复合空间的综合开发也显得尤其重要。

商业步行街有两种类型:一是以广场为中心的商业步行系统,二是以街道为轴线的商业步行街。商业步行街在中国最早发源于唐代长安的东市和西市,而到了宋代,"清明上河"是当时的民间风俗,像今天的节日集会,人们借以参加商贸活动,这些贸易区域也有商业街区的性质,《清明上河图》就描绘了那个时期商业的繁荣景象。随着中国经济的快速发展,商业步行街也在中国遍地开花,北京王府井、上海南京路、香港铜锣湾、成都春熙路、武汉光谷步行街、台北西门町、哈尔滨中央大街、南京湖南路、广州北京路、重庆解放碑等被称为中国十大商业步行街。

城市空间中的商业步行街不仅是供市民购物、闲逛、休息、娱乐的场所,也是人们社交的重要场所。因此,商业步行街不是简单的商业性的街道,而是适应市民各种功能需要的空间,应该设置有流动空间、集散空间和停留空间。[①]

流动空间是引导人流,并为人流提供便利的步行条件的连续空间。流动空间组成了步行环境的主要骨架,流动空间两侧分布有商店,因此也被称为"街式布置"方式。集散空间是步行街出入口处人流进出、交汇的

[①] 文国玮. 城市交通与道路系统规划:2013 版 [M]. 北京:清华大学出版社,2013:154.

空间。集散空间特别需要有较为开敞的用地环境,需要布置一些标志性的建筑或小品,如牌楼、雕塑、特征性的建筑等,这些建筑和小品具有服务、娱乐、游憩等功能。这种空间又属于若干商店共同使用的空间,可能是小型广场,也可能是庭院,所以可以布置一些公共活动的设施和建筑小品,成为人们进行购物或娱乐的中心。停留空间主要是为人流在相对较为宁静的环境中做短暂停留休息而提供的空间。停留空间往往是结合进餐、消暑解渴、聚会、交谈、交流信息等活动而设置的。这类空间常布置有绿地、水面、喷泉、雕塑等以休息、观赏为目的的设施和其他服务性公用设施。停留空间与公园绿地的主要区别在于停留空间不是封闭的空间,而是与流动空间、集散空间、室内空间密切联系,甚至是融为一体的,具有调节步行购物节奏、活跃步行环境气氛的作用。

在步行环境中,三类空间有各自的功能要求和布局特点,但又相互联系、相互依赖,组成一个完整的系统。内部集散空间又往往同停留空间组合成一个空间,空间布局应根据人在步行街(区)各用地之间的活动规律来进行,并考虑建筑环境的相互适应性和互补性。

城市滨水步道是城市道路的一种重要形式,最早的临水景观出现在埃及,二战之后是滨水景观大发展时期,许多滨水道路都是在这个时期发展起来的。滨水步道临近河湖、溪流、海洋、湿地、沼泽而建,是供人们行走、观光、休闲、锻炼的步行道,它大多与滨水的其他道路、滨水广场、亲水栈道等相互联系,并且结合成为整体。在中国的南北方都有比较成功的滨水步道,比如哈尔滨的松花江江滨步道、大连老虎滩滨海步道、青岛的新区滨海步道、深圳的滨海路、厦门的环岛路、杭州西湖的滨湖步道,等等。滨水步道是由道路、亲水设施、植物配置、家居小品、标识系统、照明系统等多个要素构成的。滨水步道根据水与岸之间的关系,可以分为:"两岸两步""两岸一步""一岸一步"。而根据步行道与水系的关系分类可以分为:近水型、广场型、阶梯型以及绿化型。

滨水步道主要功能是步行、休闲,但不可忽视的是,它给人们提供一定的现实空间的同时,也需要给人以视觉美的享受,这就需要处理好视觉元素的合理配置。其一,科学化的专项配置。比如,步道材料的选择需要从质地、色彩、尺寸等多个方面协调一致,植物在滨水区与内陆区的合理培育,服务设施和其他设施的合理搭配。4.9公里新加坡榜鹅滨水步道选用的是一种由玻璃纤维混凝土构成的模拟木材,这样步道既古朴又实用。其二,文化地域化、个性化的表达。新加坡榜鹅滨水步道在衔接步道的榜鹅尾公园里设置了两个巨型莲花池,借助莲花的今昔对比"巧妙地将过去与现在连接起来"。西班牙的贝尼多姆滨海步道通过绚丽的彩色铺装与仿海浪的弯曲形式,表达了该城市的奔放性情。

二、车辆行驶道路

随着城市化的发展,城市道路也变得更加复杂,功能更趋多样,不同道路的空间特性也十分鲜明。供车辆行驶的道路有供各种汽车、摩托车行驶的机动车道,也有供自行车、三轮车等其他车辆行驶的非机动车道。车辆行驶道路构成了现代城市交通的重要部分。根据道路在城市总体布局中所处的位置和作用,可以将道路分为:快速路、主干路、次干路和支路。

城市道路特别是车辆行驶的道路将城市分割成网络状,它能够将城市各部分连接起来,使得城市各个部分构成关系,它也成了城市格局的骨架。不同城市由于自然环境、交通发展状况不同,会形成不同的城市道路交通网络,也会形成不同的城市布局,从中我们可以看出一个城市空间发展的历史风貌。城市路网分布的格局有网格式、放射式、不规则式。比如,北京的路网结构以矩形环状为主,道路多以此为依托,呈现与经纬线平行的网状分布,同时,依托城市扩展,城市又建设了多条环路。城市道路的视觉形象是通过一系列物象表现出来的,有静态的和动态的两种物象。

城市道路静态景观由自然景观和人工景观构成。自然景观是地形、植被、水体、气象气候等各项自然条件的综合,这些条件对城市道路景观的影响是十分巨大的。比如,"西南山地地貌多样,河流山川纵横。作为山地城市典型代表的重庆选址于山水之间,长期以来延续着'一岛、二江、三谷、四脉'的山水景观格局。早期城市发展囿于当时的生产力水平,近代以前主要局限于'一岛、二江'发展"①。道路路面、道路交通设施及道路小品都是由人工建造而成的景致,也属于城市视觉景观的一部分。青岛崂山大道,作为崂山的一条滨海大道,将道家文化符号太极图、玄武、拂尘融入到道路景观中,也将这些元素融入到地面的铺设、雕塑小品中,并且将太极图抽象而成的道路和山脉变成道路的标志,增强了道路的文化特色。

道路上来往的车流、人流和人的活动,构成城市的动态空间。人流和车流作为城市流动的风景线,在给人们带来匆忙和拥堵外,也给人活力和现代感。人的活动,特别是沿道路的表演给那些在城市中匆匆行走的人们留下美好的一瞥。

三、铁路、水路与城市空间

英国的鲍威尔在论及城市和铁路的关系时说:"现代城市的开始源于以铁路为主要交通的年代……"②铁路不仅是一个城市的现代化标志,实际上也是城市区域的分割线,属于城市景观的一部分。城区内的铁路视

---

① 许芗斌,赵娟,郑圣峰.基于《增广重庆地舆全图》的清末重庆城市格局与交通文化景观解读[J].华中建筑,2013(6):169.
② 鲍威尔.城市的演变——21世纪初的城市建筑[M].王珏,译.北京:中国建筑工业出版社,2002:132.

觉景观主要涉及铁路沿线的设施和建筑。铁路经过的沿线一般都相对比较偏远,沿线的建筑也比较破旧,利用绿化、广告等突出其视觉化效果是一种有效的手段。铁路系统中的重要景观是车站,车站整体包括车站、站台和广场。铁路车站是人们乘坐铁路交通的必经之处,是一个城市对外的形象窗口,因此许多车站都是一个城市的标志性建筑。位于拉萨河南岸的拉萨火车站是青藏铁路上最大的车站,主体结构的三段式就是模仿的布达拉宫建筑风格,屋顶建有架空的穹顶,上面有藏汉双语书写的站名,大厅内采用红色调,大厅内8根大柱子也采用了藏式建筑风格。站台,又称为月台,是人们上车和下车的地方,这也是乘客可以静态地观察景观的场所。法兰克福中央车站是欧洲最大、最繁忙的火车站,其站台用的是穹隆顶,地面用明丽的地砖铺设而成,而各种信息提示牌和供乘客休息的座椅在站台中十分显眼。站前广场是铁路和城市之间的转换空间,一般来说,站前广场公共建筑较为集中。近年来国内新建的大型火车站广场无论是在形式还是功能上都进行了一定的革新,从结构上向多层次、立体方向转化。火车站广场在空间分布上有"动"有"静",动的是交通线和人流动的线,静的是各种区域包括绿化、设施。根据广场的功能可将其分为核心区、休闲区和交通区。设计广场时要在充分满足功能的基础上,注意突出特色。

管子说:"凡立国都,非于大山之下,必于广川之上。高毋近旱而水用足,下毋近水而沟防省。因天材,就地利。"管子虽然说的是国都,但实际上中外许多城市都缘水而生,缘水而起。城市邻水既方便城市用水、排水,也是为了交通的便捷。城市发展到今天,水路仍然是物资运输的重要渠道,也是人们观光的通道。对滨水区和水边视觉景观的构建,主要侧重于水域的文化、生态功能的打造。水路生态主要指自然环境,在创造有利于人与河流和谐发展的环境的同时,还要对水路运输发展产生的相关设施,如桥梁、码头等文化建筑进行充分保护后再合理、有效地加以开发。

如武汉市从龙王庙到一元路 3 300 多米长的江滩景观中就有"沉积""码头情结""拉纤""扛包"等具有历史沉淀的雕塑,并且沿线保留下来的 10 多个码头按照"一闸一景"来布局。

在现代化的城市,交通条件发生了巨大变化,人们的生活观念也发生了变化。如城市的流动空间如何满足人在不同速度下的视觉特性,如何综合考虑多层次的道路视觉环境。而同时我们也需要适应快速变化的城市景观。

第三节　城市活动空间

城市的活动空间是城市中不同性质的活动区域,如居住区、商业区、办公区、工业区、娱乐区及附属农业用地区域等。活动空间是指不同活动所使用的区域。活动空间具有"面"的特点,而且活动空间也包含一定具有功能价值的内容。

一、城市商业区

早期西方的广场是政治活动、宗教活动的中心,也是商业活动的处所。随着城市功能的完善,广场逐渐成了道路的交会点,城市商业活动开始转向街道边。自中世纪以来,欧洲经历了三次"城市化"运动,分别发生在 11—13 世纪的中世纪、16—18 世纪的转型时期和 18 世纪末的工业革命时期。欧洲城市兴起是由多种因素造成的,一是经济发展带来交换增多,由此形成了许多小的集镇,当然一些以专门化的资源开发为中心的专业城镇也相继出现。而欧洲人在进行海外探险的同时所带来的国际贸易催生了产品集散地的出现,也使西欧各国的"中心地"城市相继兴起。城市出现以来,商业区就是城市结构的重要组成部分,也是市民生活中最具吸引力的地区。随着经济技术发展和生活方式的转变,商业中心的空间形式与规模也发生了变化。现代城市空间结构与城市形态的变化,使得商业中心更多地介入城市职能,并融入到城市开发中,城市商业区也被发展成为集商业购物、娱乐、文化和办公等为一体的多功能城市空间。

"现代城市商业区是各种商业活动集中的地方,以商品零售为主体,与它相配套的有餐饮、旅馆、文化及娱乐服务,也有金融、贸易及管理行业。商业区内一般有大量商业和服务业的用房,如百货大楼、购物中心、专卖商店、银行、保险公司、商业办公楼、宾馆、娱乐市场等。"[1]它既是本市居民购物的中心,也是外来游客游玩、休憩和购物的中心。城市商业区处于特定的空间,由一定具有特色的建筑和相关的景观组成,其形态空间、功能空间是重要的外在表现,具有功能价值,也具有视觉和文化价值。

商业区的形态空间和功能空间是其视觉表现的重要内容。许多商业区都是利用既有的区域优势,并且结合商业区自身发展要求而产生的。如为了打造核心商业区,许多商业区就很好地利用了窄巷、短街、曲折的空间、连廊以及具有特色的小尺度空间。成都的锦里商业街曾是西蜀历史上最古老、最具有商业气息的街道之一。现在商业街全长 550 米,这里的街道很窄,大约 5 米,街道两旁的酒吧都有室外的座椅,两边的街道有连廊连接,街道的中央设置了广场。目前,国际通行的商业区的结构和业态分布:购物占 30%～35%,餐饮占 20%～25%,休闲、娱乐、酒店、服务占 30%～40%。这样的业态分布也会影响商业区的功能结构分布。上

---

[1] 侯景新,李天健. 城市战略规划[M]. 北京:经济管理出版社,2015:95.

海新天地就是一个以石库门建筑为主体,有着欧式风情的休闲和娱乐街区。新天地被分为新天地北里和南里,新天地北里主要以石库门老建筑为特色,以经营酒吧、咖啡店、酒楼、饰品、文化艺术品为主;新天地南里多为现代建筑,主要经营服饰、商务餐饮、影院、酒店等。

建筑包括具有历史文化的建筑风格、长度、宽度、外立面、建筑材料的材质和纹理。许多商业街区都是在具有历史文化特点的老街区的基础上建立的。法国香榭丽舍商业区,就位于世界上最美丽的香榭丽舍大街上。韩国的明洞大街位于首尔的中区,是韩国著名商业街,明洞这一带,曾经是典型的住宅区,到了近代,房屋和街道被设计建造成了欧洲风格,使其兼具西方文化特点。中国的许多商业区也具备这样的特点。商业区建筑的长度、宽度主要是从消费者购物的需要、舒适度等方面考虑而设计的。根据相关经验,一般商业街区的长度在 500 米到 700 米左右,如北京王府井商业街是 800 米,成都的锦里商业街是 500 多米。当然也有从规模效应出发建得比较长的街区,武汉的光谷路商业街是 1 350 米,香榭丽舍商业街是 1 200 米。同时,为了给人在视觉上造成更长的感觉,有的街道呈现"之"字形的线路,或者主街区和附属街区相互连通。商业街区的宽度一般是 20~30 米,一些特色商业街区的宽度是 10 米左右。美国纽约的曼哈顿第五大道是著名的商业街区,其宽度为 40 米,上海南京路商业区是 30 米,位于伦敦西区的牛津商业街宽度大概 28 米。为了购物的便利和打造合适天际线,商业街区的宽度和两边建筑的高度应该有一个比较合适的比例,通常认为比较合适的比例是 1∶1 或者 1∶2,这也就决定了商业街区的建筑一般不会超过四层,当然一些大型的购物城除外。

城市商业区的视觉建构往往和符号相联系,那些经过符号化的文字、图形、颜色等视觉元素将繁复的商业空间信息用简约、条理、规范的方式有序地传播出去,以便于人们在休闲、购物的时候既能够识别商业区域的特征，也能够观赏商业区，使之成为人们对城市记忆的一个部分。商业区的景观也是其视觉符号的一部分，通常这些景观符号包括广告牌、招牌、路牌、灯饰、小品和相关配套设施等。路牌等导向标识虽然主要有定位、导向等实用功用，但丰富多彩的路牌和导向标识不仅可以让人清晰可见、记忆深刻，也可以起到美化环境的作用，一些灵动的、赏心悦目的标牌令人印象深刻。店招是商店的招牌，在繁华的地段一个好的店招不只是店铺坐落地的标志，也是吸引顾客的一个手段。在许多繁华的商业区，总是可以见到各种各样的招牌和广告。店招形式有竖招、横招或是在门前牌坊上横题字号，或在屋檐下悬置巨匾，或将字横向镶于建筑物上，现在的电子技术又为招牌增添了光彩。商业广告牌是通过一定的媒介和形式直接或间接地介绍所推销的商品或提供的服务的广告牌。商业广告牌类型多样，有固定广告牌、移动广告牌和电子类广告牌，不一而足。商业街区的灯饰、小品和相关配套设施也具有十分鲜明的视觉性。

　　在商业区的空间里，人们或行走或停留，而灯饰主要就是满足人的视觉的一些需求，为了达到这样的需求就要从灯具、光源、高度、位置等多方面因素加以考虑。在商业区这样人流量大的地段，在晚上营业的地方，在台阶、坡道以及水体旁，需要提供足够的照明，以保证顾客的安全。通常用在树木、建筑外立面的灯光是为了增强行人的空间感知，而商业区色彩斑斓的灯光也营造意境。商业区的灯光有下射光、上射光、漫射光、重点照明等。下射光的光源位置要比人体高度高，照到地面有效而均匀；上射光是对树木和建筑外立面从下向上照射，这样给人主体突出的感觉；漫射光向空间各个方向发射光线，可以营造活泼的照明氛围；重点照明是广场或商业街区的某个节点的灯光无论是密度还是变化上都被给予突出。不仅如此，在商业街区的灯光需要充分考虑物外观照明，店头、橱窗、标示、广告牌的灯光的合理布置，如图8-3。

　　小品是指那些小而简的构建物，它既有功能作用，又具有点缀、装饰

图 8-3

和美化作用。商业区的景观小品是作为街区景观的一部分设置的,它有艺术类的花架、雕塑、喷泉,也有功能类的休闲座椅、垃圾桶、游戏等设施,如图 8-4。伦敦牛津商业街区的小品有充满艺术感的雕塑,也有创意十足的小店及公共设施,它们与英式建筑有机地融合在一起。

图 8-4

在城市化的过程中如何合理布置商业区是一项重要工作。在大、中城市如何合理设置中心商业区和区级商业区,而小城镇的商业区如何布局都需要从功用、视觉、便捷等多方面加以考虑。很多国家都有比较成功的经验,如德国、荷兰、瑞典等国在改建原有城市商业区时,特别注意对原有商业区环境的改善;而美国,则采取在远离市中心区且交通方便的地段设置购物中心的方法。

二、城市工业区

工业区是在特定的城市空间里,通过对各种不同性质的工业,如机械、制造工业等进行合理布局而形成的。工业区是工业企业群所在的地区。由于工业区主要是从事工业生产,这就涉及生产者、机器设备、原料、生产和销售等多方面因素,同时工业区的形成和发展受到自然因素、运输因素、劳动力因素及生态因素等影响,也受到社会因素、集聚因素和技术因素的影响。工业区与城市中的住宅区、商业区一样都是在一定地域范围内的实体空间,而且工业区形态的演变一直伴随并影响着城市其他空间结构的形成和演化。

早先的工业都是依赖单一资源、单一技术,工业区的规模也比较小。随着技术的发展和人类利用、开发自然资源能力的不断提高,除以铁矿石、煤炭为主要资源的工业外,石油、天然气、有色金属以及由此发展而来的相关工业,如与石油相关的化工、纤维等工业也发展起来,为此一批适应这些工业类型的工业区逐渐形成。例如,英国北海沿岸的石油工业城市阿伯丁,美国休斯敦石油化工和航天研究中心等。随着传统工业向大型化、联合化和现代化的方向发展,大型企业的再集中现象出现了。中国的工业区大规模兴建于改革开放时期,这是中国实施对外开放的一个重要形式,而这种单一的开发建设、招商引资模式后来逐步开始向综合建设、综合发展、综合管理等多功能方向转化。有学者将中国产业园区的发展划分为三个阶段。一、要素集聚阶段。就是利用较低的进入成本大规模吸纳人才、技术、资本等各类生产要素在园区集聚,园区以土地开发、基础设施建设为主。二、产业构建阶段。园区的发展受到政府和企业市场竞争力双重推动,园区开始构造自身的工业生产体系,形成支柱产业,这也促进了产业升级,使其成为地区经济增长的主要空间。三、创新辐射、区域协同阶段。园区与区域经济发生强烈的联系,并开始完善社会功能,实现工业化与城市化的同步进行。①从结构空间看,工业区是由生产、办公、研发、仓储、宿舍和附属区等要素在一定地域范围内按一定的空间秩序采取的组合方式和各要素外部表现形态,包括不同工厂内部的空间结构和外在空间形态,工业区整体的内部结构和外部结构。工业园区具有较强的功能导向作用,就是按照功能来进行布局,同时要求分区明确,结构简洁,布局合理。如果从视觉化的角度看,工业环境和工业建筑是重要的表现方式。

工业环境要素包括工业设施、工业厂房、办公建筑、环境小品等。工业设施主要是机器。在新技术、新材料出现后,工业机器批量、标准化生产成为一种常态。在科学、理性思想的指导下,机械设计确立了简洁、质朴、实用、方便的理念。要追求机器造型的简洁、秩序和几何形式以及机器本身所体现出来的理性和逻辑性,其视觉表现为简单立方体和对其进行的合理改变,强调直线、空间、比例、体积等要素,并抛弃一切附加的装饰。

工业厂房,是用于工业生产的房屋,除生产车间,还包括附属建筑物,如宿舍、食堂、办公楼等配套房屋。早期工业建筑的典型特征,就是在一个简单形状的建筑以外加上一个高大的烟囱,这和早期工业建筑遵循简洁、功能性有关。随着技术的发展,特别是数字技术被广泛运用,充分利用数字技术设计出贴近时代、贴近技术发展的新的工业建筑成为潮流。位于温州高新技术产业区的温州孵化创业园就是用"孵化"思路设计的。"在整个园区的总体构图中,采用一系列的'卵'形,并借由其形式的演化,来象征'孵化'的生命过程。"②整个园区由"创业园""孵化园""软件园""生活区"和"休闲区"五部分组成,各个部分由曲线形的道路连通,外形如

---

① 卢为民.工业园区转型升级中的土地利用政策创新[M].南京:东南大学出版社,2014:34.
② 胡期光.工业建筑设计中的形象创意[J].工业建筑,2009(10):25.

不完整的"卵",而整个园区的总平面则象征了由细胞裂变到生命有机体形成的演化过程。

  与其他建筑小品一样,工业区的小品也由体量较小的建筑物以及供游憩观赏的设施和指示性标志物等构成。这些小品不仅为工业园区增添了色彩,也为人们工作和生活提供了方便。从历史发展的角度看,工业园区的景观是不断变化的,但无论如何变化,就工业区建筑整体看,应该营造宜人、优美、有文化内涵、有自身特色的建筑,体现技术、文化的多重融合。对于不同企业内部环境景观塑造可结合自身所生产的内容、自身的文化品格,通过厂房、简洁的立面、超长的体量、通透的长廊、高耸的水塔、转动的设备,共同构建独具特色的工业景观。

  工业建筑遵从"形式服从功能"的现代建筑设计原则,在整体的构造上,为了突破单一的方盒子形状,设计师往往通过不同跨度的高低组合突出建筑主体的特征,或者通过各种样式的堆叠突出外在特点,或者通过形体的组合形成丰富的造型层次,当然,利用独特的造型塑造鲜明个性也是十分重要的手段。建筑材料在工业建筑的地位十分突出,不同的材料有不同的质感,如石材具有天然的厚重感,木材给人温暖的感觉。轻钢结构的工业建筑十分普遍,主要有单层的压型钢板、波纹板,有带保温层的夹拓板、复合板等,而且其形式、肌理和色彩以及板与板之间接缝的形式等,正日益成为工业建筑外墙材料表现的重点。玻璃、着色玻璃、镜面、镀膜等也有着强烈的形式表现效果。建筑色彩为人的视觉关注的焦点,它影响人们对建筑的理解,也在改变人们对建筑的认识。其中有的建筑是单一纯色的,这种单一纯色主要是红、黄、蓝,工业建筑还可以采用一种色彩为主,一种或两种色彩为辅的涂色方式,并通过对这些色彩的协调和变化来寻求建筑的特色。无论工业建筑的外观如何,其主要以简洁明快、凝重大气为特色。工业类型不同,其建筑肌理也不同;不同地方,工业建筑风貌也不同。同时,工业建筑风格还应该注意与周边环境相协调。

三、城市居住空间

城市居住区是在城市空间里提供居民生活居住的区域。居住区按居住户数或人口规模可分为居住区、小区、组团三级。《城市居住区规划设计规范 GB 50180—93(2002 年)》也给居住区、小区和组团提出了明确的界定:居住区"泛指不同居住人口规模的居住生活聚居地和特指城市干道或自然分界线所围合,并与居住人口规模(30 000~50 000 人)相对应,配建有一整套较完善的、能满足该区居民物质与文化生活所需的公共服务设施的居住生活聚居地"。小区是指"被城市道路或自然分界线所围合,并与居住人口规模(10 000~15 000 人)相对应,配建有一套能满足该区居民基本的物质与文化生活所需的公共服务设施的居住生活聚居地"。组团指"一般被小区道路分隔,并与居住人口规模(1 000~3 000 人)相对应,配建有居民所需的基层公共服务设施的居住生活聚居地"。这三者之间主要区别在于居住的人口规模上,而共同点是都是围合的空间,有公共基础设施,供居民居住。从视觉化的角度看,居住区呈现的特征主要有以下几方面。

建筑应体现地方特色,与周围环境相协调。中国一直是一个农业国家,城市化发展的水平比较低,即使到新中国成立后的相当长一段时间里,我国的住宅区还是和工作单位建设放在一起的,机关里有住宅,学校里建住宅,工厂里也有大量的住宅,而且这些住宅也只是满足人们基本的居住需求。到了 20 世纪 90 年代,随着城市化的发展,大量人口向城市流动,住房商品化、产业化也在不断发展,住宅逐渐被多元化的市场所取代,但同质化高层住宅遍地开花,模仿成风,千城一面,城市中的居住区建设大致也是如此。许多住宅小区都喜欢打出"欧式典雅花园、地中海风情"等广告语,甚至要把法国的塞纳河、奥地利小镇、瑞士小镇等各种欧式风格作为住宅小区建设的目标，缺少地方特色，更难说与环境的协调发展了。

　　建筑的地方特色是和地方的历史、文化、气候等因素相联系的，当然也会受到这些因素的制约。比如，在特定时期和历史条件下，建筑师和使用者的个人因素也成为影响建筑地方特色形成的重要因素。石库门起源于太平天国时期，迫于战乱侵扰，江浙富商、地主、官绅纷纷举家拥入租界寻求庇护，外国的房产商趁机大量修建住宅，到了20世纪20—30年代，围合是上海住宅的主要特征，但不讲究装饰，而是追求简约，多进被改为单进，中西合璧的石库门住宅应运而生。石库门融合了西方和中国传统民居特点，是最具上海特色的居民住宅。不仅如此，一些居住区的特色还受到技术、政策等许多现实性的因素影响。如重庆在居住区改造中就竭力追求特色，建筑师在对某职工住宅区进行改造时，将建筑外立面采用巴渝特色的青砖勾缝，同时还建造了一堵约200米的红色浮雕艺术墙，用来展现中国共产党光辉历程和重庆发展的一些重大历史事件。

　　合理布局创造适合人居住的环境。住宅区是人口相对比较密集，也是供人休息、生活的区域，因此需要注意住宅空间的层次感。空间层次感常常通过建筑的元素和建筑组合来实现，可以利用色彩的搭配以及造型的变化使层次变得错落有致，在视觉上体现出舒适、温馨感。另外，高低搭配、封闭和开放的搭配也是有效的手段。住宅区布局要营造良好的氛围，就需要满足人们的生理、心理和文化等多方面的需求，同时注重人性化、注重人文关怀。比如在住宅区中为老人、小孩以及残障人士设计无障碍通道和设施，运动器械、基础设施的设计要充分考虑老人、小孩的活动特点等。小区配套要建立在满足小区居民需求和符合人口分布特点的基础上，增强设施建设的实用性。同时，我们也需要从生态的角度考虑尽可能地利用自然、环保的材料。在住宅区中，绿化犹如呼吸系统，能起到空气净化和屏蔽作用，已成为提高住宅小区环境质量，创造健康小区必不可少的有机要素,也是营造小区"意境"的方式。

创新理念,既契合时代,又能够超越时代。共享已经成为经济发展的一种重要模式,在住宅小区强调环境资源的共享性和分享性也是一个重要的理念,这就需要打破传统住宅区以居民个人资源获得为核心的观念。突出人的中心地位,创造出符合居民不同需求的建筑样式和建筑环境。在都市人与人之间日益被隔绝的空间里,如何将新街坊、社区邻里理念引入住宅区设计和布局中,就需要在空间设计上合理布局,并且加以引导,尽可能打造现代化的社区邻里关系,优化住宅区。同时,住宅设计和布局尽可能与周围环境相协调或与城市发展主题相协调,确定住宅区独有的建筑风格。

第四节 城市印象空间

意大利学者赛维认为,"所谓空间,不仅仅是一种洞穴,一种中空的东西,或是'实体的反面';空间总是一种活跃而积极的东西。空间不仅仅是一种观赏对象,特别就人类的、整体的观念来说,(它)总是我们生活在其中的一种现实存在"[1]。当然空间也是一种感觉的存在,因为人类具有感知空间的能力,而且这种能力还包括对色彩、线条、形状、形式、空间以及它们之间关系的把握,并能够把这些感知准确地表达出来。"无论城市景观多么平淡无奇,注视城市仍使我们感到特殊的愉快。城市与建筑一样,都是空间结构,但尺度巨大,需要有很长的时间跨度使人们去感受"[2],但

---

[1] 吉伯德,美国建筑师协会. 市镇设计[M]. 程里尧,译. 北京:建筑工业出版社,1983:111.
[2] 林奇. 城市的印象[M]. 项秉仁,译. 北京:中国建筑工业出版社,1990:1.

城市的变化,观察主体的经验不同,也会使观察主体产生不同的感受。当然对于城市的体验也是环境性的,而且是动态的,实际上人的活动已经成为城市的一部分。美国麻省理工学院教授林奇的《城市的印象》把环境心理学引入到对城市的分析和设计中,从城市使用者感知的角度来关注城市印象。

林奇认为,印象是观察者和被观察事物之间双向作用的结果,印象自身并不是将现实按比例缩小、统一抽象、精确微缩后的一个模型,而是有目的地简单化,通过对现状进行删减、排除,甚至是附加元素,融会变通,将各部分关联组织在一起,才形成最终的印象。有目的地将其重新排列、变性也许不合逻辑,但这样可能会更充分、更好地形成需要的印象[①]。印象是互动的结果,印象也是简化组合的结果,不仅如此,印象还受到其他因素的影响,如个性、文化、心理等。如何在与城市的互动中使人们建立起共同的印象,这不仅是市民或者城市管理者所关注的城市形象、城市文化和城市记忆的问题,也是设计师如何通过设计来促成这种印象形成的问题。

一、城市印象的结构表征

通过心理形象来讨论城市的视觉印象,其中最为主要的是城市景观的可识别性。可识别性"指的是一些能被识别的城市部分以及它们所形成的结合紧密的图形"[②]。城市可以被识别的要素包括街道、区域、标志性建筑以及由这些要素组成的图形。构成可识别性的另外一个因素就是人,人具有对光、色彩、运动等的感知能力,而城市也提供了这些

---

① 林奇. 城市的印象[M]. 项秉仁,译. 北京:中国建筑工业出版社,1990:81.
② 林奇. 城市的印象[M]. 项秉仁,译. 北京:中国建筑工业出版社,1990:2.

元素。

　　环境印象是一个双向互动的过程,"环境印象是观察者与他的环境之间双向运动的产物。环境提供了特征和关系,观察者——以他的很大的适应能力和目的——选择、组织然后赋予所见物以一定的意义"①。从中我们可以看出,环境印象的建立要两方面条件:其一,环境具有明确的特征,这个特征应该是和其他环境特征相区别的,但同其他环境之间又存在着关系,各部分之间不是孤立的;其二,观察者能够识别这个环境,而且有着明确的目的,就是知道他需要干什么,在此基础上,观察者对观察对象进行选择、组织和赋予意义,这是一个二次创造的过程。我们每一个观察者在看到上海外滩的时候,有人喜欢其中的中式建筑,有人对其中西式建筑情有独钟,在此基础上我们会赋予其不同的意义。印象的形成是多方面的,但通常我们研究的是大众的普遍印象,"城市居民中多数人拥有共同的心理图像"。

　　环境印象形成是从结构开始的,环境印象结构包括:识别、结构和意义。在林奇看来,一个有效的印象首先具有可识别性,即表现出与其他事物的区别,就是有辨识度,容易让人辨认出来,而且是作为一个独立的实体而被认出。结构是被观察的对象,观察者和观察对象之间必须形成关系,同时结构作为观察目标,也必须与其目标构成空间关系或者图形关系,这样多重关系构成了结构。意义是对观察者来说的,这目标应该对观察者有某种意义,无论是现实的意义还是情感的意义。意义也是一种关系,意义不同于空间和图形,人能够思考,人也有自己的内在需要,只有对象和人的内在需要形成一定的关系,意义才会出现。如西安市作为历史文化名城,西安古城墙无论是作为一种建筑样式还是作为西安城市特定区域给人留下的印象都十分深刻。站在制高点上,环视四

---

① 林奇. 城市的印象[M]. 项秉仁,译. 北京:中国建筑工业出版社,1990:6.

周古城墙,四座城门是:长乐门(东门)、永宁门(南门)、安定门(西门)、安远门(北门)。每门城楼有三重,即闸楼、箭楼、正楼,此外还有护城河、吊桥城墙以及城墙上的角楼、敌楼、女儿墙、垛口等其他军事设施。无论是城门还是城墙的其他部分都是十分容易辨识。而观察者不论是从整体上看,还是从局部看,都是在找寻城墙中的各部分之间的关系,当人们看到这样恢宏的城墙的时候,除了发出感叹外,也会发出怀古的幽思。

可印象性是对象特征的外在表现,这和心理印象的结构和识别两方面均有联系,它关注特定形体的独特变化。如果对可印象性下一个定义,那就是:"具形对象使每个特定观察者产生高概率的强烈印象的性能。对象的色彩、形状、排列促成了特征鲜明、结构坚固和相当实用的环境心理图像。"①我们也可以称之为可识别性或可见性,就是说,目标不但可见,而且被特征鲜明地呈现出来。

二、城市印象结构元素

"任何一个城市都有一种公众印象,它是许多人印象的叠合,或者有一系列的公众印象,每个印象都是某些一定数量的市民所共同拥有的。"②如果剔除文化、历史、心理等因素的影响,单就从物质形态看,影响城市印象形成的因素包括,道路、边沿、区域、节点和标志。

道路是城市最常见、最便捷的交通通道,人们可以沿着道路观察城市,道路自身也成为城市视觉印象的重要元素。道路通常包括大街、机动车道、步行道、公路、隧道、铁路线等。道路应具备可识别性、连续性、方

---

① 林奇. 城市的印象[M]. 项秉仁,译. 北京:中国建筑工业出版社,1990:8.
② 林奇. 城市的印象[M]. 项秉仁,译. 北京:中国建筑工业出版社,1990:41.

向性。

道路的可识别性

对城市印象的形成取决于观察者对城市的熟悉程度,只有对城市熟悉的人才会依据道路和道路关系而形成印象。城市道路中的公路、高架、隧道具有较强的可识别性,我们通常在对城市的描述中也会想到道路。如,提到北京我们想到长安街,而上海的南京路、广州的中山大道给人的印象也十分深刻。街道中地面、植物、建筑的立面也是突出道路特征的一个因素,但作用最为显著的因素是建筑的立面。如果道路能够和道路边的某些有特点的区域或节点形成关联,如与河流交汇、途经某个码头,或者道路边上有景点都会增强道路的辨识度。道路的结构也是道路识别的一个因素,如果这条路和许多条路交会,也就增加了辨识度。

道路的连续性

道路只要可以识别,就一定具有连续性,一条连续和贯通的道路不仅给人顺畅的感觉,而且会给人方向感,也就是沿着这条路可以到达什么地方。而道路宽窄的变化和用途的改变会使得道路连续性中断,这样也会改变人们对道路的印象。而沿途景观的变化会影响道路的连续性,如,沿街的建筑立面的改变、绿化的变化也会对道路连续性的印象产生影响。而道路空间变化和路牌等指向性标志的变化,同样会改变人们的印象。

城市道路的方向性

许多城市的道路都是按照东西南北或者其他方向设置的,比如我们走在长安街上,或者向东或者向西,街道方向性十分明确。但道路的变化会增强或者削弱道路的方向性,一条地势逐步呈现梯度变化的道路就增加了其方向性,比如山城重庆的道路就突显出这样的特点。弯曲和起伏,这是道路在稳定中的变化,也会给人带来视觉冲击。旧金山的斜街从浪巴街到利文街这一段是一个大下坡,这段街道因此有"世界上最弯曲的街道"之称,为了防止交通事故,这里特意修筑了花坛,花开时节,远远望去,犹如一幅斜挂着的绒绣,美不胜收,车行至此,只能盘旋而下,时速不得超过 5 英里。道路的起点和终点也具有标识性和方向性,起点和终点往往会和城市的历史、文化区域等联系起来。法国的香榭丽舍大道横贯巴黎东西主干道,大道东起协和广场,西至戴高乐广场(又称星形广场),协和广场上矗立有方尖碑,大街由东向西延伸 1 915 米,前半段较平坦,接着有一段上坡直到戴高乐广场,戴高乐广场中心屹立着凯旋门。道路的方向性也给人一定的位置感和距离感,当人们想流连于德国的菩提树下大街,需从东边的马克思-恩格斯广场出发,走到街心花园的腓特烈大帝铜像后面,就隐约可见大街西端的勃兰登堡门,这样的位置感和距离感是具体的。道路与城市其他部分脱离或者与周围环境元素分离就会出现所谓意象孤立的道路,比如,铁路和地铁,有多个交叉路口,总让人感到被孤立,还如网格化的道路或者街道都可能使得道路成为孤立的意象。

城市的边沿通常是指两个区域的边界,或者是某个连续面的突变处,但不包括道路,也即除去道路以外的线形部分。使人印象深刻的边沿其视觉形象也最为突出,形式连续而且是不可穿透的边沿,如城墙、河流、河岸等就具备这样的特质。西安城墙完全围绕城市的战略防御体系而建,城墙的厚度大于高度,稳固如山,墙顶可以跑车和操练。墙高 12 米,顶宽 12~14 米,底宽 15~18 米,周长 13.74 公里,加上城墙外围的护城河,就构成一个明显的边沿。河滨地带因其特有的位置和形态而使人印象深刻,如,上海 1 700 米长的沿江岸线是由 14 万块彩色地砖和花岗石铺成的宽敞的步行道,它成为许多人关于上海边沿记忆的一部分。

在城市中贯穿的交通线,特别是现代都市中的高架、轻轨和铁路、水道等,由于将城市观察者排斥在外,也给人边沿的感觉。上海有多条高架,沪闵高架路、延安高架路、中环路高架、南北高架路、内环高架路、华夏高架路,等等,它们就像一个个边沿把上海"分割"成许多部分。而一些山地、高坡也会给人处于两个不同区域的边沿的印象。比如昆明老城是以北面长虫山为靠,城东以金马山为屏,城西以碧鸡山为护,此外,长虫山向南逐级而下,依次为圆通山、螺峰山、五华山,这些山是屏障,也是城市某些区域的边沿。也有许多边沿是由不连续的桥、广场、道路等连接而成的。

城市的区域是城市二维平面中较大的空间,并且具有某些共同的特征,由于观察者能够步入其间直接感受这个空间的存在,它也成了判断其他空间和区域的一个参照。在林奇的调查中,他发现区域是城市印象的主要构成要素。

一些具有区域特征的空间容易被人记住,这种特征体现在经济、地形、文化、商业等方面。如北京的海淀区,因为有北京大学、清华大学、中国人民大学、北京航空航天大学、北京体育大学等 68 所高等院校坐落其中,联想、方正、四通为代表的新技术企业集团也在海淀形成,其区域特征十分明显。而因为依河流和街道有序建立了界线明确、特征鲜明的区域,也属于城市记忆的一部分。如 20 世纪 50 年代新兴工业城市洛阳,新市区在老城西侧,涧西区和洛北区道路网均为方格式。西安市以老城棋盘式路网为核心,分别向东、南、西三个方向延伸,但仍基本保持了方格式道路网的特征,这样的区域特征鲜明。"主题的连续决定了区域的形体特征,包括各种各样的构成因素,如纹理、空间、形式、细节、标记、建筑类型和用途、活动、居民、修缮程度、地形等。在波士顿那样人口稠密的城市,立面的类似——材料、式样、装饰、色彩、外轮廓,尤其是窗配合——都是使主要区域具有同一性的基本因素。"[1]"主题单元通常是指在一组有特征的同类事物中被反映和认识的典型特色。"[2]南锣鼓巷是北京保存最完整的元大都时期的老胡同格局,从南至北,这条胡同的两边整齐地排列着八条胡同,胡同、四合院、绿树与皇城红墙金瓦相互对应,这里的灰墙灰

---

[1] 林奇. 城市的印象[M]. 项秉仁,译. 北京:中国建筑工业出版社,1990:61.
[2] 林奇. 城市的印象[M]. 项秉仁,译. 北京:中国建筑工业出版社,1990:62.

瓦，更是一种民间色彩的体现。当然，这些区域特点需要通过标牌或者有内涵的重建加以突显。而区域的边界也能够显示区域的印象，武汉由汉口、汉阳、武昌三镇构成，汉阳与汉水密切相关，古时汉阳在汉水之北，龟山之南，汉水和龟山也突出了汉阳的区域化特点。一些区域的节点和其他节点形成放射的关系，也强化了区域的特征。一些区域与其他区域在空间上形成联系，给人以能够与其他区域形成沟通的感觉，如何突出这样的联系是一个十分重要的内容。

城市节点是城市重要、关键的点状位置，而且是观察者观察城市的关键点，也是人们日常往来经过的地点。典型的城市节点有道路交叉口、十字路口，或是广场、中心区或交通枢纽等。"在城市印象中也许是一些概念性的小点，但它实际上可能是大的广场和伸展的线，甚至是整个城市中心区。"① 节点具有连续和集中的特点，它是城市重要的位置，或者说占据着控制性的地位，也会给人深刻印象。如北京火车站、天安门广场、上海的人民广场，就是这样的点。

节点往往是一个连接点，是交通线枢纽，这也决定其在城市交通中的特殊位置，而一些大都市的地铁交会处是关键的连接点。上海人民广场是上海的政治、经济、文化、旅游中心和交通枢纽，也是一个重要的节点。人民广场地铁站是地铁一号线、二号线和八号线的交会集散中心，在它的西侧有三号线，这样的位置决定了人民广场是上海的重要节点。节点的可识别性也增加了其作为节点存在的价值，如迪拜的高架和地面地铁站的设计结合了传统和现代元素，其外形模仿海边贝壳的形状，而内部设计则突出了水、空气、土和火 4 种自然元素；一些车站设计包含古代阿拉伯建筑的传统建筑元素如风塔、凸肚窗、小巷或者内部拱门。一些主要城市的汽车站、火车站、飞机场也是城市最重要的节点，它们不仅体现在交通

---

① 林奇. 城市的印象[M]. 项秉仁, 译. 北京：中国建筑工业出版社, 1990：66.

的重要性上,还体现在建筑设计的独特视觉特征上。美国纽约中央车站是美国最繁忙的火车站,车站有44个站台和67条铁轨,每天平均有550多列火车、21万名上下班旅客从这里经过。车站有高挑的候车大厅和人车分道设计,候车大厅里的主楼梯采用法国巴黎歌剧院的风格,大厅的拱顶绘有黄道12宫图和2 500多颗星星,星星的位置由灯光标出,通电后便熠熠生辉。

　　除了交通节点外,一些位置独特、特点鲜明的地区也会成为重要的节点。比如广场就是城市印象中最鲜明的点,因为广场的空间特点鲜明,设计考究,人员活动频繁。比利时布鲁塞尔市中心的布鲁塞尔广场,其周围有市政厅大楼、面包屋、著名的原子球塔,以及撒尿小童雕像,每两年举行一场巨大的"鲜花地毯"在广场中央进行铺展的活动,数百万枝秋海棠整齐有序地排列着,俨然一片鲜花的海洋。一些交通、商业和政治集中区也是重要的节点,比如上海南京路是上海开埠后最早被开发的一条路,南京西路也是今天上海最顶级的商业街区,两侧商厦鳞次栉比,繁华异常,这里有地铁一号线、二号线、八号线以及多条公交线路,这里也是上海的重要节点。而一些地区或地点因为历史或者文化,或者其他方面特点鲜明也会成为节点。节点也和区域一样,方向性和无方向并存,人一旦步入其中,就会失去方向,而有些节点由于和其他区域联系密切,会给人以明确的方向感,从中我们也可以窥见节点的特性。

　　城市的标志是城市中具有特征性和符号性的点,是在"一批目标中的突出因素",是城市观察者从外部观察城市的参考点。由于比周边其他物体的位置突出,人们可以从多个角度观察它,甚至对人还有标识和引导作用。尽管标志是观察者的外部参考点,但在城市中作为导向的趋势日益增加。如太原的双塔寺的双塔,由于双塔有13层,高达50多米,被人们称为"文笔双塔",也是太原的标志。一些具有地域特色的建筑或具有特征性的建筑也可以成为标志,南京玄武门是南京明城墙的城门,是玄武湖公园大门,它也正是因为这样的历史和文化的意义而成为标志性建筑。

标志就是众多的物件,或者环境中突出的一个,当然标志也和周边的环境相联系,甚至属于环境中的一部分。比如在背景中形状特别清晰的形体在空间位置就更易于识别,这就会成为标志,当然由于位置或者本身比较高挑,在各个方向都可被看到,这样的物体也会成为标志,比如上海的东方明珠塔、武汉龟山上的电视塔等。

与比邻建筑或区域的其他建筑形成强有力对比的建筑也可以成为地标建筑。从方向性来看,位于道路连接点内的标志是比较突出的地标建筑,如台北国际金融中心,位于台北市信义区,是台北重要的商业区,也是这个地区乃至于整个台北的地标建筑。地标不仅是一些指向标的建筑,也有一些象征性的建筑可以作为城市的地标。澳大利亚悉尼歌剧院因其特有的船帆造型被认为是典型的巨型雕塑式作品,也是象征性标志。米兰大教堂是世界上最大的哥特式建筑,它更是米兰的精神象征和标志。有些尺度比较大或者处于孤立状态的物体,也会成为标志,但也有属于较弱的标志,需要人仔细寻找,比如某个路牌、某个广告牌等。也有系列物构成的标志,沈阳故宫就是一个系列标志,它由武功坊牌楼、大政殿、十王亭、大清门、崇政殿、凤凰楼、清宁宫、戏台、嘉荫堂、文溯阁和仰熙斋等部分构成。汉口江滩原租界区,就矗立着江汉关、花旗银行、汇丰银行、横滨正金银行等12幢优秀历史建筑及32幢近现代建筑,这些建筑也成为武汉的标志。

三、各种元素交织下的城市印象

城市中的道路、边沿、区域、节点和标志是城市印象构成的因素,它们不是以单独的面貌出现,而是各种元素之间相互联系、相互作用,并且形成一定的形式和结构。比如一个区域往往是道路、标志、边沿等的综合,各种元素之间可以相互强化、相互呼应,从而可以在整体上提高影响力,但各元素之间也可能相互矛盾,甚至相互破坏,从而削弱整体的影响。

标志物的特征与某一区域的特征一致时,可以加强区域特点。苏州老城区的建筑"粉墙黛瓦",它的"黑、白、灰、淡、素、雅"已经成了人所共知的代表色,同时,这一色彩体系也营造出了独特的水乡意境。对于建筑高度,干将路两侧50米范围内建筑檐口高度不得超过24米,人民路两侧50米范围内建筑檐口高度不得超过20米等,这样突显出地标和周边环境的统一。标志物的位置恰当,可确定并加强某一区域视觉地位。广州塔位于广州市中心,城市新中轴线与珠江景观轴交会处,2009年竣工后该地区在广州城中的位置一下子就突出了。

区域内部道路、节点、边界、标志物的完整和丰富,在起到加强区域整体性作用的同时也突显区域的意向性。与此相对应,区域内要素相对单一,那么给人的印象就会弱些。比如在中国一些城市的居民区,由于缺少特点,缺少完整的要素,给人的印象不突出。道路是城市印象的主要组织手段,如果和节点以及标志结合就能够加深印象。如墨西哥城的改革大街被誉为墨西哥城第一街,这条大道是为纪念第一位印第安人总统胡亚雷斯进行的改革事业而建的,是墨西哥国家宫殿(国民宫)以及独立纪念碑的所在地,加上这里有豪华酒店以及历史景点,改革大街就成了墨西哥城重要的地标。道路自身的形式或与重要节点的连接,或者穿过特定的区域、边界、沿路的标志物都能加强人们对道路的印象,如阿根廷的七月九日大道是世界上最宽阔的街道,双向12车道,这条街道跨越整座城市街区,与其他道路之间相互联系,两边有古老的法国大使馆、唐吉诃德雕像和方尖石塔及共和广场等很多著名的标志性建筑。在城市空间里,各种元素是相互关联和共同作用的,这就需要设计师对各种成对出现的不同元素的特征,如标志物语区域,节点与道路等给予必要的强化,同时从整体上考虑这些成对的关系以增强城市的印象。

城市印象，与其说是对"整体环境的全面印象，不如说是一组长度不同的互相叠合的关联印象"①。一个市民或者一个游人对一个城市的印象是从一条道路、一个建筑、一个区域开始的，再到较大的区域，最后形成对整个城市的印象。但与此同时，印象不仅与所涉及的空间尺度范围有关，同时也取决于观察者视点、时间和季节的变化。外在环境不断变化时，会引发观察者心理和情绪的变化。印象的品质受到许多因素的影响，观察者对于具有同一特征的元素的构成密度会形成不同的印象，而观察对象的外在特征包括形状、色彩、纹理和细节等是否表现得生动形象也是影响印象的品质的重要因素。香港国际金融中心二期楼高 415.8 米，是香港第一高楼，世界第六高楼，其外墙均为玻璃幕墙，顶层被设计成皇冠式，并用象牙形装饰，这也使其成为香港极具特色的地标。当然，一些小但特点鲜明的建筑也会给人深刻印象。印象的品质也和观看的对象各部分的排列和联系等结构因素有关。"也可以用动态方式对其他结构印象进行组织，各个部分以时间序列互相联结（即使时间很短暂），然后被勾画出来。"②动态方式组织印象可以通过运动的方式，也可以通过在不同的时间对相关印象进行勾连来形成整体印象，完善印象的品质。其实，要想形成具有良好品质的城市印象，需要各部分之间密切相关并且形成整体，同时也需要充分利用构图形式和形式特征。

---

① 林奇. 城市的印象[M]. 项秉仁,译. 北京:中国建筑工业出版社,1990:78.
② 林奇. 城市的印象[M]. 项秉仁,译. 北京:中国建筑工业出版社,1990:84.

参考文献

A

阿恩海姆．视觉思维[M]．滕守尧,译．北京:光明日报出版社,1987.

艾尔雅维获茨．图像时代[M]．胡菊兰,张云鹏,译．长春:吉林人民出版社,2003.

安昌奎,韩志丹．建筑造型设计[M]．沈阳:辽宁科学技术出版社,1995.

B

鲍列夫．美学[M]．乔修业,常谢枫,译．北京:中国文联出版社,1986.

鲍德里亚．消费社会[M]．刘成富,全志钢,译．南京:南京大学出版社,2001.

伯格．通俗文化、媒介和日常生活中的叙事[M]．姚媛,译．南京:南京大学出版社,2000.

巴尔特,鲍德里亚．形象的修辞:广告与当代社会理论[M]．吴琼等,译．北京:中国人民大学出版社,2005.

贝尔．资本主义的文化矛盾[M]．蒲隆等,译．北京:生活・读书・

新知三联书店,1989.

伯杰. 视觉艺术鉴赏[M]. 戴行钺,译. 北京:商务印书馆,1996.

伯杰. 媒介分析技巧[M]. 李德刚,何玉,译. 北京:中国人民大学出版社,2005.

布鲁墨. 视觉原理[M]. 张功钤,译. 北京:北京大学出版社,1987.

布朗. 社会人类学方法[M]. 夏建中,译. 济南:山东人民出版社,1988.

贝拉. 可见的人——电影精神[M]. 安利,译. 北京:中国电影出版社,2003.

巴拉兹. 电影美学[M]. 何力,译. 北京:中国电影出版社,1979.

巴纳德. 理解视觉文化方法[M]. 常宁生,译. 北京:商务印书馆,2005.

巴纳德. 人类学历史与理论[M]. 王建民,刘源,许丹,译. 北京:华夏出版社,2006.

波伏娃. 第二性[M]. 陶铁柱,译. 北京:中国书籍出版社.1998.

波斯特. 信息方式[M]. 范静哗,译. 北京:商务印书馆,2000.

波斯特. 第二媒介时代[M]. 范静哗,译. 南京:南京大学出版社,2005.

巴特. 符号学原理[M]. 李幼蒸,译. 北京:生活·读书·新知三联书店,1999.

巴特. 神话——大众文化诠释[M]. 许蔷蔷,许绮玲,译. 上海:上海人民出版社,1999.

本雅明. 机械复制时代的艺术[M]. 李伟,译. 重庆:重庆出版社,2006.

巴赞．艺术史[M]．刘明毅,译．上海:上海人民美术出版社,1989.

C

程大锦．建筑:形式、空间和秩序[M]．刘丛红,译．天津:天津大学出版社,2005.

陈瑛．动画的视觉传播[M]．武汉:武汉大学出版社,2008.

陈永国．视觉文化研究读本[M]．北京:北京大学出版社,2009.

柴彦威．城市空间[M]．北京:科学出版社,2000.

陈兆复,邢琏．原始艺术史[M]．上海:上海人民出版社,1998.

D

德比奇．西方艺术史[M]．徐庆平,译．海口:海南出版社,2000.

戴雨果,布里格斯,阿克顿．你所不了解的西方故事[M]．董晶,译．南京:江苏人民出版社,2013.

戴维斯,皮埃罗．视读人类学[M]．张丽红,译．合肥:安徽文艺出版社,2007.

段炼．视觉的愉悦与挑战:艺术传播与图像研究[M]．石家庄:河北美术出版社,2010.

邓烛非．电影蒙太奇概论[M]．北京:中国广播电视出版社,1998.

F

福柯．疯癫与文明[M]．刘北成,杨远婴,译．北京:生活·读书·新知三联书店,1999.

福柯．规训与惩罚[M]．刘北成,杨远婴,译．北京:生活·读书·新知三联书店,1999.

福柯. 权力的眼睛[M]. 严锋,译. 上海:上海人民出版社,1997.

弗洛伊德. 精神分析引论新编[M]. 高觉敷,译. 北京:商务印书馆,1987.

费斯克. 关键概念:传播与文化研究辞典[M]. 李彬,译. 北京:新华出版社,2004.

方于升,黎楠,夏非,等. 现代建筑屋顶、墙角设计精选[M]. 南京:江苏科学技术出版社,2002.

G

格莱泽. 城市的胜利[M]. 刘润泉,译. 上海:上海社会科学院出版社,2012.

官汉蒙. 马克思主义艺术理论教程[M]. 武汉:湖北美术出版社,2007.

顾群业,惠岩. 网页艺术设计[M]. 济南:山东教育出版社,2012.

高辛勇. 修辞学与文学阅读[M]. 北京:北京大学出版社,1997.

H

海德格尔. 海德格尔选集:下[M]. 孙周兴等,译. 上海:上海三联书店,1996.

豪厄尔斯. 视觉文化[M]. 葛红兵等,译. 南宁:广西师范大学出版社,2007.

海姆. 从界面到网络空间——虚拟实在的形而上学[M]. 金吾伦,刘钢,译. 上海:上海科学普及出版社,2000.

霍克斯. 结构主义和符号学[M]. 瞿铁鹏,译. 上海:上海译文出版社,1987.

豪塞尔. 艺术史的哲学[M]. 刘天华,译. 北京:中国社会科学出版社,1992.

胡飞. 艺术设计符号基础[M]. 北京:清华大学出版社,2008.

黄作. 不思之说——拉康主体理论研究[M]. 北京:人民出版社,2005.

黄华新,陈宗明. 符号学导论[M]. 郑州:河南人民出版社,2004.

郝建平. 虚拟维修仿真理论与技术[M]. 北京:国防工业出版社,2008.

惠岩,顾群业. 网页艺术设计[M]. 济南:山东教育出版社,2012.

黄亚平. 城市空间理论与空间分析[M]. 南京:东南大学出版社,2002.

J

吉伯德,等. 市镇设计[M]. 程里尧,译. 北京:建筑工业出版社,1983.

杰弗森,等. 西方现代文学理论概述与比较[M]. 陈昭全等,译. 长沙湖南文艺出版社,1986.

杰姆逊. 后现代主义与文化理论[M]. 唐小兵,译. 北京:北京大学出版社,1997.

金琳,颜隽. 动画造型[M]. 武汉:湖北美术出版社,2008.

家舜. 建筑环境学[M]. 北京:中央编译出版社,2014.

江书定. 光·眼睛·视觉[M]. 北京:北京出版社,1964.

金元浦,谭好哲,陆学明. 中国文化概论[M]. 北京:首都师范大学出版社,2008.

冀志枫. 蒙太奇技巧浅探[M]. 北京:中国电影出版社,1982.

L

赖安,齐尔. 当代西方文学理论导引[M]. 李敏儒等,译. 成都:四川文艺出版社,1986.

里德. 现代绘画简史[M]. 刘萍君,译. 上海:上海人民美术出版社,1979.

林奇. 城市的印象[M]. 项秉仁,译. 北京:中国建筑工业出版社,1990.

李尔斯. 丰裕的寓言:美国广告文化史[M]. 任海龙,译. 上海:上海人民出版社,2005.

李斯托威尔. 近代美学史评述[M]. 蒋孔阳,译. 上海:上海译文出版社,1980.

芦原义信. 街道的美学[M]. 尹培桐,译. 武汉:华中理工大学出版社,1989.

芦原义信. 外部空间设计[M]. 尹培桐,译. 北京:中国建筑工业出版社,1985.

罗浮. 罗浮诗词选[M]. 北京:团结出版社,2013.

刘芳,苗阳. 建筑空间设计[M]. 上海:同济大学出版社,2001.

罗岗,顾铮. 视觉文化读本[M]. 桂林:广西师范大学出版社,2003.

刘荃,吴鑫. 影视艺术摄像[M]. 南京:南京师范大学出版社,2009.

鲁涛. 影视语言[M]. 西安:陕西人民美术出版社,2003.

梁雪,肖连望. 城市空间设计[M]. 天津:天津大学出版社,2000.

陆扬,王毅. 文化研究导论[M]. 上海:复旦大学出版社,2007.

林精华,程巍. 文化转向与外国文学研究[M]. 北京:北京大学出版社,2013.

李建强. 影视动画艺术鉴赏[M]. 上海:复旦大学出版社,2008.

李思屈,等. 广告符号学[M]. 成都:四川大学出版社,2000.

罗文媛,赵明耀. 建筑形式语言[M]. 中国建筑工业出版社,2001.

刘小林. 动画导论[M]. 武汉:湖北美术出版社,2010.

刘永德. 建筑空间的形态·结构·涵义·组合[M]. 天津:天津科学技术出版社,1998.

M

穆尔. 赛博空间的奥德赛[M]. 麦永雄,译. 桂林:广西师范大学出版社,2007.

米勒. 小说与重复——七部英国小说[M]. 王宏图,译. 天津:天津人民出版社,2008.

摩斯. 性别、设计与营销——如何根据性别差异进行设计和营销[M]. 滕文波,刘旸,译. 北京:企业管理出版社,2012.

马尔丹. 电影语言[M]. 何振淦,译. 北京:中国电影出版社,2006.

马尔库塞. 审美之维——马尔库塞美学论文集[M]. 李小兵,译. 北京:生活·读书·新知三联书店,1989.

梅尔维尔,里汀斯. 视觉与文本[M]. 郁火星,译. 南京:江苏美术出版社,2009.

米尔佐夫. 视觉文化导论[M]. 倪伟,译. 南京:江苏人民出版社,2003.

麦克莱兰. 梦幻网页创意设计[M]. 周文辉等,译. 北京,中国水利水电出版社,1999.

马克思. 1844年经济学哲学手稿[M]. 刘王坤,译. 北京:人民出版社,1979.

马克思,恩格斯. 马克思、恩格斯选集:第2卷[M]. 编译组,译. 北京:人民出版社,1972.

米切尔. 比特之城[M]. 胡泳,范海燕,译. 北京:生活·读书·新知三联书店,1996.

孟建. 图像时代:视觉文化传播的理论诠释[M]. 上海:复旦大学出版社,2011.

马谋超. 广告心理:第3版[M]. 北京:中国市场出版社,2008.

马晓琳. 西方美术史[M]. 北京:人民美术出版社,2012.

N

宁,布朗,菲希尔,等. 当代西方修辞学:批评模式与方法[M]. 常昌富,顾宝桐,译. 北京:中国社会科学出版社,1998.

P

帕克,等. 城市社会学——芝加哥学派城市研究文集[N]. 宋俊岭等,译. 北京:华夏出版社,1987.

潘天寿. 中国绘画史[M]. 北京:团结出版社,2006.

彭一刚. 建筑空间组合论:第二版[M]. 北京:中国建筑工业出版社,1998.

庞玉生. 数字动画制作技术[M]. 青岛:中国海洋大学出版

社,2008.

R

饶广祥. 广告符号学[M]. 成都:四川大学出版社,2014.

任仲泉. 城市空间设计[M]. 济南:济南出版社,2004.

S

赛维. 建筑空间论[M]. 张似赞,译. 北京:中国建筑工业出版社,1985.

什克洛夫斯基,等. 俄国形式主义文论选[M]. 方珊等,译. 北京:生活·读书·新知三联书店,1989.

索绪尔. 普通语言学教程[M]. 高名凯,译. 北京:商务印书馆,1980.

首都师范大学文学院,等. 文学前沿:五[M]. 北京:首都师范大学出版社,2002.

邵亦杨. 穿越后现代:当代西方视觉艺术[M]. 北京:北京大学出版社,2012.

T

童庆炳,程正民. 文艺心理学教程[M]. 北京:高等教育出版社,2011.

W

王可. 数字动画艺术与设计[M]. 长沙:湖南美术出版社,2010.

王坚,孙宇浩. 身临奇境:虚拟现实科学与技术[M]. 杭州:浙江科学技术出版社,2000.

王伯敏,任道斌,胡小伟.书学集成[M].石家庄:河北美术出版社,2002.

汪成为.人类认识世界的帮手——虚拟现实[M].北京:清华大学出版社,2000.

王海龙.视觉人类学[M].上海:上海文艺出版社,2007.

王鲁湘,等.西方学者眼中的西方现代美学[M].北京:北京大学出版社,1987.

王润琪,解松芳.交通运输工程概论[M].北京:中国林业出版社,2012.

宛素春.城市空间形态解析[M].北京:科学出版社,2004.

王永春,于红霞,刘福智.建筑环境学[M].北京:机械工业出版社,2003.

王淑敏.动画造型与场景设计[M].沈阳:辽宁美术出版社,2016.

魏毅东.视觉文化时代的艺术[M].上海:上海文艺出版社,2010.

王中德.西南山地城市公共空间规划设计适应性理论与方法研究[M].南京:东南大学出版社,2011.

X

肖伟胜.视觉文化与图像意识研究[M].北京:北京大学出版社,2011.

许正林.西方广告学经典著作导读[M].郑州:郑州大学出版社,2009.

Y

雅各布斯.伟大的街道[M].金衡山,译.南京:译林出版社,2005.

约弗森,麦卡菲.第二次机器革命[M].蒋永军,译.北京:中信出版社,2014.

杨柯,晏辉.媒体广告的奥秘[M].广州:广东经济出版社,2004.

俞建章,叶舒宪.符号:语言学与艺术[M].上海:上海人民出版社,1988.

袁晓黎.动画造型基础教程[M].南京:南京大学出版社,2006.

袁智忠,虞吉.影视批评纲要[M].重庆:重庆大学出版社,2009.

Z

詹姆逊.文化转向[M].胡亚敏,译.北京:中国社会科学出版社,2000.

曾军.观看的文化分析[M].济南:山东文艺出版社,2008.

赵前,丛琳玮.动画影片视听语言[M].重庆:重庆大学出版社,2007.

周宪.视觉文化转向[M].北京:北京大学出版社,2008.

周宪.视觉文化读本[M].南京:南京大学出版社,2013.

詹和平.空间[M].南京:东南大学出版社,2006.

张贵明.网站视觉形象设计[M].北京:清华大学出版社,2007.

张骏德.当代广播电视新闻学[M].上海:复旦大学出版社,2001.

张舒予.视觉文化与媒介素养[M].南京:南京师范大学出版社,2011.

朱松青.造型学概论[M].上海:上海人民美术出版社,2015.

宗世英.网页界面设计艺术[M].长春:吉林出版集团有限责任公司,2009.

张宪荣.工业设计理念与方法:第2版[M].北京:北京理工大学出

版社,2005.

赵一凡. 从卢卡奇到萨义德:西方文论讲稿续编[M]. 北京:生活·读书·新知三联书店,2009.

章毓晋. 图像工程——图像理解:第 3 版[M]. 北京:清华大学出版社,2012.

周志强. 大众文化理论与批评[M]. 北京:高等教育出版社,2009.

后 记

说到这本书写作的缘起,最早可以追溯到 2005 年的一次课上。一位老师在讲到城市空间的时候就列举了城市公共交通空间,她认为在这样的空间包含着人与人之间、人与城市景观之间的关系,身处其中也会形成各种独特的体验……空间竟然有这么奇妙,这个话题一下子激发了我的兴趣……这个看似是一次偶然的"奇遇",却能够迅速引发我的注意,可能和我当时的境遇有关。那一段时间我对自己的学术研究应该向何处走有颇多的困惑,这样的研究领域似乎给我的"跨学科"研究找到了一个新领域。此外,我个人一直比较喜欢文学和文化理论,这些理论在视觉空间领域也是可以落地生根的。于是我开始注意收集视觉空间的相关研究资料,在资料收集过程中我忽然发现视觉空间研究有着既有的学术传统,而且这些研究已经被纳入视觉文化研究范畴中。当时,视觉文化研究在中国真正算得上"冷门",除少量的研究论文外,缺少系统,也很少有学校或专业将"视觉文化"作为一门跨学科的课程开到学生课堂里。当时我就想,何不在视觉文化领域做点尝试,同时我也感觉到在学科日益细分的情况下,学科融合必然是一种趋势,视觉文化就是多学科融合的一个领域。于是从 2010 年开始我申请给本科生开设这门课,在准备课程资料的过程中,我发现西方许多大学在本科生和研究生阶段都开设了视觉文化课程,有的学校甚至有相关专业,这进一步增强了我开设这门课的信心。经过几轮的教学以后,到 2014 年我就越发感觉到有必要把自己的一些想法和思考写出来。在这一年的暑假,我很快就拟好了写作提纲,而且还尝试着开始写了"视觉文化研究视域"和"视觉文化研究理论"的部分内容。

就在我准备放开手脚全身心投入到写作中的时候，2014年11月我接到了去安徽大学艺术与传媒学院挂职的通知。挂职不是任职，也不需要承担太多具体的工作，即便如此，单就每次来回60多公里的路程，每周的往返几次就耗费我不少时间和精力，加上本校的教学、学生指导等工作，书的写作只能在断断续续中缓慢推进，这样的状况一直持续到2016年9月份。而这期间对我影响最大的还是2015年3月我父亲的去世和11月我母亲的去世，尽管父母都年事已高，父亲晚年身体一直不好，但一年之内失去双亲，这种悲伤是黯然的，萦绕心头，久久不散，也慢慢郁结为一种情绪，而且颇为沉重……我的父亲包先岑是舒城一所省级示范高中的语文老师，他原先是学工的，后转学文学，主要原因是他有作家梦，即使被打成右派回到老家，他依然舍不得扔下那些文学作品和文艺理论著作，这样使得我在很小的时候就能够看到发表在《萌芽》上的《阿诗玛》、赵树理的小说《三里湾》、车尔尼雪夫斯基的《怎么办》等。改革开放的1977年，他再次回到中学教育的岗位，虽然再难圆自己的创作梦，但是有他热爱的学生，他感觉十分满足，他最值得骄傲的就是他自己带出来的学生，每每有学生来访或者一个问候的电话都会成为他挂在嘴边的话题。他对我们这些孩子的要求就是学一门技艺，对于我能够走上高校教师的岗位，他十分欣慰，这毕竟也是靠"技艺"吃饭的工作。当然教师的教书这门"活"是需要多方面积累的，所以每当看到我取得一点成绩他就会十分高兴。我的母亲叶德枝，由于她乐善好施、为人热情，家乡许多人都亲切地称她为"叶大姐"。由于受到父亲的牵连，母亲前半辈子饱受苦难，她常常对我们说起的，是她一个人如何冒着严寒一天往返百余里地去给被关在县城里的父亲送衣服的情形，以及如何巧妙地应付那些来家里查找父亲写的日记的人，等等……父亲去世后，虽然我也常常回家，但每次回家她都会站在门口看着我们走下楼梯，有一次当我们走出家门的时候,她嘴里不停念叨着:"不要那么急着走,不然就看不到我了……"孰料竟一语成籤!2015年11月20号,母亲因为脑溢血去世……母亲去世的那晚,我在微信朋友圈发了一首悼念父母恩德的古诗——《蓼莪》。

  蓼蓼者莪,匪莪伊蒿。哀哀父母,生我劬劳。

  蓼蓼者莪,匪莪伊蔚。哀哀父母,生我劳瘁。

  瓶之罄矣,维罍之耻。鲜民之生,不如死之久矣。无父何怙?无母何恃?出则衔恤,入则靡至。

  父兮生我,母兮鞠我。拊我畜我,长我育我,顾我复我,出入腹我……

直到2016年新年以后,我开始慢慢恢复了平静,也开始收拾自己的情绪转入到写作中。在这期间,学院和中国传媒大学出版社签署了战略合作协议,这进一步促使我加快写作进程,我放掉了手边的其他活计,全身心投入到写作中。当然能够安下心来写作和许多人的帮助是分不开的:首先要感谢我的夫人李阿莉,她在我人生最为苦痛的日子始终伴随我左右,同时还承担了几乎所有家务;香港城市大学的包金涛帮我完成本书第四章、第五章、第六章初稿的写作;特别需要感谢的是中国传媒大学出版社的编辑们,在整个图书编辑过程中,她们倾注了大量心血,而她们的细致、耐心、热情和专业精神让我受益良多;感谢安徽大学新闻传播学院领导为图书顺利出版提供有力支持和周全安排。

写完并出版一本书不应该是一切的结束,而只应该是一个新的开始,是面对读者的开始,是面对来自不同批评的开始……

包鹏程

2017年6月16日初稿

2017年8月2日二稿